Dieser Band der FISCHER WELTGESCHICHTE *schildert die historische Entwicklung des afrikanischen Kontinents südlich der Sahara von den vorgeschichtlichen Zeiten bis zu den Staatsbildungen des 20. Jahrhunderts. Der Autor, Prof. Pierre Bertaux (Sorbonne, Paris), gilt aufgrund langjähriger wissenschaftlicher Beschäftigung mit der Geschichte und Kultur Afrikas und als ehemaliger Repräsentant der zum französischen Kolonialreich gehörenden Afrikaner im Senat der Vierten Republik als besonders guter Kenner des Schwarzen Erdteils. Er gliedert den umfangreichen Stoff übersichtlich in vier Hauptabschnitte. Zunächst beschreibt er das alte Afrika mit seinen vielfältigen Kulturen und Reichen. Dabei werden die krassen Unterschiede zu scheinbar parallelen Phänomenen im christlichen Abendland des Mittelalters deutlich. Der zweite Teil des Bandes ist der europäischen Kolonisation gewidmet. Der Verfasser stellt die kolonialen Methoden der Portugiesen, Spanier, Holländer, Briten, Franzosen, Italiener und Deutschen dar und zeigt ihre verschiedene Wirkung auf die Eingeborenenkulturen. Afrikas Weg zur Unabhängigkeit, seine Geschichte vom Ersten Weltkrieg bis zur Gegenwart, ist das Thema des dritten Hauptabschnittes dieses Bandes. Am Schluß steht die Schilderung der einzelnen Etappen, in denen sich die Insel Madagaskar von prähistorischen Anfängen bis zur Gründung einer unabhängigen Republik kulturell und politisch entfaltete. Der Leser gewinnt so einen ausführlichen Überblick über die Stämme und Völker Afrikas und deren wechselvolles Schicksal im Lauf der Jahrhunderte. Er lernt verstehen, wie tief manchmal die Wurzeln der gegenwärtigen Krise in die Vergangenheit zurückreichen. — Der Band ist in sich abgeschlossen und mit Kartenskizzen und einem Literaturverzeichnis ausgestattet. Ein Personen- und Sachregister erleichtert dem Leser die rasche Orientierung.*

DER VERFASSER DIESES BANDES

Pierre Bertaux,

1907–1986; habilitierte sich 1936 mit einer Arbeit über Hölderlin; 1938 ordentlicher Professor an der Universität Toulouse; organisierte während des Zweiten Weltkrieges eine Widerstandsbewegung in Südfrankreich; 1942/43 von der Pétain-Regierung inhaftiert; nach dem Abzug der deutschen Truppen aus Toulouse Kommissar der Republik (Vertreter der De Gaulle-Regierung) für die ganze Provinz; später Präfekt in Lyon; 1948 Chef der Sûreté Nationale; danach Senator für den französischen Sudan (heute République du Mali); 1958 ordentlicher Professor an der Universität Lille; lehrte als Ordinarius an der Sarbonne in Paris.
Professor Bertaux veröffentlichte 1963 ›Mutation der Menschheit – Diagnosen und Prognosen‹. 1973 erschien ›Zur Entstehung des Henri Quatre. Heinrich Mann in den Pyrenäen‹. Ein Jahr später veröffentlichte er seinen vieldiskutierten ›Hölderlin und die Französische Revolution‹. Bertaux ist Mitverfasser des VIII. Bandes der Propyläen-Weltgeschichte ›Das neunzehnte Jahrhundert‹ (1976).

Fischer Weltgeschichte

Band 32

Afrika

Von der Vorgeschichte bis zu den Staaten der Gegenwart

Herausgegeben und verfaßt von
Pierre Bertaux

Fischer Taschenbuch Verlag

Aus dem Französischen von Ulrike Renkl (Paris)
und Hans Werner Tobler (Zürich)
Umschlagentwurf: Wolf D. Zimmermann
Unter Verwendung des Fotos ›Europäer mit Feuerwaffe. Benin-Bronze‹
(Foto: Staatliche Museen, Berlin)
Harald und Ruth Bukor zeichneten die Karten 1–19

Illustrierte Originalausgabe
mit 19 Karten
Veröffentlicht im Fischer Taschenbuch Verlag GmbH,
Frankfurt am Main, Dezember 1966

75.–77. Tausend: August 1987

Wissenschaftliche Leitung: Jean Bollack, Paris

Druck und Bindung: Clausen & Bosse, Leck
Printed in Germany
1480-ISBN-3-596-60032-9

Meinem Bruder Hammadoun Dicko

In Afrika gibt es keine Grenzen;
nicht einmal zwischen Leben und Tod.

Léopold Sédar Senghor

INHALTSVERZEICHNIS

A. Das alte Afrika

1. Einleitung

Die Geschichte Afrikas* hat bisher von berufener Seite kaum eine vollständige, übersichtliche Darstellung gefunden. Der Grund dafür ist in der Tatsache zu suchen, daß das Ausgangsmaterial jeglicher Geschichtsschreibung, nämlich schriftliche Urkunden, für die Zeit vor der Ankunft der Europäer in Afrika praktisch fehlt. Die Europäer kamen aber frühestens vor vier oder fünf Jahrhunderten, meist viel später, in manche Gegenden Afrikas sogar erst vor fünfzig Jahren. Alles, was sich vor diesem Zeitpunkt in Afrika ereignet hat, gehört, den gewohnten Kriterien der Historiker zufolge, zur Ur- und Frühgeschichte. Der Geschichtsschreiber kann aber den Episoden der Frühgeschichte Afrikas nicht viel mehr Bedeutung beimessen als den Legenden von Theseus und Romulus.
Bevor wir versuchen, ein Panorama dieser Frühgeschichte zu zeichnen, die sich manchmal bis an die Schwelle des 19. Jahrhunderts erstreckt, wollen wir die Quellen und Hilfsquellen aufzeigen, die dem über Afrika schreibenden Historiker zur Verfügung stehen. Sie gehören drei Kategorien an: der Archäologie, der mündlichen Überlieferung und — höchst selten — dem Archivbestand.

I. DAS HISTORISCHE QUELLENMATERIAL

Aus zwei Gründen steht die Archäologie Afrikas mit ihrer Arbeit noch am Anfang. Erstens sind Ausgrabungen bis jetzt spärlich und die wenigen sind nicht methodisch vorgenommen worden. Selbst in Europa, wo man archäologischen Grabungen gegenüber sehr aufgeschlossen ist, ist man weitgehend auf Zufallsfunde bei Bauarbeiten — dem Straßenbau, dem Öffnen von Steinbrüchen usw. — angewiesen. Nun wird aber in Europa unendlich viel mehr gebaut als in Afrika. Überdies werden dort

* ›Afrika‹ steht hier und im Folgenden für den Teil des Kontinents, der südlich der Sahara liegt, unter Ausschluß des nördlichen Teils, der sich zwischen Mittelmeer und Sahara vom Atlantik bis zum Roten Meer erstreckt.

solche Arbeiten selten in den Gebieten der alten Kulturen ausgeführt. Die Wirtschaftszentren verlagerten sich nämlich vom Innern, das zuerst bewohnt war, in die Küstengebiete, als Afrika sich dem Handel der übrigen Welt anschloß. Nur beim Erzabbau kann es vorkommen, daß man auf Stellen stößt, die schon vor Jahrtausenden oder Jahrhunderten ausgebeutet wurden; dies besonders, wenn es sich um Waschgold, Kupfer oder Zinn handelt, überhaupt nicht bei Diamanten und Uranium. Da aber die alten, oberflächlichen Goldvorkommen ausgebeutet sind, ist ihr Abbau längst aufgegeben worden. Doch als die Zinnförderung auf den Plateaus von Bautschi in Nigeria vor einigen Jahrzehnten wieder aufgenommen wurde, entdeckte man beim Aufgraben die kleinen Statuen der Nokkultur; sie ist wohl die älteste uns bekannte Negerkultur, die auf das 1. Jahrtausend v. Chr. zurückgeht.
Noch aus einem anderen Grund wird die Arbeit der Archäologen erschwert: Im Boden Afrikas erhalten sich die Spuren der Vorzeit schlecht und sind schwer zu datieren. In Afrika lagert sich selten Humus ab, im Unterschied z. B. zu Kreta, wo eine Erdschicht von drei Metern die mykenischen Paläste bis zum heutigen Tag vor dem Verfall bewahrte. Selbst da, wo in Afrika Überreste erhalten blieben, macht das Fehlen einer aufgeschichteten Erddecke eine Datierung beinahe unmöglich. In der Savanne am Ufer des Niger fand der Autor einige Steinwerkzeuge, bei denen man unmöglich feststellen konnte, ob sie dort seit Monaten, seit Jahrhunderten oder Jahrtausenden am Boden lagen. Und: Wie hätte man einen in der Nähe stehenden Megalithen datieren können, der sicherlich eine alte Kultstätte gewesen war, vor dem man aber frische Blutspuren und eine Opfergabe in Fünf-Franc-Scheinen fand?
Schließlich sind viele Stätten schwer zugänglich, Expeditionen dorthin mühevoll und teuer. Es gibt völlig identifizierte Kulturstätten, die heute noch nicht erforscht und kaum wirklich zur Kenntnis genommen worden sind.
Man kann mit Recht annehmen, daß, vor allem wenn sich die Afrikaner selbst mehr für ihre eigene Vergangenheit zu interessieren beginnen, noch beachtliche Entdeckungen zu machen sind; sie werden uns ein besseres Bild von Kulturen geben, von denen wir heute ebenso wenig wissen wie noch vor sechzig Jahren von den Kulturen von Knossos und Sumer. Dabei würden wir auch mehr über die Reiserouten, den Umfang und die chronologische Reihenfolge der Völkerwanderungen erfahren, während derer die afrikanischen Völker — ähnlich wie in Europa die germanischen am Ausgang des Altertums — den afrikanischen Kontinent durchzogen.

Die mündliche Überlieferung ist für den Historiker ein unentbehrliches Hilfsmittel. So anfechtbar auch ihr Wert sein mag, man kann sie nicht außer acht lassen. Eine Tradition kann sich über Jahrhunderte hinweg erstaunlich gut erhalten; oft sind auch Berufskasten die Träger des ›sozialen Gedächtnisses der Gruppe‹, sie überliefern Epen von einer Generation zur anderen, indem sie sie gelegentlich vortragen und den Singsang mit der Gitarre begleiten. Man hat schon begonnen, diese Quelle aufzufangen und auszuschöpfen; und es ist höchste Zeit, denn mit der zunehmenden Einbürgerung der Schrift wird sich in Afrika dasselbe ereignen, was sich in Europa ereignete: Das Gedächtnis wird verkümmern und die mündliche Überlieferung wird mit den letzten der Schrift unkundigen Greisen versiegen. Dennoch kann die mündliche Überlieferung als Geschichtsquelle nur mit Vorbehalt herangezogen werden. Wahrhaftigkeit ist nicht ihr Hauptanliegen. Die Griot, die afrikanischen Barden, lebten von der Gunst des Häuptlings, und so war es auch um ihre Objektivität schlecht bestellt. Sie verwoben Dichtung und Wahrheit, Götterkunde und Genealogie. Übrigens vermerkt die Chronik mit Vorliebe außerordentliche Ereignisse, d. h. solche, die aus dem Alltäglichen hervorstechen, für das tägliche, wirkliche Leben jedoch am wenigsten aufschlußreich und charakteristisch sind. Endlich kann man die von der Chronik berichteten Geschehnisse nur schwer datieren, da ihr kein einheitliches, chronologisches Bezugssystem zugrunde liegt. Mommsen sagte, die Geschichte beginne »ab urbe condita«, mit »Gründung der Stadt Rom«, womit er meinte, daß es nur verstreute, unzusammenhängende Chroniken und noch keine Geschichte gibt, solange man nicht ein bestimmtes Datum wie die Gründung Roms, die Geburt Christi, die Hedschra als Ausgangspunkt einer Zeitrechnung festlegt. Als sich Torday im Jahre 1910 mit der 121 Namen umfassenden Liste der Herrscher des Buschongo-Kubastammes befaßte, erfuhr er, daß sich während der Regierungszeit des 98. Königs, Bo Kama Bomankala, nichts Besonderes ereignet hatte, außer daß eines Tages die Sonne erloschen sei und während kurzer Zeit absolute Finsternis geherrscht habe. Nun hatte aber die einzige in dieser Gegend während des 17. und 18. Jahrhunderts sichtbare totale Sonnenfinsternis am 30. März 1680 stattgefunden; dies könnte uns also einen zeitlichen Anhaltspunkt für die Regierungszeit dieses Königs liefern. Sonst erlaubt die aus dem Gedächtnis aufgezählte Reihenfolge der Herrscher nur die Aufstellung einer relativen Chronologie. Jeder Versuch, diese zu verabsolutieren, beruht auf der Annahme einer durchschnittlichen Regierungszeit – dabei starben die afrikanischen Herrscher selten an Altersschwäche.

Den rein afrikanischen Kulturen war die Schrift bis zur Neuzeit unbekannt; erst im Kontakt mit anderen Kulturen haben sie diese Technik übernommen; und das nur selten und widerwillig, da sie das gesprochene Wort, als das lebendigere, höher einschätzen. Vor der Neuzeit gibt es also keine afrikanischen Dokumente.

Zu den ältesten Überlieferungen gehören einige Stellen bei Herodot, der um 445 v. Chr. in Ägypten weilte. Er hatte von dem volkreichen Hirten- und Nomadenstamm der Garamanten, die die höhlenbewohnenden Äthiopier bekriegten, gehört. Diese Garamanten sind vielleicht die Vorfahren der Tuareg der Sahara oder der Tibu im Gebirgsland des Tibesti. Herodot erwähnt auch eine Gegend jenseits der Wüste, deren Bewohner schwarz und klein seien und wo ein von Krokodilen bevölkerter Strom von Osten nach Westen fließe. Anderswo berichtet er noch, daß der Pharao Necho II. (609–594) eine Expedition phönikischer Seeleute ausgesandt habe und daß diese Afrika in vier Jahren umschifft hätten.
Um 470 v. Chr. soll der Karthager Hanno die Nordwestküste des afrikanischen Kontinents entlanggesegelt sein. Den Bericht von dieser Reise kennen wir in einer griechischen Übersetzung. Es ist möglich, daß Hanno das Land der Schwarzen erreicht hat, aber nichts beweist uns, daß er an der marokkanischen Küste über Mogador hinaus nach Süden vorgedrungen ist.
Nach der Zerstörung Karthagos im Jahr 146 v. Chr. wurde ein Teil seines Territoriums, das dem heutigen Nordtunesien entspricht, eine neue römische Provinz: *Provincia Africa.* Damit erscheint der Name *Afrika* zum ersten Male, er sollte in der Folge den ganzen Kontinent bezeichnen.
Zu Beginn des 2. Jahrhunderts n. Chr. scheint Ptolemäus – dieser Name entspricht wohl eher einer alexandrinischen Geographenschule als einer Einzelpersönlichkeit – über ziemlich exakte Schiffahrtsberichte zu verfügen, und zwar über die ostafrikanische Küste bis zum Kap Delgado im Indischen Ozean und über die Westküste bis zum Golf von Guinea.
Aber im allgemeinen kann man wohl sagen, daß Afrika südlich der Sahara dem klassischen Altertum so gut wie unbekannt war.

Die alten Ägypter unterhielten mehr oder weniger enge Beziehungen zu den Völkern am Oberen Nil, die Überlieferungen sind jedoch wenig ergiebig.
Die Berichte der Hebräer sind kaum aufschlußreicher. Zu Beginn des ersten Kapitels erwähnen wir die Stellen, wo im Alten und Neuen Testament von ›Äthiopiern‹, d. h. von Negern die Rede

ist, ohne daß jedoch etwas über deren Ursprungsland ausgesagt wird. Im Buch Esther (I,1) wird jedoch erwähnt, daß Assuerus vom Indus bis Äthiopien über 127 Provinzen regierte, wobei Äthiopien einfach für »das Land der Neger« steht.

Erst in der Zeit, die unserem Mittelalter entspricht, nämlich mit den arabischen Geschichtsschreibern, werden die schriftlichen Dokumente etwas ausführlicher. Im 9. Jahrhundert n. Chr. nennen sie *Gana*, das Land des Goldes jenseits der Wüste; sie kannten die Reiserouten durch die Sahara.
Um 947 beschreibt der Reisende und Geograph El Masudi die Ostküste Afrikas, wo er sich länger aufgehalten hatte. Er kannte die Küste bis Sofala im heutigen Mozambique.
Im Jahr 977 beschreibt Ibn Haukal, vielleicht nachdem er selbst dort gewesen war, Audoghast, eine Stadt in der Sahara (man glaubt die Stelle, wo sie gelegen hatte, im heutigen Mauretanien identifiziert zu haben), und fügt hinzu, daß einige Tagereisen von dort der König von Gana herrsche, der wegen der Goldgruben, die er kontrolliere, der reichste König der Erde sei und vom König von Audoghast Salz bekomme. Im Jahr 1077 schreibt El Bekri, der Sohn eines arabischen Gouverneurs von Cordoba, ein Sammelwerk aufgrund der Archive des Kalifengeschlechts der Omaijaden von Spanien.
Die Beschreibungen der arabischen Reisenden, Chronisten und Geographen wie Edrisi, der um 1154 schrieb, El Omari (gest. 1348) und vor allem die *Reisen* des Ibn Battuta (gest. 1377) enthalten wenige, doch manchmal wertvolle Informationen. Im Jahr 1518 brachten christliche Piraten, die ein arabisches Schiff, das nach Tunis unterwegs war, gekapert hatten, Papst Leo X. einen ihrer Gefangenen, einen Mann von ungefähr 25 Jahren. Dieser war als Sohn einer guten Familie in Granada geboren und hatte in Marokko eine ausgezeichnete Erziehung genossen. Befreit, bekehrt und wohlbestallt lebte er in Italien unter dem Namen Giovanni Leoni. Berühmter unter dem Namen Leo Africanus, hinterließ er eine *Beschreibung Afrikas*, die um 1526 vollendet, aber erst 40 Jahre später in Venedig veröffentlicht wurde.

Gegen Ende des 16. und zu Beginn des 17. Jahrhunderts verfaßten Gelehrte aus Timbuktu verschiedene ›Chroniken‹ in arabischer Sprache: den *Tarik el Fettach* oder die Chronik des Forschers, und den *Tarik es Sudan* oder die Chronik des Sudan, die im 18. Jahrhundert um die Biographie der Pascha des Sudan erweitert wurde. In Haussa ist die Kanochronik überliefert. Sie berichtet vom 11. Jahrhundert an die Geschichte der 33 Haussaherrscher bis zur Invasion der Fulbe im Jahr 1807. Ein Fragment der Geschichte von Sokoto erzählt das Leben dreier Herrscher, Mohammed Bellos, seines Bruders und seines Sohnes, die von 1817 bis 1832 regierten.

Dazu kommen noch einige Berichte zur Geschichte Äthiopiens; so die im Jahr 1593 von einem äthiopischen Geistlichen namens Bahrey verfaßte Geschichte der Galla. Damit ist aber ungefähr alles, was wir an schriftlichen Dokumenten über die Geschichte Afrikas kennen, aufgezählt. Keines ist in einer afrikanischen Sprache abgefaßt.

Darüberhinaus stehen dem Historiker nur noch die modernen europäischen Quellen zur Verfügung. Die ersten Berichte stammen von portugiesischen Seefahrern, die um die Wende vom 15. zum 16. Jahrhundert Afrika umsegelten und den Seeweg nach Indien fanden. Wir besitzen noch einen Bericht des Venezianers Ca da Mosto, der in den Diensten der Portugiesen stand.
Es ist jedoch angebracht, die frühen europäischen Quellen mit folgenden Vorbehalten zu benutzen:

Einige portugiesische, päpstliche, missionarische und koloniale Archive sind noch nicht ausgewertet oder sind noch nicht zugänglich.
An Dokumenten blieben nur die erhalten, die man nach Europa gebracht hatte, da die Termiten die in Afrika aufbewahrten Archive schnell zerstörten.
Die Europäer zeichneten nur auf, was ihre Tätigkeit als Kaufleute, Missionare und Forscher direkt betraf. Sie interessierten sich erst vom 19. Jahrhundert an langsam für die eigentlich afrikanische Vergangenheit, von der sie bis dahin kaum eine Ahnung hatten.
Schließlich waren die Beziehungen der Europäer zu den afrikanischen Kulturen fast bis zur Mitte des 19. Jahrhunderts auf die Küstengebiete beschränkt geblieben. Man wagte sich selten in das Innere des Kontinents.

Bemerkenswert bleibt, daß Millionen Neger nach Amerika gekommen waren, ohne daß man auf den Gedanken verfallen wäre, daß sie vielleicht Volksstämmen angehören könnten, deren Vergangenheit der Erforschung wert sei.

Der afrikanische Kontinent ist vor der Neugierde und dem Eindringen der Fremden durch eine riesige Wüste und zwei Ozeane gut geschützt. Seine Küsten sind unwirtlich. Hier erinnert nichts an die stark gegliederten Küsten des Ägäischen Meeres, die sich dem Verkehr, dem Austausch und somit der Kultur geradezu anbieten. Die afrikanischen Flüsse sind nicht schiffbar, da ihre Mündungen mit Sandbänken und ihre Läufe mit Stromschnellen durchsetzt sind. Übrigens gelangt auf der Hälfte des Kontinents das Wasser der Niederschläge nie zum Ozean, es wird von Seen oder Binnenmeeren aufgefangen, die allmählich austrocknen.
Früher bestand der Niger aus zwei ganz verschiedenen Strömen, wovon der eine – der jetzige obere Flußlauf – von Westen nach Osten floß und sich in der Mulde des Debosees verlor. Nur der andere, von Norden nach Süden fließende Strom erreichte das Meer. Vor nicht allzu langer Zeit (erdgeschichtlich gesehen) zapfte der zweite Strom den ersten an und brachte die Wasser des Futa Djalon-Gebirges auf einem 4000 Kilometer langen Umweg, entlang der äußersten Grenze der Sahara, zum Golf von Benin. Doch nur auf kurze Strecken kann der Niger die Rolle eines Wasserwegs spielen.
Die afrikanischen Flußbetten sind wenig ausgeprägt. Ein Hochwasser genügt, damit der Logone, der in der Trockenzeit in den Tschadsee mündet, sich mit der Benue vereinigt, die dann die Wasser des Logone über den Niger zum Ozean führt.

Herr des afrikanischen Kontinents ist die Sonne. Durch den Äquator wird das afrikanische Klima in zwei symmetrisch gestufte Zonen aufgeteilt.
Durch die Mitte des Kontinents, also in den inneren Tropen* mit ihren heftigen Regenfällen und ihrer anhaltenden Hitze und Feuchtigkeit, zieht sich von Ost nach West ein Gürtel dichten, wuchernden Urwaldes, der jedoch selten eine Breite von mehr als 300 km erreicht.
In den äußeren Tropen unter den Wendekreisen, jenem des Krebses im Norden und demjenigen des Steinbocks im Süden, nimmt die Feuchtigkeit stetig ab, je mehr man sich vom Äquator entfernt. Die jährlichen Niederschläge sinken von 1500 mm auf 300 mm. So finden wir dort aufeinanderfolgende Gürtel von

* Der deutsche Ausdruck ›Tropen‹, d. h. die Zone zwischen den Wendekreisen, entspricht dem französischen ›zone intertropicale‹, während die französischen Begriffe ›zone équatoriale‹ und ›zone tropicale‹ im Deutschen mit ›inneren (oder äquatorialen) Tropen‹ bzw. mit ›äußeren Tropen‹ wiederzugeben sind.

dichtem Busch, von Busch- und Trockensavanne, die von Strömen mit bewaldeten Ufern durchzogen sind.
Die Vegetation der Wüstengebiete, der Sahara im Norden und der Kalahari im Süden, ist spärlich und jahreszeitlich bedingt; sie ernährt jedoch immer eine gewisse Fauna. Jenseits dieser Wüsten erstrecken sich schließlich noch zwei Zonen mit Mittelmeerklima: Nordafrika und das ›südliche Mittelmeerklima‹ in der Gegend des Kaps.
Dieses durch die Wendekreise bestimmte Schema der Klimazonen wird im Osten des Kontinents sowohl durch das Relief des Landes als auch durch die dort herrschenden Winde abgewandelt.

Geologisch ist der afrikanische Kontinent ein fester, einheitlicher Sockel, der seit dem Präkambrium keine nennenswerten Erdfaltungen mehr durchgemacht hat. Doch gleichzeitig mit den

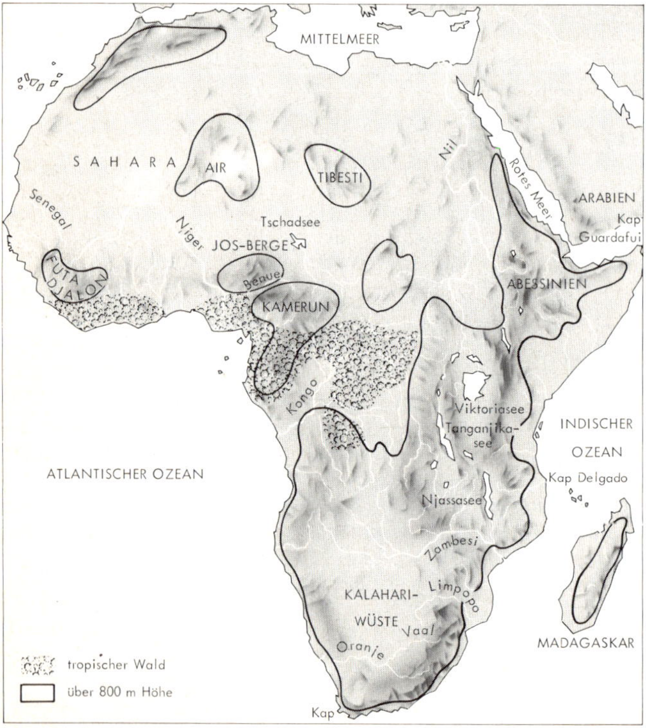

Karte 1: Afrika (geographisch)

Alpen wurde im Nordwesten des Kontinents das Atlasgebirge aufgeworfen. Als Gegenwirkung wurde der östliche Rand des Sockels gehoben, wobei dieser zerbrach. Auf 7000 km, von Syrien über das Tote und das Rote Meer, über Abessinien und die großen afrikanischen Seen bis zur Küste von Mozambique erstrecken sich riesige Erdspalten. Die Steilabfälle sind beeindruckend. Die Reliefunterschiede beeinflussen das Klima entscheidend; es gestaltet sich ganz anders, als wenn es allein durch die geographische Breite bestimmt würde. So herrscht auf den Hochebenen Äthiopiens und in Kenia, das vom Äquator durchzogen ist, ein für Europäer durchaus erträgliches Klima.
Die unterschiedlichen Klimaverhältnisse auf der atlantischen und auf der indischen Seite Äquatorialafrikas stellen eine weitere Klimavariante dar. Die Ostküste ist verhältnismäßig trokken (weniger als 500 mm jährliche Niederschläge). Diese Regelwidrigkeit ist auf die Winde des Indischen Ozeans, den Monsun und den Passat, zurückzuführen. Sie entstehen beide dadurch, daß sich die Landmasse des asiatischen Kontinents im Sommer mehr erwärmt und im Winter stärker abkühlt als der Ozean.
Im Gegensatz dazu ist in Südafrika die indische Seite regenreicher als die atlantische.

Trockenheit oder Wolkenbrüche: in keinem Fall begünstigt das afrikanische Klima die Bildung einer Humusschicht. Der üppige Urwald täuscht. Die Muttererde darunter ist dünn, und wenn man nicht vorsichtig rodet, wird sie in wenigen Monaten von Regen und Wind davongetragen. In den Wüsten und wüstenähnlichen Gebieten bewirkt vor allem der Wind eine intensive Bodenerosion. Im Busch und in der Savanne löst der unmittelbare Wechsel von Trockenheit und Platzregen einen chemischen Prozeß aus. Der ausgelaugte Lehm bildet mit dem Sand ein hartes, unfruchtbares Konglomerat: den Laterit. Neben diesen natürlichen Zerstörungskräften richten auch die Hirten mit ihren Herden ungeheuere Schäden an, und die jährlich entfachten Buschbrände versengen die ganze Vegetation.
Alles in allem: kein gastliches Land und kein angenehmes Klima; und damit ein erbitterter Kampf ums Dasein. Das Tier ist des Menschen Feind; Insekten sind gefährlicher als Raubtiere, Bazillen noch gefährlicher. Tropenkrankheiten und Ungeziefer plagen Mensch und Haustier; die Existenz ist täglich gefährdet. Die Kindersterblichkeit ist so hoch, daß jeder erwachsene Afrikaner buchstäblich ein Überlebender ist, der sich oft geschwächt, wehrlos, wenn nicht entmutigt, einer mächtigen, wilden Natur ausgesetzt sieht. So kommt es auch, daß die Afrikaner dazu neigen, ihre Umwelt eher durch Magie als durch organisierte Arbeit zu bändigen.

Dennoch betrachtet man diesen Kontinent mehr und mehr, wenn nicht als die einzige, so doch als eine Wiege der Menschheit. Bis jetzt fand man nur hier in ununterbrochener Reihenfolge Fossilien, die über Millionen Jahre die Vorstufen zum *Homo sapiens* darstellen. Im Gebiet der großen afrikanischen Seen fand man 1964 die Reste eines *Homo habilis* genannten Hominiden in der Nähe von sehr primitiven Steingeräten. Das Alter dieser Olduwaikultur wird auf fast zwei Millionen Jahre geschätzt. Dieses Gebiet ist ein Paradies der Paläoanthropologen, nicht zuletzt deswegen, weil sie in der Schlucht von Olduwai, die einen glatten Querschnitt durch alle geologischen Schichten darbietet, Spuren der Vorzeit gefunden und datiert haben, die sonst bis zu 300 Meter tief verschüttet sind.
Zwei Ereignisse drückten der Urgeschichte Afrikas ihren Stempel auf und waren für seine Vorgeschichte ausschlaggebend. Zwei Ereignisse, die, wenn man in Zeitaltern rechnet, noch nicht lange zurückliegen und die in der Folge die Geschichte der afrikanischen Völker entscheidend bestimmen sollten. Diese zwei Ereignisse, die wohl irgendwie zusammenhängen können, sind das fortschreitende Austrocknen der Sahara und das Erscheinen der schwarzen Rassen in Afrika.
Die Sahara war nicht immer eine Wüste, es lebte dort sogar einmal eine verhältnismäßig dichte Bevölkerung in Wohlstand, die ihre Kulturen entwickelte. Für Europa nimmt man allgemein vier Eiszeiten an und setzt das Ende der letzten, der Würmeiszeit, vor 12 000 Jahren an. In Afrika glaubt man Pluvialzeiten unterscheiden zu können, die wahrscheinlich, aber nicht unbedingt, den europäischen Eiszeiten entsprechen. Was jedoch festzustehen scheint, ist, daß vor ungefähr 10 000 bis 12 000 Jahren die Sahara grün und das Ahaggar bewaldet war, und daß die heute ausgetrockneten Flußläufe damals Wasser führten.
Es ist nicht einmal nötig, eine sehr große Veränderung der jährlichen Niederschläge anzunehmen, um sich vorstellen zu können, daß in den Wüstengebieten von heute einst Elefanten, Krokodile, Strauße und Giraffen lebten, die in historischer Zeit ausstarben. Von den 15 Brunnen, die es noch im letzten Jahrhundert im Walata gab, sind heute bis auf zwei alle versiegt. Innerhalb einiger Jahre sind die kleinen Seen von Timbuktu um mehrere Meter zurückgegangen. Der Tschadsee ist der Überrest eines Binnenmeeres, dessen Wasserspiegel ständig fällt. Einige uralte Zypressen in den Tassilibergen zeugen von einer Zeit, da es dort noch öfter regnete.
Selbst wenn man annimmt, daß die jährlichen Niederschläge

nicht sehr viel höher lagen als heute oder daß es nicht einmal eine große Regenzeit gegeben hat, sondern nur periodische Klimaschwankungen mit zwei Perioden verstärkter Regenfälle, die eine im Paläolithikum, die andere im Neolithikum, so muß man doch einräumen, daß die Sahara in diesen Zeiten bewohnbar und bewohnt war. Die Tenere im Süden der Sahara, eine der trockensten Wüsten von heute, war einst ein riesiger, fischreicher See. An seinen Ufern lebten Fischervölker, deren aus Knochen oder Stein hergestellte Harpunen, Haken und Spitzen heute noch dort zu Tausenden am Boden herumliegen. Vor sechs- oder siebentausend Jahren ging man am Teneresee noch auf Fischfang. Die Felsmalereien in den Tassilibergen beweisen, daß in der Sahara Jäger- und Hirtenkulturen blühten. Es ist nicht ausgeschlossen, daß der Ackerbau in der Sahara erfunden wurde. Das Sorghum, eine Art Hirse, eine Art Reis und eine Baumwollstaude wachsen hier wild. Im Ahaggar wächst der harte Weizen wild, wie er im alten Ägypten als Getreide angebaut wurde; unter den prähistorischen Geräten befinden sich Mühlen zum Mahlen des Getreides. Viele an die Felswände gezeichnete, bespannte Räderfahrzeuge rechtfertigen es, daß man von den ›Straßen der Wagen‹ spricht, die die Sahara von Norden nach Süden und nach Südwesten bis zum Nigertal durchquerten.

Nun kann man sich vorstellen – aber hier beginnt die Hypothese –, daß sich Kulturen in einer grünenden oder zumindest weniger trockenen savannenartigen Sahara entwickelten. In der Folge wären diese Völker durch das fortschreitende Austrocknen der Sahara aus ihrem Paradies vertrieben worden, und so wären die einen zum Niltal gewandert, wo sie sich ansiedelten und die ägyptische Kultur begründeten, die anderen wären in Richtung Süden zum Niger und darüber hinaus gezogen. Das wäre dann der Aufbruch zu einer noch heute andauernden Völkerwanderung gewesen. Je nach der Lebensweise hätten diese Wanderungen zu verschiedenen Zeiten stattgefunden; als erste mußten sich die Fischer an den Niger zurückziehen, ihnen folgten die Ackerbauern; die Hirten hielten es am längsten in ihrer alten Heimat aus, indem sie das Vieh von einer Weide zur anderen führten. Aber ein Teil dieser Hirten verließ das Gebiet schließlich auch auf der Suche nach neuem Weideland und stieß zu den Fischern und Ackerbauern, die ihnen vorausgegangen waren, ohne jedoch in der Folge mit ihnen zu verschmelzen. Heute noch sieht man, wie in einem solchen Dorf am Ufer des Niger die drei Volksstämme drei verschiedene Teile des Dorfes bewohnen. Die Bozo, die Fischer, sind die Herren des Flusses, die Bambara bebauen den Boden, und die Fulbe führen ihre Herden zur Weide. Jede Gruppe geht ihrem eigenen Geschäft nach, ohne sich um die anderen zu

kümmern; keiner denkt daran, sich mit den anderen zu vermischen oder deren Techniken anzunehmen.
Die heute noch unübersichtliche Urgeschichte der afrikanischen Stämme würde sofort ein Gesicht bekommen, wenn man annehmen dürfte, daß sie eine gemeinsame Heimat, etwa am südsüdöstlichen Rand der Sahara besessen hätten, und daß sie von dort vor ungefähr fünf bis acht Jahrtausenden ausgeschwärmt seien. Man verstünde die Wanderungen der afrikanischen Völker in der Neuzeit besser, wenn man sich vorstellen dürfte, daß diese vor Tausenden von Jahren durch die zunehmende Trockenheit aus ihrer eigentlichen Heimat vertrieben wurden und daß, nachdem sie den Sudan durchschweift hatten, einige Gruppen den äquatorialen Urwald durchquert und ihren Marsch in Richtung Süden fortgesetzt hatten und den Kongo und das Monomotapa-Reich zur Zeit des europäischen Mittelalters besiedelten, daß sie schließlich Südafrika ungefähr gleichzeitig erreichten wie die Holländer auf dem Seeweg. Die außerordentliche Beweglichkeit der schwarzen Völker, die sich selten endgültig an einem Ort niederlassen und immer zum Aufbruch bereit sind, wäre somit erklärlicher. Ein Negerdorf kann sich jederzeit auf Wanderung begeben. Im Gegensatz zu den europäischen Völkern sind die afrikanischen Stämme nicht an die Scholle gebunden; sie betrachten das Dorf nur als eine zeitweilige und vorläufige Niederlassung, die immer wieder verlegt werden kann. In diesem dünn besiedelten Kontinent haben die Stämme noch kaum Wurzeln geschlagen.

Vom Ursprung der Negerrassen wissen wir nur, daß er nicht sehr weit zurück liegt. Das älteste Skelett mit negroiden Merkmalen ist der ›Mensch von Asselar‹, den man im Jahr 1927 am Südrand der Sahara im Tal des ausgetrockneten Tilemsi ausgrub. Dieses Skelett, das man nur sehr ungenau datieren kann, führt uns nicht weiter zurück als in die Zeit des Übergangs vom Paläolithikum zum Neolithikum, also vielleicht zu eben jener großen Trockenperiode der letzten Zwischenpluvialzeit, die – zumindest in jenem Teil der Sahara – zwei Phasen menschlicher Tätigkeit trennte. Drei verschiedene Menschentypen bewohnten damals wahrscheinlich die Sahara: die Urberber des Mittelmeertypus, die Hamiten oder Äthiopier des ostafrikanischen Typus und die negroiden Vorfahren der Pygmäen, Hottentotten und Buschmänner von heute. Als Ergebnis welcher Umwelteinflüsse, durch welche Mutationen sind die eigentlichen Negerrassen entstanden? Man kann die Vermutung nicht völlig von der Hand weisen, daß diese Mutation zuerst bei den Fischervölkern auftrat, die auf den Seen der Sahara dauernd einer doppelt starken Sonneneinwirkung ausgesetzt waren.

In Afrika gibt es heute keine reinen Rassen. Man könnte sich vorstellen, reine Rassen seien herauszufinden, wenn man den Lauf der Geschichte zurückverfolgte, so wie man bei einem Fluß, um klareres Wasser zu finden, bis zu seiner Quelle zurückgeht. Doch zu allen Zeiten war die Vermischung beachtlich, waren die Mutationen zahlreich, verschiedenartig, parallel oder konvergierend. Eine gewisse Einheitlichkeit der ethnischen Merkmale kann man nur dann feststellen, wenn eine Menschengruppe lange Zeit von der Außenwelt abgeschlossen blieb, und dies unter so gleichbleibenden Lebensbedingungen, daß sich im Lauf der Zeit ein besonderer und relativ einheitlicher Menschentypus entwickelte. Nur so könnte hier und dort ein besonderer, homogener Menschentypus entstehen — genau wie die Biologen im Laboratorium genetisch homogene Rattenrassen züchten. In Westafrika erscheinen z. B. die Fulbe als eine ausgeprägte Rasse. Als herumziehende Hirten haben sie, wie Jakob im Alten Testament, die Gesetze der Genetik bei der Viehzucht gelernt. So vermeiden sie seit Jahrhunderten oder Jahrtausenden das Risiko der Inzucht und wählen jede dritte oder vierte Frau aus einem anderen Stamm, um das Blut z. B. durch gesunde, kräftige Sklavinnen methodisch wieder aufzufrischen. Die Einheit des Stammes beruht in Wirklichkeit nicht auf irgendeiner ursprünglichen Reinheit der Rasse, sondern auf Vereinheitlichung durch gemeinsame Lebensweise und Tradition.
Wenngleich Menschen dunkler Hautfarbe die große Masse der Bevölkerung des Kontinents darstellen, dessen Geschichte wir hier beschreiben, so sollten wir uns doch nicht von dem oft auftauchenden Begriff ›der schwarze Kontinent‹ irreführen lassen. Die schwarze Bevölkerung Afrikas ist nicht sehr alt, ihr Land wurde vorher und wird heute gleichzeitig von anderen Rassen bewohnt. Die Neger sind keine einheitliche Rasse; die ›schwarze Bevölkerung‹ ist nicht homogen und die ›schwarzen Rassen‹ bilden keine klar definierte Einheit, da die Hautfarbe kein sicheres, gleichbleibendes ethnisches Merkmal darstellt. Wenn auch die Wiege dieser Rassen in Afrika stand, so sind sie doch vom afrikanischen Klima nicht so sehr abhängig, daß sie nicht in anderen Gegenden leben könnten. Das rasche Anwachsen der schwarzen Bevölkerung Westindiens, Brasiliens und Nordamerikas ist ein Beweis dafür, daß sie sich in einem anderen Klima zumindest ebenso wohlfühlen wie auf dem Kontinent ihrer Ahnen.

Unsere Hypothese vom Ausschwärmen der afrikanischen Völker aus einem gemeinsamen, heute ausgetrockneten Ursprungsland in der Gegend der südlichen Sahara und des Sudan würde die relative, aber unbestreitbare Zusammengehörigkeit der Negerkulturen erklären, sowie auch ihre Verwandtschaft – jedenfalls in einigen Punkten – mit der ägyptischen Kultur. Es wäre dann nicht mehr notwendig, bei jeder auftretenden Übereinstimmung den Einfluß Ägyptens auf die afrikanischen Kulturen – oder das Umgekehrte – anzunehmen. Warum sollten nicht beide vor etwa sechs- bis achttausend Jahren eine gemeinsame, später aufgegebene Heimat besessen haben?

Die von den schwarzen Völkern gesprochenen Sprachen sind wohl verschieden; sie scheinen jedoch (mit Ausnahme einiger, die man in keine uns bekannte Sprachgruppe eingliedern kann) untereinander verwandt zu sein. Im Wortschatz kann man auch gewisse Ähnlichkeiten mit der ägyptischen Sprache feststellen. Die Zusammengehörigkeit der ost- und westsudanesischen Sprachfamilien könnte etwa auf fünf- bis sechstausend Jahre zurückgehen. Die innere Verwandtschaft der Bantusprachfamilie südlich des äquatorialen Urwaldes ginge auf etwa zweitausend Jahre zurück; sie scheint wiederum mit der westsudanesischen Sprachfamilie Verbindungen zu haben, so daß man von der ›nigero-kongolesischen Sprachfamilie‹ spricht. Im übrigen werden einige Sprachen des Ostens, die sogenannten hamitosemitischen, mit asiatischen Sprachen in Verbindung gebracht. Was die Sprachen der Hottentotten und der Buschmänner Südafrikas, die sogenannten Schnalzlautsprachen anbetrifft, so sind sie Überreste einer Sprachstufe, die auf die Zeit vor der Ankunft der Neger in Südafrika zurückgeht.

IV. VORAUSSETZUNGEN UND GRUNDBEGRIFFE DER GESCHICHTLICHEN ENTWICKLUNG

Der Historiker, der über Afrika schreibt, begegnet nicht nur in der Forschung, sondern auch in der Darstellung des Stoffes zahlreichen Schwierigkeiten. Da er sich an einen westlichen Leserkreis wendet, hat er Begriffe zu gebrauchen, die diesem Leser vertraut sind. Diese Begriffe rufen allerdings nach ebenso vertrauten Vorstellungen, die den afrikanischen Realitäten bei weitem nicht entsprechen. So sieht er sich gezwungen, von ›Königen‹ und ›Reichen‹ zu sprechen, wobei diese Begriffe im Leser nur unzutreffende Vorstellungen wecken können. Was auch immer der Ursprung dieser Namen und der mit ihnen verbundenen Vorstellungen sein mag (es ist hier nicht der Ort, dies zu untersuchen), so haben sie heute in unserem Sprachgebrauch eine durch die Weise des Grundbesitzes geprägte Bedeutung angenommen, die nur aus der europäischen Geschichte her zu verstehen ist.

Vielleicht wurzelt diese räumlich definierte, territorial bedingte politische Auffassung der westlichen Welt in der römischen Konzeption des an den Boden gebundenen Besitzrechtes. Auf jeden Fall hat sich das ›Königreich‹ in Europa nach dem Vorbild der Domäne gestaltet, und die Herrschaftsgewalt hat Züge des privaten Grundbesitzes angenommen. Das Königreich erscheint als des Königs Domäne, und wo als Folge der Revolution der König verschwindet, wird das Staatsterritorium als Hoheitsgebiet sozusagen zur Domäne der Nation. Diese Vorstellung des Nationalstaates – das Prinzip der Nationalitäten – dehnte sich in Europa in der Folge auch auf die Monarchien aus, die sich, vor allem nach dem Untergang des Habsburgerreiches, mit den Nationalstaaten identifizierten. Wie dem auch sei, der Europäer hat die Neigung, sich unter den Begriffen von Reich oder Königreich einen Nationalstaat vorzustellen, der, sei er nun Monarchie oder Republik, eindeutig festgelegte Grenzen sowie ein genau bestimmbares Territorium aufweist. Wer auf dem Hoheitsgebiet dieses Staates ansässig ist, soll als Staatsangehöriger betrachtet werden und untersteht als solcher der Staatsgewalt.

Zumindest bis zum Kommen der Europäer weist Afrika nichts Vergleichbares auf. Man darf indessen feststellen, daß die Verfechter der Entkolonialisierungsbewegung wenigstens diese eine Erbschaft der Kolonisation nicht ablehnen, nämlich die in Afrika vollkommen neue Vorstellung des territorial bestimmten Nationalstaates – ebensowenig wie den Grundsatz, den diese Vorstellung vor allem beinhaltet, daß nämlich jeder Ansässige innerhalb der Grenzen eines bestimmten Gebietes der Gewalt des Staates und seiner Regierung untersteht.

Wer von Königen und Reichen des alten Afrika spricht, beschwört also in seinem westlichen Leserkreis bestimmte Vorstellungen herauf. Wie aber lassen sich diese vermeiden? Die Terminologie ist bequem, sie ist die überlieferte und schmeichelt überdies dem Selbstgefühl der Afrikaner, indem sie ihnen ein Prestige verschafft, das sie sich nicht rauben lassen wollen. Es vermehrt natürlich den Ruhm eines Fulbefürsten des 19. Jahrhunderts, wenn man die 140 in seinen Feldzügen besiegten und unterworfenen ›Könige‹ erwähnt.

Der Leser sei auf die Fragwürdigkeit der hier verwendeten Begriffe hingewiesen und gewarnt, bevor wir uns dem Versuch zuwenden wollen, die afrikanischen Realitäten zu skizzieren, die sich hinter unseren konventionellen Begriffen verbergen. Um zweierlei, wenn auch anscheinend Entgegengesetztes wollen wir uns dabei bemühen: einerseits die Eigenart der afrikanischen Wirklichkeit im Vergleich mit unseren eigenen westlichen Einrichtungen aufzuzeigen, andererseits aber nicht aus den Augen zu verlieren, daß sie sich von jener der westlichen Welt im urgeschichtlichen Zustand kaum sehr unterschieden haben dürfte. Es läßt sich sogar sagen, daß wir über die afrikanische Urgeschichte, die noch nicht so weit wie die unsere zurückliegt und die sich stellenweise noch unter unseren Augen abspielt, besser als über unsere eigene Urgeschichte unterrichtet sind und daß uns ihre Kenntnis dazu verhelfen könnte, Licht ins Dunkel der europäischen Urgeschichte zu bringen. Wenn wir auch nur sehr wenig über die Erbauer von Zimbabwe in Südrhodesien wissen, sind wir über sie immer noch besser informiert als über die Völker, welche die europäischen Megalithen aufgerichtet haben. Auch ist die Kenntnis über unsere Vorfahren – die Bituriger und Arverner, die vor 2000 Jahren das Gebiet zwischen Loire und Garonne bewohnten, oder die in Hessen ansässig gewesenen Usipeter und Tenkterer – mangelhafter als unser Wissen um die vergleichbaren Kulturen der kongolesischen Luba oder der Schona am Zambesi. Viele Besonderheiten der afrikanischen Geschichte erscheinen uns nur in dem Maß eigentümlich, als wir unsere eigenen Ursprünge nicht kennen. Sie sind indessen weniger an eine gewisse Rasse oder Überlieferung gebunden als an eine Kulturstufe, die bei uns allerdings in Vergessenheit geraten ist, da die mündliche Überlieferung jener Vorfahren nicht bis zu uns gelangt ist und wir, im Gegensatz zu den Afrikanern, sogar die Erinnerung daran verloren haben. Sind aber die Zyklopen legendärer als die Jäger, Hirten und Schmiede, die in Westafrika als Stammesahnen gelten? Müßte uns der Vergleich zwischen matriarchalischen und patriarchalischen Kulturen nicht jenes Sakrileg der Ermordung Klytämnestras durch ihren Sohn in Erinnerung rufen, das in Griechenland eine neue Gesellschaftsordnung begründet hat? Das Jahrtausende währende Ausschwärmen afrikanischer Völker von hypothetischen Ursprungsstätten aus über den ganzen Kontinent, gleicht es nicht den germanischen Völkerwanderungen von einem ebenso hypothetischen baltischen Ursprungsort aus? Das Nebeneinanderleben verschiedener ethnischer Gruppen, die, im selben Gebiet lebend, verschiedenen Herrschern unterstehen, wie etwa die ihrem Häuptling gehorsamen Nigerfischer und die ihrem eigenen Oberhaupt folgenden Hirten am gleichen Nigerufer, unterscheidet es sich von jenem der Westgoten im mittelalterlichen Westeuropa, deren König zwar in Toulouse residierte, ohne dadurch aber auch über die Bevölkerung der Region zu herrschen? Erinnern uns die Gesänge der ›Griot‹, der Barden der Bambara und Fulbe, nicht an das Rolandslied und den finsteren Hagen? Jedenfalls liest man die Ilias anders, wenn man einmal afrikanischen Palavern beigewohnt hat.

Gerade diese letzte Bemerkung gibt uns die Möglichkeit, die Proportionen der Ereignisse zu erfassen, die der Historiker er-

zählt. In einem kürzlich erschienenen Werk über die Geschichte Griechenlands hätte man erwartet, daß der Trojanische Krieg, wie ihn uns die homerischen Gesänge als einzige ausführliche Quelle überliefern, darin einen wichtigen Platz einnehmen würde. Auf 300 Seiten, die der griechischen Geschichte vor Perikles und Sophokles, vor Herodot und Thukydides gewidmet sind, entfällt aber nur eine einzige Seite, ein Drittel Prozent, auf den Trojanischen Krieg, dessen Wechselfälle übrigens nicht einmal erwähnt werden. Um allerdings dahin zu gelangen und die einzig überlieferten Ereignisse auf die richtigen Proportionen zu reduzieren, bedurfte es Jahrhunderte methodischer Arbeit. Erst eine mühselige, langwierige Forschung enthüllte, was, wie auf einem schlechten Negativ, in dem Schatten der griechischen Geschichte verborgen blieb. Die Geschichtsforschung über Afrika hat diese Stufe noch nicht erreicht. Für den Augenblick müssen wir auf ein selbst summarisch umfassendes Geschichtsbild des Kontinents und der Völker, die ihn während Jahrhunderten und Jahrtausenden bewohnten, verzichten. Denn noch immer verhüllen undurchdringliche Schleier das Wesentliche der afrikanischen Menschheitsgeschichte.
Die geschichtlich erfaßbare Existenz der Menschheit stellt ja letztlich nur einen verschwindend kleinen Teil der allumfassenden, realen und täglich gelebten Existenz der Menschheit dar. Nur auf einige Namen, Daten und Taten kann der Historiker hinweisen. Nirgends bedauert er diesen Zwang aufrichtiger als in der Darstellung der afrikanischen Geschichte. Denn nirgends hat er stärker den Eindruck, die Proportionen zu verzeichnen und das Allerwesentlichste des menschlichen Phänomens zu übersehen und zu vernachlässigen. Die Gesetze der historischen Perspektive sind nicht die der Gerechtigkeit, nicht einmal die der gerechten Verteilung. Mit der Erkenntnis dieser Problematik müssen wir uns hier indessen begnügen.

Bevor wir uns einer schematischen Beschreibung der politischen Institutionen Afrikas zuwenden, sollen die sie bedingenden geographischen und menschlichen Voraussetzungen kurz beleuchtet werden. Geographisch ist der schwarze Kontinent durch unermeßliche Räume, meist unfruchtbare Böden und fast überall durch ein ungünstiges Klima bestimmt. Eine außerordentlich dünne und sehr unregelmäßige Besiedlung läßt nur wenige Einwohner auf einen Quadratkilometer entfallen und ruft so den Eindruck eines über den ganzen Kontinent wirbelnden Menschenstaubes hervor, der sich nur an wenigen, verhältnismäßig günstigen Stellen festsetzt und gedeiht, aber nur ganz selten eine Bevölkerungsdichte erreicht, die der des geschichtlichen Europa vergleichbar ist. Es drängt sich hier die Fest-

stellung auf, daß die gesellschaftlichen und politischen Erscheinungen, die Modalitäten des menschlichen Organisationsprozesses, in einem direkten und konstanten Verhältnis zur Bevölkerungsdichte in jenem Raum stehen, in dem sie sich vollziehen.
Schon aus Gründen der geringen Bevölkerungsdichte auf dem ganzen Kontinent weist der Besitz des Bodens in Afrika einen anderen Charakter auf als in Westeuropa. Die Vorstellung des Grundbesitzes ist von den Europäern nach Afrika verpflanzt worden; bis zu ihrem Erscheinen kam dem Besitz von Grund und Boden keinerlei Wert zu. Wie die Luft oder das Wasser war auch der Boden als unerschöpfliches Material überall vorhanden. Wer Neuland begehrte, fand es bald. Er brauchte dort höchstens einige Eingesessene zu verdrängen, die ihrerseits die Verlegung ihrer Wohnstätten dem kostspieligen Widerstand gegen die Eindringlinge vorzogen. Vielleicht verbanden sich die Neuankömmlinge aber auch mit der ansässigen Bevölkerung, mit der sie fortan in Symbiose lebten. (Der ›Herr des Bodens‹ ist den Ethnologen zwar eine vertraute afrikanische Erscheinung, die sich aber nicht mit der europäischen Konzeption des Besitzes deckt.)
Der europäische Bauer, der seinen Acker mit seinem Schweiß getränkt hat, wird dadurch nicht nur zum Inhaber seines Bodens, darüber hinaus empfindet er den von ihm bearbeiteten und meliorierten Boden als sein Eigentum im vollen Sinn des Wortes. In Afrika aber wurde die Erde nur selten im europäischen Sinn kultiviert. Dieser Unterschied zu Europa beruht auf den klimatischen und technischen Verhältnissen. Die afrikanische Sonne, die Dürre und (in den Niederschlagsgebieten) die Heftigkeit der tropischen Regen, welche den Boden auslaugen, sind den humusbildenden bakteriologischen Vorgängen nicht günstig. Der bebaubare Boden Westeuropas ist viel weniger als gemeinhin angenommen ein Geschenk der Natur, sondern viel eher das Ergebnis steter Anstrengung der Bauern und der Düngung durch ihr Vieh. Die Humusbildung bindet den Bauern an seinen Boden; sie ist es, die letztlich seinen Besitz begründet. Seine Scholle gehört ihm schon deshalb, weil er sie geschaffen hat. In Afrika aber findet sich kaum irgendwo Humusbildung, ausgenommen an einigen begünstigten Orten, beispielsweise im Osten des Senegal oder am Unterlauf des Casamance, wo sich bezeichnenderweise auch eine ›bäuerliche Rasse‹ entwickelt hat. Denn wenn der Bauer seinen Boden schafft, so prägt andererseits auch der Boden den Bauern. Ähnliche Entwicklungen lassen sich nur noch dort feststellen, wo die Nähe eines Flusses oder eines Dorfes, also organische Abfälle, wenigstens den von Frauen betriebenen Gartenbau erlauben.
Die Düngung, die in Europa durch eine enge Verbindung von Ackerbau und Viehzucht erfolgt, ist in Afrika unbekannt. Diese

Tatsache sowie die Unkenntnis der Mehrfelderwirtschaft bewirkt eine schnelle Nährstoffverarmung der Erde, die selten mehr als zwei oder drei Ernten hintereinander hervorbringen kann. Die rasch erschöpfte Erde beunruhigt indessen niemanden; lassen sich doch überall im weiten Raum neue Felder urbar machen. So entwickelt sich ein nomadischer Wander-Ackerbau. Dabei wandert das ganze Dorf, denn unter einem Dorf versteht man nicht so sehr eine Niederlassung als eine mobile Gemeinschaft von Männern, Frauen und Kindern. Wenn die bebaubare Fläche in der Umgebung des Dorfes beinahe steril geworden ist, dringt die Gemeinschaft etwas weiter in den Busch vor, da wo das Vorkommen bestimmter wilder Pflanzen den Eingeweihten eine gewisse Fruchtbarkeit des Bodens ankündigt. Vor der Regenzeit und nach Erfüllung der rituellen Sühneopfer werden alle Kräfte auf die Entfernung des Buschwerkes konzentriert. Die nützlichen Bäume werden verschont, während die anderen in Kniehöhe gefällt werden. Schließlich wird das geschlagene und getrocknete Gebüsch angezündet, worauf der Boden mit der Hacke oberflächlich bearbeitet wird und ihm unter Anrufung des Regens Asche und Körner beigegeben werden. Die neugewonnene Erde ist wiederum nach einigen Jahren des Anbaus erschöpft. Man überläßt sie der Brache, die ihr im Laufe der Jahrzehnte eine gewisse Fruchtbarkeit zurückgeben wird.
Die Folge dieser Bebauungsart ist die Wertlosigkeit des Bodens an sich; allein dem Menschen, der ihn bebaut, kommt ein Wert zu. Der einzige wahre Reichtum ist also der Reichtum an Menschen und damit an menschlicher Arbeitskraft, über die man verfügt. Es läßt sich deshalb verstehen, daß sich die afrikanischen Kulturen mit gutem Recht als ›humanistischer‹ betrachten als die von ihnen als ›materialistisch‹ eingeschätzten Kulturen Europas. In der Tat setzt in Europa ›Besitz‹ den Besitz an Grund und Boden sowie die Nutznießung seiner Produkte voraus, während in Afrika ›Besitz‹ den Besitz an Menschen und die Nutznießung ihrer Arbeitskraft meint.
Wenn aber als Besitz nur der an Menschen gelten kann, muß dies zur Folge haben, daß der Handel in entscheidendem Maße Handel mit menschlicher Arbeitskraft und Menschenhandel ist, daß das Kriegsziel nicht in der Besetzung eines Territoriums, sondern in der Gefangennahme und Unterwerfung von Menschen besteht, und schließlich daß sich die Kunst der Politik in der Beherrschung der Menschen und nicht in der Verwaltung von Sachen zeigt. Es läßt sich daher durch die ganze Geschichte der afrikanischen Völker stets ein hoher Stand der Fähigkeiten und Techniken feststellen, die sich unter dem Begriff der ›Menschenführung‹ zusammenfassen lassen. Da haben sie

auch einen Grad der Wirksamkeit erreicht, wie er in Europa kaum bekannt ist.
Wer sich als Europäer für die Geschichte Afrikas interessiert, hat sich stets die Konsequenz dieser Entwicklung vor Augen zu halten. Unsere üblichen Begriffe wie z. B. ›Reich‹, als begrenztes oder begrenzbares Territorium verstanden, die uns vertraute Vorstellung der ›Grenze‹ oder, als Sitz politischer und administrativer Macht, die feste ›Hauptstadt‹, sind kaum auf afrikanische Voraussetzungen anwendbar. Es gibt ›Machtzentren‹, die oft von Ort zu Ort wandern und deren Einflußbereiche von der Bedeutung des ›Herrschers‹, von der Epoche und den jeweiligen Umständen abhängen. Es gibt jeweils Fürsten, denen — nah oder fern — eine größere oder kleinere Anzahl von Untertanen Gehorsam leisten; es gibt Herrschaftsbereiche, die sich ausdehnen oder zusammenschrumpfen, oder auch sich bald hierhin, bald dorthin verlagern.

Eine den afrikanischen Gesellschaftsformen adäquate Terminologie müßte diese in drei Hauptkategorien einteilen, wobei natürlich alle Zwischenstufen und sämtliche Übergangsformen zu berücksichtigen wären. Im großen ließe sich eine Klassifikation in Anarchien, Häuptlingschaften (wie wir das französische *chefferie* übersetzen wollen) und Hegemonien vornehmen.

Unter einer Anarchie wollen wir (im etymologischen Sinn des Wortes) jene politische Struktur verstehen, die nicht hierarchisch gegliedert ist. Für den Europäer sind die Anarchien vielleicht die begrifflich fremdesten Systeme, obwohl diese Organisationsform zweifellos auch in Europa bestanden hat, z. B. im iberischen Bevölkerungsraum, aber seit so langer Zeit untergegangen ist, daß sie für uns kein Begriff mehr ist. Dem Historiker liefern sie kaum Ereignisse, die der Aufzeichnung wert wären — ein Grund mehr, sie zu vergessen. Wenn auch keine historische, so haben sie dennoch eine Existenz und entsprechen in hohem Maß der bäuerlichen Lebensweise. Die afrikanischen Anarchien sind überraschend ausgeglichene, beständige, elastische und zusammenhängende Systeme. Ein äußerst eindrucksvolles Beispiel dieser Gesellschaftsform findet sich bei den mehreren Millionen Ibo im Nigerdelta, die keine andere Organisation kennen. Fürsten und Herrscher sind ihnen unbekannt. Die Familien leben nach einem Gesetz, daß selbstverständlich gewohnheitsrechtlicher und religiöser Natur ist; stellt doch die Religion hier, außerhalb jedes Dogmas, jenes Band dar, das die Menschen derselben Gruppe miteinander verbindet und das den Zusammenhang und die Beständigkeit der Gemeinschaft gewährleistet. Ein solches System gestattet ohne

weiteres Konflikte zu schlichten, über Streitigkeiten zu Gericht zu sitzen, Aufgebrachte zur Ordnung zu rufen und Revolten zu unterdrücken. Es vermag aber auch, sich gegen Vergehen wie Ehebruch, Diebstahl oder Mord zu schützen und die gegenseitige Dienstleistung, die Solidarität aufrechtzuerhalten. Als europäische Kolonialbeamte mit solchen anarchischen Gesellschaftsformen zu tun hatten, mußten sie zu ihrem Erstaunen einen stark entwickelten Sinn für Gleichheit und Freiheit und eine tiefe Achtung vor dem Gesetz und der moralischen Ordnung feststellen. Die Europäer wunderten sich, daß dies beim völligen Fehlen von führenden Persönlichkeiten, von Verwaltung, Klerus und Beamten, in einer Gesellschaft ohne Polizei und Gefängnisse allein durch sozialen Druck möglich war.
Selbstverständlich weist die Anarchie mannigfaltige Organisationsformen auf, je nachdem, ob es sich beispielsweise um Jäger oder Bauern handelt. Die Jäger organisieren sich in beweglichen Jagdgruppen, denen sie jeweils einen Anführer voranstellen, der aber ausschließlich über jagdtechnische Befugnisse verfügt. Bei den Seßhaften findet sich oft ein ›Herr des Bodens‹, der in Agrarstreitfällen entscheidet. Bei den Dogon in Bandiagara wird dieses Amt gar von einem ausgesprochen unscheinbaren Menschen, dem Hogon, ausgeübt, der in einer armseligen Hütte haust und – dem Anscheine nach – seine kümmerliche Nahrung der Barmherzigkeit verdankt. Wenn er aber in einem Agrarstreit seinen Urteilspruch gefällt hat, wird dieser von jedermann widerspruchslos akzeptiert.

Das System der Häuptlingschaften (*chefferies*) ist durch die Vorherrschaft einer über außergewöhnliches Ansehen verfügenden Familie gekennzeichnet. Mit Vorliebe beruft sich die herrschende Familie auf einen mehr oder minder legendären ›Gründer‹. Man scheint in diesen Gesellschaften schon sehr früh das Prestige der Altehrwürdigkeit und die von der Geschichte vermittelte Legitimität erkannt zu haben. Die ›Familien‹ sichern sich denn auch oft die Mitarbeit berufsmäßiger und bestallter Chronisten, die das Andenken der Ahnen bewahren oder aber auch erst schaffen. Die herrschende Familie gründet einen Teil ihrer Autorität auf das Monopol an geschichtlicher Tradition, dessen sie sich bemächtigt. Auf die näheren Umstände dieses Vorgangs soll später eingegangen werden. Die Fulbe-Eroberer des 19. Jahrhunderts haben sehr sorgfältig die Archive ihrer Vorgänger vernichtet. Dabei waren sie keineswegs von blinder Zerstörungswut geleitet, sondern sie wußten, ebenso wie die Römer, daß es das Vorrecht des Siegers ist, die Geschichte zu schreiben.
Der ›Gründer‹ konnte ein Eroberer, aber auch ein Flüchtling

oder ein verirrter Jäger sein, der von der Bevölkerung, welcher er neue und bisher unbekannte Techniken zutrug (sei es auch nur die der Autorität), wohlwollend aufgenommen wurde. Während langer Zeit konnte dann ein Dualismus zwischen der jüngeren politischen Macht, deren Rechtfertigung im Gründer wurzelte und sich auf seine Nachkommen vererbte, und der traditionellen, zu einem Schattendasein verurteilten Autorität bestehen, welche dennoch eine ältere und nie verworfene Legitimität darstellte und in bestimmten Fällen noch durchaus verpflichtend war. Noch einmal sei hier auf das Beispiel des ›Herrn des Bodens‹ hingewiesen, der die ältesten ›Inhaber‹ des Bodens vertritt. Diese Entwicklung erklärt manchen Zwischenfall aus den Anfängen der kolonialen Epoche, als die Vertreter der europäischen Mächte mit dem ›Souverän‹ oder der Person, die sie dafür hielten, Verträge abschlossen. In ihrer europäischen Vorstellung befangen, verhandelten sie dabei mit — wie sie glaubten — absoluten Herrschern, die nicht nur über unumschränkte Macht verfügten, sondern auch Eigentümer allen Besitzes waren. Später aber sahen sie sich einem anderen ›Inhaber‹ des Besitzes gegenüber, dessen Existenz sie nicht einmal geahnt hatten, der auch nicht entsprechend entschädigt worden war und nunmehr die Rechte der europäischen Konzessionäre bestritt. In echter Empörung brandmarkten die Europäer den Betrug und beschuldigten die Afrikaner der Doppelzüngigkeit. Zwar hatte der afrikanische Machthaber, der den Vertrag abschloß, um die Fragwürdigkeit seiner Stellung gewußt; wie aber hätte er den Argumenten der Europäer widerstehen sollen, die die ›Sitte‹ nicht kannten, und warum ihnen das Vergnügen seiner Unterschrift auf ihren Papieren verweigern?
In den Häuptlingschaften kommt dem Herrscher keine absolute Macht zu, wenn sich auch die Gegengewichte zur Allmacht einer ersten oberflächlichen Untersuchung entziehen. Zwar dominiert die Herrscherstellung des Machthabers über den undurchsichtigen Untergrund der Tradition, der sich aber mit der Zeit als der stärkere, der beständige erweist. Wenn man zur Verdeutlichung dieses Sachverhalts auf ein Europäern vertrautes Beispiel zurückgreifen wollte, böte sich die katholische Kirche als Vergleich an. Der Heilige Vater ist zwar theoretisch unfehlbar und allmächtig, dennoch sind seinem effektiven Handeln, trotz seiner Allmacht, enge und feste Grenzen gesetzt. Im Dunkel der afrikanischen Systeme bekämpfen sich die ›Familien‹, die Abkünfte, die den römischen *gentes* vergleichbaren Clans, die Jahrgänge (Männer der gleichen Generation, die gleichzeitig beschnitten wurden, was sie zu einer gewissen Solidarität verpflichtet), die manchmal mächtigen und gefürchteten Geheimbünde und — als Träger der Tradition — die Ältestenräte. Es

kann vorkommen, daß ein Machthaber im Blutrausch plötzlich innehält, wenn ihm ein ›Alter‹ vorhält: »Das hätte dein Vater nicht getan.« Erst eine vertiefte Kenntnis dieser hintergründigen Mechanismen könnte uns ein besseres Verständnis der afrikanischen Geschichte vermitteln. Nur das Wissen um die Faktoren, die hinter der Kulisse der offenkundigen Einrichtungen die wirklichen Entscheidungen bestimmen, ließe uns solche Gesellschaftssysteme verstehen. Doch für welche unserer westlichen Demokratien hätte das eben Gesagte nicht genau dieselbe Geltung?

In gewissen Gebieten und Epochen überlagert ein umfassenderes System dasjenige der Häuptlingschaften: Die Hegemonien, die in unserer Terminologie den Reichen entsprechen, werden meistens einzig der historischen Würdigung wert erachtet. Die Hegemonien dehnen sich über weitere, doch nicht begrenzbare Räume aus. Von den Häuptlingschaften unterscheidet sie auch ihre Verwaltungshierarchie, ihr Steuersystem und ihre Armee. Ihre Entstehung scheint niemals spontan zu erfolgen, sondern vielmehr die Antwort auf eine politische oder wirtschaftliche ›Herausforderung‹ (*challenge*) zu sein, wie z. B. der Schutz eines Handelsweges, die Ausbeutung besiegter Völker oder die Abwehr drohender Invasionen. Diese drei Arten möglicher Motive verknüpfen sich gewöhnlich und begünstigen dann das Auftauchen eines Herrschers oder einer herrschenden Gruppe von Menschen, welche Organisationsformen begründen, denen die Bezeichnung ›Staat‹ zusteht und die eine ethnische, feudale, religiöse oder militärische Hierarchie aufweisen. Welches auch immer ihr Ursprung sei, sie haben stets die Tendenz, die Form eines politischen Apparates zur Verwaltung und zur Erhebung von Steuern anzunehmen.

Die älteste ›Herausforderung‹ zur Entwicklung von Hegemonien ist wohl von der Organisation des Handelsverkehrs ausgegangen. Dieser setzt den Unterhalt von Wegen und Wasserstellen voraus; er verlangt die Einrichtung von Märkten sowie die Sicherung des Verkehrs. Die Anarchie vermag diese Aufgaben nicht zu bewältigen, und auch die Häuptlingschaften zeigen sich ihnen nicht gewachsen. Wie im prähistorischen Europa der Bernsteinhandel, so begründete in Afrika der Handel mit Salz, Gold und Sklaven die ältesten Verkehrswege. Diese drei Handelsgüter waren miteinander verknüpft, da eine Ausbeutung der Sahara-Salzgruben durch freie und freiwillige Arbeitskräfte nicht in Frage kam. Es ist denn auch nicht erstaunlich, daß die drei alten Reiche Westafrikas – Gana, Mali und Gao – alle am südlichen Ausgang der wichtigeren transsaharischen Wege entstanden sind. Ihr Wohlstand und sogar ihre Existenz hing in jeder Epoche direkt von der Bedeutung dieser Verkehrsrichtungen ab. Die Jahrhunderte währende Verlagerung dieser Reiche von West nach Ost entspricht übrigens den historischen Vorgängen am nördlichen Ausgang dieser Pisten. Sie ist die Antwort auf eine gewisse Schwerpunktverlagerung vom Maghreb nach Tripolis und später nach Kairo. Obwohl sich die Geschichte Afrikas südlich der Sahara anscheinend in einem geschlossenen Raum abspielte, läßt sich in diesem Fall feststellen, wie sehr ihre entscheidenden Vorgänge, wenn auch indirekt, von der Weltgeschichte beeinflußt worden und nicht von ihr zu trennen sind.

Das Monomotapareich verdankt seine Entstehung zweifellos einer intensiven industriellen Tätigkeit und der Förderung von Bergwerksprodukten, die einen Handel entstehen ließen, dessen Beziehungen bis nach Asien, Arabien, Persien, ja selbst China reichten.

Die Notwendigkeit, sich in religiöser, militärischer oder steuertechnischer Hinsicht (die übliche Form der Steuererhebung bestand in der Forderung von Sklaven) gegen aggressive Nachbarn zu schützen, führte zur Bildung des äthiopischen Reiches.

In Zusammenhang mit dem auf dem Seeweg erfolgten Eindringen der Europäer und der Verlagerung der Handelsstätten lassen sich an den Küstenstreifen neue Staatenbildungen feststellen, vorerst durch Jahrhunderte in Verbindung mit dem Sklavenhandel, später, vor allem nach 1885, im Zusammenhang mit der Expansion des europäischen Industrialismus und Nationalismus.

Es drängt sich hier eine den Ursprung dieser Hegemonien betreffende Frage auf. Zweifellos haben äußere Erscheinungen, vornehmlich solche wirtschaftlicher Natur, die zu ihrer Bildung günstigen Voraussetzungen geschaffen. Man kann dem jedoch entgegenhalten, daß die Umstände nur in dem Maß günstig waren, in dem die Entstehung von Hegemonien erst den in Frage stehenden Handel ermöglichte. Hätte es keine sudanesischen Reiche gegeben, so wäre ein Handel mit Salz, Gold und Sklaven in diesem Umfang unmöglich gewesen. Ohne die schwarzen Sklavenjäger, die überall die Gefangenen zusammentrieben, hätten sich auch keine weißen Sklavenhändler gefunden, die die Neger nach dem amerikanischen Kontinent exportierten. Die Vermutung liegt nahe, daß günstige Umstände allein nicht ausreichten, das Organisationsphänomen auszulösen. Vielmehr scheinen in einem bestimmten Augenblick einer oder mehrere besonders organisationsbegabte Menschen, die über große militärische, verwaltungstechnische und politische Phantasie verfügten, den Anstoß gegeben zu haben. Auch ist die Möglichkeit der Befruchtung durch eine Tradition nicht von der Hand zu weisen, selbst wenn sie als Überlieferung nicht faßbar wird. Wenn es auch nicht sehr wahrscheinlich ist, so ist es doch nicht unmöglich, daß eine so komplexe Einrichtung wie die politische Institution des Staates an verschiedenen Orten ausschließlich unter dem Druck der Umstände von Grund auf neu erdacht worden ist. Es scheint aber einleuchtender, daß in jedem Fall mindestens eine Person von Vorgängen, die sich anderswo (z. B. in Ägypten) abspielten oder abgespielt hatten, Kenntnis erhalten hatte. Zwei Thesen stehen sich also gegenüber, beide durch Argumente bekräftigt. Die eine sieht in der Entstehung von Hegemonien in Afrika einen spontanen Akt, während die andere sie als fernes und entstelltes Echo auf Pharaonentraditionen auffaßt. Entscheidendes Beweismaterial in dieser Frage fehlt jedoch noch.

Wenn südlich des Zambesi der Monomotapa des 16. Jahrhunderts »seine Schwester, die Königin« ehelicht, wie die Pharaonen 4000 Jahre zuvor und 4000 Kilometer weit entfernt, läßt sich dieser Vorgang auf eine Übertragung der Tradition zurückführen? Stellt er nicht vielleicht eine Konvergenzerscheinung dar? Das Anhäufen von Argumenten für den einen oder den anderen Standpunkt kann das Fehlen von Beweisen nicht aufwiegen.

Es gibt zwar eine eindrückliche Anzahl von lokalen Überlieferungen, welche oft den Anstoß zu den Hegemonien einem aus dem Norden stammenden weißen Einwanderer zuschreiben. Man hat in Äthiopien auf die Semiten, im westlichen Sudan auf die Berber und Tuareg hingewiesen. Bis heute ist es jedoch nicht möglich gewesen (und vielleicht wird sich diese Möglichkeit niemals ergeben), den Wahrheitsgehalt solcher Legenden nachzuprüfen oder, umgekehrt, damit endgültig aufzuräumen. Überlieferungen, die ein sehr frühes Erscheinen von Weißen als Trägern von neuem Wissen und Autorität bezeugen, erweisen sich meist als verhältnismäßig jungen Datums. Ihr Zweck war es, den Dynastien Ansehen zu verschaffen, indem sie den äthiopischen Dynastien semitische Züge zusprachen, den sudanesischen Dynastien Familienbande zum Islam andichteten. Eine ganze ›Ahnengalerie‹ von Weißen ließ sich so herstellen, die bis auf die Stämme des Alten Testamentes und die Nachfahren des Propheten zurückreichte. Gegenüber diesen Legenden scheint indessen große Zurückhaltung geboten.

Ein anderer möglicher Erklärungsversuch baut auf der Vermutung auf, daß sich die Technik der politischen Herrschaft im Schlepptau der Technik der Eisengewinnung über ganz Afrika verbreitet hat. Es ist jedoch ebenfalls ungeklärt, ob die Technik der Gewinnung und Verarbeitung von Eisen nach Afrika eingeführt wurde oder ob sie dort autochthon ist, ob also die schwarzen Völker ihrerseits die Metallurgie und besonders die des Eisens neu erfunden haben oder nicht. Tatsache ist die über ganz Afrika verbreitete Kaste der Schmiede, die noch heute eine Sonderstellung einnimmt, von Dakar bis Dschibuti durch das Band der Solidarität zusammengehalten. Die Schmiede bildeten die bevorzugte Begleitung der Kriegsführer, denen sie wahrscheinlich als politische und administrative Ratgeber dienten und deren Nachrichtensystem sie bildeten, das sich auf das panafrikanische Netz der Zunft der Schmiede stützte. Zu erwähnen ist auch, daß Meroe, die Hauptstadt des Kuschreiches, zwischen dem 3. vorchristlichen und dem 4. nachchristlichen Jahrhundert zu großem Wohlstand gelangt und zur Erbin nicht nur der pharaonischen Traditionen, sondern auch der assyrischen Metallurgie geworden war und wegen der riesigen dort aufgefundenen Schlackenlager als das ›Birmingham im sudanesischen Afrika‹ bezeichnet wurde. Wenn es stimmt, daß sich die Eisenverarbeitung vom oberen Nil aus über ganz Afrika ausbreitete, so dürfte man auch annehmen, daß gleichzeitig mit dem zu Lanzen und Hacken verarbeiteten Eisen sich auch die Idee des Staates und der Staatsgewalt von Meroe aus über Afrika ausbreitete.

Wenn der Versuch erlaubt ist, das Dunkel des einen Zeitalters durch dasjenige eines anderen aufzuklären, so sei an die im Alten Testament genau beschriebene Beherrschung der Israeliten durch die über das Eisenmonopol verfügenden Philister erinnert: »Im ganzen Lande Israel fand man überhaupt keinen Schmied, denn die Philister sagten sich, die Hebräer könnten sich sonst Schwerter und Lanzen machen. Jeder aus Israel mußte also zu den Philistern hinab, um seine Pflugschar, seinen Karst, seine Axt oder seine Sichel schärfen zu lassen. Das Schärfen der Sicheln, der Karste, des Dreizacks und der Äxte kostete einen Pim. Im Kriegsfalle fand sich also kein Schwert und keine Lanze bei den Kriegern vor, die um Saul und Jonathan waren. Nur Saul und Jonathan besaßen scharfe Schwerter.« (1 Samuel 13) Man wird annehmen dürfen, daß sich der Vorgang, den uns die Heilige Schrift überliefert, sehr oft auf dem ganzen afrikanischen Kontinent wiederholt haben muß. Was also ›Eisenzeit‹ genannt wird, die je nach der Region zu sehr verschiedenen Zeiten beginnt, müßte man ebensogut als Zeitalter der Hegemonien bezeichnen können. Diese Hypothese wird übrigens durch ein späteres analoges Phänomen bekräftigt. Viel später sollte sich nämlich, als Folge der Einfuhr von Feuerwaffen, eine neue Welle von nun allerdings andersgearteten Hegemonien über ganz Afrika ergießen. Seit der kolonialen Epoche vollzieht sich der Bildungsprozeß neuer politischer Einheiten in Afrika unter unseren Augen. Es handelt sich dabei praktisch um die Einführung der europäischen Vorstellung des Nationalstaates und seine Übertragung in den Rahmen neuer geographischer Einheiten, die den früheren Kolonien entsprechen. Auch in diesem Zusammenhang bezeugen die afrikanischen Völker eine außerordentliche Anpassungsfähigkeit und eine erstaunliche Geschmeidigkeit in der Assimilation fremder, doch rasch ›afrikanisierter‹ Prinzipien.

2. Die Urgeschichte Afrikas

I. DIE OSTSUDANESISCHEN REICHE. DIE ANFÄNGE ÄTHIOPIENS. NUBIEN

Von dem in diesem Band behandelten Teil Afrikas ist Äthiopien der älteste uns bezeugte Staat mit der am weitesten zurückreichenden Tradition. Er liegt im Osten des Kontinents, in der Nachbarschaft Asiens. Nach der äthiopischen Nationallegende war der erste König, Menelik, ein Sohn der Königin von Saba und des Königs Salomon. Das Alte Testament berichtet vom Besuch der Königin bei Salomon (I. Könige 10). Diese Legende, die vielleicht auf das 8. Jahrhundert zurückgeht, wurde im 14. Jahrhundert in einem äthiopischen Kloster niedergeschrieben. Was für den Historiker feststeht, ist, daß das Rote Meer schon zur Zeit des Königs Salomon, also tausend Jahre vor Christi Geburt, ein nicht unbedeutender Handels- und Kulturbereich gewesen ist und daß die Reichtümer des südarabischen Königreiches von Saba teilweise aus Afrika kamen. Nach der biblischen Überlieferung waren Affen und Elfenbein unter den Schätzen, die die Meerschiffe des Königs Salomon mitbrachten, wenn sie »in drei Jahren einmal« heimkehrten. Woher sollen sie gekommen sein, wenn nicht von der afrikanischen Küste des Roten Meeres, oder gar des Indischen Ozeans, eingeführt durch arabische Kaufleute?
Noch früher wird berichtet (10. Moses 12), daß Maria und Aaron Moses wegen seiner ›äthiopischen Frau‹ getadelt hätten (in Luthers Übersetzung: »darum daß er eine Mohrin zum Weibe genommen hatte«).
Das Wort ›äthiopisch‹ soll uns jedoch zu keinem Irrtum verleiten. Von den alten Griechen geprägt, bedeutet es ›verbranntes Gesicht‹. So bezeichnete man die Afrikaner mit dunkler Haut, im Gegensatz zu den hellhäutigen ›Libyern‹ oder Berbern. Diesen Sinn müssen wir ihm auch geben, wenn wir in der Apostelgeschichte lesen, daß ein ›äthiopischer‹ Eunuch, ein Würdenträger am Hof der äthiopischen Königin Kandake, Philippus auf dem Weg zwischen Jerusalem und Gaza begegnet sei und von ihm die Taufe empfangen habe. Übrigens ist der Name *Kandake* vielleicht kein Eigenname, sondern ein Titel, also die Bezeichnung eines Amtes und könnte etwa mit ›Königin‹ wiedergegeben werden. Auch wenn das Buch Esther überliefert,

daß Assuerus 127 Provinzen von Indien bis Äthiopien beherrschte, so soll man wohl unter Äthiopien ›das Land der Schwarzen‹ verstehen. Tatsächlich bezeichnete dieser Name im Altertum Nubien zwischen dem 2. und 3. Katarakt des Nils und das Königreich von Kusch zwischen dem 3. und 4. Katarakt.

Abessinien (seit 1941 sagt man Äthiopien) hat nicht nur eine Legende, sondern auch eine seit altersher mit Dokumenten belegte Geschichte. Sie ist in einer altsemitischen, vom Sabäischen Südarabiens hergeleiteten Sprache, dem Geez, verfaßt und in einer eigenen Schrift niedergeschrieben, die ebenso alt ist wie die griechische. Das Geez wird noch heute von der äthiopischen Geistlichkeit als Kirchensprache gebraucht.
Der zweite bestimmende Faktor der abessinischen Geschichte ist die gebirgige Beschaffenheit des Landes. Die durchschnittlich 2000 m hoch liegenden Plateaus Äthiopiens zeichnen sich durch ein gemäßigtes Klima aus. Sie sind gut bewässert, fruchtbar und von so tiefen Schluchten durchzogen, daß jede Invasion erschwert wird. Die mit dem Boden verwurzelten Völker haben über Jahrtausende ihre Eigenart, ihre Autonomie und ihre Einheit ziemlich bewahrt.
Ein dritter Faktor ist die Nähe des Roten Meeres, das schon Jahrtausende v. Chr. ein wichtiges Handelsgebiet gewesen ist. Die Schiffahrt auf dem Roten Meer bietet keinerlei Schwierigkeiten; einfache Barken oder von aufgeblasenen Schläuchen getragene Flöße genügen. Das Alte Testament berichtet sogar, daß man es ausnahmsweise trockenen Fußes durchqueren konnte, aber in dem erwähnten Fall handelte es sich um ein Wunder.
Der Name Abessinien ist von Halaschat abgeleitet. Dies ist der Name für semitische Bevölkerungsgruppen, die im 2. Jahrtausend v. Chr. oder sogar schon früher aus dem südwestlichen Arabien über das Rote Meer nach Afrika gezogen waren. Die ältesten archäologischen Denkmäler sind schwer datierbar. Sie scheinen auf die Kolonisierung durch sabäische Kaufleute zurückzugehen, die Salz zu den Hochebenen von Tigre brachten. Viele äthiopische Ortsnamen findet man im alten Arabien wieder.
Wie wenig Wahrheit auch in der Legende enthalten sein mag, die die äthiopische Dynastie auf die Liebe der Königin von Saba zu König Salomon zurückführt, so hat sie doch sehr dazu beigetragen, den Fortbestand und die Einheit Äthiopiens über zwei Jahrtausende bewegter Geschichte hinweg zu bewahren. Hatten Salomon und die Königin von Saba wirklich einen Sohn namens Menelik, der der erste König von Axum und der Begründer der sogenannten salomonischen Dynastie im 10. Jahrhundert v. Chr. gewesen wäre? Waren die in Jerusalem gestohlenen Gesetzestafeln wirklich nach Axum gebracht und

dort aufbewahrt worden, wie die Legende berichtet? Sicher ist, daß manche semitische – jüdische und arabische – Einwanderer im Jahrtausend v. Chr. über das Rote Meer, vielleicht auch über Ägypten, nach Abessinien kamen. Auf sie gehen die ›schwarzen Juden‹, die Falascha, zurück, von denen in der Gegend von Gondar, trotz aller Verfolgungen, noch einige Zehntausende überleben.

Zu Beginn der christlichen Ära stand eine bedeutende Stadt, Axum, auf einem Vorgebirge des nördlichen äthiopischen Bergmassivs. Diese Stadt lag in der Nähe eines Nebenflusses des Atbara, der bei Meroe in den Nil mündet.

Das sudanesische Reich von Meroe (wohl identisch mit dem von den Ägyptern erwähnten Königreich Kusch; siehe Fischer Weltgeschichte, Bd. 2) hatte durch den Zwischenhandel der afrikanischen Produkte an Bedeutung gewonnen. Es exportierte nach dem Ägypten der Ptolemäer und der antiken Welt Ebenholz, Straußenfedern, Felle, Affen, schwarze Sklaven und vor allem Elfenbein. Im 3. Jahrhundert ließ Ptolemaios Euergetes am Roten Meer, in der Nähe des heutigen Massaua, den Hafen Adulis bauen. Von dort aus unterhielt man Handelsbeziehungen mit der arabischen Welt, mit Persien, Indien und Ceylon. Für die ausgeführten afrikanischen Produkte schickte der Orient Perlen, Seide, Smaragde, Sesam und vor allem den Weihrauch, der von Ägypten und von den christlichen Kirchen so sehr geschätzt wurde. Axum, auf halbem Weg zwischen dem Indischen Ozean und der hellenistischen Welt, war Sammelplatz für die Produkte seines afrikanischen Hinterlandes. Es war ein bedeutender Umschlagsplatz und ein großer Elfenbeinmarkt. Dabei bereicherte es sich und übernahm allmählich die Rolle von Meroe. Die Könige von Axum waren mächtige Herren; sie prägten Goldmünzen, führten Feldzüge bis in den Sudan und Schiffsexpeditionen nach Arabien. Sie konnten Griechisch sprechen. Als Kaiser Konstantin seine neue Hauptstadt Konstantinopel einweihte, schrieb er im Jahr 336 einen Brief an »die überaus mächtigen Brüder Ezana und Sezana, die Könige von Axum«.

Ezana war der erste König von Axum, über den wir dank einiger Inschriften Genaueres wissen. Er bekehrte sich zum Christentum und begründete das christliche Äthiopien, das auch trotz der späteren Ausbreitung des Islam in Afrika immer christlich blieb. Es scheint, daß zu dieser Zeit auch einige Königreiche Südarabiens die Autorität des Königs von Axum anerkannten. Noch wichtiger ist, daß Ezanas Armeen um 335 in das Königreich Kusch einfielen, die Hauptstadt Meroe plünderten und niederbrannten. Das kuschitische Reich, das sechs Jahrhunderte lang so bedeutend und mächtig gewesen war, wurde zerstört.

Es handelt sich dabei wohl um die gewalttätige Beseitigung einer Konkurrenz. Die Episode hat vielleicht für den afrikanischen Kontinent indirekt weitreichende und positive Folgen gehabt. Man nimmt heute an, daß die letzten Vertreter der kuschitischen Dynastie vor den Truppen des Königs von Axum nach Westen flohen und nach Kordofan und dem Darfur gelangten. Sie verbreiteten wohl im Inneren Afrikas, mindestens bis zum Tschadsee, Kulturformen und Techniken, die das Königreich Kusch von Ägypten geerbt hatte.
Ezana, der Zerstörer Meroes, den man den Konstantin Äthiopiens genannt hat, war ein sehr bedeutender König und der eigentliche Begründer der äthiopischen Geschichte.

Die Christianisierung des Königreiches von Axum war vor allem das Werk syrischer Missionsapostel. Diese gingen den Weg von Palästina zu den äthiopischen Hochebenen, den vor ihnen viele Juden vielleicht schon seit anderthalb Jahrtausenden gegangen waren. Die Lehre, die sie verkündeten, leitete sich vom jüdischen Glauben ab; sie fanden den Weg schon gebahnt und die Völker bereit, ihre Lehre aufzunehmen. Im übrigen hatten die Kaufleute das Griechische als Umgangssprache verbreitet, was die gebildeten Kreise des Königreiches Axum mit Alexandria und Byzanz und somit das junge abessinische Christentum mit dem orientalischen verband. Von den Klöstern, die seit dem 5. Jahrhundert zahlreich in Abessinien gegründet wurden, wurde die Heilige Schrift in das Geezische übersetzt. Einige Apokryphen wie die Bücher *Enoch*, die *Jubiläen* und die *Apokalypse Esdras* sind uns nur in geezischer Übersetzung überliefert, da das syrische Original verlorenging.
Um 520 erzählt der alexandrinische Grieche Cosmas Indicopleustes in seiner *Christlichen Topographie* von seiner Rückreise aus Indien, wobei ihn sein Weg über Adulis, Axum und die Karawanenrouten bis zu den Katarakten des Nils führte. Er äußerte sich voll Bewunderung über den Glanz und den Reichtum der äthiopischen Städte. Um die Mitte des 6. Jahrhunderts erstreckte sich die Herrschaft des Königs von Axum, des ›Königs der Könige‹, bis zum Yemen und über einen Teil Arabiens.
Aber im Jahr 572 fielen die Perser in Arabien ein; sie eroberten 618 Ägypten und verdrängten das römische Reich aus dem östlichen Mittelmeer. Einige Jahre später drangen die ›Söhne Mohammeds‹ in den durch die Eroberung der Sassaniden geschaffenen leeren Raum ein. Sie besetzten Syrien im Jahr 636, drangen 639 in Ägypten ein und hatten es 642 unterworfen. Dadurch wurde zwischen das Königreich von Axum und seine geistigen Quellen, Alexandria und Byzanz, ein Keil getrieben.

In der Folge sollte es sich isoliert weiterentwickeln und seine spezifischen Merkmale ausbilden wie den Hang zum Wunderbaren, zur theologischen Kontroverse und zum mönchischen Leben. Klöster und Kirchen entstanden überall und wurden oft an heidnischen Kultstätten erbaut. Heidnische Kulte vermischten sich mehr oder weniger mit der christlichen Tradition, genauso wie im christlichen Abendland an früheren heidnischen Kultstätten die Heiligenverehrung die alten Riten ablöste, doch manche ihrer Züge übernahm. Vom Norden abgeschnitten, richtete sich das Reich Axum gegen Süden aus, gegen die Hochebene, die es allmählich besiedelte.
Das Rote Meer, das Jahrtausende die Verbindung zwischen Afrika und Asien, zwischen Indien und der griechischen Welt gewesen war, wurde zu einem arabischen See ohne weitere Bedeutung, der es bis zum Bau des Suezkanals im Jahr 1869 bleiben sollte. Im 8. Jahrhundert zerstörten die Araber den Hafen Adulis, der aber schon viel an Bedeutung eingebüßt hatte.
Die Isolierung bewirkte auch den Niedergang des Königreiches von Axum. Schon im 9. Jahrhundert prägte es kein Gold mehr. Im 10. Jahrhundert ermordete eine jüdische Königin die königliche Familie und zerstörte die Hauptstadt. Auf dem Thron folgte ihr bald ein christliches Herrscherhaus, die Tsage. Aber über diese ganze Epoche vom 9. bis zum 13. Jahrhundert haben wir nur spärliche, um nicht zu sagen keine Aufzeichnungen. Wahrscheinlich wurden etwaige Dokumente nach der salomonischen Restauration systematisch vernichtet.

Auf dem Territorium des Königreiches von Meroe, das um das Jahr 335 vom König von Axum zerstört wurde, bildeten sich neue Staaten, die christlichen ›Königreiche der Katarakte‹, von denen wir nicht viel wissen. Zwischen dem 1. und 2. Katarakt des Nils hatten sich schwarze Nomaden, die Nobaten, angesiedelt, die sicherlich durch die zunehmende Trockenheit aus der Einöde von Kordofan vertrieben worden waren. Um das Jahr 300 wurde ihre Ansiedlung von Kaiser Diokletian anerkannt. Er zahlte ihnen sogar einen jährlichen Zins mit der Auflage, den Frieden in diesem Gebiet zu sichern. Gegen 450, unter der Regierung des Theodosius, klagte man jedoch die Nobaten der Plünderei an. Im Jahr 453 schloß der römische General Maximinus, nachdem er sie besiegt hatte, mit ihnen einen hundertjährigen Vertrag. Anscheinend wurde dieser Vertrag von beiden Seiten eingehalten. Doch pünktlich nach Ablauf des Vertrages, im Jahr 553, schickte Kaiser Justinian den General Narses in das Land der Nobaten mit dem Auftrag, diese Heiden, die noch die Göttin Isis im Tempel von Philae anbeteten, zu bekehren oder auszurotten.

Tatsächlich bestanden seit der Mitte des 6. Jahrhunderts drei christliche Negerkönigreiche im Gebiet der Katarakte: zwischen dem 1. und 3. Katarakt das Königreich von Nobatia (oder Nubien); zwischen dem 3. und 4. Katarakt das Königreich von Dongola; südlich des 6. Katarakts das Königreich von Aloa. Die Hauptstadt des letzteren, Soba, lag am Blauen Nil, in der Nähe des heutigen Khartum.

II. WESTAFRIKA: NOKKULTUR. TSCHADSEEKULTUR. IFE.

Im Westen des afrikanischen Kontinents hatten sich allmählich Stämme von Jägern, Fischern, Bauern und Viehzüchtern in der Savanne bis zum tropischen Urwald ausgebreitet. Sie besiedelten das Land, machten es urbar, säten, pflanzten und vermehrten sich. Warum wurde jedoch der Niger, wo der Ackerbau vielleicht ebenso alt ist wie in Ägypten, kein zweiter Nil? Warum konnte sich an seinen Ufern keine dichte Bevölkerung mit einer monumentalen Kultur entwickeln? Dafür gibt es mehrere Gründe, von denen zwei ganz einleuchtend sind. Erstens läßt sich das Ausmaß des Hochwassers des Niger nicht mit demjenigen des Nils vergleichen; überdies führt der Niger, im Gegensatz zum Nil, keinen fruchtbaren Schlamm mit sich. Er bleibt ein wilder, nicht befruchtend wirkender Strom. Nirgends konnte und kann die Bevölkerung an seinen Ufern die gleiche Dichte wie im Niltal erreichen, und diese Dichte ist ein entscheidender Faktor für den Fortschritt der Kulturen. Zweitens fehlte den Völkern an den Ufern des Niger jener Impuls, den die Ägypter aus dem Nahen Osten erhalten hatten. Dennoch sind vier, lange vor der historischen Zeit liegende, Siedlungen von großer Wichtigkeit. Die Nokkultur, die Kultur am Tschadsee, die Ifekultur und die Heimstätte der Bantu in Nordkamerun.
Nach dem Zweiten Weltkrieg, als das Zinn hoch im Kurs stand, begann man auf der Hochebene Zentralnigerias, südwestlich des Tschadsees, die Zinngruben von Jos wieder auszubeuten. Beim Dorf Nok förderten die Bergwerksarbeiter interessante Funde zu Tage. So ersetzte man die Bergleute durch Archäologen, die die Überreste einer bis dahin völlig unbekannten Kultur, der sogenannten ›Nokfigurenkultur‹, zusammentrugen. Die Funde bestanden allgemein aus kleinen, meistens zerbrochenen Terrakottafigürchen, die Menschen, Elefantenköpfe, zusammengekauerte Affen und Menschenköpfe von natürlicher Größe darstellen. Diese Bauern- und Töpferkultur geht auf das 1. vorchristliche Jahrtausend zurück. Zu Beginn der christlichen Ära scheint die Eisenverarbeitungstechnik diese Gegend erreicht zu

haben. Die Nokkultur stand sicherlich in dieser Zeit und in diesem Teil des afrikanischen Kontinents nicht allein, aber sie allein ist bis jetzt bezeugt.
Vor nicht allzu langer Zeit wurden die Überreste einer anderen Kultur an den Ufern des Tschadsees, in der Gegend von Chari, entdeckt. Auch dort gebrauchte man vor allem gebrannten Ton. Aus ihm fertigte man kleine Menschen- und Tierstatuen, Gewichte für die Fischernetze, Spindeln zum Spinnen der Baumwolle, Töpfe und Öfen. Man begrub die Toten in Vasen, die zu den größten uns bekannten Gefäßen zählen. Die Tschadkultur, die 1000 bis 1500 Jahre später anzusetzen ist als jene von Nok und von ihr 1500 km entfernt ist, hat mit ihr manche Züge gemeinsam; jedoch konnte bis jetzt noch keine direkte Beziehung zwischen den beiden festgestellt werden. In Südnigeria, in der Nähe von Ife, fand man ebenfalls Tonplastiken. Man hat aber in Ife auch Messinggüsse ausgegraben, die mit Hilfe der ›verlorenen Wachsmethode‹ angefertigt worden waren. Es sind uns jedoch nur wenige Exemplare bekannt, und diese wurden unter Umständen aufgefunden, die eine Datierung unmöglich machen. Man nimmt an, daß sie frühestens aus dem 10. Jahrhundert stammen und daß die Blütezeit dieser Kultur in das 13. Jahrhundert n. Chr. anzusetzen ist. Man glaubt, daß das in diesen Gegenden seltene Kupfer durch den Handel mit arabischen Kaufleuten ins Land gekommen war, ebenso wie vielleicht arabische Handwerker den Gebrauch der ›verlorenen Wachsmethode‹ mitgebracht hatten. Es ist möglich, daß man eine Verbindung zwischen den Kulturen erkennen wird, wenn man eines Tages in der Lage ist, die schon gesichteten Funde mit neu entdeckten vergleichen zu können. Bis jetzt zeichnen diese Spuren nur Umrisse einer verschwundenen Welt.

III. DIE AUSBREITUNG DER BANTUSTÄMME. DIE OSTHAMITEN

Ein noch unbekanntes, dennoch äußerst wichtiges Phänomen ist die explosive Ausbreitung der Bantustämme, die wohl vor 2000 Jahren von den Hochebenen des heutigen Nordkamerun ausging. Hier sei vermerkt, daß der Name *Bantu* keine Rasse, sondern lediglich eine Sprachengruppe bezeichnet. Die Völker, die unter diesem Namen zusammengefaßt werden, entsprechen verschiedenen Typen. Die zahlreichen Dialekte, die sie sprechen, sind jedoch untereinander verwandt, was auf einen gemeinsamen Ursprung schließen läßt. Es liegt also nahe, einen Herd anzunehmen, von dem sie ausgingen. Vermutlich lag er am Nordrand der Urwaldzone. Zweifellos liegen die Gründe dieser Ausbreitung in einem Bevölkerungszuwachs, der einem für die damalige Zeit ungewöhnlichen Wohlstand zuzuschreiben ist. Dieser ist vielleicht wiederum auf den Anbau der Yamswurzel (Dioscorea) und der Banane zurückzuführen. Der zweite Grund ist wohl die Einführung des Eisens und seine Bearbeitung. Yamswurzel und Banane wachsen im Urwald; so versorgt und mit der Eisenaxt ausgerüstet, konnten sich die Urbantu im Urwald behaupten. So drangen wohl bantusprechende Neger während der ersten Jahrhunderte der christlichen Zeitrechnung in den Urwald ein, durchquerten ihn in Richtung Süden und nahmen jenseits des Urwaldes ihr dem Ackerbau gewidmetes Wanderleben wieder auf. Wir erwähnten, daß der Urwaldgürtel kaum irgendwo mehr als 300 km breit ist. Man versteht, daß er lange Zeit ein unüberwindliches Hindernis gewesen ist, aber auch, daß, sobald die Menschen einmal mit adäquaten Werkzeugen und Nahrungsmitteln ausgerüstet waren, der Durchbruch schnell vonstatten gehen konnte. Um das 7. oder 8. Jahrhundert erreichten die Bantustämme das östliche Gebiet der großen Seen, und von dort aus vermehrten und verbreiteten sie sich schnell. Wahrscheinlich schon um das 10. Jahrhundert waren sie in Rhodesien. Andere Gruppen drangen bis zur Kongomündung vor.

Sie kamen nicht in menschenleere Gebiete. Im Urwald trafen sie auf die Pygmäen oder – genauer gesagt – auf die Vorfahren der heutigen Pygmäen. Weiter im Süden stießen sie auf die Vorfahren der Hottentotten und der Buschmänner, auf die paläolithischen Jägerstämme, die wahrscheinlich den ganzen südlichen Teil des afrikanischen Kontinents vor der Ankunft der Neger bewohnten. Eine Anzahl mündlicher Überlieferungen berichtet, daß das Land einst Völkern gehört habe, die man manchmal die ›roten Männer‹ nennt – kleine Menschen mit großen Köpfen. Sie sollen die wirklichen Besitzer des Bodens von altersher gewesen sein. Sie hätten sich in Geister verwandelt, denen man Ehrfurcht zollen müsse, um sie sich günstig zu stimmen. Tatsache ist, daß sie fast völlig verschwanden. Von der schwarzen Bevölkerung verdrängt, manchmal assimiliert (wie es vielleicht bei den Hottentotten der Fall ist), flüchteten sich einige Stämme in den Urwald, wo ihre Nachkommen die Pygmäen von heute sein sollen. Andere, die sich in den Busch südlich des Urwaldes zurückgezogen hätten, wären die Vorfahren der heutigen Buschmänner.

Als die Bantu die Ostküste erreichten, fanden sie dort andere Bevölkerungsgruppen vor, die man bald Osthamiten, bald Äthiopiden nennt. Sie sind durchschnittlich größer als die Bantu, haben feinere Gesichtszüge, dünnere Lippen und eine gerade Nase; ihre Hautfarbe variiert von hellbraun bis schwarz. Sie leben im allgemeinen als Hirten. Ihre Sprachen werden mit der

hamito-semitischen oder afro-asiatischen Sprachengruppe in Verbindung gebracht. Die ausgeprägtesten Typen dieser Gruppe sind die Somali und die Galla Äthiopiens. Durch das Hügelland, das die großen Seen von der Küste des Indischen Ozeans trennt, nach Süden vorstoßend, hatten wandernde Hirtenstämme den Zambesi schon erreicht, als die Bantu am Ende des 1. nachchristlichen Jahrtausends dort eintrafen.
Die Bantu treten erst spät in die Geschichte ein. Die Bildung politischer Mächte südlich des Äquators geht wohl kaum weiter als in das 14. oder 15. Jahrhundert zurück, d. h., nicht sehr lange, bevor die Portugiesen mit diesen Mächten, an der Atlantikküste mit dem König des Kongo und an der Küste des Indischen Ozeans mit dem Reich des Monomotapa, wie die Portugiesen diesen Herrscher nannten, in Kontakt traten.
Sicherlich kann man annehmen, daß sie, wenn auch politische Gebilde erst spät bezeugt sind, auf Jahrhunderte fortschreitender Zivilisation gegründet sind, von denen wir nichts wissen.

IV. DAS REICH GANA

Im Westen des Kontinents, in der sudanesischen Zone, entwickelten sich die ältesten Negerreiche, anscheinend ohne jeden asiatischen Einfluß. Unserer Hypothese zufolge hätten die Neger die allmählich austrocknende Sahara verlassen und sich in das Gebiet der auch heute noch grünen Savanne des Sudan zurückgezogen. Aber einzelne Gruppen weißer Hirten blieben dort als Nomaden und Reiter mit ihren Herden. Sie paßten sich dem Leben in der Wüste an. Bis zu Beginn der christlichen Zeitrechnung konnten sie ihre Pferde noch in der Sahara ernähren. Dann übernahmen sie das Kamel oder, genauer gesagt, das einhöckrige Dromedar, das die Ptolemäer in Ägypten eingeführt hatten. Mit ihren Herden richteten sie sich nach den Regenzeiten und folgten Reiserouten, auf denen sich Brunnen befanden, die sie von Jahr zu Jahr mit dem Sinken des Wasserspiegels tiefer ausschachteten. So erhielten sie den Handel und den Verkehr zwischen den Negern der sudanesischen Zone und der Mittelmeerwelt aufrecht: mit Ägypten, mit Leptis Magna in Libyen, der großen römischen Stadt (das heutige Homs in Tripolitanien), in der Septimius Severus geboren wurde, vielleicht auch mit Marokko und Südspanien, das ihnen Kupfer lieferte.
Am südlichen Ausgang der Karawanenrouten des Sudan bildeten sich am Ende des 1. christlichen Jahrtausends und bis zum Ende des 15. Jahrhunderts politische Organisationen oder Reiche, nämlich Gana, Mali, Songhai und Kanem. Gana entstand am südlichen Ausgang der westlichen Karawanenstraße,

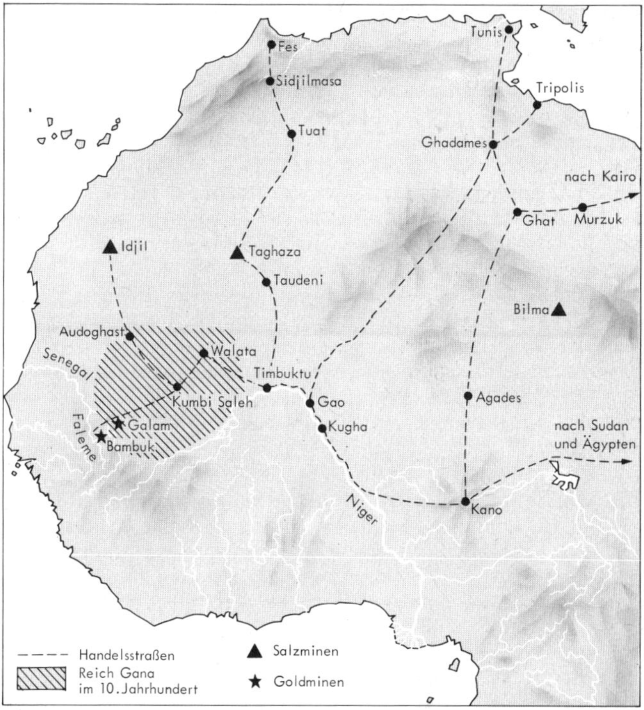

Karte 2: Reich Gana

die sich teilweise mit der prähistorischen Reiseroute durch die westliche Sahara deckt. Diese wird ›Straße der Wagen‹ genannt, da man ihr entlang Felsenmalereien findet, die Wagen darstellen, was man wiederum mit den Aussagen Herodots in Verbindung bringen muß, der berichtet, daß die Garamanten (die weißen Berber) mit Wagen, vor die vier Pferde gespannt waren, Einfälle in das Gebiet der ›Äthiopier‹ (der Neger) machten. Das Königreich von Songhai entsprach der Karawanenstraße von Tripolis nach Gao, die das ausgetrocknete Flußbett des Tilemsi benutzte. Kanem schließlich lag am Endpunkt der östlichen Karawanenstraßen, die den Fezzan und Ägypten mit dem Tschadsee verbanden.

Gana ist der älteste und berühmteste dieser Staaten. Sein Name wurde 1957 von der ehemaligen Kolonie Goldküste übernommen, was einige Verwirrung verursacht, da überhaupt nichts die Übernahme dieser Erbschaft rechtfertigt: weder die geographische Lage noch die Geschichte; nur daß der Name gut klang und Prestige besaß. Nicht anders hatten die Germanen den Namen Caesars in der Form von ›Kaiser‹ übernommen. Hier soll das alte Reich *Gana* vom modernen Staat *Ghana* unterschieden werden.

Die wirtschaftliche Grundlage des Lebens im alten Gana war seine Lage an der Südgrenze der westlichen Sahara, was es zum Umschlagplatz machte zwischen der nordafrikanischen Welt und der Sahara einerseits, und andererseits der nigerischen Savanne, dem *Bled es Sudan,* wie die Araber sagen, d.h. dem Land der Schwarzen. Die Hauptstadt dieses Königreiches glaubt man in der Nähe von Kumbi Saleh nördlich von Bamako entdeckt zu haben; sie soll im 4. nachchristlichen Jahrhundert entweder von Berbern oder von den Sarakole, Mischlingen von Berbern und Negern, gegründet worden sein. Gana war von altersher ein bedeutender Salzmarkt. Dieses Salz kam von den Salzbergwerken von Idjil und Taghaza in der Sahara (die Bergwerke von Taudeni wurden 1585 von den Songhai eröffnet). Noch vor wenigen Jahren wurde das Salz zweimal jährlich von großen Karawanen, den *Azalai,* in den Sudan gebracht. Im Jahr 1913 zählte die Karawane aus Bilma 25 000 Kamele. Das Salz wurde gegen Getreide, vor allem Hirse, aber auch gegen Gold und Sklaven eingetauscht.

Das Gold Ganas kam aus einem Gebiet südlich des Reiches, aus dem legendären *Bambuk,* von dem man annimmt, es habe am oberen Flußlauf des Faleme gelegen. Es ist unwahrscheinlich, daß Gana jemals Bambuk beherrscht habe, aber seine Kaufleute gingen dorthin, um im sogenannten ›stummen‹ oder ›stillen Handel‹ Goldstaub zu kaufen. Sie stellten Salzbarren auf einen bestimmten Platz und zogen sich dann zurück. In ihrer Abwesenheit legten die Eingeborenen neben das Salz die Goldmenge, die sie für das Salz boten, und blieben einen ganzen Tag weg. Wenn dem zurückgekommenen Kaufmann der Handel angemessen schien, nahm er das Gold und ging. Wenn nicht, so zog er sich, in der Erwartung, daß der Käufer mehr bieten werde, wieder zurück, nachdem er seine Waren an einen anderen Ort gelegt hatte. Den arabischen Berichten zufolge wurde das Salz auf dem Markt von Gana mit Gold aufgewogen. Im Mittelalter und bis zur Entdeckung Amerikas war Gana der Hauptgoldlieferant der Mittelmeerwelt.

Als Rückfracht nahm man auch Sklaven mit. Die Salzbergwerke von Taudeni, einer der schrecklichsten Orte der Welt, wurden von Sklaven ausgebeutet, die dorthin ohne Hoffnung auf Rückkehr verschickt wurden.

Dieser Handel machte Gana zu einem reichen Land. Bei den

arabischen Reisenden und Chronisten hatte es den Ruf eines schwarzen Eldorados. Einer von ihnen schrieb: »Im Land Gana wächst das Gold im Sand wie Rüben. Man zieht es bei Sonnenaufgang aus der Erde.« Ibn Hawkal, der Westafrika bereiste, schrieb um 977: »Der König von Gana ist der reichste König der Erde.« Ein Jahrhundert später schrieb der Araber El Bekri, der wahrscheinlich nie in Afrika gewesen ist, dem aber im spanisch-maurischen Cordoba Berichte über Afrika zur Verfügung standen, daß die Häuser in der Hauptstadt Ganas aus Stein gebaut seien. Ein Stadtviertel sei von mohammedanischen Gelehrten und Kaufleuten bewohnt, welche Gärten besäßen und 12 Moscheen besuchten; in einem anderen Viertel der Stadt lebe der König und sein Hofstaat in der Nähe eines kleinen Haines, wo man fetischistischen Riten huldige. Im Umkreis der Stadt bewässere ein Volk von Bauern das Land und schöpfe das Wasser aus gemauerten Brunnen.
Der König lebt in einem Schloß mit Glasfenstern, das mit Gemälden und Skulpturen ausgestattet ist. Jeden Morgen reitet er durch die Stadt, wobei ihm Giraffen und Elefanten vorangehen und seine Leute ihm folgen. Dann kann sich jeder Bittsteller an ihn wenden und ihm seinen Wunsch vortragen. Nachmittags macht er den gleichen Ritt, diesmal allein; dann darf bei Todesstrafe niemand das Wort an ihn richten. Jeden Tag wohnt er dem Mahl bei, das er dem Volk vor den Toren seines Palastes anrichten läßt. In seinem Dienst stehen viele Hartschiere, und man kann ohne Furcht in seinem Hoheitsgebiet reisen. Ein Verwaltungsapparat ist beauftragt, die Waren zu kontrollieren. Man erhebt eine Steuer nach einer Tarifordnung, die nach der Ladung von Lasttieren ausgerichtet ist. Der König hat praktisch das Monopol des Außenhandels. Gold ist überall im Überfluß vorhanden. Hinter dem Thron stehen zehn Pagen, die Schilde aus Gold und Säbel mit Goldgriffen tragen. Zur Rechten des Königs stehen die Söhne der Fürsten seines Reiches mit Goldklumpen in ihren geflochtenen Haaren. Die königlichen Hunde tragen Glöckchen aus Gold und Silber.
Dies alles zeugt von einem Kulturniveau, das einen Vergleich mit dem Reich seiner Zeitgenossen, der Karolinger und Ottonen, nicht zu scheuen braucht. Nach seinem Tod wird der Herrscher mit vielen Dienern, mit Lebensmitteln, Waffen und Schmuck in einer unterirdischen Kammer begraben. Über der Totenkammer baut man eine Holzkuppel, die mit Erde bedeckt wird. Die Thronfolger entstammen der mütterlichen Linie. Der Nachfolger des Herrschers ist sein Neffe, der Sohn seiner Schwester. Nach der im 17. Jahrhundert von Es-Sadi el Tombukti im *Tarik es Sudan* aufgezeichneten Überlieferung sollen die ersten 44 Herrscher Weiße, also wohl Berber aus der Sahara, gewesen

sein. Im Jahr 790 soll Kaya Maghan Cisse, ein Schwarzer, um den Tod seines Vaters zu rächen, den weißen König ermordet und dann selbst unter dem Namen Cisse Tunkara (Tunkara bedeutet in der Soninkesprache König) den Thron bestiegen und eine Dynastie gegründet haben, die drei Jahrhunderte überdauert haben soll. Unter dieser Dynastie, vom 9. bis zum 11. Jahrhundert, erreichte Gana seine größte Gebietsausdehnung und den Gipfel seines Reichtums und seiner Macht. Es soll sich im Osten zeitweilig bis Timbuktu, im Westen bis zum Senegal und im Süden bis zum Fluß Baule erstreckt haben. Diese Grenzen sind übrigens sehr unbestimmt, denn man fragt sich mit Recht, welche Art von Autorität damals über solche Entfernungen hinweg wirksam gewesen sein könnte.
Die Staatengebilde, die wir Reiche nennen, entsprachen weniger Hoheitsgebieten als Herrschaftszentren, deren Ausstrahlung und Einflußbereich von der jeweiligen Persönlichkeit des Herrschers abhing.

Im Norden mußte Gana dauernd gegen die Nomadenvölker der Berber (Lemta und Sanhadja) kämpfen, die ihm die Kontrolle der Transkarawanenstraße von Marokko über Sidjilmasa und Audoghast nach Gana streitig machten. Sidjilmasa ist zwei Monatsreisen von Audoghast, dieses 12 bis 14 Tagesreisen von der Hauptstadt Ganas entfernt.
Um Audoghast, von dem man annimmt, es habe bei Tegdaust (im heutigen Mauretanien) gelegen, gab es ebenfalls ein Berberreich, dessen Hauptstadt ein wichtiger Umschlagsplatz auf dem Karawanenweg zwischen den Salzlagern des Nordens und den Goldminen des Südens war. Am Ende des 10. Jahrhunderts notiert der arabische Reisende Ibn Hawkal, den Schuldbrief eines in Sidjilmasa wohnenden Kaufmanns aus Audoghast in Höhe von 42 000 Dinar, gut eine Million Dollar, mit Erstaunen gesehen zu haben. Da, wo heute nur Wüste ist, beschreibt El Bekri vom Hörensagen eine große und dicht bevölkerte Stadt mit guten Brunnen und umgeben von Gärten und Dattelpflanzungen. »Man baut dort Weizen mit dem Spaten an und begießt ihn mit der Hand; nur die Reichen essen ihn ... Die Bewohner leben in Wohlstand und besitzen große Reichtümer. Zu jeder Tageszeit ist der Marktplatz voll von Leuten; die Menge ist so groß und der Lärm so laut, daß man kaum jemanden versteht, selbst wenn er neben einem sitzt. Da diese Leute das Geld nicht kennen, kauft man mit Goldstaub ein. Trotz der großen Entfernungen läßt man aus den mohammedanischen Ländern Weizen, Obst und Rosinen kommen. Es gibt dort sehr geschickte schwarze Köchinnen, die man für zehn Goldstücke und mehr kauft und die sehr schmackhafte Gerichte zuzubereiten

verstehen. Man kann dort auch Mädchen mit schönen Gesichtern, heller Haut und schlankem Wuchs sehen; sie haben feste Brüste, eine schmale Taille; den Hintern haben sie schön rund, und die Schultern sind breit.«
Im Jahr 977 berichtet Ibn Hawkal in seiner Reisebeschreibung, daß eine Karawanenstraße in einem Monat von Gana nach Kugha führe. Der Fürst von Kugha lebe in Freundschaft mit dem König von Gana, könne sich aber nicht mit ihm an Reichtum messen. »Kugha und Gana«, sagt er, »leben mit den Herrschern von Audoghast in Frieden, da sie von dort das Salz beziehen, ohne das sie nicht leben könnten.« Man identifiziert Kugha mit Kukia am Niger, 150 Kilometer südlich von Gao.

V. DIE SONGHAI. DIE SAO

Am Niger war das Fischervolk der Sorko, der Herren des Flusses, ansässig. Es soll zu der Völkergruppe der Songhai gehören, die übrigens weder eine reinrassige noch eine einheitliche ethnische Gruppe sind. Nach der Legende sollen Vagabunden, vielleicht weiße Berber, eines Tages von der Wüste in das Land gekommen sein. Sie waren abgehärtet von den Schicksalsschlägen, an Erfahrungen gereift und wurden von den schwarzen Songhai aufgenommen. Man gab ihnen Hütten und Frauen, und sie hatten eine große Nachkommenschaft. Ihre Nachkommen, die Dia, waren energische, wagemutige und tapfere Männer von hohem Wuchs und kräftiger Statur. Die Songhai machten sie zu ihren Königen.
Die Dynastie der Dia regierte vom 7. bis zum 14. Jahrhundert. Der König von Kugha oder Kukia, den Ibn Hawkal erwähnt, ist einer der Dia. Übrigens scheint es, daß sie nur von den seßhaften Songhai anerkannt wurden, daß die Sorko ihnen jedoch jahrhundertelang feindlich gesinnt waren. Aber unter dem Druck der seßhaften, von den Dia angeführten Songhai mußten die Sorkofischer weichen. Sie sollen stromaufwärts gewandert sein, um neue Fischgründe zu suchen. Sie gründeten die Städte Gao und Bumba und sollen sich sogar in Djenne bei ihren Rivalen, den Fischervölkern des Bozostammes, niedergelassen haben. Unter der Führung der Dia folgten die seßhaften Songhai immer wieder nach und drängten die Sorko immer weiter stromaufwärts. Der 15. Dia, der sich zu Beginn des 11. Jahrhunderts zum Islam bekehrte, verlegte die Hauptstadt nach Gao in das Gebiet der Sorko. Für ihn und sein Volk hatte Gao den Vorteil, daß es sich am Flußufer, eben am südlichen Ausgang der großen Karawanenroute von Tripolis und Kairo befand, an dem Ort, wo im 20. Jahrhundert die erste

europäische transsaharische Autoroute von Algier nach Gao über Bidon 5 eröffnet wurde.

Noch weiter im Osten, am östlichen Ufer des Tschadsees, soll die Gegend von Kanem-Bornu ursprünglich von kleinen, roten Menschen bewohnt gewesen sein. Zu ihnen sollen von Norden oder Osten her mehr oder weniger legendäre, riesenhafte Schwarze gestoßen sein. Diese Sao, die sich südlich des Tschadsees niederließen und die vielleicht mit weißen Nomaden verbündet waren, beherrschten vom 11. Jahrhundert an die Gegend.
Es ist unwahrscheinlich, daß sie je einen Staat gebildet haben; sie waren eher eine wohlorganisierte und technisch begabte Stammesgruppe. Jahrhundertelang hatten sie sich gegen ihre Nachbarn behauptet. Gegen Ende des 16. Jahrhunderts soll der Sultan von Bornu, Idris Alaoma, ihre Städte und ihre Ernten zerstört, ihre Bäume gefällt und sie damit ausgerottet haben. Wenn es Überlebende gegeben hat, so waren die Sao doch zumindest als Volk vernichtet.

3. Die Ausbreitung des Islam

I. DIE ISLAMISIERUNG DER SAHARA. DAS ENDE DES REICHES GANA

Von nun an wird die Ausbreitung des Islam die Geschichte Afrikas südlich der Sahara ebenso entscheidend beeinflussen, wie sie nördlich des Mittelmeeres auf die Geschichte Europas wirkte.

Erinnern wir an die Chronologie. Im Jahr 622 floh Mohammed mit seinen Anhängern von Mekka nach Medina. Dieses Datum, die Hedschra, steht am Beginn der mohammedanischen Zeitrechnung wie die Geburt Christi am Anfang der christlichen. Im Jahr 10 der mohammedanischen und im Jahr 632 unserer Zeitrechnung starb Mohammed, der Prophet Allahs. Schon zwei Jahre nach seinem Tod (634) begannen die arabischen Eroberungsfeldzüge der Beduinen, die dem Islam ein riesiges Reich schaffen sollten. Die mohammedanische Herrschaft erstreckte sich zur Zeit ihrer größten Gebietsausdehnung von den Pyrenäen bis zum Senegal, vom Atlantik bis zum Iran. Eine Religion, der Islam, eine Sprache und eine Schrift, das Arabische, stellten die Bindeglieder und das Einheitsprinzip dar, die diese Räume vereinigten. Die mohammedanische Welt war nie ein Reich, da in Anbetracht der damaligen Verkehrsverhältnisse eine Zentralherrschaft über so weite Gebiete unmöglich war.

Betrachten wir nun die Lage in Afrika. Im Jahr 640 drangen die arabischen Mohammedaner (die Beduinen) in Ägypten ein. Die byzantinische Armee in Ägypten wurde geschlagen; der Kalif Omar schloß einen Vertrag mit den Kopten, den ägyptischen Christen, demzufolge sie das Recht der Religionsausübung behielten und ihre Güter unter der Auflage eines jährlichen Tributs garantiert und geschützt wurden. Dieser Vertrag sollte später für die Christen des schwarzen Afrika als Modell von mohammedanisch-christlichen Beziehungen entscheidend sein.

Äthiopien und die christlichen Königreiche der Katarakte wurden vom Heiligen Krieg der Mohammedaner, dem Djihad, verschont, da man die Abmachungen zwischen Mohammedanern und Kopten stillschweigend auch auf sie als Christen ausdehnte. Wir müssen jedoch hinzufügen, daß diese Toleranz der Araber beträchtlich von der Furcht mitbestimmt wurde, die ihnen die nubischen Bogenschützen einflößten. Die Araber erwarteten von den Negern nur, daß sie ihnen Gold und Sklaven zuführten. Ohne sich in irgendeine Abhängigkeit zu begeben, verpflichteten sich die Nubier durch den im Jahr 652 abgeschlossenen Vertrag, den Arabern jährlich 360 Sklaven zu schicken und den arabischen Kaufleuten die Handels- und Religionsfreiheit zu gewähren. Dafür erhielten sie Stoffe, Nahrungsmittel und Pferde aus dem arabischen Ägypten.

Die arabische Expansion in Nordafrika griff weiter nach Westen aus. Im Jahr 640 waren die Beduinen über den Isthmus von Suez in Nordafrika eingefallen; im Jahr 683 hatten sie Karthago zerstört, die Byzantiner aus dem heutigen Algerien vertrieben und an der heutigen marokkanischen Küste den Atlantik erreicht. Es war gewiß ein Eroberungs-, aber auch ein Bekehrungsfeldzug. Mit einer Armee von bekehrten Berbern überquerten die arabischen Führer im Jahre 711 die Meerenge von Gibraltar, um Spanien zu besetzen und über die Pyrenäen bis ins Frankenreich vorzudringen. Aber nicht alle Berber waren bereit, sich bekehren zu lassen. Von denen, die sich weigerten, den Islam anzunehmen, wanderten einige in die Sahara, einige noch weiter bis zum Bled-es-Sudan, dem Land der Neger, aus. Wieder andere, die in Nordafrika geblieben waren, lehnten sich auf. Sogar die Bekehrten, die als Verweser im Dienst der Araber standen, behaupteten eine große Unabhängigkeit. Um diese verschiedenen Formen des Widerstandes zu brechen, entsandte ein Herrscher der Fatimiden-Dynastie in den Maghreb, d. h. zu den afrikanischen Berbern, plündernde Araberstämme, die er in Ägypten loswerden wollte. Unter der Führung des Stammes der Beni-Hillal überfluteten 200 000 Beduinen den Maghreb. Der arabische Historiker Ibn Khaldun beschreibt ihren Zug als »eine Wolke von Heuschrecken, die alles, was auf ihrem Wege liegt, verheert«. Sie fällten die Bäume, zerstörten die Ernten, und ihr Vieh fraß die Weiden kahl. Auf ihren Spuren wuchs kein Gras mehr. Dasselbe sagte man auch von den Heeren Attilas, doch ist es hier kein bildlicher Vergleich, sondern Wirklichkeit. Das Land erholte sich nicht mehr und sollte nach ihrem Durchzug für immer Wüste bleiben.

Die Sanhadja gehörten zu jenen Berbern, die allein um des Friedens willen den Islam annahmen, in der Folge jedoch nach Unabhängigkeit strebten. Sie waren ein Verband von Tuaregstämmen, die eigentlich im Adrar zu Hause waren, aber ihre Herden bis zum Senegal führten, der nach ihnen benannt worden ist. Sie kontrollierten die Karawanenstraße zwischen Gana und Marokko. Zu Beginn des 9. Jahrhunderts entrissen die Sanhadja den dunklen Soninke die Stadt Audoghast. Um die Mitte des 10. Jahrhunderts soll der Berberkönig von Audoghast der Lehensherr nicht nur der Berber der Westsahara, sondern

auch von zwanzig Negerhäuptlingen gewesen sein, die ihm Kopfsteuer zahlten. Die Ausdehnung seines Reiches soll von Norden nach Süden und von Osten nach Westen zwei Monatsmärsche betragen haben. Er soll in der Lage gewesen sein, 100 000 Krieger auf Reitkamelen ins Feld zu schicken. Dieser Fürst war mächtig, auch noch wenn man berücksichtigt, daß El Bekri übertreibt. Dennoch nahm diesem Herrscher der König von Gana im Jahr 990 die Stadt Audoghast ab und setzte dort, wenn auch nicht für lange Zeit, einen schwarzen Verweser ein.
Die Araber hatten vom sagenhaften Land der Schwarzen, von ihrem Gold und von ihren schönen Frauen gehört.
Im Jahr 734 unternahmen die Omaijaden von Marokko aus einen Feldzug in den Sudan. Sie brachten zum ersten Mal eine riesige Beute an Gold und Sklaven nach Hause. Dies war nur ein Streifzug; für die Zukunft bauten die Marokkaner die Brunnen aus, die ihnen später für regelmäßige und erträgliche Streifzüge nützlich sein sollten. Die regelrechte periodische Razzia war ihre Art der Auswertung eines Landes. Eines Tages traf ein Berber aus Sidjilmasa, ein gelehrter Mohammedaner namens Abdallah Ibn Yasin, einen anderen Berber namens Yahia Ben Ibrahim, der gerade, voll fanatischen Glaubenseifers, von der Wallfahrt nach Mekka zurückgekehrt war. Beide begannen nun, einen strengen, reformierten Glauben zu predigen. Aber niemand ist Prophet in seinem eigenen Land. Ihre Lehre wurde sehr schlecht aufgenommen, sie mußten flüchten und wanderten mit sieben Gleichgesinnten auf eine Insel im Senegal aus. Dort gründeten sie ein Kloster, dessen Ruf sich schnell verbreitete. Schon einige Monate später hatten sie tausend Gläubige um sich versammelt. Man nannte sie »die vom Kloster«, die »al-morabetîn«, wovon später der Name *Almoraviden* abgeleitet wurde. Als sie sich im Jahr 1042 zahlenmäßig stark genug fühlten und auch genügend sicher in ihrem gereinigten mohammedanischen Glauben waren, zogen sie aus, um zuerst die Beleidigungen zu rächen, die ihnen ihre lauen Glaubensbrüder zugefügt hatten; danach begannen sie die Eroberung der Welt.
Die zuerst bekehrten Lemta, die Vetter der Sanhadja, wurden am Unternehmen beteiligt. Die Offensive der Almoraviden hatte zwei Stoßrichtungen. Im Norden nahmen sie Sidjilmasa ein und gründeten im Jahr 1062 eine neue Hauptstadt, Marrakesch. Im Süden eroberten sie Audoghast. Sie mordeten, raubten und sengten, was sie dort fanden, übrigens ohne zu beachten, ob sie sich an Mohammedanern vergriffen oder nicht. Auf jeden Fall erklärten sie, daß ihre die gerechte Sache sei. Im Namen Allahs ließ Ibn Yasin einen arabischen Mischling aus Kairuan hinrichten, der sich durch seine Frömmigkeit, seine Tugend und seinen Eifer im Aufsagen des Koran ausgezeichnet und die

Wallfahrt nach Mekka mitgemacht hatte; Ibn Yasins einziger Vorwurf war, daß dieser fromme Gelehrte die Herrschaft des Königs von Gana anerkannt hatte.
Da Toleranz zu seinen ältesten Traditionen gehörte, versuchte der König von Gana zuerst, gute Beziehungen mit den Almoraviden zu unterhalten. Er gestattete ihnen sogar, Stadtviertel in seiner Hauptstadt anzulegen. Aber nachdem sie sich erst einmal als Gäste angesiedelt hatten, glaubten sie die Herrschaft eines Ungläubigen, eines Negers, nicht länger ertragen zu können. Nach fünfzehnjährigen Kämpfen stürmten die Almoraviden unter der Führung von Abu Bekr im Jahr 1076 die Hauptstadt Ganas. Ihr Vieh und ihre Reittiere, die sie zu Tausenden zu den Brunnen führten, verwandelten das einst bebaute Land endgültig in eine Wüste. Nachdem sie alles verheert hatten, zogen die Nomaden wieder in die Wüste zurück, um neues Weideland zu suchen. Sie verlegten ihre Zelte von einer Wasserstelle zur anderen, schleppten ihre Beute mit sich und stritten sich untereinander. Vom Mittelmeer bis zum Senegal waren sie die Herren. Diese Tatsache bedeutete aber nicht viel mehr, als daß es niemand wagte, ihnen Widerstand zu leisten. Zehn Jahre später starb Abu Bekr, der Eroberer Ganas, eines gewaltsamen Todes. Die politische Macht der Almoraviden im Gebiet des Sudan zerbröckelte dann langsam. Das Reich Gana erlangte wieder eine Art Autonomie, aber seine einstigen Vasallen wollten sich seinem Gesetz nicht mehr beugen. Die Hauptstadt war jedoch so weit aufgebaut worden, daß Sundjata, der Herrscher von Mali, sie im Jahr 1240 einer Plünderung wert erachtete.

II. DAS REICH MALI

Mali, ein neues Königreich, dessen Herrscher von Anfang an Neger waren, nahm in der Reihe der sudanesischen Staatsgebilde den Platz Ganas ein. Es bildete sich im Mandeland, am Nordrand des Futa Djalon-Gebirges, in einem üppig mit Sträuchern bestandenen, an Goldminen reichen Land. Niani, seine Hauptstadt, ist heute ein kleiner Marktflecken an der Grenze zwischen Guinea und Mali.
Zu Beginn des 11. Jahrhunderts hatte im Land Mande ein kleiner Fürst namens Keita Schwierigkeiten mit den Seinen, da es ihm nicht gelang, es regnen zu lassen und die Hungersnot zu bannen. Er wandte sich an die Almoraviden und bekehrte sich auf deren Rat hin zum Islam. Sogleich fiel der Regen, was seine Autorität endgültig festigte. Dem arabischen Geschichtsschreiber Ibn Khaldun zufolge hatte dieser Keita im Jahr 1050 eine Wall-

fahrt nach Mekka gemacht und dort den Titel eines Sultans erhalten. Von seinen Nachfolgern ist nicht viel zu berichten.
Um das Jahr 1230 bekämpfte ein Sarakole namens Sumanguru Kante, der König der Sosso, ein guter Feldherr, der seine Herrschaft über einen Teil des Gebietes des alten Gana ausgedehnt hatte, den Häuptling von Mali, Nare Fa Maghan. Nachdem er ihn besiegt hatte, ließ er ihn und alle seine Söhne töten, mit Ausnahme des jüngsten, des verkrüppelten Sundjata. Da geschah ein Wunder: Der dem Blutbad entronnene Sundjata konnte seine Beine wieder gebrauchen und wurde ein stattlicher Krieger. Er sammelte seine Anhänger um sich und organisierte die Provinzen seines Erbes. Dann drang er ins Futa Djalon-Gebirge vor und kehrte in seine Hauptstadt zurück, wo er eine lange, magische Vorbereitung durchmachte. Er nahm den Namen Mari Djata oder Löwe von Mali an. Im Jahr 1235 traf er den Besieger seiner Familie, Sumanguru Kante, in der Schlacht von Kirina, in der Nähe des heutigen Bamako. In dieser sagenhaften Schlacht, die die Griot, die Barden von Mali, noch heute besingen, besiegte Sundjata seinen Feind Sumanguru, der in der Schlacht fiel. In die damalige Hauptstadt Kangaba berief er die Versammlung seiner zwölf Vasallen ein und verteilte die Länder unter sie. Wie wir schon erwähnten, plünderte er im Jahr 1240 die Hauptstadt Ganas und zerstörte deren Überreste. Er war Herr über das Gebiet des westlichen Sudan und vor allem über die Gegenden des Wangara und Bambuk. Er verwaltete das Malireich gut. Weite Gebiete ließ er roden, und man schreibt ihm die Einführung des Baumwollanbaues zu. Unter seiner Regierung wuchs die Bevölkerung schnell an.
Sein Sohn, Mansa Wule (1255–1270), der ›rote König‹, war ein frommer und weiser Herrscher, der das väterliche Erbe erhielt und sogar mehrte. Auch er unternahm selbstverständlich die Wallfahrt nach Mekka. Aber seine Nachfolger waren schwach, grausam und lasterhaft. Cliquen bildeten sich, und Aufstände brachen aus.
Von 1285 bis 1300 bemächtigte sich ein befreiter Sklave namens Sakura der Macht und stellte die Ordnung im Reich wieder her. Im Westen bekämpfte er die Tekruri des Senegal, im Osten die Songhai von Gao und im Süden die Mossi. Diese guten Krieger konnte er jedoch nicht besiegen. Auch er unternahm die Wallfahrt nach Mekka. Doch als er auf dem Rückweg auf afrikanischem Boden landete, wurde er von einem Danakil ermordet.
Im Jahr 1300 kehrte die Keita-Dynastie auf den Thron zurück. Von den drei Fürsten, die sich zwischen 1300 und 1312 auf dem Thron folgten, wissen wir kaum mehr als die Namen. Der letzte, Abubakari II., soll zwischen 1310 und 1312 eine

Schiffsexpedition von der atlantischen Küste aus angeordnet haben; zweihundert reichlich mit Lebensmitteln ausgestattete Bootsfahrer hätten den Auftrag erhalten, nach Westen zu segeln und erst dann umzukehren, wenn sie das andere Ufer des Ozeans erreicht hätten. Da nur ein einziges Boot zurückkam, soll der Herrscher zweitausend neue ausgesandt haben, von denen diesmal keines zurückkehrte. Daraus hat man den gewagten Schluß gezogen, die malischen Kanuschiffer seien vor Christoph Kolumbus in Amerika gelandet.

Der Sohn Abubakaris II., Kankan Mussa (1312–1337), erlangte durch die Erzählungen Ibn Battutas, des arabischen Reisenden (gest. 1377), und Ibn Khalduns (gest. 1406), des arabischen Chronisten, große Berühmtheit. Kankan Mussa, auch Mansa Mussa genannt, ist wohl der glänzendste der schwarzen Herrscher gewesen, sowohl wegen seiner Geistesgaben, Intelligenz, Energie und Tatkraft als auch aufgrund seines unerhörten Prunkes.

Sein Reich war ungeheuer groß. Es erstreckte sich von der Wüste im Norden bis zum tropischen Urwald im Süden und vom Atlantik bis östlich des Nigerbogens. Er unterhielt Freundschaft, diplomatische Verbindung und Handelsbeziehungen mit Ägypten. Nach den Berichten Ibn Battutas gingen und kamen jedes Jahr 12 000 Kamele von Mali nach Kairo. Im Jahr 1331, anläßlich der Thronbesteigung des neuen Sultans von Marokko, Abu-el-Hassan, schickte er prunkvolle Geschenke nach Fes. Als Gegengabe ließ der Sultan von Marokko dem ›Sultan der Neger‹ durch die vornehmsten Persönlichkeiten seines Hofes eine Auswahl der besten Erzeugnisse seines Landes schicken.

Man erinnert sich vor allem an seine Wallfahrt nach Mekka im Jahr 1324. Bei dieser Reise führte er zahlreiche Bediente, viel Gepäck und eine große Menge Gold mit sich. Er reiste über Walata im Lande Tuat (im heutigen Südalgerien), wo er mehrere seiner Begleiter zurückließ, nach Kairo, wo er vielerlei, vor allem aber juristische Abhandlungen, einkaufte. Dort sahen ihn venezianische Kaufleute, die in Europa über seinen sagenhaften Prunk berichteten. Ihren Berichten ist wohl die Tatsache zuzuschreiben, daß man im Jahr 1375 zum ersten Mal eine Karte von Westafrika zeichnete, auf der Melli (eigentlich Mali) und der ›Herrscher der Neger‹ vermerkt sind. In Mekka verteilte er mehr als 20 000 Goldstücke als Almosen. Seine Freigebigkeit grenzte ans Unglaubliche; während seines ägyptischen Aufenthaltes erhielt jeder, der im Dienst des Sultans stand, eine Summe Goldes. Er verteilte so viel, daß nach seiner Abreise der Wert des Goldes fiel und erst zwölf Jahre später wieder seinen normalen Stand erreichte. Man berichtet, daß seine Großzügigkeit schließlich die mitgebrachten Mittel erschöpft hatte, so daß

er, nachdem er zwei Kontinente mit seinem Glanz geblendet hatte, sich das Geld für die Rückreise leihen mußte.
Als Kontaktaufnahme zwischen der schwarzen und der arabischen Welt war seine Reise von außerordentlicher Bedeutung. Sein großer Aufwand war jedoch nicht nur eine Prachtentfaltung, es gelang ihm dadurch, weiße Gelehrte zu gewinnen, die sich am Niger niederließen und das arabische Wissen mitbrachten. Von einer Wallfahrt kam er mit dem arabischen Dichter und Architekten Es Saheli zurück, der die sudanesische Architektur erneuerte und einen eigenen Stil schuf. Er baute Timbuktu neu auf, errichtete Moscheen, Minarette und Lehmpaläste mit Holzdecken und Terrassen.
Kankan Mussas Ziel war es nicht nur, sein Land auf eine höhere Kulturstufe zu führen, sondern auch den Transsaharahandel auszubauen und zu monopolisieren. Gerade während seiner Pilgerfahrt nach Mekka eroberte einer seiner Generäle Gao von den Songhai. Es liegt nahe, daß dies nicht auf die Initiative eines Untergebenen zurückzuführen ist, sondern auf Geheiß des Herrschers und im Rahmen eines Planes geschah. Ein kleines Detail veranschaulicht das Ausmaß der Handelsbeziehungen zwischen der Mittelmeerwelt und der schwarzen Welt: Die ältesten Grabsteine Gaos am Niger wurden in Spanien graviert und mit Karawanen durch die Sahara transportiert.
Wir haben die Songhaiherrscher nur bis zum Anfang des 11. Jahrhunderts (um 1010) beschrieben, nämlich bis zu der Zeit, als der 15. Dia sich zum Islam bekehrte und seine Hauptstadt nach Gao verlegte. Im Jahr 1325 unterwarf sich sein Nachfolger, der 17. Dia Assibai, der Oberherrschaft Kankan Mussas und vertraute ihm seine zwei Söhne an, die ihm am selben Tag von seinen zwei Frauen, den Schwestern Fati und Omma, geboren worden waren. Kankan Mussa behandelte die beiden jungen Leute, Ali Kolen und Suleiman Nar, gut und betraute sie sogar mit militärischen Kommandos. Sie flohen jedoch im Jahr 1336 und erreichten Gao, wo sie den malischen Verweser beseitigten. Ali Kolen nahm den Titel Sonni oder Si an. Nach dem Tod Kankan Mussas und einer kurzen Regierungszeit seines Sohnes Magan I., der im Jahr 1341 starb, herrschte sein Bruder Suleiman 19 Jahre bis 1360 über Mali. Er errichtete die Herrschaft Malis über Gao von neuem; der Sonni floh und zog sich in die alte Hauptstadt der Songhai, Kukia, zurück.
Unter der Regierung Suleimans besuchte Ibn Battuta, der im Osten bis nach China gelangt war, das Reich Mali. Er sagt, daß die Hauptstadt dieses Landes der Treffpunkt dreier Zivilisationen, nämlich der sudanesischen, der ägyptischen und derjenigen des Maghreb, mit der Barbarei schwarzer, mit großen Ohrringen geschmückter Menschenfresser gewesen sei. Er

wurde am Hof von Suleiman empfangen. Dieser war mit einem roten Gewand aus europäischem Stoff angetan und schützte sich mit einem großen Sonnenschirm, auf dessen Spitze ein großer, goldener Vogel saß. Die Sitten und Gebräuche von Mali erscheinen Battuta rustikal, aber er lobt den Ordnungssinn: »Die Neger von Mali haben, mehr als andere, Abscheu vor der Ungerechtigkeit. Der Sultan ist unerbittlich, wenn sich jemand dieses Vergehens schuldig macht.« Ibn Battuta lobt die Regelmäßigkeit, mit der sie ihren religiösen Übungen nachgehen. Er findet die Frauen schön und geachtet, der Grad der Freiheit, den sie genießen, läßt ihn erstaunen. Er ist sowohl von der Schamlosigkeit der jungen Mädchen entsetzt, die sicherlich nicht mit verschleiertem Gesicht, wie die arabischen Frauen, sondern mit tiefem Dekolleté auf die Straße gingen, als auch vom Überleben des Götzendienstes. Die Djulatänzer trugen Ibn Battuta zufolge barbarische Masken mit Federn und einem roten Schnabel; sie tanzten vor dem König und sagten eigenartige Gedichte auf.

Ibn Battuta ist erstaunt, daß der Thronfolger der Sohn der Schwester des verstorbenen Königs ist. Er stellt fest, daß der Ackerbau gedeiht und der Handel blüht. Aus allen Himmelsrichtungen kommen Karawanen nach Timbuktu. Er bemerkt die Einfachheit der Mahlzeiten: mit Honig gesüßter, mit Sauermilch verdünnter Hirsebrei. Der Anblick der Erdnüsse läßt ihn erstaunen: »Die Eingeborenen ziehen Körner aus der Erde, die wie Bohnen aussehen, sie braten sie, und dann schmekken sie wie gebratene Kichererbsen. Man mahlt diese Mandeln und gewinnt daraus Öl, das man für die Küche, die Beleuchtung, die Körperpflege und zum Streichen der Häuser benutzt.« Ganz allgemein ist Ibn Battuta sehr beeindruckt von der Ordnung und dem Wohlstand, die in diesem Land herrschen.

»In diesem Land fühlt man sich vollkommen sicher, weder die Einwohner noch die Reisenden haben Überfälle oder Gewalttaten zu fürchten ... Der Reisende kann immer sicher sein, Nahrung kaufen zu können und eine gute Unterkunft für die Nacht zu finden.« Er beklagt nur den Geiz und die Unbeliebtheit König Suleimans.

Jedoch wird mit dem alten Suleiman im Jahr 1360 auch die Glanzzeit Malis zu Grabe getragen. Seine Nachfolger sind schwach und unbedeutend. Von Süden her fallen die Mossi in das Gebiet von Mali ein; von Norden her erobern die Tuareg die Städte Arawan und Walata in der Wüste; im Jahr 1435 dringen sie bis Timbuktu am Nigerbogen vor.

Zur Zeit seines Niedergangs nahm Mali mit den Portugiesen Kontakte auf. Im Jahr 1481 schickte Mandi Mansa Mamadu zu den in Gambia ansässigen Portugiesen einen Gesandten, um sie um Unterstützung gegen die Songhai und Wolof zu bitten. Johann II. von Portugal wollte sich in dieses afrikanische Abenteuer nicht einlassen, aber er schickte König Mamadu zwei Delegationen, die eine von Gambia, die andere von El Mina an der Goldküste. Am Anfang des 16. Jahrhunderts behauptete Leo Africanus, daß es in der Hauptstadt Malis noch 6000 Häuser gäbe und daß man dort Getreide, Baumwolle und Vieh im Überfluß vorfände. Um 1530 erneuerte der König von Mali, Mamadu II., von seinen Feinden bedrängt, die Bitte um Hilfe, die sein Vorgänger an Portugal gerichtet hatte. Im Jahr 1534 ließ Johann III. den König von Mali seines Wohlwollens versichern, tat aber sonst nichts.

III. DAS REICH DER SONGHAI

So wie der Stern von Mali verblaßte, nahm das Königreich von Songhai an Glanz zu. Die Sonniherrscher regierten ohne Aufwand, reorganisierten die Armee und füllten die Staatskasse, indem sie z. B. um 1400 die Hauptstadt von Mali plünderten. Einer der Sonni, Sonni Ali, mit dem Beinamen Ali Ber oder Ali der Große, auch der Si genannt, wurde einer der größten Eroberer im Afrika südlich der Sahara. Von 1468 bis 1492, seinem Todesjahr, also in einem Vierteljahrhundert, gründete er ein ebenso großes Reich wie das Karls des Großen: von Segu am Niger bis Dahome. »Er unternahm Feldzüge, eroberte Provinzen, und sein Ruhm erstreckte sich vom Orient bis zum Okzident«, sagt die Chronik des *Tarik es Sudan.* Sein Ruhm reichte bis Europa, von wo ihm Johann II. von Portugal eine Gesandtschaft schickte.

Im Jahr 1468 nahm er Timbuktu ein, das die Tuareg seit 1435 besetzt hielten. Er ermordete die Einwohner, ließ die Ulema, die arabischen Mohammedaner, die sich ihm widersetzten, hinrichten, warf die Gelehrten ins Gefängnis und steckte die Stadt in Brand. Im Jahr 1473 eroberte er die Stadt Djenne am Niger. Die Soninke hatten die Stadt um 1250 gegründet. Nachdem Djenne Gana als Goldmarkt ersetzt hatte, war es der Mittelpunkt eines kleinen, ziemlich wohlhabenden Staates geworden. Viele Gelehrte kamen dorthin, und der Ruf einer Gelehrtenstadt machte es zum Rivalen von Timbuktu. Um Djenne endgültig einzunehmen, brauchte Ali der Große sieben Jahre, sieben Monate und sieben Tage. Ruhmbedeckt kehrte er im Jahr 1476 in seine Hauptstadt Gao zurück.

Dann zog er im Osten gegen Borgu zu Feld. Er hielt jedoch in Mopti am Niger an, um Atem zu schöpfen und seine Armee ausruhen zu lassen. Dann griff er die Mossi an, stürmte das

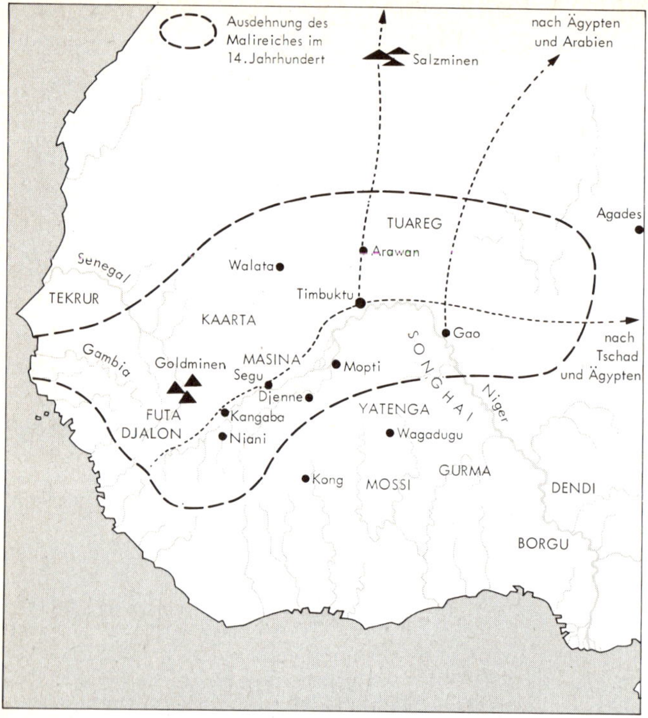

Karte 3: Mali; Songhai; Tekrur; Mossi; Bambara

Bergmassiv von Bandiagara und stieß auf die fetischistische Bevölkerung der Dogon, die entschlossenen und erbitterten Widerstand leisteten und sich in den Felsenwänden verschanzten. Man sagt, daß Ali Ber mit magischen Kräften ausgestattet gewesen sei. Tatsache ist, daß er ein Gegner des Islam oder jedenfalls des mohammedanischen Klerus war.

Er bekämpfte die mohammedanischen Tuareg, die freilich Eindringlinge waren, aber auch die friedliche Unterwanderung der mohammedanischen Fulbe. Ihre Ochsen vor sich her treibend, drangen die Fulbe ins Land ein. Ihre Frauen waren schön und geistreich; sie kamen in die Harems der sudanesischen Häuptlinge und erlangten dort Einfluß. Die klugen und geschickten Fulbe wußten sich nützlich und in der Folge unentbehrlich zu machen. Sonni Ali griff zu Gegenmaßnahmen. Er verwies sie aus den öffentlichen Ämtern und unternahm in den Jahren

1465, 1470 und 1488 drei Feldzüge gegen die Fulbestämme von Gurma – vor allem, weil er die Verbreitung des Islam als eine Gefahr für die Tradition der schwarzen Völker betrachtete.
Da gerade seine Gegner, die mohammedanischen Gelehrten, den Bericht über seine Heldentaten verfaßten, ist es gut möglich, daß sie dem Andenken dieses großen Organisators nicht voll gerecht wurden.
Im Jahr 1492, bei der Rückkehr von einem Feldzug gegen Gurma, ertrank er beim Überqueren eines Gebirgsstroms. Da sich sein Nachfolger geweigert hatte, zum Islam überzutreten, riß einer seiner Generale, ein Soninke namens Mamadu Ture, unter dem Namen Askia Mohammed die Macht an sich. Er begründete die mohammedanische Dynastie der Askia, Könige der Songhai.
Das Jahrhundert der Askia war für das Songhaireich noch eine glanzvolle Epoche. Aber vielleicht muß man auch den tendenziösen Berichten der mohammedanischen Geschichtsschreiber Rechnung tragen, die geneigt sind, die mohammedanischen Askia auf Kosten der heidnischen und antiklerikalen Sonni zu loben.
Askia Mohammed, der Begründer der Dynastie, regierte von 1493 bis 1528. Er teilte sein Reich in Provinzen auf, an deren Spitze er Gouverneure setzte. Er schuf ein stehendes Heer und nahm Gelehrte in Timbuktu und Djenne auf. Im Jahr 1497, als er die Wallfahrt nach Mekka unternahm, wurde er von 500 Reitern, 1000 Soldaten und mehreren Gelehrten begleitet; dabei nahm er 300 000 Goldstücke mit sich. Bei seiner Rückkehr, stolz auf sein Ansehen als Pilger und auf seinen Titel als Kalif, den ihm der 14. Sultan aus der Dynastie der Hassaniden in Mekka verliehen hatte, unternahm er Feldzüge gegen die Mossi von Yatenga, gegen das Rumpfreich von Mali, gegen das Land Borgu und besetzte die Karawanenmarktstadt Agades, wo sich Songhai angesiedelt hatten, um die plündernden Tuareg fernzuhalten. Im Osten wurde er von den Haussa aufgehalten, von denen er gegen 1512 nur drei Staaten während kurzer Zeit besetzt hielt. Im Norden reichte die Herrschaft der Songhai bis weit in die Wüste; sie kontrollierten sogar zeitweise die Ausbeutung der Salzbergwerke Südmarokkos. Einer der Nachfolger Askia Mohammeds, Askia Daud (1549–1582), zog es jedoch vor, das Ausbeutungsrecht der Salzbergwerke gegen eine jährliche Zahlung von 10 000 Goldstücken dem Sultan von Marokko zu verpachten. Die Söhne Askia Mohammeds (er hatte etwa hundert) stritten sich schon vor seinem Tod um die Nachfolge. Sie lagen miteinander in Fehde, brachten sich gegenseitig um, aber immer, wenn sich seine Nachkommen schließlich untereinander geeinigt hatten, herrschte schnell Frieden und somit Wohlstand. Zu solchen Zeiten reiste man in Sicherheit in der Sahara,

und die Tuareg zahlten Tribut. Händler und Gelehrte strömten nach Timbuktu, wo die gesuchteste Handelsware handgeschriebene Bücher waren, die sich nach dem Bericht des Leo Africanus »so gut verkaufen, daß man aus diesem Handel mehr Gewinn zieht als aus irgendeiner andern Ware, die man verkaufen könnte«. Er fügt noch hinzu, daß man den Reichtum eines Mannes nach der Zahl seiner Bücher und der Pferde seines Stalles beurteile.

IV. DIE MAROKKANER IN TIMBUKTU

Am Ende des 16. Jahrhunderts beschloß der junge marokkanische Sultan Mulai Ahmed mit dem Beinamen el Mansur, d. h. der Siegreiche, im Bestreben, Ruhm und Gold zu erwerben, eine Expedition durch die Sahara zu den sagenhaften Goldgruben im Lande der Neger zu unternehmen. Die genaue geographische Lage dieser Goldgruben war ihm unbekannt, und er wußte nicht, daß sie viel weiter im Süden lagen als die Marktplätze am Niger, wo man das Gold kaufte.
Er schickte dem Askia Mohammed el Hadj (1582–1586) Gesandte mit Geschenken, aber der Geheimauftrag dieser Delegation bestand in der Spionage zur Vorbereitung des Feldzuges. Nach dem Scheitern einer ersten Expedition vertraute Mulai Ahmed die Vorbereitung und das Kommando eines neuen Feldzuges einem andalusischen Renegaten namens Djudar an. (Dieser Spitzname ist wohl auf seinen liebsten Fluch ›Joder‹ zurückzuführen.) Dieser Spanier, der zur Sippe der Konquistadoren Lateinamerikas gehörte, wußte seine Expedition sorgfältig zu organisieren. Aus dem elisabethanischen England ließ er Leinwand für die Zelte, Kanonen und Pulver kommen. Die Expedition, die zum Teil aus Spaniern in marokkanischen Diensten zusammengesetzt war, durchquerte im Jahr 1590 mit Waffen und Gepäck die Sahara, angetrieben von der Energie und den Flüchen des Pascha Djudar. Damals führte man zum ersten Mal Kanonen durch die Wüste. Während des über fünfmonatigen Marsches starb ein Teil seiner Leute an Durst und Erschöpfung. Als sie am 12. April 1591 den Niger erreichten, schlugen sie die Songhai bei Tondibi (50 km von Gao entfernt) mit einigen Kanonenschüssen in die Flucht. Die spanisch-marokkanischen Konquistadoren nahmen das von der Bevölkerung verlassene Gao ein und ließen sich in Timbuktu nieder. Aber eine große Enttäuschung erwartete sie: Wo war das Gold? An den Ufern des Niger fanden sie das erhoffte Dorado nicht, die Goldgruben lagen viel weiter südlich, am Fuß des Futa Djalon-Gebirges. Schlimmer noch: Da ihr Feldzug den

Handelsverkehr unterbrochen hatte, gelangte überhaupt kein Gold mehr nach Timbuktu.
Unzufrieden über die bescheidenen Erfolge der Expedition und um seine Hoffnungen betrogen, verdächtigte der Sultan von Marokko den Pascha Djudar des Verrates. Er setzte ihn ab und ernannte einen neuen Vertrauensmann, den Marokkaner Mahmud Pascha, der sich nach Timbuktu begab und das Kommando über die Schar von Abenteurern übernahm. Djudar, entschlossen, sein Glück auf eigene Faust zu versuchen, ließ sich in Gao nieder.
Die entflohenen Askia konnten sich untereinander nicht einigen. Die einen hielten den Widerstand für sinnlos und wollten sich mit Mahmud Pascha verständigen, die anderen ließen sich in der Provinz Dendi, weiter flußabwärts am Niger, nieder und setzten von dort aus den Widerstand fort. Aber das Songhaireich erstand nicht wieder. Die Bambara, die Tuareg und die Fulbe, nicht mehr im Zaum gehalten, wurden zu selbständig.
Trotz seiner Plünderungen konnte Mahmud Pascha dem Sultan von Marokko nicht viel mehr Gold schicken, als es Djudar vermocht hatte. Da entsandte der Sultan einen anderen Kaid namens Mansur mit dem Auftrag, Mahmud hinrichten zu lassen und seine Stelle einzunehmen. Auch gab er den Befehl, den Kadi und die Gelehrten von Timbuktu in Fesseln zu legen und sie samt ihren Familien und Gütern, vor allem mit ihren Büchern, nach Marokko zu überführen. Unter diesen verbannten Gelehrten befand sich der Historiograph Ahmed Baba, der lange genug lebte, um vom Nachfolger El Mansurs im Jahre 1607 die Erlaubnis zu erwirken, in seine Heimat Timbuktu zurückkehren zu dürfen.
Die Spanier und Marokkaner waren vom enttäuschten Sultan und auch von Djudar ganz ihrem Schicksal überlassen worden. Djudar, der alles überlebte, kehrte im Jahr 1599 mit seiner Beute nach Marokko zurück. Die Spanier und Marokkaner siedelten sich am Ufer des Niger an, heirateten einheimische Frauen und gingen allmählich in der Bevölkerung auf. Sie mußten sich gegen die Tuareg, die gegen Timbuktu anstürmten, gegen die Bambara von Segu und gegen die Mande von Mali, die eine Zeitlang Djenne besetzt hielten, verteidigen. Die Herrschaft der ›Marokkaner‹ sollte noch lange dauern. Während einiger Zeit ernannte der Sultan von Marokko noch die Pascha von Timbuktu und ließ ihre Finanzen überwachen. So wurden die Beziehungen zwischen der Mittelmeerküste und den Ufern des Niger vorübergehend wiederaufgenommen. Aber die Sultane verloren das Interesse an diesem entfernten und enttäuschenden Landstrich. Um das Jahr 1620 verzichtete der Sultan von Marokko darauf, einen Pascha für Timbuktu zu ernennen.

In der Folge wählte die Armee, die als autonome Macht in Form einer militärischen Kaste übrig geblieben war, die Paschas, setzte sie ab, wenn es nötig war, und wählte neue. Einige wurden auf diese Weise siebenmal gewählt. Die Paschas blieben immer kürzere Zeit in ihren Stellungen, ihr Mandat wurde nunmehr nach Monaten und Wochen berechnet und die Interregnen, während derer die Armee die Rivalitäten und Kandidaten gegeneinander ausspielte, verlängerten sich. Die ›Marokkaner‹, wie man sie nannte, obwohl sie sich immer mehr mit der einheimischen Bevölkerung vermischten, gaben allmählich den Widerstand auf. Vom Jahr 1737 an zahlten sie den Tuareg Tribut, und diese ließen sich um 1770 in Gao nieder. Die ›Marokkaner‹ oder deren Nachkommen, die hellhäutigen Arma, verzichteten darauf, eine Macht auszuüben, die sie nicht mehr in der Hand hatten, und gingen in der Masse auf.
Neben der Anarchie, die in der regierenden Kaste herrschte, ist man über das Kulturniveau erstaunt, das Timbuktu zu dieser Zeit erreicht hatte und aufrechterhielt. Die Ulema, Gelehrte, Historiker und Rechtsgelehrte, entfalteten ihre Tätigkeit. Im 16. Jahrhundert schrieben Mahmud Kôti und sein Enkel die Chronik *Tarik el Fettach.* Zu Beginn des 17. Jahrhunderts schrieb Es Sadi el Tombukti die Chronik *Tarik es Sudan.* Zur selben Zeit führten Chirurgen aus Timbuktu die Operation des Starstechens aus.

V. SOSSO. TEKRURI. MOSSI. BAMBARA

Neben den drei Reichen, die sich im nigerischen Sudan abgelöst hatten, Gana, Mali und dem Reich der Songhai, gab es noch eine Menge von Königen oder Fürsten, deren Völker Zeiten des Wohlstandes, der Macht oder des Ruhmes gekannt hatten.

Gelegentlich tauchte für kurze Zeit ein Reich Sosso auf. Es handelte sich dabei um Nachfahren der Sarakole, die von den Almoraviden aus Gana vertrieben worden waren und sich weiter südlich in das Land Kaniaga geflüchtet hatten. Der letzte ihrer Könige, Sumanguru, beherrschte um 1230 kurze Zeit das Gebiet des ehemaligen Gana und beseitigte die Dynastie mit Ausnahme des verkrüppelten Sundjata, der sich später an ihm rächte. Nach seinem Tod wurde das Königreich Sosso dem Reich Mali einverleibt, obwohl seine Nachkommen noch einige Zeit im Futa Toro überlebten.
Bei dieser Gelegenheit wollen wir betonen, wie in Afrika das Schicksal des Königreiches mit der jeweiligen Persönlichkeit des Herrschers engstens verbunden war. Je nach Ansehen und Tätig-

keit des Herrschers breitet sich auch sein Reich aus oder schrumpft zusammen; manchmal verschiebt es sich in andere Landstriche.

Das Land Tekrur, an den Ufern des Senegal, besaß ebenfalls Herrscherdynastien. Vom Jahr 850 an gab es sieben, wobei die ersten vielleicht Weiße gewesen waren, wahrscheinlich Berber, die sich schnell assimiliert hatten. Das Tal des Senegal, abseits der großen Handel- und Wanderstraßen, ein Grenzgebiet zwischen Schwarzen und Weißen, diente dem Islam als Ausgangsbasis, beziehungsweise als Zufluchtsort. Dort war auch die Wiege der Almoraviden (siehe S. 55 u. 87).

Südlich des Niger, am Oberlauf der Volta, lebten die Mossi. Sie waren vor allem eine Kriegerkaste, wahrscheinlich die Nachfahren von Reitervölkern, die um das 11. Jahrhundert vom Osten her einwanderten. Sie gründeten kein Reich, sondern eine Reihe von Fürstentümern zwischen dem Niger und den Hügeln von Togo. Der Mogho-Naba oder ›Mossiherrscher‹ besaß ein gut ausgebautes Verwaltungssystem. Wir besitzen die Liste der Mogho-Naba von Wagadugu seit Widiraogo, der im 13. Jahrhundert die Dynastie begründete, bis zum heutigen Tag. Die Namen der Fürsten von Dagomba im Norden von Togo und der Gurma sind uns ebenfalls bekannt. Aber diese Listen sind verdächtig. Sicherlich zeugt das Bestehen dieser Dynastien über Jahrhunderte hinweg von der Weisheit der Fürsten und ihrer Untertanen, aber es ist auch ein Zeichen dafür, daß ihre armen Länder weniger den Neid der anderen wachriefen als das Gold von Bambuk – was sie allerdings auch um den Ruhm brachte, in die Geschichte einzugehen.

Infolge des Zusammenbruches des Songhaireiches im Jahr 1591 gewann ein sehr dynamisches Volk, die Bambara, an Bedeutung. Seit Jahrhunderten lebte dieses ackerbautreibende Volk im Zustand der Anarchie, als, wahrscheinlich von außen her und wohl durch Fulbenomaden, die Grundsätze politischer Organisation eingeführt wurden. Zu Beginn des 17. Jahrhunderts bildeten sich zwei Gruppen an den Ufern des Niger: die Bambara von Segu am rechten und die Bambara Masasi aus Kaarta am linken Nigerufer. Diese beiden Königreiche lagen öfter im Streit, obwohl ihre Gründungen, der Überlieferung nach, auf zwei Brüder zurückgehen, den guten Baramangolo und den bösen Niangolo.
Die Bambara waren ein gesundes und kräftiges Volk, gute Ackerbauern und Krieger. Nach ihrer eigenen Meinung sind sie mit der Erde verwurzelt *(des hommes de la terre)*. Sie waren

bis zur Zeit der Kolonisation ihrem animistischen Glauben treu geblieben. Der Islam konnte dort nur langsam und erst mit der Kolonisation eindringen. Der Animismus ist keineswegs eine ›primitive‹ Glaubensform, der den fetischistischen Kulten und Aberglauben zugeordnet werden könnte, und zumal der Animismus der Bambara ist ein sehr vielschichtiges und vielseitiges, reiches und spitzfindiges System. Die Europäer benötigten lange, um nur ein wenig in seine Kosmogonie, seine Metaphysik und seine Ethik einzudringen, die durch das Ritual hindurchschimmern. Mit Recht hat man von den Bambara behauptet, der Grundzug ihres Wesens sei die Religiosität. Das bedeutet, daß Anschauungen, die wir als religiös betrachten, innig mit der sozialen Struktur des Volkes, dem täglichen Leben des Privatmannes und mit den Kunstgriffen der Gewerbe verwoben sind. Nach den Traditionen und Riten richtet sich das Leben, jeder Tag und jede Stunde. Was immer auch geschehen mag, was immer auch getan wird, nichts wird dem Zufall oder dem Belieben des einzelnen überlassen. Die Nachfolge des verstorbenen Familienoberhauptes, das Eherecht und die Wahl der Gemahlin, der Grundbesitz und der Besitz der Ernte, das Beschneiden der Knaben und das Ausschneiden der Mädchen, die Erziehung und der Geschlechtsverkehr, die Justiz, der Grad der Vertraulichkeit zwischen Vettern und Verwandten sowie die Pflichten ihnen gegenüber, der Scherz oder die Beschimpfung, die je nach Verwandtschaftsgrad empfohlen sind, die Abfolge der Feldarbeiten, ja eigentlich alles, was man tut oder läßt, wird durch ein rituelles Verbot oder Gebot vorgeschrieben. Aber dieses System ist nicht nur in Bezug auf eine soziale Organisation ausgerichtet, sondern bezieht sich auch auf ein zusammenhängendes kosmogonisches und metaphysisches Weltbild. Der Platz des einzelnen im Universum und seine Bestimmung auf Erden sind durch die Schöpfungsordnung erklärt: Der Mensch ist ein Mikrokosmos, in dem sich das Weltall spiegelt und in dem es zusammengefaßt wird. Das System entspringt weder einer geistigen Spekulation noch ist es der exklusive Besitz einer intellektuellen Elite, sondern es ist der praktische, volkstümliche und lebendige Niederschlag einer tausendjährigen Erfahrung. Jeder ist Träger eines Teils dieser in Gestalt einer lebendigen Gesellschaft konkretisierten Erfahrung. Das Ganze und seine wirkliche Bedeutung überblicken nur die Greise als Altersklasse, deren soziale Funktion es ist, die Synthese aus der Erfahrung zu ziehen, die Tradition lebendig zu erhalten und im Notfall ihre Weisheit dem Volk zur Verfügung zu stellen.

Das Leben der Bambara, deren Gesellschaftsordnung man grundsätzlich als anarchisch bezeichnen kann, konnte also geordnet sein, selbst wenn keine andere Autorität als jene der

Tradition am Werk war. In jedem Fall, selbst in der Isolierung, wußte jeder, was er zu tun hatte. Diese Tradition war dem unwirtlichen Land angepaßt. Die Bevölkerungsdichte war gering, die Verkehrsverbindungen waren während der Regenzeit monatelang unterbrochen, der Boden war karg; vom Klima wurde gesagt, daß es ›alles zerstört‹, außer der Menschenrasse, die sich dort behaupte. Trotz ihres schwierigen Lebens bewahrten die Bambara über Jahrhunderte hinweg ihre Vitalität. Während jeder Tagesstunde und vor allem während der Nacht, wenn die große Hitze vorüber war und der Mond leuchtete, bekundeten sie eine schalkhafte Fröhlichkeit und Lebensfreude. Dann waren die Erzählungen der Griot, die Spiele, Tänze und das Tam-tam ihre Hauptvergnügen. Bei der Land- und Hausarbeit waren sie ebenso fröhlich. Das Roden, Hacken, Säen und Ernten, Wasserholen und Feuermachen, das Hirsestampfen und das Baumwollespinnen, alles erledigte man gemeinsam, alles wurde von Liedern begleitet, alles war Anlaß zu Tanz und Händeklatschen, zu rhythmischen Ausrufen und schallendem Gelächter.

Wir wollten, wenigstens kurz, eine der ›ackerbautreibenden Anarchien‹ erwähnen, die den glanzlosen, aber gediegenen Grundstoff der afrikanischen Geschichte bildeten. Wenn man sich ihr Leben vor Augen führt, versteht man vielleicht, wie wenig Gewicht das vom Historiker Vermerkte eigentlich besitzt im Vergleich mit dem alltäglichen, anonymen und fleißigen Leben eines Volkes, das einem dürftigen Boden unter der heißen Sonne Afrikas den Unterhalt für sich und andere abringen konnte.

Von Zeit zu Zeit geraten diese Völker ins Blickfeld des Historikers, dann nämlich, wenn dort zu ihrem Vor- oder Nachteil sogenannte ›große Männer‹ auftauchen, das heißt, ehrgeizige, herrschsüchtige, streitlustige Persönlichkeiten. So erlebte das Königreich der Bambara von Segu die Herrschaft des berühmten Mamari Kulubari (wohl 1712–1755), der vor allem ein großer Feldherr war. Er wies den Angriff eines mächtigen Nachbarn, des Königs von Kong, zurück, der von Süden gekommen war und gegen 1725 Segu lange belagerte. Mamari einigte das Königreich. Aber er brachte dies nur dadurch zustande, daß er das politische und soziale Gefüge veränderte oder daß er der ›ackerbautreibenden Anarchie‹ zumindest eine politisch-militärische Kaste (was wir heute etwa eine Einheitspartei nennen würden) aufpfropfte. Ob es befreite Sklaven, begnadigte Todeskandidaten, amnestierte Verbrecher oder von ihren Schulden befreite Steuerzahler waren, Mamari kaufte sie alle und verlangte von ihnen dafür nur unbedingte persönliche Treue. Indem sie auf ihre Freiheit verzichteten, wurden sie in die Kaste der

Ton-Dyon (die Sklaven der Ton oder Gemeinschaft) eingegliedert. Diese Kaste, die an den persönlichen Kulten des Mamari teilhatte, nahm die Form einer religiösen Zunft an, deren religiöser, politischer und militärischer Führer Mamari war.
Nach Mamaris Tod ermordete diese Kaste erst seine beiden Söhne und schließlich die ganze Familie mit Ausnahme zweier Töchter. Später heiratete ein Ton-Dyon-Häuptling namens N'Golo Diara eines der beiden überlebenden Mädchen und regierte in Frieden von 1760 bis 1790. Ihm gelang es, das Bambarareich so weit auszudehnen, daß es auch Masina und die Städte Djenne und Timbuktu umfaßte.

4. Guinesische Zone. Tschadzone

Die westafrikanische Wald- und Küstenregion südlich der Savanne, die im Gegensatz zur sudanesischen Zone die guinesische genannt wird, scheint in der hier behandelten Epoche keine politischen Gebilde von historischem Rang hervorgebracht zu haben. Dennoch machten sich die Auswirkungen der Wechselfälle innerhalb der sudanesischen Hegemonien auch hier bemerkbar. Wenn in der Savanne die Macht in andere Hände überging, stand demjenigen, der sich den neuen Machthabern zu unterwerfen weigerte, dessen Existenz bedroht wurde oder der eine Konversion zur dominant gewordenen Religion des Islams ablehnte, immer noch die Möglichkeit einer Emigration nach Süden offen. Diese Wanderung ist ein ständiges Phänomen der afrikanischen Gesellschaften, eine Konstante ihrer Geschichte.

Der Islam ist weder in den Urwald vorgedrungen noch über ihn hinausgelangt. Die im Urwald beheimatete und dem Vieh, besonders den Pferden, gefährliche Tse-Tse-Fliege scheint die Reiterreligion des Islams an einem Vordringen in den Urwald gehindert zu haben. Da bot der Urwald all jenen ein Refugium, die den Islam ablehnten oder die Organisation und Machtstellung der sudanesischen Hegemonien zurückwiesen. So hat der Urwald eine verhältnismäßig zahlreiche Bevölkerung von ethnischen Gruppen und Individuen mit animistischer, anarchistischer oder bäuerlicher Einstellung aufgenommen und beschützt. Sie alle zogen den Frieden im Halbdunkel dem Glanz der Reiche und dem Feuerwerk der Geschichte vor.

Jedenfalls scheint die Bevölkerung in der guinesischen Zone vor dem 14. Jahrhundert unserer Ära kaum sehr dicht gewesen zu sein. In seinem Naturzustand ist der Urwald menschlicher Niederlassung feindlich. Erst mit dem Gebrauch des Eisens einerseits, andererseits mit dem Anpflanzen von nicht-einheimischen Nährgewächsen wie Banane und Yamswurzel oder der Einführung von tropisch-amerikanischen Arten wie Bataten und Maniok ist der Wald für andere als die anspruchslosen Jägerstämme der Pygmäen bewohnbar geworden.

In der hier beleuchteten Epoche, welche die Morgenröte der afrikanischen Kulturen ankündigt, sind es zwischen Niger und atlantischem Küstenstreifen drei Kulturen, die das Interesse des Historikers wecken: das Yorubavolk, das Beninreich und das Nupeland.

I. DIE YORUBA

Die Yoruba sind das einzige schwarze Volk, das von sich aus seine Zusammenballung in großen Städten angestrebt hat; das einzige auch, dessen politische Organisation auf städtischer Grundlage aufbaut. Ibadan ist die erste schwarze Großstadt des Kontinents.
Nach der Überlieferung sollen die Yoruba im Lauf des 1. nachchristlichen Jahrtausends aus dem Osten gekommen sein. Seit der Einführung des Islams wird der Ursprung dieser Wanderung gerne im Yemen angenommen. Wahrscheinlich nahm sie aber ihren Anfang gerade in jener Region zwischen Tschad und Oberägypten, wo die Wiege der schwarzen Rassen liegen könnte. Die älteste Stadt ist Oyo. Sie wurde zwischen dem 11. und 13. Jahrhundert nördlich des Urwaldes gegründet, heute sind nur noch Ruinen vorhanden. Tiefer im Süden, bereits im Urwald, wenn auch immer noch am Rande, befindet sich Ife, die heilige Stadt und Sitz des Oni, des religiösen Oberhaupts der Yoruba. Der weltliche Herrscher, der Alafin, residierte in Oyo. Wenn man der überlieferten Königsliste glauben soll, wäre der bemerkenswerteste Herrscher Oluascho gewesen, dessen Regierungszeit 320 Jahre gedauert und der 1460 Kinder gezeugt haben soll. Dreimal sollen ihm von neun seiner Gattinnen am selben Tag neun Zwillingspaare geboren worden sein. Dennoch scheinen diese außergewöhnlichen Fähigkeiten des Yorubaherrschers das Problem der Thronfolge nicht gelöst zu haben, wenn man einer langen Chronik von Morden, Selbstmorden und Giftmorden bei den Herrschern und Thronprätendenten Glauben schenken soll. Nur sehr wenige Herrscher scheinen eines natürlichen Todes gestorben zu sein. Dieser Tatbestand spiegelt indessen eine tiefe Weisheit, deren an die magische Natur des Königtums gebundenes Mysterium es noch zu enthüllen gilt. Am Anfang scheint der König, das Symbol und der Träger der Lebenskraft seines Volkes, in eine siebenjährige Regierungszeit eingesetzt worden zu sein. Dieses Septennat ließ sich unter Umständen einmal erneuern, im Falle eines den Wohlstand seines Volkes bedrohenden Schwundes der geistigen oder körperlichen Fähigkeiten des Herrschers aber auch vorzeitig beenden. In diesem Fall ließ ihm ein Ältestenrat aus Greisen oder Notabeln einen Kelch zukommen, dessen Inhalt,

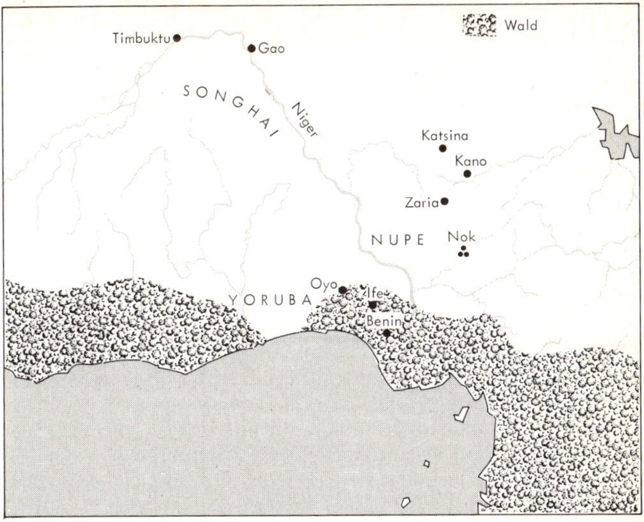

Karte 4: Yoruba; Benin; Nupe

Papageieneier, ihm bedeutete, daß er sich selbst umzubringen hätte; nötigenfalls half man ihm dabei. In politischer Hinsicht war diesem System ein großes Verdienst eigen, das der schwarze afrikanische Historiker Johnson erwähnt. Man glaubte nämlich, daß den Herrschern ein natürlicher Tod gar nicht zustand. Zügellose Tyrannei, absolute Willkür, unersättlicher Ehrgeiz und Lust an der Grausamkeit sollten normalerweise nicht den ganzen Lebensweg eines Menschen prägen; er mußte damit rechnen, eines Tages den Preis dafür durch ein vorzeitiges Ende zahlen zu müssen. Schon die Kronprinzen erwiesen sich durch ihre Exzesse als unerträglich. Daher ergriff man die erste Gelegenheit, um sich sowohl des Herrschers als auch der Thronfolger zu entledigen.

So hatte die mystische und magische Tradition der Notwendigkeit des Königtodes letztlich einen Mechanismus politischen Gleichgewichts hervorgebracht, den man als ›kompensierten Absolutismus‹ bezeichnen könnte. Wohl um allzu häufige Palastrevolutionen zu vermeiden, sah das System in seiner Weisheit beim Tod des Königs aus politischen Gründen auch die Opferung fünf hoher Beamter, einer Gattin, der Königinmutter und der Mutter des Kronprinzen sowie oft des Kronprinzen selbst vor.

Übrigens war der Zuständigkeitsbereich des Souveräns beschränkt. Die Städte verwalteten sich selbst mittels eines Gemeinderates oder Senates, der vom Ogboni, einem Männerbund der Stadt, eingesetzt wurde. Der Ogboni betraute einen Bürgermeister, den Bale, mit einem zweijährigen Mandat. Spezialisierte Mitarbeiter standen ihm zur Seite: seine ›rechte Hand‹, seine ›linke Hand‹, sein ›Premierminister‹ mit dessen ›rechter‹ und ›linker Hand‹, die juristischen Berater, der Staatsanwalt und der städtische Henker. Nicht selten endete der Bale als Opfer eines Giftmordes.

II. BENIN

Das Beninreich ist seiner Überlieferung nach der Yorubatradition verhaftet. Sein Gründer soll Eveka, ein aus Ife stammender Prinz königlichen Geblüts, gewesen sein. Ife blieb sowohl für das Beninreich als auch für die Yoruba heilige Stadt und Ruhestätte der königlichen Schädel. Das Königreich, das bis ins 12. Jahrhundert zurückreichen soll, erfuhr niemals eine sehr weite Ausdehnung. Zu gewissen Zeiten erstreckte sich die Macht des Souveräns kaum weiter als über die Stadt und ihre unmittelbare Umgebung.
Die Chronik übermittelt die Namen einiger Herrscher: Ewedo schuf im 13. Jahrhundert den königlichen Hof. Der zwölfte Herrscher, Eware der Große, regierte Ende des 14. Jahrhunderts. 1484 erhielt Okpame den Besuch des Portugiesen Afonso d'Aveiro, aus dessen Händen er die ersten Feuerwaffen und Kokosnüsse empfing. Das charakteristische und seinen Ruhm begründende Merkmal des Beninreiches sind seine Bronzereliefs und Plastiken, die einen Höhepunkt der afrikanischen Kunst darstellen und noch in einigen tausend Exemplaren erhalten sind. Es scheint, daß diese Technik am Ende des 13. Jahrhunderts von Ife aus in Benin eingeführt wurde, wo sie sich zwischen dem 14. und 17. Jahrhundert selbständig fortentwickelt hat. Einige dieser Bilder stellen die ersten Europäer (Portugiesen) dar, die das Land besuchten.
Das Massenopfer von Menschen war in Benin an der Tagesordnung. Die Feste waren von blutigen Zeremonien begleitet.

III. NUPE

Die Yoruba sind auf dem rechten Ufer des unteren Niger ansässig; ihnen gegenüber, am rechten Ufer, im Nordosten, liegt das Land Nupe. Ein Königreich tritt da seit 1350 in Erscheinung, es wird bei Ibn Battuta erwähnt. Im 18. Jahrhundert bekehrte sich sein Souverän zum Islam. Die Herrscherstellung des Königs war eine absolute, der Staat selbst aber im Lauf seiner Geschichte oft der Vasall seiner Nachbarn, der Yoruba im Westen oder der Haussa im Norden. Seine glänzendste Epoche erreichte es Ende des 18. Jahrhunderts. Charakteristisch ist die hohe Stufe seines Handwerks. Man wußte dort Holz und Leder sowie Zinn, Kupfer und Glas zu bearbeiten. Die Stoffe und Stickereien des Nupereiches waren in der nigerischen Zone sehr geschätzt. Ihre Nigerschiffe, die bis zu sechzig Personen aufnehmen konnten, erfreuten sich bei den Flußanwohnern großer Beliebtheit. Das Land war reich, und sein Volk, das sich eher durch sein Handwerk und seinen Handel als durch große Kriegsgeschichte auszeichnete, öffnete sich den von Norden kommenden Mande- und Haussahändlern.

IV. KANEM-BORNU

Auf gleicher geographischer Breite und im selben Klimagürtel wie die hegemonialen Staatsbildungen des westlichen Sudan entwickelte sich in der Gegend des in Verlandung begriffenen Binnenmeeres des Tschadsees eine andere Gruppe. Existenzgrundlage dieser Staaten des Zentralsudan, deren Ursprünge sich bis um das Jahr 1000 zurückverfolgen lassen, bildete ihre Stellung als Drehscheibe im Karawanenverkehr zwischen Tripolis und der Mittelmeerküste im Norden, Ägypten im Nordosten, dem oberen Nil im Osten, den Staaten des westlichen Sudan im Westen und den Menschenreservoirs im Süden, wo sich die Händler mit Sklaven versorgten. Das Gebiet von Darfur ist mit dem oberen Nil durch eine Karawanenpiste verbunden, der ›Straße der Vierzig Tage‹ oder Darb el Arbein, die noch heute von den Karawanen benutzt wird und wegen der Spärlichkeit der Wasserstellen gefürchtet ist. Vielleicht gab es früher durch den Darfur einen bedeutenderen Verkehr, als man gemeinhin annimmt, der indirekt bis an die Küste des Indischen Ozeans reichte. Kürzlich hat man nämlich gerade im Darfur bisher unbekannte Stadtruinen entdeckt, von deren Erbauern man allerdings noch nicht weiß, ob sie aus dem Osten (dem oberen Nil) oder aus dem Westen (dem Tschad) kamen. Jedenfalls sind die inmitten von Savanne und Dornsträuchern verloren wirkenden Ruinen des Djebel Uri äußerst eindrucksvoll. Am Fuß des Djebel finden sich die Überreste einer Stadt und die Ruinen eines Palastes, beherrscht von einer auf dem Hügel thronenden und mit einem dreifachen Wall umgebenen Zitadelle. Handelt es sich hier um eine Karawanserei und eine auf Befehl Dunamas, des Beherrschers Kanems während seiner

größten Ausdehnung, erstellten Militärbasis (also um eine nach Osten vorgelagerte Basis und damit um einen Vorstoß aus Westen) oder um das Überleben einer späten meroitischen Tradition, die von den Nachkommen jener Meroeherrscher erhalten wurde, die im Jahr 350 bei der Zerstörung der Stadt durch die Axumherrscher aus dem Niltal vertrieben wurden? Jedenfalls hat der Darfur und die Tschadregion dem Verkehr zwischen Ost- und Westsudan, über den wir allerdings kaum orientiert sind, als Zwischenstation gedient.
Wie wir gesehen haben, gehört das Volk der Sao, das ebenfalls in diesem grenzenlos weiten Landstrich ansässig gewesen sein soll, bis heute eher in den Bereich der Legende und der Archäologie als in den der Geschichte.
Fließt wohl noch Blut dieses versunkenen Volkes in den Adern der Kanembu? Oder vielleicht in jenen der Tibu (die sich zwar selbst Teda nennen, während der Name Tibu, mit dem sie von Arabern und Kanuri bezeichnet werden, wörtlich ›Menschen der Steine‹ bedeutet), jenes nomadischen Hirtenvolkes des Tibestigebirges? Ihre Hautfarbe ist eher schwarz als weiß, doch weisen sie eine Adlernase, dünne Lippen und nur schwach gekraustes Haar auf. Bei den Tibu ist der Mann nomadischer Hirt, während seine Frauen seßhaft sind und eine jede ihren eigenen Garten im Palmenhain besitzt, wo sie ihre Kinder aufzieht und die Arbeit ihrer Dienstboten überwacht. Die sehr dunkelhäutigen Tibu kann man heute weder den Negern noch den Arabern, weder den Ägyptern noch den Berbern oder Tuareg zuordnen. Vielleicht gehören sie zu den letzten Überlebenden der ältesten Völker der Sahara; auch scheinen sie in gewissen Epochen eine beträchtliche Ausdehnung gekannt zu haben, die weit über ihren gegenwärtigen Wohnsitz im Tibestimassiv und den umliegenden Wüstenebenen hinausreichte.

Seien es Tibu oder Berber, die durch die mohammedanische Invasion verjagt wurden, jedenfalls strömten im 8. Jahrhundert Kanem stolze Nomaden zu – Hirten, Herumstreifende, Feudalherren, die je nach den Umständen Händler, Krieger oder Räuber waren – und lösten bei der ansässigen schwarzen Bevölkerung, mit der sie sich vermischten, das politische Organisationsphänomen aus. Solcherart entstand ein Staat, der im Lauf seiner Geschichte zuerst die Bezeichnung Kanem, später Bornu annahm.
Die um das Jahr 800 begründete Saif-Dynastie schaute 1846 auf eine mehr als tausendjährige Regierungszeit zurück. Ihre Vorfahren (Tibu-Nomaden?) hatten im 8. Jahrhundert vor dem Islam zwar die Flucht ergriffen, aber König Hume (1085 bis 1097) bekehrte sich zum mohammedanischen Glauben und wurde

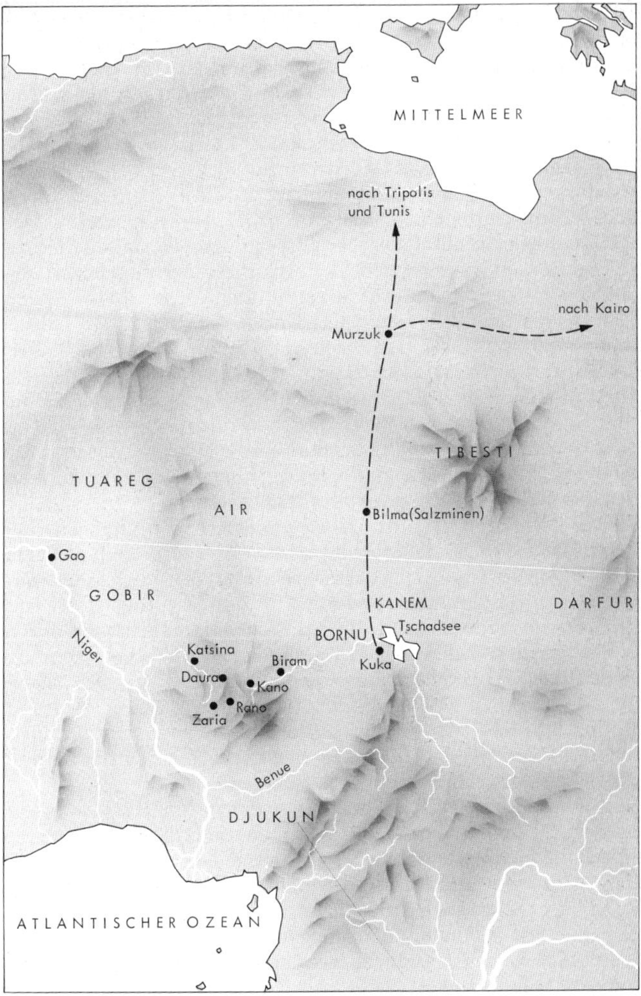

Karte 5: Kanem-Bornu; die Haussastaaten

Sultan. Es muß darauf hingewiesen werden, daß der Wohlstand des Königreiches von den Beziehungen zur arabischen Welt abhing. Während vor dem Auftreten des Islam der Sklavenhandel allein durch den lokalen Bedarf an Dienstboten bedingt wurde, erfolgte die erste bedeutende Nachfrage nach schwarzen Gefangenen aus der arabischen Welt. Als 666 der Araber Ogba Ibn Nafi (dem die arabische Überlieferung nachsagt, er sei bis zum Atlantik vorgestoßen) einen Feldzug in den Fezzan und Kawar unternahm, legte er den Bewohnern der Oasen Dscherma und Kawar einen Tribut von 360 Sklaven auf. Die alten Rechtsgelehrten des Islam waren der Ansicht, daß die Heiden das Recht hätten, ihre Kinder und Frauen den Muselmanen zu verkaufen, die ihrerseits berechtigt waren, sie zu kaufen. Es war ihnen allerdings aufgetragen, sie gut zu behandeln. Ibn Battuta bezahlte für eine ›gelernte‹ junge Negerin mehrere Kamele. Die sudanesischen Sklaven waren als Dienstboten in den Häusern oder als Eunuchen in ägyptischen und türkischen Harems sehr geschätzt. Die auf Kastration spezialisierten Mossi brachten viele Eunuchen auf den Markt. Aber kaum zehn Prozent der so Operierten überlebten den Eingriff. Die männlichen Sklaven wurden in Karawanen gruppiert und hatten, an Hals und Beinen gefesselt, den Weg zu Fuß zurückzulegen. Die Frauen wurden normalerweise rücksichtsvoller behandelt und auf Kamelrücken transportiert. Ein beträchtlicher Teil ging unterwegs zugrunde. Um die Mitte des 19. Jahrhunderts verließen jährlich 5000 Sklaven Kano, aber nur 2000 bis 3000 erreichten den Umschlagplatz von Murzuk, wo auf dem Markt die Verteilung für Nordafrika vorgenommen wurde. Auf dem Handel mit Sklaven, der eigentlichen Währung auf den Märkten des Zentralsudan, gründete denn auch der wirtschaftliche Wohlstand des Kanem-Bornu-Reiches.

Der Islam ist nicht nur eine Religion der Nomaden, sondern auch der Händler. Die Herrscher von Kanem, die Könige des Karawanenhandels, fanden im mohammedanischen Glauben ein Band, das sie mit ihren Kunden jenseits der Wüste verknüpfte. Er lieferte ihnen aber gleichzeitig das geistige Instrument ihrer feudalen Herrscherstellung und jenes vereinigende Prinzip, die Ideologie, wenn man das so nennen will, deren sie bedurften, um ihre Macht über weite und dünnbesiedelte Räume auszudehnen.

Sultan Hume soll auf einer Pilgerfahrt nach Mekka den Tod gefunden haben. Sein Sohn Dunama, der zu Beginn des 12. Jahrhunderts regierte, soll drei Wallfahrten nach Mekka unternommen haben und auf der dritten umgekommen sein, als er sich nach Arabien einschiffte. Ein anderer Dunama mit dem Beinamen Dibalami hatte eine glorreiche Regierungszeit (1221

bis 1259, nach anderen Quellen 1210–1224). Sein Vater und Vorgänger Selma, auch Abd el Djelil genannt, soll der erste eindeutig schwarze Herrscher seines Geschlechts gewesen sein. Dunama Dibalami stellte eine Reitertruppe von 30 000 Mann auf. Tatsächlich weitete er seine Macht beträchtlich aus, gegen Norden bis in den Fezzan, im Osten bis in den Wadai und weiter, im Westen vielleicht bis an den Niger. Dieses Beispiel zeigt, wie schlecht sich in Afrika die westlichen Vorstellungen von Beherrschung und politischer Kontrolle auf völlig anders geartete Länder, Staaten und Völker anwenden lassen. Wenn man von einer ›Beherrschung‹ durch Kanem spricht, heißt das nur, daß Dunamas Reiter Feldzüge in diese Gebiete ausführten, ohne dabei auf Widerstand zu stoßen, und daß sie bei Gelegenheit Tribute, vorwiegend in Form von Sklaven, Knaben und Mädchen, forderten, genauso wie der Minotaurus sie dem antiken Athen auferlegt hatte. Nur in Ausnahmefällen kam es zu einer dauernden Niederlassung, zu effektiver politischer Kontrolle und administrativen Bindungen. Wie ließe sich unter diesen Umständen die Grenze solcher Hegemonien ziehen? Und wo verläuft die Trennungslinie zwischen einem Handelsakt und einer kriegerischen Aktion, zwischen Steuereinzug und Plünderung, zwischen der Beseitigung eines Konkurrenten und einer Strafexpedition? Wenn man im Zusammenhang mit diesen Hegemonien von Reichen spricht, hat man sich, vor allem bei Institutionen nomadischen Ursprungs, eher ein Familienunternehmen als einen Staat vorzustellen. Den Versammlungen oder den Senaten, womit sie sich umgaben, kam eher die Bedeutung von Verwaltungsräten (im wirtschaftlichen Sinne) als politischer Organismen zu. Da der Handel unter den Kanemherrschern blühte, errichteten sie 1242 bei ihren Partnern, den Ägyptern, eine Medina für Studenten, die ihr Prestige heben sollte. Wahrscheinlich gab Dunama Dibalami den Anstoß zu diesem Bau, und er war es wohl auch, der einem anderen Handelspartner, dem Herrscher von Tunis und Emir der Gläubigen (dem Hafsiden El Mostansir, gegen welchen Ludwig der Heilige 1270 den achten Kreuzzug führte) die Ergebenheit des ›Königs des Kanem und Herrschers des Bornu‹ in Form einer Giraffe bezeugte, die an den Ufern des Mittelmeeres großes Aufsehen erregt haben muß. Die Kanemfürsten hatten anscheinend einen ausgeprägten Sinn für Publizität entwickelt.
Dem Urenkel Dunama Dibalamis, Idris (ungefähr 1353–1376), begegnete Ibn Battuta auf der Rückreise von seinem Besuch des Mali- und Songhaireiches. Aber die tatsächlichen oder nominellen Vasallenvölker, die Sao als Ureinwohner des Landes, die Tibu des Tibestimassivs und die am Fitrisee ansässigen Bulala, erhoben sich gegen Kanem. Vier Könige des Kanem sollen

hintereinander in den Kämpfen gegen die Bulala gefallen sein. Unter einem der Nachfolger Idris', wohl zur Zeit seines Sohnes Omar, der nach Heinrich Barth von 1394 bis 1398 regiert haben soll, verließen die Herrscher den Kanem, um am anderen Ufer des Tschadsees in Bornu Zuflucht zu suchen. Bornu war bis dahin nur eine von den Kanuri bewohnte Provinz Kanems gewesen, nun aber bezeichnete sich der Herrscher als König von Bornu. Während eines ganzen Jahrhunderts brachen die Kämpfe gegen die Bulala nicht mehr ab. Erst Idris Katakarmabi, dessen Herrschaft in den Anfang des 16. Jahrhunderts (1504–1526) fällt, gelang es, sie zu unterwerfen und Kanem wieder in Besitz zu nehmen, ohne allerdings in die alte Hauptstadt einzuziehen.
Ende des 16. Jahrhunderts sollte das Bornureich unter König Idris Alaoma (1571–1603) eine neue Blüte erleben. Mit einer Gesandtschaft an den türkischen Herrscher von Tripolis nahm er eine alte Tradition seiner Vorfahren wieder auf. Der Türke sandte ihm Gewehre und Instruktoren, was dem König erlaubte, seine Herrscherstellung zu festigen, seine Macht bis in den Norden des heutigen Kamerun und im Osten bis an den Fitrisee auszudehnen, den Widerstand zu brechen und gleichzeitig Gefangene zu machen. Solcherart trug er zur Wiederherstellung von Ordnung und Wohlstand im Land bei. Um das alte Problem der nie unterworfenen, im Tibestimassiv verschanzten Tibu zu lösen, siedelte er sie zu einem großen Teil nach Bornu um, wo sie mit der ansässigen Bevölkerung verschmolzen. Zur Sicherung der Verkehrswege nach seinem wirtschaftlichen Absatzgebiet Nordafrika – Tunis, Tripolis, Kairo – besetzte er die Oasen im Kawar, was ihm als weiteren Vorteil die Salzminen von Bilma einbrachte. Von einer Hacke, die ein Bauer von einer Baumkrone gegen ihn schleuderte, tödlich getroffen, fiel er im Kampf.
Unter seinen Nachfolgern vermochte sich das Bornureich noch während zweier Jahrhunderte, wenn auch unter größeren Schwierigkeiten, der Angriffe von Wüstennomaden, Berbern und Tuareg, zu erwehren. In wirtschaftlicher Hinsicht wurde es allerdings von den Haussastaaten verdrängt. Schließlich wurde es zu Beginn des 19. Jahrhunderts von anderen Nomaden, den Fulbe, angegriffen, die aber nichts mit den die Sahara durchstreifenden Plünderern gemein hatten. Da Sultan Ahmed ben Ali, der Herrscher von Bornu (1793–1810), einer Koalition zwischen den Fulbe, die von außen gekommen waren, und jenen, die sich früher in friedlicher Weise in seinem Reich niedergelassen hatten, unterlegen war, mußte er den berühmten Kriegsführer El Kanemi zu Hilfe rufen, der fünf Jahre in Kairo, ebenso lange in Mekka und drei Jahre in Fes gelebt hatte. El Kanemi sammelte eine tapfere Truppe, vernichtete die Fulbe

und setzte Ahmed wieder in seine Residenz ein. In den Augen des Volkes hatte Ahmed jedoch jedes Ansehen verloren, und es war El Kanemi, der als Retter erschien. Er nahm den bescheidenen Titel eines Scheiches an und begnügte sich, von seiner Residenz Kuka aus, die er sich am westlichen Ufer des Tschadsees hatte errichten lassen, die Situation zu kontrollieren und, je nach den kriegerischen und politischen Umständen, die Sultane einzusetzen oder abzuberufen.
Nach seinem Tod im Jahr 1835 folgte ihm sein Sohn Omar nach. Es bestanden nun zwei parallele Machtzentren in Bornu, das der alten, kraftlosen Dynastie und jenes des Kriegsführers aus dem jüngeren und kräftigeren Geschlecht — eine Situation, die an die Entmachtung der letzten Merowinger durch die karolingischen Hausmeier erinnert. Da sich Omar von Ahmeds Enkel, Sultan Ibram, verraten fühlte, ließ er ihn 1846 hinrichten, was das Ende der tausendjährigen Herrschaft der Saif-Dynastie bedeutete. Es war dieser Omar, der um die Mitte des 19. Jahrhunderts die deutschen Forschungsreisenden Barth, Vogel, Rohlfs und Nachtigal empfing. Seit der Unterbrechung des Sklavenhandels durch die europäische Kolonisation wurde unter Omars Nachfolgern der Zerfall des Bornureiches beschleunigt.

V. DIE HAUSSASTAATEN

Im Gebiet zwischen dem Tschadsee im Osten, dem unteren Niger im Westen, dem Air-Massiv im Norden und der Benue, einem Zufluß des Niger im Süden, entwickelten sich die Haussastaaten.
Mitten in der Wüste gelegen, erhebt sich im Norden das Air-Massiv. An seinem Nordabhang befindet sich ein Wüstengebiet, seine Westflanke ist von Flußläufen durchfurcht, die hin und wieder Wasser führen. Der südliche Teil des Massivs weist einige Täler mit dichter Vegetation und Bewässerungskulturen auf. Das Air-Massiv ist vielleicht die Wiege eines der ältesten afrikanischen Völker, jenes Volkes, welches die Ursprache des heutigen Haussa sprach. Gegen das 11. Jahrhundert sollen die Tuareg das Air-Massiv besetzt haben. Dabei hätten sie einen Teil der dunkelhäutigen Vorbevölkerung unterworfen und assimiliert, den Rest jedoch zur Flucht nach Süden, gegen den unteren Niger und das Gobirland getrieben. Vielleicht liegt hier eine jener Bewegungen vor, die durch die arabische Eroberung in Nordafrika ausgelöst wurden. Indem sie ganze Stämme nach Süden verdrängten, die ihrerseits wieder andere Völker in Bewegung setzten, machten sich die Auswirkungen der arabischen

Eroberung schließlich auf dem ganzen Kontinent bis zum Urwald bemerkbar. So wirbelten verschiedene ethnische Gruppen mit unterschiedlichen Lebensgewohnheiten durcheinander und ließen sehr mobile Gebilde äußerster Verschiedenartigkeit entstehen.

Die Bezeichnung ›Haussa‹ stellt nicht eine ethnische, sondern eine sprachliche Einheit dar. Die haussasprechenden Völker, die heute fünf Millionen Menschen umfassen, weisen sehr heterogene Ursprünge auf.

Das Vorhandensein schriftlicher Chroniken hätte es ermöglicht – ein einzigartiger Fall in Afrika –, die Geschichte der Haussa aufgrund von Dokumenten zu schreiben. Diese wurden indessen zu Beginn des 19. Jahrhunderts von den Fulbeeroberern systematisch zerstört, da sie jede Spur ihrer Vorgänger auszuwischen suchten. Die Überfälle Rabehs vernichteten die letzten Reste.

Nach der sehr legendären Überlieferung herrschte in alten Zeiten – man nimmt das 10. Jahrhundert an – als Nachfolgerin neun anderer Königinnen die Königin Daurama über die Stadt Daura zwischen Niger und Tschad. Ein Untier verwüstete die Gegend. Abu Yazid, ein aus Norden kommender Jäger und angeblich ein Weißer, tötete den Drachen und heiratete die Königin, die ihm einen Sohn schenkte. Dieser gründete mit seinen sechs Söhnen die ersten sieben Haussastaaten: Daura als Metropole, Kano, Gobir, Katsena, Biram, Zegzeg (Hauptstadt Zaria) und Rano. Sie bildeten die sieben ›legitimen‹ Staaten, sieben andere, sogenannte ›illegitime‹ Staaten beriefen sich ebenfalls auf die Haussatradition, da in einem gewissen Abschnitt ihrer Geschichte eine haussasprechende Gruppe eine Rolle in ihrem Staat gespielt hatte. Auf einigen Listen dieser ›illegitimen‹ Haussastaaten erscheinen auch Djukun (Kororofa), Kebbi, Zamfara, Ilorin und sogar das Nupe- und das Yorubareich, was allerdings sehr weit gegriffen scheint.

Über den Metropolstaat Daura, der nicht von sich reden gemacht hat, weiß man praktisch nichts. Der bestbekannte der Haussastaaten ist Kano (im heutigen Nordnigeria). Die in arabischer Sprache wahrscheinlich Ende des 19. Jahrhunderts verfaßte Chronik von Kano baut vielleicht auf früheren, allerdings verschwundenen schriftlichen Dokumenten, vielleicht aber auch nur auf mündlichen Überlieferungen auf. Diese Chronik erwähnt als ersten Herrscher König Bagoda, den Enkel Abu Yazids, des Drachentöters und Gatten Dauramas.

Zu Beginn des 11. Jahrhunderts soll Bagoda unter seiner Herrschaft animistische Völker vereinigt haben, die bis dahin von Zauberpriestern beherrscht worden waren. Sein Enkel Gidjimasu gründete zu Beginn des 12. Jahrhunderts die Stadt Kano. Die

Aufnahme des Islam soll sich im 14. Jahrhundert unter der Herrschaft von König Yadji (1349–1385) vollzogen haben. Das Vordringen des Islam wurde durch das Auftreten von Mande-Schriftgelehrten und Handwerkern begünstigt, die aus dem Nigertal stammten. In diese Epoche fällt auch die Einführung der Schrift nach Kano. Die mohammedanische Religion wurde aber nur von einigen Prinzen und Notabeln angenommen, während das Volk weiter seinem alten, bäuerlich-animistischen Glauben verhaftet blieb. Trotz ihrer Zugehörigkeit zum Islam ließen sich jedoch die Herrscher oft auch in die traditionellen Kulte einweihen.
Im 15. Jahrhundert erschien das blühende Kano vorübergehend als Vasall des Bornureiches, mit welchem es durch Handelsbeziehungen verbunden war. Es lieferte ihm vor allem Sklaven, die es in den dicht bevölkerten Gebieten des Südens und besonders in den übrigen ›legitimen‹ oder ›illegitimen‹ Haussastaaten eingefangen hatte. Die kräftigen und intelligenten Haussasklaven waren auf den nach Arabien und Nordafrika orientierten Ausfuhrmärkten sehr begehrt. Dem Herrschaftssystem der Türken war der methodische Gebrauch von Söldnern eigen, die von ihren Familien völlig abgeschnitten waren. Sie schätzten vor allem die schwarzen Sklaven, die sich neuen Situationen gut anzupassen wußten. Oft vertrauten sie ihnen in Konstantinopel Schlüsselstellungen an. Um indessen eine ethnische Einpflanzung zu verhindern, aber auch um die Bildung von Erbansprüchen zu vermeiden, zogen die Türken Eunuchen vor (in der Art der katholischen Kirche, die ihren Priestern das Zölibat auferlegt, um eine Degenerierung der Eliten auszuschließen und die Selektion bei jeder neuen Generation aufrechtzuerhalten). Um dieser großen Nachfrage nach Eunuchen zu genügen, hatten die Haussa eine chirurgische Technik entwickelt, die jener der Mossi nicht nachstand.
In den Jahren 1513 bis 1516 drang der Songhaiherrscher, der Askia Mohammed in Kano ein. Auch Katsena und Zaria (Zegzeg) besetzte er. Nachdem er ihnen einen Tribut auferlegt hatte, zog er seine Truppen aus den drei Haussastaaten wieder ab. Aber die diesem Eindringling offene Tür schloß sich nicht mehr hinter ihm. Hintereinander drangen nun die Nachbarn in Kano ein, um den Staat auszurauben: der König von Bornu, Idris Alaoma mit seinen türkischen Musketen, dann der Bruderstaat Katsena und endlich der ›illegitime‹, damals mächtige Staat von Djukun (Kororofa), die Kano ebenfalls einen Tribut auferlegten. Zu Beginn des 17. Jahrhunderts wütete eine Hungersnot im Land, dessen Hauptstadt Kano praktisch verödet war. Zwar kehrte im Lauf des 18. Jahrhunderts einiger Wohlstand ins Land zurück, aber nun drangen die Fulbe in

Kano ein. 1807 richteten sie den letzten König der Bagoda-Dynastie, die immerhin während acht Jahrhunderten geherrscht hatte, hin.

Nach der Überlieferung soll Katsena von einem Enkel Abu Yazids, Kumayo, gegründet worden sein. Bei seiner Ankunft hätte er jedoch bereits eine eingesessene Dynastie vorgefunden, die er besiegt und aus deren Reihen er eine Tochter geheiratet hätte. Im 13. Jahrhundert hätte eine andere, väterlicherseits abgeleitete Dynastie die seine, die mütterlicherseits bestimmt war, verdrängt und bis ins 19. Jahrhundert geherrscht. Katsena, das an einer Abzweigung der Mali mit Ägypten verbindenden Karawanenstraße lag, war hauptsächlich wirtschaftlich orientiert und kannte durchaus Perioden der Blüte. Wie ins Kanoreich, führten die Mande den Islam im 14. Jahrhundert auch in Katsena ein. Offensichtlich war weder das Gold Kankan Mussas vergeudet, noch seine Aktivität nutzlos entfaltet worden, erfuhr doch der Karawanenhandel mit der nördlichen Sahara einen großen Aufschwung.
Im 15. Jahrhundert erzwang Bornu von Katsena die Entrichtung eines jährlichen Tributs von 100 Sklaven, und 1516 war es der Songhaiherrscher, der Askia Mohammed, der Katsena erneut tributpflichtig machte. Während langer Zeit entzweiten blutige Rivalitäten Kano und Katsena, bis sich die beiden erschöpften Haussastaaten in einer Verteidigungsallianz gegen Djukun zusammenschlossen, was allerdings nur die Besetzung ihrer beiden Hauptstädte durch Djukun zur Folge hatte.

Gobir ist der Haussastaat, der den engsten Kontakt mit den Tuareg gekannt hat. Das bedeutete einerseits, daß sich seine Bewohner mit den Tuareg vermischten, andererseits, daß Gobir während Jahrhunderten regelmäßige Angriffe der Tuareg mit wechselndem Glück ertragen mußte. Wie Kano, Katsena und Zegzeg wurde auch Gobir von den Fulbe unter Osman dan Fodio 1808 zerstört.

Wir haben bereits Djukun erwähnt (das von den Haussa als Kororofa bezeichnet wurde). Die an beiden Ufern der Benue niedergelassenen Djukun wurden gewöhnlich den ›illegitimen‹ Haussavölkern zugeordnet. In ihren Traditionen unterschieden sie sich jedoch stark von den Haussa. Während die Haussakönige eine politische Funktion ausübten, indem sie ihr Vertrauen einem ihnen verantwortlichen Premierminister aussprachen, war der Djukunkönig eine magische Kräfte ausstrahlende Persönlichkeit. In bemerkenswert reiner Form fand sich hier der göttliche Zug des primitiven Königtums. Eher als ein Führer war der König Treuhänder, Hüter und Garant der Le-

benskraft seines Volkes. Seine gute Gesundheit war es, welche die Fruchtbarkeit des Bodens und den Überfluß der Ernten gewährleistete. So war er denn auch von einer großen Anzahl Tabus umgeben. Nur selten zeigte er sich in der Öffentlichkeit. Niemals durfte sein Fuß den Boden berühren, sollten nicht alle Ernten auf der Stelle verdorren. Stürzte er vom Pferd, so verfiel er sogleich dem Tod. Bei seiner Krönung hatte er eigenhändig einen Sklaven zu töten oder – nach anderen Quellen – ihn zu verletzen und von einem Helfer töten zu lassen. Die Witwe des verschiedenen Königs erhielt die offizielle Funktion einer Königin. Sie hielt einen unabhängigen Hof, hatte aber keinerlei Verbindung mit dem König. Dagegen erhielt eine andere Witwe des verstorbenen Herrschers den Titel der ersten Gemahlin des Königs (eine Funktion, die sich, wie man sieht, von der der Königin unterschied). Am Krönungstag des neuen Königs half sie diesem, von seinem Pferd zu steigen, führte ihn in sein Haus, entkleidete ihn und verbrachte mit ihm die erste Nacht. Danach hatte sie keinerlei Beziehungen mehr zu ihm. In früheren Zeiten wurde sie am Tag des königlichen Begräbnisses geopfert.
Der ältesten der königlichen Prinzessinnen fiel der offizielle Titel der ›Schwester des Königs‹ zu. Sie allein hatte zu gewissen Zimmern des Palastes Zugang. In alten Zeiten wurde der König im siebten Jahr seiner Herrschaft anläßlich der Erntefeiern erwürgt.

Man mag erstaunt sein, daß Bruderstaaten sich ständig bekriegten, daß es ihnen nicht gelang, ihre Einheit herzustellen, ja, daß sie diese Einheit nicht einmal anstrebten. Denn es ist offensichtlich, daß zur Zeit der Herrschaft Kanos über Katsena oder umgekehrt niemals ein Herrscher die Institutionen zu vereinheitlichen und verschiedene Haussavölker unter einem gleichen Gesetz zu vereinigen suchte. Aber gerade darin haben sie eine ganz besondere Formel politischen und wirtschaftlichen Gleichgewichts gefunden. Das intelligente, handeltreibende und fruchtbare Volk der Haussa schien sich nämlich – vielleicht unbewußt, doch wahrscheinlich in voller Einsicht – klar geworden zu sein, daß sein wirtschaftliches Interesse gerade die Aufrechterhaltung dieser Spaltungen und dieser regelmäßigen Kriege verlangte, in deren Verlauf sich viele, einen großen Handelswert darstellende Gefangene machen ließen. Die Kriege arteten nicht in Massaker aus, denn ihr Ziel war keineswegs die Vernichtung des Gegners, sondern gleichsam eine Menschenernte, die Auferlegung eines in Gefangenen zu entrichtenden Tributs. Es ist zu vermuten, daß im Lauf der Jahrhunderte ungefähr zwei Millionen Gefangene auf diese Art gemacht und in Karawanen nach dem Norden verschickt worden sind.

5. Fulbe und Tekruri

Die frühen Wanderbewegungen der Fulbe durch Westafrika vom Senegal bis zum Tschadsee bleiben in Dunkel geschichtsloser Nacht gehüllt – einer Nacht, die für die hier betrachtete Region bis zum Ende unseres Mittelalters dauert. Erst mit der Morgenröte der historischen Zeitabschnitte – seit dem 15. und 16. Jahrhundert – können wir ihr Ausschwärmen in die sudanesische Zone bis auf unsere Tage verfolgen. Dort suchen sie, in steter Transhumanz-Wanderung begriffen, von der Wüste im Norden bis zu dem Urwald im Süden hin- und herziehend, in einer mehr oder weniger trockenen Steppe die jeweils günstigsten Weideplätze für ihre Viehherden.
Zuweilen begnügten sie sich jedoch nicht damit, ihr Vieh zu weiden und mit der ansässigen Bevölkerung in Symbiose zu leben. An fünf Orten brachten sie Hegemonien hervor, denen historische Bedeutung zukommt: Futa Toro im heutigen Senegal, Futa Djalon in Guinea, Masina im heutigen Mali, Liptako im heutigen Obervolta, letztlich Adamaua, jenes weite Gebiet, das sich über Nordnigeria und Nordkamerun erstreckt. Verschie-

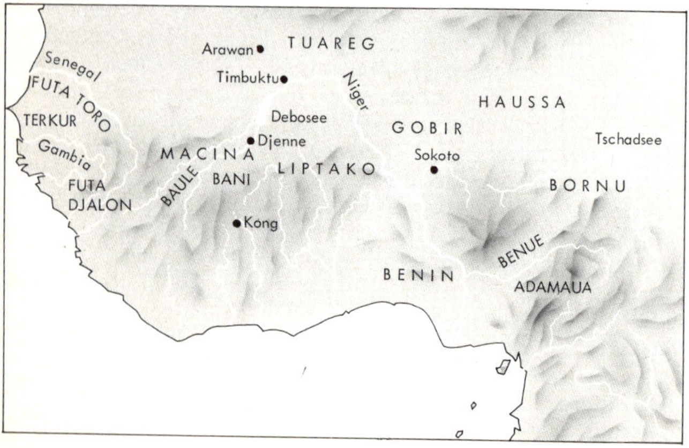

Karte 6: Die Fulbe-Wanderungen

denen dieser Herrschaftsgebilde – den jüngsten und östlichsten – sollte eine große Bedeutung zukommen, da sie die politische Karte des sudanesischen Afrika veränderten.

I. FUTA TORO UND TEKRUR

Die älteste Heimstätte der Fulbe in historischer Zeit war die Sandsteppe des Futa Toro in Zentralsenegal. Vielleicht gaben die Fulbe des Futa Toro um das 9. Jahrhundert den Anstoß zur Bildung jener Hegemonie von Tekrur, deren Herrschaftsbereich, Gestalt und Bedeutung im Lauf der Jahrhunderte starken Schwankungen unterworfen war. Es ist indessen bemerkenswert, daß sich in diesem Gebiet des unteren Senegal, diesem Schmelztiegel der Rassen von Schwarzen, Fulbe, Libyco-Berbern, gleichzeitig ein politisch-religiöser Gärungsprozeß mit erheblicher Ausstrahlung vollzog, dem, ähnlich wie im medinischen Arabien, eine kriegerische Komponente innewohnte. Von hier aus brachen im 11. Jahrhundert die Almoraviden auf, im 19. Jahrhundert auch El Hadj Omar. Die Tekruri waren im ganzen sudanesischen Afrika und bis ans Rote Meer bekannt, wo Tekruripilger auf dem Weg nach Mekka ständige Niederlassungen gründeten.

Die Tekruri, die zeitweise auch Vasallen Ganas waren, verbündeten sich mit den Almoraviden, mit denen sie das ganesische Reich plünderten und verwüsteten. Zwischen dem 14. und dem 16. Jahrhundert verwirklichte ein Herrschergeschlecht der Wolof, einer schwarzen Rasse mit starken Fulbe- und Berberzügen und damals Vasallen Tekrurs, unter Führung N'Diadia Ndiayes ihre Einheit und setzte sich an die Spitze Tekrurs, das im 14. Jahrhundert Vasall des damals auf dem Höhepunkt seiner Macht stehenden Malireiches war.

Im 16. Jahrhundert, zur Zeit des Songhaireiches, erhob sich der Fulbe Koli Galadjo gegen seinen songhaischen Lehensherrn, den Askia von Gao. Mit Hilfe des Tekruri-Clans der Denianke schwang er sich zum Herrn des Futa Toro auf, schlug 1520 die Wolof und tötete ihren flüchtenden König. Er errichtete eine heidnische Fulbe-Hegemonie, die ihren Machtbereich über ganz Tekrur ausdehnte und gegen 1535 sogar versuchte, sich der Minen von Bambuk zu bemächtigen. Nach zweieinhalb Jahrhunderten der Herrschaft wurde die Denianke-Dynastie der Koli Tengela 1776 von einer muselmanischen Tekrurifraktion unter dem Almamy Abd el Kader Torodo verdrängt (Almamy, abgeleitet vom arabischen *al imam*, bedeutet: Herr des Gebets). Die Imam oder Almamy von Tekrur errichteten eine Art theokratischer Bundesrepublik, wobei die Macht in den Händen der einflußreichen Familien lag, die gleichzeitig zivile und religiöse Machthaber waren. Diese Einrichtung entsprach in besonderem Maß der Lebensart der Fulbe, deren mächtige Familien ihre Geschichte nach Jahrhunderten und ihre Ahnen nach Dutzenden zählten und die nach und nach der eigenen Herrschaftstradition die dem Islam entliehene religiöse Autorität beigefügt hatten.

II. FUTA DJALON

Das weiter südlich gelegene Futa Djalon-Massiv ist als Quellgebiet der Flüsse Senegal, Niger, Gambia und Konkure das Wasserschloß Westafrikas. An seinen feuchten und relativ kühlen Hängen bekam die ansässige, ackerbautreibende Bevölkerung, vor allem seit dem 16. Jahrhundert, Zuzug von Fulbehirten aus dem Senegal und Masina, welche von den reichen, hochgelegenen Weideplätzen angezogen worden waren. Als sich Koli Galadjo gegen den Askia von Gao erhob, hat er wahrscheinlich seine Truppen im Futa Djalon gesammelt, bevor er sich des Futa Toro bemächtigte.
Nachdem die Fulbe des Futa Djalon nach und nach den Islam angenommen hatten, setzten sie um 1725 den frommen Gelehrten Karamoko Alfa an ihre Spitze, der gemeinschaftliche Einrichtungen ins Leben rief. Sein Nachfolger, der Krieger Ibrahima Sori, setzte das von seinem Vorgänger eingeleitete institutionelle Werk auf seine Art fort. Die Heiden wurden ausgeschaltet, ermordet, verjagt oder in Knechtschaft gezwungen. Nach Soris Tod kämpften die Familien beider Herrscher, die Alfaya und die Soria, um die Macht. Nach einer gewissen Periode der Anarchie fand um 1784 der Fulbestaat des Futa Djalon eine originelle Lösung seines Problems: Alle zwei Jahre traten der regierende Almamy und seine Lehensleute ihre Stellung und ihre Macht in regelmäßiger Folge einem Almamy und dessen Vasallen aus dem anderen Clan ab. Dieses System, das eine hochentwickelte administrative und fiskalische Organisation aufwies, funktionierte bis zur Epoche der Kolonisation im Jahr 1888. Sei es aus Gründen, die vielleicht diesem System innewohnten, das die Ambitionen nie überhandnehmen ließ, indem es sie abwechselnd befriedigte, sei es wegen der im Vergleich zu anderen Regionen größeren Gastlichkeit des Futa Djalon, die Fulbefürsten dieser Region haben seit dieser Zeit ihre Nachbarn kaum mehr bedrängt. So liefern sie dem Historiker denn auch nur wenig Erzählenswertes.
Zwischen Futa Djalon und Futa Toro errichtete ein dritter Fulbe-Almamy im Bondu ein Herrschaftsgebilde von regionaler Bedeutung.

Weiter im Osten führt der Niger, wie der Nil, bedeutende jährliche Hochwasser. Zwar bringen diese keinen fruchtbaren, den Getreideanbau begünstigenden Schlamm, wie die des Nils, aber das absinkende Wasser läßt doch eine Weidevegetation hervorsprießen, welche die Fulbehirten mit ihren Herden anzog. In Masina, zwischen dem Ort, wo der Bani in den Niger mündet, und dem Debosee, ließen sich die vom Futa Toro kommenden Fulbe mit der Zeit nieder. Im 15. Jahrhundert wurde ihr Führer Maga Djallo vom Malikönig zum Gouverneur (oder Ardo) der Baganaprovinz ernannt, zu der Masina gehörte. Es ist aber darauf hinzuweisen, daß sich die Macht des Ardo weder auf die Bozofischer noch auf die Sarakolebauern der Provinz erstreckte. Unter den sich folgenden Lehensherrschaften der Herrscher von Mali und Songhai sowie der Bambarakönige verwalteten sich die Fulbe Masinas selbst und brachten es zu Wohlstand. Der Versuch, sich um die Mitte des 16. Jahrhunderts gegen den Songhaikönig, den Askia Daud, zu erheben, fand in einer blutigen Unterdrückung sein Ende. Ein halbes Jahrhundert später verbanden sich die unter der Vormundschaft der marokkanischen Paschas von Timbuktu stehenden Masina-Fulbe mit den Bambara. Wenn sie auch nicht die nominelle Unabhängigkeit erlangten, so erfreuten sie sich zumindest der Achtung ihrer Lehensherren.
Eine andere Fulbewanderung verfolgte ihren Weg weiter im Osten, um sich am rechten Nigerufer, in der Liptakogegend, niederzulassen. Dort baute Ende des 17. Jahrhunderts der Fulbefürst Ibrahima Saidu eine kraftvolle lokale Hegemonie auf. Während des ganzen 18. Jahrhunderts wehrte der Liptako unter seiner Herrschaft und der seiner Söhne und Nachfolger alle Angriffe der Mossi und Einfälle der Tuareg erfolgreich ab. Dieses Herrschaftsgebilde bestand bis 1810, als Liptako während eines Feldzuges Osman dan Fodios dem Emirat von Sokoto einverleibt wurde.

IV. DIE FULBE IM HAUSSALAND — ADAMAUA

Die vierte Fulbeniederlassung ist jüngeren Datums und hat sich weiter im Osten, bereits in Haussagebiet, vollzogen. Sie sollte die historisch folgenreichste werden, war sie doch im 19. Jahrhundert Ursprungsort einer Bewegung, oder genauer, einer Gruppe von Bewegungen, welche das politische Gesicht dieses Teils des Kontinents umgestalten sollte.
Unter den Fulbe, die sich im Haussareich von Gobir niedergelassen hatten, wurde 1754 Osman dan Fodio geboren, der seit

seiner Jugend im Ruf großer Gelehrsamkeit in der mohammedanischen Religion stand. Nachdem ihn seine Heiligkeit schon früh berühmt gemacht hatte, bewirkte er in seiner Umgebung zahlreiche Bekehrungen und Übertritte zu einem reformierten Islam. Sein und seiner Jünger glühender Eifer beunruhigte indessen die Haussaherrscher von Gobir, die versuchten, seine Missionstätigkeit zu unterbinden. Aber es war zu spät, denn Osman dan Fodio fühlte sich bereits stark genug, gegen sie den Heiligen Krieg (1804—1810), den Djihad, zu verkünden. Mit seinen Anhängern, Fulbe und bekehrten Haussa, schlug er die Armee des Haussakönigs in die Flucht. Nach seinem Sieg erklärte er sich zum Scheich und Befehlshaber der Gläubigen. Als Herr Gobirs unterwarf er sich der Reihe nach die übrigen Fürstentümer der Haussa: Katsena, Zaria, Nupe und Kebbi, deren herrschende Dynastien vernichtet wurden. Nachfolger dieser Staaten wurden die Fulbeemirate des Nupereiches, die sich bis nach Ilorin im Yorubaland ausdehnten.
Allein Bornu vermochte dieser Expansion der Fulbe zu widerstehen. Wir haben bereits erwähnt, daß der Bornukönig um die Hilfe des Feldherrn El Kanemi hatte anhalten müssen, um die Angriffe der Fulbe abzuwehren. El Kanemi begnügte sich jedoch nicht, den Fulbe im Krieg entgegenzutreten. Als ebenso Weiser in religiösen Fragen und als Meister in Streitgesprächen bestritt er den Fulbe die Legitimität ihres Heiligen Krieges. Er war aber nicht nur fromm, sondern auch klug und schlug ihnen deshalb die Beendigung unvernünftiger Feindschaften vor.

Zu diesem Zeitpunkt trat die fünfte, im heutigen Nordkamerun gelegene Fulbeniederlassung ins Licht geschichtlichen Daseins. Einer der dort ansässigen Fulbe, Adama, genoß zu Beginn des 19. Jahrhunderts den Ruf eines großen Frommen und Gelehrten, Diplomaten und Kriegführers. Nachdem Osman dan Fodio die Haussareiche mit Ausnahme des Kanem besiegt und zerstört hatte, zog er sich 1809 nach Sokoto zurück, wo er bis zu seinem Tod im Jahr 1818 als Weiser lebte. Dorthin berief er den Schriftgelehrten (Modibo) Adama. Er übergab ihm als Zeichen seiner Mission eine weiße Standarte, mit dem Auftrag, die Herrschaft der Fulbe und des geläuterten Glaubens nach Südosten, über den Benuefluß, hinwegzutragen. In diesem unermeßlichen Gebiet sammelte Adama, versehen mit seiner eigenen Autorität und der ihm übertragenen Macht, die auf den Weiden der Hochebenen ansässigen Fulbe. Nach ihrem Wahlspruch verfolgten sie alle Ungläubigen der Region. Die Überlebenden flüchteten oder wurden in Gefangenschaft gezwungen. Das Land nahm den Namen seines Eroberers, Adamaua, an. Nach Adamas Tod im Jahr 1847 regierten hintereinander seine

drei Söhne. In der Folge von Streitigkeiten zwischen rivalisierenden Herrscherfamilien löste sich aber das Reich auf. Die 1901 erschienenen Briten setzten als Emir des britischen Adamauas Adamas vierten Sohn ein.
Nach dem Tod Osman dan Fodios im Jahr 1818 wurde seine Nachfolge zwischen seinem Bruder Abdulahi und seinem Sohn Mohammed Bello, den Abdulahi als seinen Oberlehensherrn anerkannte, aufgeteilt. Abdulahi erhielt die westlichen Provinzen mit Gando als Hauptstadt. Mohammed Bello fielen die kurz zuvor eroberten Ostprovinzen zu, deren Hauptstadt bis 1917 Sokoto blieb. Mohammed Bello starb als großer Gelehrter. Er verfaßte historische, geographische und theologische Werke. Sein historisches Werk weist einen originellen, allerdings auch negativen Aspekt auf. Um seine Geschichtsinterpretation auch für die Zukunft zu sichern, ließ er die Archive seiner Vorgänger — der Haussakönige —, in denen die regionalen Chroniken aufbewahrt wurden, zerstören. Diese Chroniken stellten fast die einzigen schriftlichen, von Afrikanern verfaßten Dokumente der afrikanischen Geschichte dar.

V. HAMADU SEKU

Dan Fodios Eroberungen hatten auch im Westen, in den ältesten Fulbeniederlassungen, ihre Auswirkungen. In Masina hatte sich der um 1775 geborene Marabu Hamadu Bari einen großen Ruf geschaffen. Er nahm an den Feldzügen dan Fodios ins Haussaland teil. Dann begann er, sowohl den Fulbefürsten von Masina, Hamadi Diko, einen Nachkommen der Diarra, als auch den Bambarakönig von Segu gleichermaßen zu beunruhigen, so daß sie ein gemeinsames Heer gegen ihn aussandten. Aber obwohl er ihnen an Zahl unterlegen war, schlug er die gegen ihn ausgesandte Truppe 1818 in Nukuma. Als glorreicher Sieger erhielt er von dan Fodio den Titel eines Scheichs. Künftig als Hamadu Scheku oder Seku bekannt, gelangte er 1810 in Masina an die Macht, bemächtigte sich Djennes und Timbuktus und dehnte seine Herrschaft über einen Teil der Bambara aus. Nordöstlich von Djenne gründete er die Stadt Hamdallaye (d. h. Gott sei gepriesen!), die er zu seiner Hauptstadt machte.
Hamadu führte vor allem eine sehr umfassende und gut funktionierende Verwaltung ein. Er unterteilte Masina in Provinzen, an deren Spitze er überall einen Gouverneur setzte, dem die Verwaltung aufgetragen war, und einen Kadi, dem die Rechtsprechung oblag. Er setzte ein einfaches, aber wirksames Steuersystem ein, das für alle Erzeugnisse des Bodens den Zehn-

ten vorsah, für Vieh und Vermögen eine Steuer abverlangte und die Entrichtung eines Naturalienbeitrages an die Hüter der Moschee und an Bedürftige vorschrieb. Mit der so geschaffenen Steuerquelle unterhielt er Verwaltung und Armee. Auch stellte er sich einen Rat von vierzig Priestern zur Seite, der durch sechzig Stellvertreter ergänzt wurde. Schließlich gebot er den Fulbe, seßhaft zu werden. Er befahl ihnen, innerhalb von fünf Jahren Dörfer zu errichten. Da sich die Sicherheit der Karawanen erhöhte, lebten die Märkte neu auf. Saharasalz, guinesische Kolanüsse, Sklaven, Glas, Eisenwaren, aus den europäischen Kontoren der Küste stammende Stoffe, ägyptische Seidenstoffe wurden auf diesen Märkten umgeschlagen. Die Region wurde zum Treffpunkt ganz Westafrikas. Man begegnete dort neben den Fulbe und den Bambara den Diula von Kong, den Haussa von der Tschadgrenze, den Tekruri aus Senegal sowie Mauren, Tuareg und sogar Arabern.
Dieses Bild muß sich 1828 in Djenne und Timbuktu dem europäischen Forschungsreisenden René Caillié geboten haben. Als Kenner des Islam gab er sich als ein den Franzosen entkommener ägyptischer Araber aus, der, auf dem Rückweg nach seiner Heimatstadt Alexandria, sich seinen Weg etappenweise erbettelte. Eben zu diesem Zeitpunkt erfuhr Europa vom Tod zweier Forschungsreisender. Der von Lagos aus zum Niger aufgebrochene Clapperton war 1827 in Sokoto dem Fieber zum Opfer gefallen. Der britische Major Laing hatte 1825 Tripolis verlassen, Timbuktu auch erreicht, war aber auf seinem Rückweg bei Arawan erdrosselt worden. Diese Straße beschloß René Caillié zu nehmen, um Marokko und von dort aus Frankreich zu erreichen und dort endlich eine genaue Beschreibung Timbuktus, der geheimnisvollen Stadt, abzugeben.
Caillié war von Timbuktu indessen enttäuscht. Trotz seiner sechs Moscheen und seiner sieben um die einzige Palme der Stadt gruppierten Quartiere, trotz seines Rufes als intellektuelles Zentrum wies das dekadente Timbuktu weder das pulsierende Leben noch den Reichtum Djennes auf. Die Tuareg streiften in der Umgebung der Stadt umher, um den Karawanen willkürlich Wegzoll abzuverlangen, oder sie drangen, sogar in kleinen Gruppen, in die Stadt ein, wo sie, eine Pike in der Hand, den Dolch um die linke Schulter gehängt, geradewegs in die Häuser stürmten, deren entsetzte Bewohner ihre Forderungen nach Honig, Reis, Stoffen oder was sie auch verlangen mochten, niemals abzuschlagen wagten.
Vor seinem von feierlichen Klagegesängen begleiteten Tod im Jahr 1845 erhielt Hamadu Seku in Hamdallaye 1838 den Besuch des von Mekka zurückgekehrten Pilgers El Hadj Omar, der sich sehr großen Ruhm schaffen sollte.

Der Tekruri Omar Saidu Tall wurde 1797 in der Nähe von Podor im Futa Toro geboren. Als frommer und äußerst lernbegieriger Muselmane war er Schüler aller Marabus Mauretaniens, des Futa Toro und des Futa Djalon gewesen. In Sokoto besuchte er dan Fodio, in Hamdallaye Hamadu Seku. Er pilgerte nach Mekka und wurde zum El Hadj, dann zum Kalifen der Tidjaniya-Bruderschaft. Er erhielt die besondere Gnade der ›Baraka‹ und die Macht, jene Geheimnisse zu lehren und zu vermitteln, in die er dreifach eingeweiht worden war. Zu den großen Persönlichkeiten seiner Zeit trat er in enge Beziehung: El Kanemi gab ihm eine Gemahlin, Mohammed Bello sandte ihm deren zwei, davon eine aus seiner eigenen Familie. Sein Bekehrungseifer beunruhigte indessen die herrschenden Machthaber. So zog er sich 1848 nach Dinguiray, in den östlichen Ausläufern des Futa Djalon, zurück. Dort sammelte er seine Schüler und bildete mit ihnen eine Armee. Als er sich stark genug fühlte, verkündete er den Heiligen Krieg und griff mit seinen Tekruri die Mande und die Bambara von Kaarta an, denen er Nioro entriß. Sein Ruf der Heiligkeit, sein Ansehen als Schriftgelehrter, aber auch seine ersten Erfolge und seine ersten Plünderungen ließen ihm viele neue Parteigänger zuströmen. In dem Maß, in dem seine Truppen anschwollen, wuchs auch sein Ehrgeiz. Er schickte sich an, mit 40 000 Mann den Senegal flußabwärts zu marschieren, um sich seines Geburtslandes zu bemächtigen. Die Herren des Futa Toro sprachen sich jedoch gegen ihn aus. Eine kleine, von einem Mulatten aus Saint Louis befehligte französische Garnison hielt ihn 1857 bei Medina nahe bei Kayes auf. Die flußaufwärts ziehenden französischen Truppen versperrten ihm darauf endgültig den Weg. Aus diesem Grund wandte sich El Hadj Omar nach Osten in Richtung des Niger. In der blutigen Schlacht vom 16. März 1861, die ihn einen Teil seiner Leute kostete, schlug er die Truppen des Bambarakönigs von Segu. Nach weiteren siegreichen Schlachten unterwarf er in erbitterten Kämpfen den Masinaherrscher, der den flüchtenden Bambarakönig und den Rest seiner Truppen bei sich aufgenommen hatte. El Hadj Omar verjagte ihre Truppen und machte die beiden Könige zu Gefangenen. Während er den Bambarakönig in Eisen legen ließ, wurde der Masinaherrscher, ein Enkel Hamadu Sekus, hingerichtet.

Als Herr der Königreiche von Segu und Masina wandte sich El Hadj Omar gegen Timbuktu, das er eroberte und ausplünderte. Aber ein Neffe des Masinakönigs, Ba Lobbo, der das Gemetzel der Fulbe überlebte, nahm den Kampf mit Erfolg wieder auf. 1864 mußte der von Ba Lobbo bis in die Felsregion von Hombori verfolgte El Hadj Omar in einer Grotte Zuflucht suchen, wo er wohl am Pulverrauch erstickt ist. Sein ältester Sohn verheimlichte seinen Tod und herrschte noch jahrelang in seinem Namen weiter.

El Hadj Omar stand bei seinem Tod im Ruf eines äußerst frommen Muselmanen – selbst auf dem Höhepunkt seiner Schlachten versäumte er niemals das Gebet – und eines kühnen, skrupellosen Heerführers, der seine Feinde nicht verschonte. Aber ein Zeugnis dauerhafter politischer Organisation hat er nicht hinterlassen. Sein Sohn Ahmadu konnte sich in Segu nur mit Mühe gegen die feindlichen Bambara behaupten, die sich nicht vom Land vertreiben ließen. Da sich seine Brüder Habibu und Moktar von ihm unabhängig erklärten und sich auf die herannahenden Franzosen stützten, ließ er sie ermorden. Als unbeliebter Herr Segus wurde er jedoch gezwungen, sein Land mit einigen Parteigängern zu verlassen. Er starb 1898 als Flüchtling im Haussaland.

Einem Neffen El Hadj Omars, Tidjani, dem der Eroberer das Masinaland anvertraut hatte, gelang es, sich dort sowohl gegen Ba Lobbo als auch gegen den Scheich El Bekkai von Timbuktu zu behaupten. Aber die wiederholten Kriegszüge und die ständigen Guerillakriege hatten das Land stark verwüstet. Dieses Bild bot sich den Franzosen, die zur Ausdehnung ihrer Herrschaft über das Nigertal senegalaufwärts kamen (1889–1892).

VII. SAMORI

Wenn El Hadj Omar auch kein Reichsgründer war, so konnte er sich zumindest auf den Vorwand der Glaubensmission stützen, obwohl er bei seinen Feinden kaum Unterschiede zwischen Gläubigen und Ungläubigen kannte. Seinem Nachahmer Samori steht diese Entschuldigung, wenn es überhaupt eine ist, nicht zu. Der Mande Samori Ture wurde um 1835 im Bauletal geboren. Von bescheidener Herkunft und kaum gebildet, entwickelte er als Befehlshaber außergewöhnliche Fähigkeiten. Er sammelte Banden um sich, deren Erfolg auf uneingeschränktem Terror beruhte. Leistete ihnen ein Dorf Widerstand, so wurde es niedergebrannt, seine Bewohner niedergemetzelt und die Überlebenden verjagt. So blieben von der blühenden Handelsstadt Kong, die ungefähr 20 000 Einwohner zählte, nach der Begegnung mit Samoris Banden im Jahr 1895 nur noch rauchende Trümmer zurück. Trotz seiner Unwissenheit erhob sich Samori zum Almamy. Als realistischer Kriegsführer rüstete er seine Truppe mit modernen Gewehren aus, die er in den britischen Kontoren der Küste kaufte. Dem französischen Vorrücken leistete er erbitterten Widerstand. Aber eben dadurch öffnete er das sich im Zustand der Anarchie befindende Land den Franzosen, die den Völkern des nigerischen Beckens jenen Frieden und jene Sicherheit brachten, die sie so lange entbehrt hatten.

Die von den lokalen Häuptlingen unterstützten Franzosen verjagten Samori aus dem nigerischen Sudan und trieben ihn gegen Oberguinea, dann, dem Lauf der schwarzen Volta folgend, nach der oberen Elfenbeinküste. Aber das Mossiland war bereits von französischen Truppen besetzt, während die Briten ihnen flußaufwärts entgegenzogen. Von Franzosen und Briten eingekeilt, wich Samori nach dem Nordosten Liberias aus, wo er im September 1898 gefangengenommen wurde. Mit seiner Lieblingsfrau und einem Sohn nach Gabun deportiert, starb er dort im Jahr 1900. Seine fast dreißig Jahre dauernden Kriegszüge (1870–1898) setzten der langen Geschichte westsudanesischer Hegemonien ein Ende. Auch die bewegte Geschichte der Fulbereiche des 19. Jahrhunderts bricht hier ab. Die Erben der Fulbefürsten zogen es eher vor, mit Franzosen und Engländern Verträge zu schließen, als ihrem Vorrücken Widerstand zu leisten.

Wenn El Hadj Omar und Samori in Kämpfe mit französischen Truppen verstrickt worden sind, dann nur als Folgeerscheinung ihres Hauptzieles, die eigene Machtstellung zu errichten.

6. Ostafrika

I. DIE CHRISTLICHEN KÖNIGREICHE DER KATARAKTE: NOBATIA, DONGOLA, ALOA

Mohammeds Nachkommen, die den afrikanischen Kontinent vom Roten Meer bis zum Atlantik eroberten, war in ihrem ersten, kraftvollen Vorstoß weder die Unterwerfung der christlichen Königreiche an den Katarakten des oberen Nils gelungen noch der Sieg über die tapferen Krieger Äthiopiens zugefallen, die sich in ihrem von tiefen Schluchten durchfurchten Bergland verschanzt hatten. Aber sie hatten sie isolieren und für lange Zeit von der mediterranen und christlichen Welt abschneiden können. Das Tal des oberen Nils stellte jedoch für die Araber auch weiterhin eine verlockende Beute dar. Die drei christlichen Königreiche Nubiens, Nobatia in Unternubien, Dongola und Aloa, nahe dem heutigen Khartum, hatten regelmäßig von Norden aus erfolgende Überfälle zu erleiden. Das Christentum konnte sich doch nach Jahrhunderten von abwechselnden Erfolgen und Niederlagen in Dongola bis 1317, in Soba, der Hauptstadt des Königreiches Aloa, bis 1504 halten.
641 führte Abdallah, der Befehlshaber der arabischen Armee Ägyptens, einen Plünderungsfeldzug nach Unternubien durch. Elf Jahre später war Dongola sein Opfer. Dongolas König Kalidurat wurde im Jahr 652, wie wir schon (S. 54) gesehen haben, zur Unterzeichnung eines Vertrages gezwungen, der sein Reich zur Entrichtung eines jährlichen Tributs verpflichtete. Außerdem hatte er die Niederlassung mohammedanischer Kaufleute und die Errichtung einer Moschee in seiner Stadt zu dulden. Von einigen Veränderungen abgesehen, blieb dieser Vertrag während sechs Jahrhunderten in Kraft.

Die Lebenskraft dieser schwarzen christlichen Königreiche scheint außerordentlich groß gewesen zu sein. Auf arabische Einfälle antworteten sie hin und wieder mit Überfällen auf Assuan. Nach einem arabischen Chronisten sollen im Jahr 737 Nubier und Abessinier mit 100 000 Reitern und ebenso vielen Kamelen einen Kreuzzug nach Ägypten unternommen haben, um dem Patriarchen von Alexandria, dem geistlichen Oberhaupt der afrikanischen Christen, der auch ihre Bischöfe ernannte, Hilfe zu bringen, da man ihn in Bedrängnis und unter dem

Druck der Araber vermutete. Es ist schwierig, sich über diesen Einfall ein Bild zu machen. Vielleicht handelte es sich dabei nur um eine friedliche, doch bewaffnete Manifestation, um eine Art ›Marsch auf Alexandria‹. Was die angeführten Zahlen betrifft, ist sicherlich große Vorsicht geboten.

878 plünderte ein arabischer Bandenführer die nubischen Goldminen aus. Der arabische Druck äußerte sich indessen auch in anderen Formen. Gemäß dem von Kalidurat 652 unterzeichneten Vertrag ließen sich Mohammedaner ägyptischer Herkunft in Nubien nieder, wo sie sich großer Unabhängigkeit erfreuten. Eine Anzahl Nubier bekehrte sich darauf zum Islam.

Soba, die Hauptstadt des Königreiches von Aloa (oder Alodia), war im 10. Jahrhundert eine durch ihren Reichtum berühmte Stadt mit schönen Häusern, geräumigen Klöstern, vergoldeten Kirchen und prächtigen Gärten. Der König des fruchtbaren Landes verfügte über eine starke Kavallerie. Die Einwohner Aloas waren jakobitische Christen, d. h. Monophysiten, deren Bischöfe, wie jene Nobatias, vom Patriarchen Alexandrias ernannt wurden. Nach dem Zeugnis arabischer Reisender konnte man im 13. Jahrhundert im Aloareich noch eine ›außerordentlich weiträumige‹ Kathedrale, vierhundert Kirchen und zahlreiche Klöster bewundern.

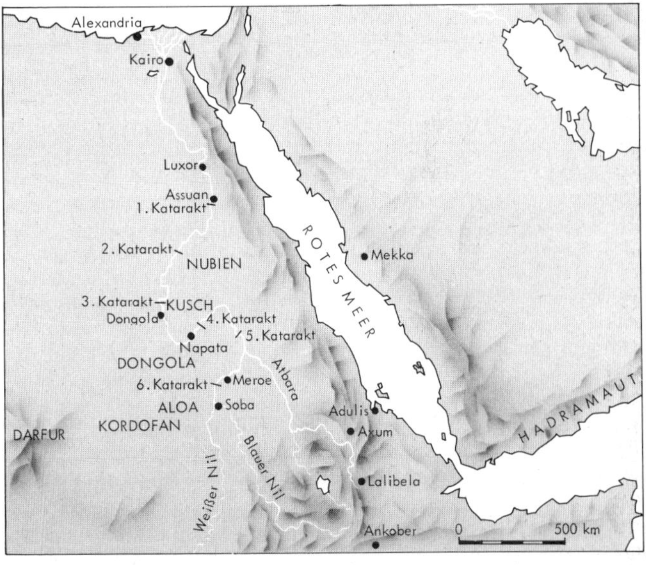

Karte 7: Nubien

Die Kreuzzüge der abendländischen Christen hatten ihre Auswirkungen bis ins obere Niltal. Als sich die Kreuzfahrer, den inneren Zwist unter den letzten Kalifen der Fatimiden ausnützend, 1167 Kairos bemächtigten, erwies sich der Wesir Saladin als Herr der Situation. Er ließ die meuternden Negersöldner niedermachen und begründete die Dynastie der Ayyubiden. Saladin, der gegen die fränkischen Kreuzfahrer kämpfte und ihnen den größten Teil ihrer Eroberungen entriß, vertraute die Regierung Ägyptens einem Nubier namens Boha ed Din an, der sich seiner Aufgabe durchaus gewachsen zeigte.

Die dem Massaker entkommenen Söldner und einige von Saladins Gegnern hatten nilaufwärts entfliehen können und sich in Nubien niedergelassen. Von dort aus unternahmen sie 1171 mit Hilfe einiger Nubier einen Überfall auf Assuan. Saladins Bruder, Schams ed Daula, schlug heftig zurück und ließ Nubien den Überfall mit Massakern sowie der Besetzung und Islamisierung Nordnubiens vergelten.

Die nubischen Christen, die ihres monophysitischen Bekenntnisses wegen als Schismatiker galten, suchten ihre Vorstöße nicht mit jenen der abendländischen Christen zu koordinieren, da sie diese als Verfolger ansahen. Der durch den siebten und achten Kreuzzug auf den Islam ausgeübte Druck ermutigte sie aber, ihren eigenen Widerstand zu verstärken. Sie errichteten eine Anzahl von Festungen, deren Ruinen noch heute stehen. 1275 glaubte sich König David I. von Dongola stark genug, um künftig die Tributentrichtung an Kairo verweigern und sogar Assuan angreifen zu können. Er wurde jedoch zurückgeschlagen, besiegt und vom berühmten Mameluckensultan Baibars gefangengenommen. Baibars setzte Davids Neffen Schekender, der seinen Onkel verraten hatte, auf Dongolas Thron. Doch beim Tod des irrtümlich vergifteten Baibars wurde Schekender, der Vasall der Sultane, von Davids Anhängern ermordet. Schemamun wurde der neue Herrscher Dongolas, während der Mamelucke Kalaun Baibars Nachfolge antrat. Zwischen 1286 und 1290 erhob sich Schemamun dreimal gegen seinen Oberherrn, den Sultan. Zweimal bemächtigten sich die Mamelucken Dongolas, um einen neuen König einzusetzen. Als Schemamun zum dritten Mal in seine Hauptstadt einzog, unterwarf er sich Kalaun und sandte ihm Geschenke. Bei Kalauns Tod aber erhob sich Schemamun noch einmal, nun gegen Kalauns Sohn. Diesmal kam die ägyptische Armee auf ihrer Vergeltungskampagne erst 33 Tagesmärsche südlich von Dongola zum Stehen, wo sie eine Garnison zurückließ, die Schemamuns erneute Rückkehr verhindern sollte. In der Folge entrichteten Dongolas Herrscher Kairo den Tribut.

1315 traten die abendländischen Christen in allerdings verspäteten Kontakt zu den christlichen Königreichen der Katarakte. Eine Dominikanermission erbaute bei Dongola ein Kloster. Aber zu diesem Zeitpunkt wurde bereits der letzte christliche König von Dongola, Kudanbes, nach Kairo deportiert. Ein mohammedanischer König wurde als sein Nachfolger eingesetzt. Nach 1317 wurden die Kirchen in Moscheen verwandelt, deren Unterhalt den Christen aufgetragen war.

Das Aloareich ist vielleicht während einiger Zeit Dongola tributpflichtig gewesen. Jedenfalls mußte es Dongola bei der Erfüllung des von Kalidurat abgeschlossenen Vertrages unterstützen. Nach dem Untergang Dongolas sollte es indessen noch während zweier Jahrhunderte, bis etwa 1500, als selbständige Einheit weiterexistieren. Seine Abgeschlossenheit beschützte und isolierte es zugleich. Man vermutet, daß es zu gewissen Zeiten, allerdings ohne Erfolg, um die Unterstützung des abessinischen Königs angehalten hatte.

Man kann sich fragen, wie sich die afrikanischen christlichen Königreiche jahrhundertelang, Äthiopien sogar dauernd, gegen den Druck des arabischen Islam halten konnten. Verschiedene Gründe lassen sich zur Erklärung anführen. Zuerst die Distanz und die militärisch starke, wenn nicht gar uneinnehmbare Position des äthiopischen Hochlandes, dann die Tapferkeit der Nubier und Axumiten, endlich die Tatsache, daß die Christen dieser dem Patriarchen von Alexandria angeschlossenen Königreiche indirekt in den Genuß des zwischen dem Patriarchen und den Arabern geschlossenen Kompromisses gelangten, jenes Vertrages, der dem koptischen Christentum in Ägypten das Überleben und ein Zusammenleben mit dem Islam gestattete.

II. DAS FUNGREICH VON SENNAR. KORDOFAN

Arabische Nomaden, welche seit Jahrtausenden das Rote Meer überquerten, um sich in Afrika anzusiedeln, kolonisierten nach und nach die sudanesische Zone bis zum Darfor. Sie vermischten sich mit den Einheimischen und wurden zu Stammvätern neuer Geschlechter. Ihre Nachkommen gründeten in Afrika mohammedanische Königreiche, vor allem das zwischen dem Blauen und dem Weißen Nil gelegene Fungreich von Sennar gegen Ende des 15. Jahrhunderts sowie das Kordofanreich zwischen Sennar und Darfor, als dessen Vasall es wiederholt erscheint. Das Fungreich blieb ungefähr dreihundert Jahre erhalten, bis es im Lauf des 18. Jahrhunderts in Anarchie versank. Die Geschichte der Fung von Sennar weist glorreiche

Epochen auf. 1493 schwang sich Fürst Amara Dunkas zum Sultan der Fung auf, zerstörte Aloa, stieß bis zum Nil vor und begründete sein Herrschergeschlecht. Um die Mitte des 18. Jahrhunderts wurde der äthiopische Fürst Kedem Yasu bei seinem Versuch, den Sennar zu besetzen, vom Fürsten Gaadi, einem Nachkommen Amara Dunkas', geschlagen und zurückgeworfen.

III. ÄTHIOPIEN VOM 10. BIS ZUM 17. JAHRHUNDERT

Wie schon erwähnt, trat zwischen dem 10. und 12. Jahrhundert in Äthiopien, dem damaligen Axumreich, das christliche Herrschergeschlecht der Tsage in den Vordergrund. Zur gleichen Zeit werden die Chroniken spärlich und wenig ausführlich. Zwar ist eine äthiopische Mission aus dem Jahr 1123 nach Rom zu Papst Calixtus II. bekannt, aber von der Tsagedynastie kennen wir nur König Lalibela, jenen ›Ludwig den Heiligen‹ Äthiopiens, dessen Herrschaft in den Anfang des 13. Jahrhunderts fällt. Lalibela ließ 1210 eine prunkvolle Gesandtschaft in Kairo auftreten, machte den Klöstern Schenkungen, bekehrte heidnische Völker zum Christentum und ließ seine Residenz von Axum in eine neu angelegte Stadt verlegen. Diese Stadt, die den Namen des von der äthiopischen Kirche kanonisierten Herrschers trägt und die noch heute Ziel vieler Pilgerfahrten ist, weist elf sonderbare, in den Fels gehauene Kirchen auf, deren Dächer nicht über das Niveau des Bodens hinausreichen.
Das Jahr 1270 leitete eine neue, in Chroniken besser dokumentierte Phase der äthiopischen Geschichte ein. Man muß sich jedoch über den Zweck dieser Chroniken klar sein, wurden sie doch zur Verherrlichung der jeweiligen Herrschaft verfaßt. Mit diesem Jahr fand die Regierung der Tsage ihr Ende. Ihre Nachfolge trat eine neue, aus der alten axumitischen Aristokratie hervorgegangene Dynastie an, die dem von Salomo und der Königin von Saba begründeten Geschlecht anzugehören beanspruchte. Die Ereignisse von 1270 gingen denn auch als ›salomonische Restauration‹ in die Geschichte ein. Anstoß zu diesem Dynastiewechsel hatte der Mönch Tekla Haimanot gegeben, der den letzten Tsagekönig bewogen hatte, die Herrschaft an die erneuerte salomonische Dynastie abzutreten. Seither wird Tekla Haimanot in Äthiopien als Heiliger verehrt.
Der erste Kaiser des neuen Herrschergeschlechts, Yekuno Amlak, regierte von 1270 bis 1285. Er verlegte die Hauptstadt nach Süden, nach Ankober in der Schoaprovinz, mitten ins bergige Hochland. Von hier aus sollten in der Folge nicht nur die äthiopischen Provinzen regiert, sondern auch die zuweilen zwar ergebenen, zuweilen aber auch widerspenstigen Staaten des

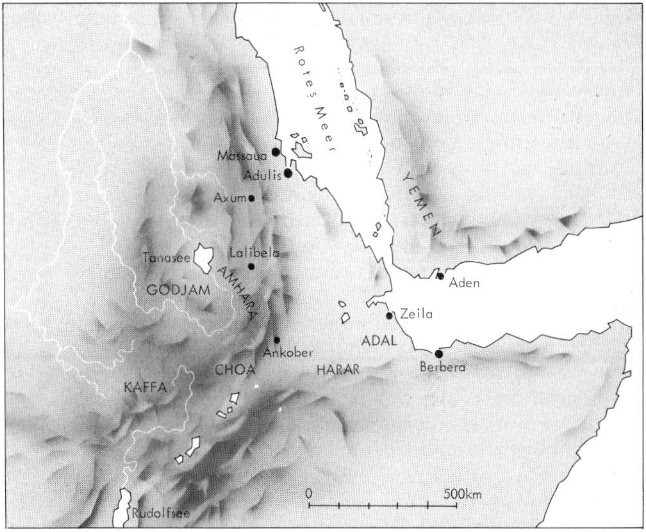

Karte 8: Äthiopien

Reiches verwaltet werden. In diesen Randstaaten wurde der Entrichtung der Steuern – Hauptmerkmal der Anerkennung einer übergeordneten Autorität – oft Widerstand geleistet.

Einige der unterworfenen Staaten oder Völker waren mohammedanisch, so das östlich von Schoa gelegene Königreich von Ifat und das ihm nachfolgende Königreich von Adal. Diese zwischen Bergland und Somaliküste gelegenen Sultanate trieben mit Arabien und dem Orient regen Handel. Wiederholt, wenn auch vergeblich, versuchten die christlichen Herrscher Äthiopiens, die Falascha auszurotten oder zu bekehren, jene häretischen Juden, die nach den Vorschriften des Alten Testamentes in seiner Übersetzung ins Geezische lebten und welchen der Talmud unbekannt war. Im Südwesten lebten zahlreiche animistische Stämme, die dem Kaiser nur dann Tribut entrichteten, wenn sich ihre Möglichkeiten des Widerstandes erschöpft hatten.

Begleitet von seinem nomadischen Hofstaat, führte der Herrscher ein Wanderleben. Die Zelte seiner wandernden Hauptstadt beherbergten den Hof, die Verwaltung, das Gericht und die Heerführer. Der Kaiser, der Erwählte Gottes und Löwe von Juda, thronte, hinter einem Schleier verborgen, in einem riesigen weißen Zelt. Ihn mit ihren Augen zu schauen, stand seinen Untertanen nur bei drei großen Festen zu: Weihnachten, Ostern und zum Fest Kreuzerhöhung. Bei jedem Wort, jedem Schritt des Kaisers warfen sich die Würdenträger nieder und küßten den Boden. Um den dynastischen Frieden zu wahren, wurden bei jeder Krönung alle männlichen Mitglieder der kaiserlichen Familie, mit Ausnahme des Kaisers und seiner direkten Nachkommen, samt ihren Angehörigen lebenslänglich auf eine abgelegene Bergfestung verbannt. Von jedem Kontakt mit der Außenwelt abgeschnitten, konnten sie dort kaum als Vorwand für einen Aufstand oder einen Streit um den Thron dienen.

Die Beweglichkeit des Herrschers und seines Hofes erklärt sich aus der gebirgigen Beschaffenheit des Landes, dessen durch tiefe Täler unterbrochene Wege nur schwer begehbar sind. Verbindungen sind schwierig, Transporte fast unmöglich. Um seine Machtstellung zu sichern, hatte der Herrscher in eigener Person zu erscheinen, und um den kaiserlichen Apparat zu ernähren, war der Verzehr der in Form eines Tributes auferlegten Nahrungsmittel an Ort und Stelle geboten. Die sehr fruchtbaren vulkanischen Böden des äthiopischen Hochlandes konnten auch einen großen Anteil Unproduktiver ernähren.

Eine zahlenmäßig starke Armee stand dem Herrscher zur Seite, die in Kriegszeiten bis zu 300 000 Mann zählte. Die Truppen erhielten keinen Sold, sie versorgten sich aus den Abgaben des Landes. Der Klerus der äthiopischen Kirche war sehr zahlreich. Ihr Oberhaupt, der Abuna oder Metropolit, wurde durch den Patriarchen von Alexandria unter den Mönchen Ägyptens ausgewählt. Auch die Mönchsorden wiesen viele Mitglieder auf, die einen wichtigen politischen und kulturellen Beitrag leisteten. Die Klöster besaßen ein Drittel des bebauten Bodens, ein weiteres Drittel war im Besitz des Kaisers und seiner Familie und nur ein Drittel gehörte der übrigen Bevölkerung. Im Kloster Dabra Libanos wurde in der Regierungszeit Kaiser Amda Seyons (1314–1344) die *Fetha Nagast* verfaßt, eine Chronik, die den Ruhm der salomonischen Dynastie durch legendäre Erzählungen zu mehren suchte. Andere Klöster übersetzten zahlreiche koptische Werke über jüdische oder christliche Geschichte: die *Geschichte der Juden* von Joseph ben Gurion, die (sogenannt apokryphen) *Taten der Apostel und Märtyrer*, das *Leben der koptischen Heiligen*, die *Wunder Jesu* und die *Wunder der heiligen Jungfrau*.

Nach Amda Seyon, der die durch die aufständischen Sultane von Ifat entfesselten mohammedanischen Einfälle glorreich abgeschlagen hatte, und nach seinem Sohn Saif Ared (1344–1372), der den religiösen Kampf fortsetzte, war es Yetschak (oder

Isahak) (1414–1429), der die Zerstörung des Königreiches von Ifat vollendete. Die nach dem Yemen entflohenen Söhne des letzten Sultans kehrten jedoch mit bewaffneter Macht zurück, um im Harar das Königreich von Adal zu gründen, das in der Folge neuen Einfällen des Islam als Ausgangsbasis dienen sollte.
Der in den Jahren 1434 bis 1468 herrschende Kaiser Zara Jakob trat als Reformator des religiösen Lebens seines Landes hervor. Er führte eine Fastenzeit von fünfundfünfzig Tagen ein, dreiunddreißig Festtage zu Ehren der heiligen Jungfrau, zwölf zu Ehren Sankt Michaels usw. Ketzer und Schismatiker, Stephanisten und Eustatheer ließ er verfolgen und zwang sie, gegenüber der heiligen Jungfrau und dem heiligen Kreuz Ergebenheit zu zeigen. Er hinterließ ein schriftliches Werk religiösen und philosophischen Inhalts. Unter seiner Herrschaft nahm eine Delegation der äthiopischen Kirche 1439 am Konzil von Florenz teil. Auch Alfons V. von Portugal, dem ›Afrikaner‹, ließ er eine Gesandtschaft zukommen, um ihn, allerdings vergeblich, um seine Unterstützung zu bitten.
Sein Sohn und Nachfolger Baeda Maryam (1468–1478) war ebenfalls ein äußerst frommer Herrscher, daneben ein Erneuerer der Provinzialverwaltung und ein Erbauer von Kirchen. Seine Witwe, Kaiserin Helene, eine mohammedanische Fürstentochter, die durch ihre Heirat Christin geworden war, übte als Ratgeberin großen Einfluß auf die Nachfolger Maryams aus, deren Gesandtschaften in Kairo, Jerusalem und Rom erschienen. Lange hielt sich in Europa die Legende des ›Priesters Johannes‹ aufrecht, eines märchenhaften orientalischen, aber christlichen Herrschers, den man, wenn es ihn überhaupt gab, irgendwo tief in Asien vermutete. Gegen Ende des 15. Jahrhunderts kam jedoch die Vermutung auf, daß der ›Priester Johannes‹ und der Herrscher von Äthiopien eine Person sein könnten. Von Rom aus entsandte man den Kundschafter Battista d'Imola, der 1482 Äthiopien erreichte. Dorthin hatte ihn die venezianische Route über Jerusalem, Kairo und das Niltal geführt, von da aus nach Aidab am Roten Meer und auf dem Seeweg bis zum Hafen von Adulis, endlich über Land nach Axum. Da er jedoch auf seiner mühseligen Wanderung solche Geschenke nicht mitbrachte, die in Afrika jeder Herrscher von seinem Besucher erwartete und die als Zeichen seiner Ehrerbietung galten, wurde er vom Kaiser nicht empfangen.
1487 beschloß König Johann II. von Portugal, die beiden Kundschafter Alfonso de Paiva und Petro da Covilha auf die Suche nach dem ›Priester Johannes‹ zu entsenden. Als sie auf dem Landweg nach dem Orient unterwegs waren, ließen Nachrichten, die sie in Aden erhielten, sie vermuten, daß der geheim-

nisvolle Herrscher mit dem Kaiser von Äthiopien identisch sei. Ebenfalls in Aden erhielten sie genaue Informationen über den Seeweg nach Indien. Ihre Wege trennten sich. Paiva begab sich nach Äthiopien, starb aber unterwegs. Covilha schlug an Bord eines arabischen Schiffes den Weg nach Indien ein. Er gelangte nach Goa, von wo aus er nach Sofala an der afrikanischen Küste zurückkehrte. In einem Brief sandte er seinem König die nötigen Angaben über den Seeweg von Afrika nach Indien, auch berichtete er über die ›Ausfuhr von Gewürzen, Drogen und Edelsteinen in Kalikut‹. Auf arabischen Schiffen gelangte Pedro da Covilha endlich an den Hof des Kaisers Alexander von Äthiopien (oder Eskender; 1478–1494), der kurz darauf starb. Dessen Bruder und Nachfolger Nahu (oder Na'od; 1494–1508), dann des letzteren Sohn Lebna Dengel (oder David II.; 1508–1540) verweigerten ihm die Rückkehr nach Portugal. Während des langen und schwierigen, von Kaiserin Helene angeregten Briefwechsels zwischen Äthiopien und Portugal, das um Hilfe gegen den eindringenden Islam gebeten wurde, hatte Covilha in Äthiopien zu verbleiben. Da Vasco da Gama in der Zwischenzeit Afrika auf der Südroute umsegelt und den Europäern den Seeweg zum Indischen Ozean geöffnet hatte, entsandte der portugiesische König auf dem neuen Weg eine Gesandtschaft, die 1520 in Massaua an Land ging. Sie fand Pedro da Covilha noch lebend am Hof Kaiser Lebna Dengels und blieb dort bis 1526. Das während so langer Zeit isolierte Äthiopien wurde damit zu einem Bauern in der Schachpartie zwischen den Christen des Abendlandes und der in türkischen Händen befindlichen arabischen Welt.

Das äthiopische Reich vereinigte, wie bereits erwähnt, Provinzen (Tigre, Godjam, Amhara, Schoa) und bisweilen ergebene, oft aber auch revoltierende Staaten unter seiner Herrschaft. Im Südosten hatten die Nachkommen der Sultane von Ifat das Königreich von Adal gegründet, das, von einer arabischen und mohammedanischen Dynastie beherrscht, durch seine nicht abbrechenden Unabhängigkeitsbestrebungen die äthiopischen Kaiser schwer bedrängte. Unter der Herrschaft Lebna Dengels erreichte jedoch der Sultan von Adal, Mohammed Granye, weit mehr als nur die Anerkennung seiner Unabhängigkeit. Nach 1527 drang er in Äthiopien ein, wo er einen Teil des Staates besetzte und während fünfzehn Jahren das Land ausplünderte und verwüstete. 1540 starb Lebna Dengel auf der Flucht.
Erst durch das Eingreifen der Portugiesen sollte sich das Kriegsglück wenden. 1541 landete eine von Stephan da Gama, dem Sohn des großen Entdeckers Vasco, befehligte Expedition in Massaua. Stephan da Gama entsandte seinen Bruder

Christoph mit 400 portugiesischen Soldaten zur Unterstützung des neuen äthiopischen Kaisers. Die Portugiesen griffen den gefürchteten Sultan von Adal an, verloren dabei aber die Hälfte ihrer Männer und ihren Führer Christoph da Gama, der gefangengenommen und zu Tode gefoltert wurde. Um die Gefallenen zu rächen, sammelten die überlebenden Portugiesen eine neue äthiopische Armee und rüsteten sie mit Artillerie aus. In der neuen Schlacht war es Granye, der fiel, worauf seine Truppen auseinanderliefen und das Land verließen. Nachdem die portugiesischen Soldaten dem verbreiteten Terror des mohammedanischen Königreiches ein Ende gesetzt hatten, blieben sie im Land, wo sie mit der ansässigen Bevölkerung verschmolzen.

Die beiden verfeindeten Staaten, das Sultanat von Adal und das äthiopische Reich, waren indessen einem dritten Druck ausgesetzt: den Galla. Das ganze Osthorn des afrikanischen Kontinents wurde ständig von sogenannten ›hamitischen‹ oder ›äthiopidischen‹ Völkern durchquert, die gewöhnlich als Hirten, aber auch als Krieger in Erscheinung traten. Diese Stämme, die Bedja (welche zwischen Äthiopien, Ägypten und dem Roten Meer hin und her wanderten), die Danakil, die Somali und die Galla, waren zeitweilig der äthiopischen Herrschaft unterworfen, der sie sich aber oft entzogen und die sie sogar bisweilen mit bewaffneter Macht bedrohten. Im 16. Jahrhundert änderte sich indessen die Situation. Die Galla siedelten sich in großer Zahl im äthiopischen Hochland an. Es handelte sich dabei aber nicht mehr um nomadische Streifzüge und Einfälle oder um beduinenartige Plünderungen. Die Galla ließen sich als Ackerbauer dauernd nieder, vermehrten sich und bildeten Staaten. Es bereitete den Kaisern große Schwierigkeiten, diese Staaten in einem auch nur unsicheren Gehorsam zu halten. Die Galla bildeten schließlich die zahlenmäßig stärkste ethnische Gruppe Äthiopiens und übertrafen an Zahl sogar die herrschenden Amhara.
Zur Zeit der Kämpfe zwischen Mohammed Granye und Lebna Dengel hatten sich die Galla in ganz Schoa und in den äthiopischen Westprovinzen niedergelassen. Einige Jahre später, nach 1567, erschienen sie auch im Harar. In der Folge hatten die Galla in der ganzen Region uneinnehmbare Stellungen inne, mit denen die Kaiser stets zu rechnen hatten. Es kam sogar zur Herrschaft einer Kaiserin aus dem Stamm der Galla, die nach dem Tod ihres Gatten 14 Jahre lang, von 1755 bis 1769, im Namen ihres Sohnes regierte und sich mit Galla umgab, denen sie alle Schlüsselpositionen anvertraute. Eine Palastrevolution setzte diesem Zwischenspiel ein Ende. Der Ras Michael, Gouverneur von Tigre und Urheber dieses Komplotts, ließ den Sohn

der Gallakaiserin erwürgen und zugleich fünfundsiebzig Vertraute der Kaiserin hinrichten.
Aber selbst seiner eisernen Hand gelang es nicht, eine dauerhafte Ordnung zu errichten. Bis um die Mitte des 19. Jahrhunderts sollte fortan die Anarchie herrschen.
Eine andere Quelle innerer Schwierigkeiten bildeten die Versuche des Vatikans, das äthiopische Reich zum Katholizismus zu bekehren. Jesuiten unternahmen es um die Mitte des 16. Jahrhunderts, Kaiser Claudius und seine Umgebung zu bekehren. Einer seiner Nachfolger, der sich durch den jesuitischen Bekehrungseifer belästigt fühlte, ließ die Missionare jedoch ausweisen. Er wies zudem den Pascha von Massaua an, künftig alle an Land gehenden christlichen Priester hinzurichten.

IV. DIE OSTKÜSTE: SANDSCH

Die Ostküste Afrikas war den alexandrinischen Seefahrern nicht gänzlich unbekannt. Ein aus dem 1. nachchristlichen Jahrhundert stammender und *Küstenschiffahrt des Erythräischen Meeres* betitelter Bericht für Seefahrer und Händler beschrieb die afrikanische Küste bis Sansibar. Diese Schrift und die sogenannte ptolemäische *Geographie* lassen darauf schließen, daß die alexandrinischen Griechen durch ihren Handelsverkehr (hauptsächlich Elfenbeinhandel) von mächtigen Gebirgen (Kenia, Kilimandscharo?) und großen Seen an den Nilquellen (Albertsee, Viktoriasee?) Kenntnis erhalten hatten. Bis ins 19. Jahrhundert kannte man auch in Europa keine weiteren Einzelheiten. Auch hat man in Ostafrika römische Münzen aus dem 4. Jahrhundert n. Chr. gefunden, welche das Vorhandensein von zwar sicher indirekten Handelsbeziehungen bestätigen. Die griechischen Kaufleute oder jene Händler, die auf ihre Rechnung Handel trieben, standen zweifellos auch mit Händlern aus Indien in Verbindung, die einen »aus einem ›saccari‹ benannten Schilfrohr gewonnenen Honig«, den Zucker, mit sich führten. Die erwähnte Küstenbeschreibung betont, daß dieses Land, d.h. die afrikanische Küste, nicht der Macht eines einzigen Herrschers unterstehe, sondern jede der Handelsstädte von einem anderen Herrn regiert werde.
Unsere Kenntnis von der Geschichte der afrikanischen Ostküste beruht auf Berichten arabischer Reisender und archäologischen Forschungen. Die erste Erwähnung des ›Sandschlandes‹, wie es genannt wird, ist nicht ermutigend. In seinem *Buch der Straßen und Provinzen* (Ende des 9. Jahrhunderts) führt Ibn Khordadbeh das Sprichwort auf: »Wer immer sich dorthin begibt, bekommt die Krätze!«

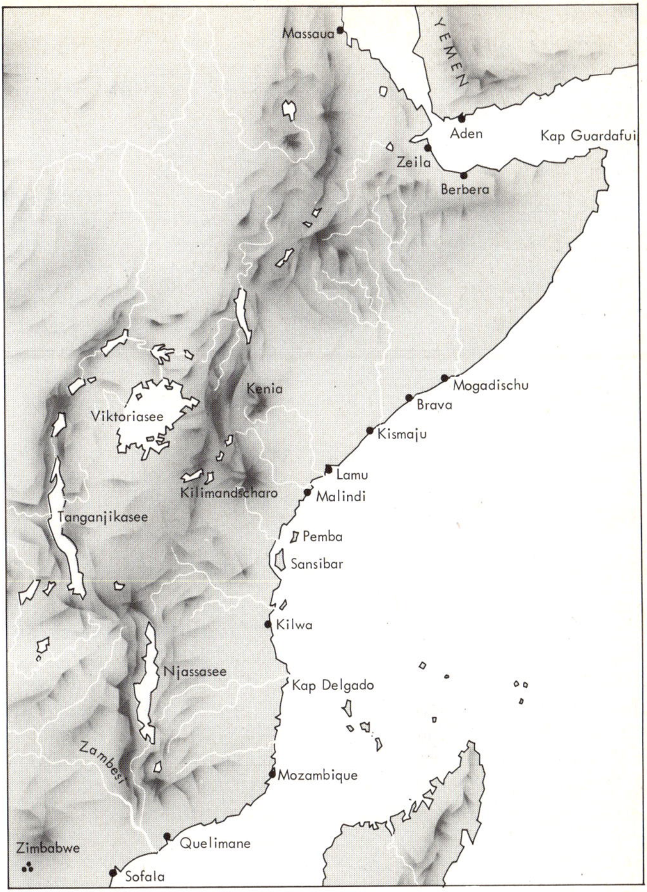

Karte 9: Ostküste Afrikas (Sandsch)

Achtzig Jahre später, um die Mitte des 10. Jahrhunderts, war es der in Bagdad geborene El Masudi, der mit arabischen Händlern aus Oman und Siraf an der afrikanischen Ostküste entlang bis ins ›Sandschland‹ schiffte, was kaum mehr als ›Land der Schwarzen‹ bedeutet haben mag. Der Name Sandsch klingt noch in der Bezeichnung Sansibar oder ›Küste der Sandsch‹ nach.
Wer waren diese Schwarzen? Waren es aus Norden oder Westen

stammende Kaukasoiden? Oder Bantu, welche den Urwald durchquert hatten und aus einem noch unbekannten Ursprungsort stammten? Es waren wohl beide Elemente vertreten, die sich im Lauf ihrer Wanderbewegungen gegenseitig vermischt hatten und überdies mit den ansässigen Stämmen verschmolzen, die bis ins Paläolithikum zurückreichen und deren Spuren man in Kenia, Rhodesien und anderswo aufgefunden hat.
Während des 1. nachchristlichen Jahrtausends verbreitete sich der Gebrauch des Eisens, ohne daß man (aufgrund der gegenwärtigen Forschungsergebnisse) klären könnte, wann, wie und wo die archaische Eisenverarbeitung eingesetzt hat. Obwohl es gefährlich ist, irgendeine Technik mit einem bestimmten Volk zu identifizieren, ist man versucht, die Verbreitung der eisenverarbeitenden Techniken mit der Expansion der Schwarzen in Ostafrika in Zusammenhang zu bringen. Die einer älteren Bevölkerung zugehörigen Hottentotten Südafrikas kannten zwar die primitivsten metallurgischen Techniken, aber sie haben sich vielleicht selbst zu gewissen Zeiten mit Schwarzen vermischt. Übrigens mochten sie Eisen als etwas sehr Seltenes kennen, aber erst die Schwarzen führten wirklich praktische Techniken ein. Auch die Frage, ob die Technik der Eisenverarbeitung an Ort und Stelle erfunden oder beispielsweise aus Meroe eingeführt wurde, läßt sich nicht abklären. Die einzige annähernd gesicherte Tatsache ist die Verbreitung der Eisenverarbeitung in Ostafrika gleichzeitig mit der Ausdehnung der schwarzen Bevölkerung zwischen dem 9. und dem 13. Jahrhundert.
Vielleicht hängt auch die Zunahme des arabischen Handels wenigstens teilweise damit zusammen. Die Araber kauften an der Küste von Sofala das Eisen der einheimischen schwarzen Schmiede, um es in Indien zu verkaufen. Von dort aus gelangte es nach Persien und Arabien, wo man die berühmten Damaszener Klingen herstellte, die bis nach Andalusien und Toledo geliefert wurden, was vom hohen Stand der afrikanischen Eisenverarbeitung zeugt. Die schwarzen Bewohner von Sandsch standen bei den arabischen Händlern übrigens im Ruf, Eisen, d. h. Stahl, höher einzuschätzen als Gold, was die Vermutung nahelegt, sie hätten es mit Gold aufgewogen. Neben dem Eisen waren Sklaven und Elfenbein wichtigste Handelsgüter.
Nach El Masudi (im 10. Jahrhundert) waren diese Schwarzen große und gewandte Erzähler. Oft versammelte einer dieser Redner in den Städten die Menge um sich, um mit seiner Rede die Zuhörer auf die Wege Gottes und die Tugend des Gehorsams zu verpflichten oder ihnen die Geschichte ihrer Ahnen und die Namen der Könige alter Zeiten in Erinnerung zu rufen.
Der äußerste von El Masudi und sicher auch von den arabischen Händlern erreichte Punkt war Sofala, das als ›Sofala die

Goldene‹ beschrieben wurde, denn es war der Ausfuhrhafen der wertvollen Metalle des Monomotapareiches. Auch Elefanten- und Nashornelfenbein, grauer Bernstein, Leopardenfelle und Stahl wurden in Sofala verkauft.

Der Herrscher des Wak-Wak-Reiches, der Waklimi, war ein göttlicher König, dessen Hauptstadt vielleicht Sinna am Zambesi war. »Sobald er seine Macht tyrannisch ausübt«, berichtet El Masudi, »und er sich von den Regeln der Gerechtigkeit entfernt, wird er ermordet und seine Nachkommenschaft von der Thronfolge ausgeschlossen, denn man hat aus seinem Handeln ersehen können, daß er aufgehört hat, Sohn des großen Gottes, des Königs über Himmel und Erde, zu sein.« Der Waklimi soll über 300 000 Ochsenreiter verfügt haben; Pferd, Esel oder Kamel waren unbekannt.

Um 1154 stellte der andalusische Araber El Edrisi im Auftrag des normannischen Königs von Sizilien die gesamten arabischen Kenntnisse über die ostafrikanische Küste zusammen. Er erwähnte den beträchtlichen Aufschwung des Stahlhandels. Diesem Handel verdankten die Städte Malindi und das zwei Tagereisen südlich davon gelegene Manisa (das heutige Mombasa) ihren Wohlstand.

Zur Zeit des 1377 gestorbenen Ibn Battuta war eine der wichtigsten Städte Zeila (neben dem heutigen Dschibuti, an der Einmündung des Roten Meeres in den Indischen Ozean). »Diese Stadt«, schrieb er, »ist die schmutzigste der Welt, die niederdrückendste und wegen der vielen Fische und des Blutes der auf offener Straße geschlachteten Kamele auch die übelriechendste.«

Mogadischu wurde von Obeid Allah Yahut in seinem *Handbuch der universellen Geographie* als eine arabische, reiche und geschäftige Stadt beschrieben. Man stellte dort so wertvolle Stoffe her, die den Namen der Stadt trugen, daß man ihresgleichen suchen mußte. Sie wurden nach Ägypten und in andere Länder ausgeführt.

Die arabischen Händler aber begnügten sich nicht damit, zu kaufen und zu verkaufen. Sie gründeten Kontore und ließen sich, indem sie Frauen des Landes heirateten, dauernd nieder. So emigrierten ganze Gruppen von Arabern nach Übersee, um sich an der ostafrikanischen Küste, wo bereits arabische Niederlassungen bestanden, anzusiedeln, wenn auf der arabischen Halbinsel innere Unruhen ausbrachen, was besonders zur Zeit der Ausbreitung des Islam als Folge von Schismen und Familienzwisten oft vorkam. Mehr oder minder legendäre Berichte überliefern diese Abenteuer.

Nach einer Erhebung im arabischen Sultanat von Oman soll sich um 695 die besiegte Partei unter Führung des Fürsten

Hamza nach Sandsch begeben haben, wo sie das Fundament des Sultanats von Sansibar legte. Nach der Chronik von Kilwa hätten die Emosaid (die Parteigänger Saids, des Urenkels von Mohammeds Schwiegersohn Ali) aus Mekka flüchten müssen. In Afrika sollen sie Zuflucht gefunden und um 740 Mogadischu gegründet haben. Sie sollen im Land, das damals der Gallaherrschaft unterstand, geheiratet haben.

Um 834 sollen sich die aus dem Euphratdelta verjagten Jatt oder Zott in Sokotora niedergelassen haben, wo sie von der Seeräuberei lebten, was einen blühenden Handel voraussetzt, der den Seeräubern ein Parasitendasein ermöglichen konnte.

Um 920 landeten mit drei Schiffen sieben aus El Haza an der Omanküste stammende Brüder in Mogadischu. Sie vertrieben die Nachkommen der Emosaid, welche in die Wüste flohen und bei den somalischen Karawanenführern Aufnahme fanden.

In diesen mehr oder minder legendären Berichten deckt der Begriff ›Araber‹ Einwanderer verschiedener Herkunft, die nicht alle von der arabischen Halbinsel stammten; in der Art etwa, wie früher der ›Phöniker‹, im Südamerika des beginnenden 20. Jahrhunderts der ›Türke‹ und im heutigen Westafrika ›Syrer‹ und ›Libanesen‹ Sammelbegriffe zur generalisierenden Bezeichnung des weißen Händlers unbestimmter nahöstlicher Herkunft sind. Unter diesen sogenannten ›Arabern‹ fanden sich auch Perser, vielleicht auch andere Asiaten.

Ali ben Sultan al Hassan ben Ali, der Sohn eines Sultans von Schiras und einer schwarzen Sklavin, wurde als Mischling ein Opfer rassischer Diskriminierung und um 975 von seinen Halbbrüdern verjagt. Er verließ Persien, um mit seinen sechs Söhnen und Hunderten von Siedlern in Afrika sein Glück zu versuchen. Gegen einige Stoffballen erstanden sie eine Insel, auf der sie die Faktorei von Kilwa gründeten. Ihre Nachkommen und das ganze Volk, das sich auf sie beruft, nennen sich noch heute ›Schirasi‹. Da Kilwa blühte, wurde es zum Ausgangspunkt neuer Handelsniederlassungen längs der Küste. Im 12. Jahrhundert kontrollierten die Schirasi den Handel des Küstenstreifens. Im 13. Jahrhundert ließ der Sultan von Kilwa sein eigenes Kupfergeld schlagen (bis dahin hatte sich der Handel hauptsächlich auf der Grundlage des Tauschgeschäftes vollzogen). Der Sultan von Kilwa war der erste Herrscher südlich der Sahara, der über eigenes geprägtes Geld verfügte. Im Jahr 1332 erhielt Kilwa den Besuch des arabischen Forschungsreisenden Ibn Battuta. Dieser beschrieb es als elegante, wohlgebaute Stadt. »Die Mehrzahl der Einwohner sind Sandsch mit pechschwarzer Haut und Tätowierungen im Gesicht.« Die einheimischen Dichter schrieben in der Suahelisprache abgefaßte lyrische und epische Gedichte über arabische und indische

Themen, die in einer vom Arabischen abgeleiteten Schrift festgehalten wurden. Wenn auch äußere Einflüsse weißen Ursprungs bisweilen eingewirkt hatten und asiatische Elemente hinzugekommen waren, so hatte sich doch eine völlige Integration dieser Einflüsse vollzogen. Die Sandschkultur des ostafrikanischen Küstenstreifens hatte für ihre Zeit einen außerordentlich hohen Stand erreicht. Heute neigt man allerdings dazu, diese Kultur eher als eine negro-afrikanische und stufenweise islamisierte zu betrachten denn als Geschichte arabisch-islamischer, vom Persischen Golf stammender Kolonien.

Auch der Handel mit Indien blühte. Das afrikanische Elfenbein war feiner als das der asiatischen Elefanten. Große Mengen von blauen, weißen und bunten Baumwoll- und Seidenstoffen sowie graue, rote und gelbe Glasperlen wurden in mächtigen Schiffen aus Indien über Cambay nach Afrika eingeführt. Kleine Schiffe, sogenannte Sambuk, übernahmen die Verteilung dieser Ladung längs der Küste bis nach Sofala.

Zu ihrer großen Überraschung entdeckten die Archäologen bei ihren Ausgrabungen große Mengen chinesischen Porzellans und Geldes aus der Sungzeit, die den Gegenwert zu Elfenbein, grauem Bernstein, Leopardenfellen und vielleicht Gold darstellen, die im 12. Jahrhundert in beträchtlichen Mengen von Ostafrika nach China ausgeführt wurden. Es ist bekannt, daß sich um 1115 die Höhe dieser Exporte nach China auf 500 000 Recheneinheiten belief, auf welche der Kaiser einen Zoll von 30 Prozent erhob.

1415 verließen afrikanische Botschafter Malindi (an der Küste des heutigen Kenia), um sich nach Peking zu begeben. Zwei Jahre später, als sie die Rückreise antraten, begleitete sie ein hoher kaiserlicher Beamter, Admiral Tscheng Ho, eskortiert von einer ganzen Flotte, nach Malindi. Solche chinesischen Seefahrten in Richtung Afrika waren übrigens etwas sehr Außergewöhnliches. Die chinesischen Schiffe gelangten gewöhnlich nur bis in die arabischen Häfen, wo sie ihre Ladung löschten und den arabischen Schiffern übergaben, die sie zur Verteilung nach Afrika weitertransportierten. Aus diesem Grund finden sich auch keine Spuren chinesischer Handelsniederlassungen an der afrikanischen Küste, und deshalb dürften auch die Bordaufzeichnungen chinesischer Seefahrer kaum nützliche Aufschlüsse über jenen Teil Afrikas liefern, wo man chinesisches Geld und Porzellan aufgefunden hat. Beides dürfte wohl den arabischen Zwischenhändlern als Tauschmittel gedient haben.

Um 1500 änderte sich indessen die chinesische Politik. Die nach innen gewandte Partei siegte über die ozeanische, dem Handel mit dem Ausland günstig gesinnte Partei. Die chinesische Regierung ließ alle Schiffswerften schließen und untersagte bei Todesstrafe den Bau von größeren als zweimastigen Schiffen. Ein Edikt aus dem Jahr 1525 befahl, alle noch bestehenden Handelsschiffe zu verbrennen und die Matrosen einzukerkern. Damit endete der Handel zwischen der afrikanischen Ostküste und China.

7. Unter dem Wendekreis des Steinbocks

Zum selben Zeitpunkt, da sich die Chinesen auf ihre eigenen Positionen zurückzogen und durch die Vernichtung ihrer Schiffe die Verbindungen mit der Außenwelt abbrachen, umsegelten portugiesische Schiffe das Kap der Guten Hoffnung und gewannen den Zugang zum Indischen Ozean.

Zur gleichen Zeit, da die spanischen Konquistadoren in Amerika die Kulturen der Azteken und Inkas entdeckten, stießen die Portugiesen auf zwei, sogar drei südlich des Äquators gelegene afrikanische Hochkulturen. Am atlantischen Küstenstreifen entdeckten sie das Kongoreich, am Indischen Ozean die Sandschkultur und im Hafen von Sofala vernahmen sie von einem mächtigen, reichen und geheimnisvollen Herrscher, dem im Hinterland ansässigen Monomotapa.

Die den arabischen Chronisten bekannte negro-arabisch-persische Händlergesellschaft der Sandsch wurde von den Portugiesen mit dem Ziel bekämpft, ihren eigenen Handel an Stelle des ausgeschalteten zu setzen, was ihnen aber mißlang.

Welcher ›historischen‹ Wirklichkeit entsprachen damals das Königreich Kongo oder das Reich des Monomotapa? Man stößt beim Versuch einer Klärung dieser Fragen auf Hindernisse, die dem Historiker Afrikas zwar vertraut sind, die sich diesmal aber als unüberwindlich herausstellen. Die erste Klippe besteht im Fehlen jeglichen schriftlichen Dokumentes aus der Zeit vor dem Auftreten der Europäer. Es gibt nichts, das auch nur den spärlichen Hinweisen der Griechen oder den arabischen Chroniken vergleichbar wäre, überhaupt keine anderen Quellen als die Archäologie, die vergleichende Ethnologie und die mündliche Überlieferung, die hier noch ungewisser ist als anderswo. Die wenigen von diesen drei Quellen herrührenden Aussagen werden überdies bis heute eher mit mehr Phantasie als kritischem Geist ausgewertet. Manchmal liegt diesen Interpretationen die Absicht zugrunde, das völlige Fehlen von Kulturen vor dem Eindringen der Europäer zu beweisen, oder auch der entgegengesetzte Wunsch, auf das Vorhandensein derselben Einrichtungen und derselben Entwicklung wie anderswo hinzuweisen. Als ob eine ›historische Vergangenheit‹ unerläßliches Requisit des

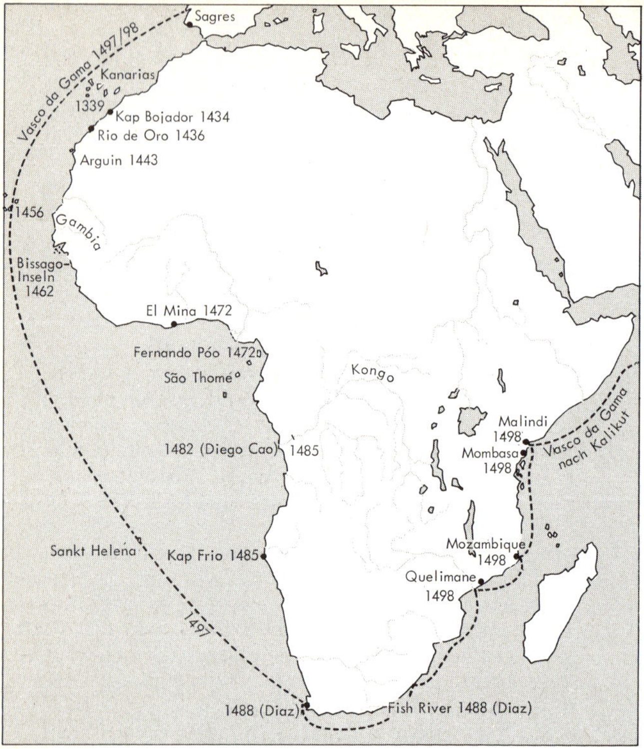

Karte 10: Portugiesische Entdeckungen

Ansehens wäre, wie in Europa die Ahnengalerie im Jahrhundert der Bourgeois und Parvenus.
Die zweite zu überwindende Schwierigkeit in diesem Zusammenhang wurzelt im Gebrauch von westlichen Historikern vertrauten Begriffen. Von einem ›Kongoreich‹, einem ›Reich‹ des Monomotapa zu sprechen, beschwört falsche Vorstellungen herauf. In der hier beleuchteten Epoche und Region finden sich keine Gebilde, die unseren Staaten, unseren Regierungen, unseren Verwaltungen oder unseren scharf abgegrenzten Territorien ähnlich wären, nicht einmal Phänomene, die der Organisation Äthiopiens oder den Hegemonien von Gana oder Mali zu vergleichen wären — oder wenigstens sind sie bis jetzt nicht feststellbar.

Dieser Unterschied ist sicher nicht in der menschlichen Natur, sondern vielmehr in den unterschiedlichen Umständen zu suchen. Er rührt daher, daß die Zeitstufe hier nicht dieselbe ist, oder eher, daß der Historiker, als Zeuge und Interpret, seinen Standort nicht auf der Zeitstufe hat, auf der er gewöhnlich steht. Südlich des Äquators nämlich beginnt die historische Epoche für viele Völker erst um die Mitte des 19. Jahrhunderts, die Frühgeschichte reicht nicht weiter als bis ins 15. Jahrhundert zurück, die Blüte der Eisenzeit liegt zwischen dem 12. und dem 14. Jahrhundert und gewisse Stämme, wie die Buschmänner, leben noch heute auf der Stufe der Steinzeit, ja der Altsteinzeit.

Den Historiker sollte die Weisheit des Schweigens auszeichnen, wie jenen britischen Historiker, der über eben diesen Zeitabschnitt der ostafrikanischen Geschichte meinte, je weniger man darüber spreche, desto weniger laufe man Gefahr, Dummheiten zu verbreiten. Noch lange wird man das Feld dem Archäologen und Ethnographen überlassen müssen. Es ist aber für den Historiker und für den Ethnologen dennoch erregend, sich diesen dunkeln, uns aber so nahen Zeitaltern zu widmen, die vielleicht der Kindheit unserer eigenen Kulturen zu vergleichen sind.

Noch heute kann man verfolgen, wie sich zwischen Südatlantik und Indischem Ozean in den gewöhnlich dünn besiedelten Räumen ein übervölkertes Dorf aufspaltet und von einem Teil der Bewohner verlassen wird, wie ein Clan als Folge eines Streites auseinanderbricht, wie eine Hungersnot einen Stamm zum Aufbruch zwingt, wie er vor einer wirklichen oder eingebildeten Gefahr die Flucht ergreift und die Menschen dann anderswo ihre Nahrung suchen gehen. Zuerst brechen die jungen Leute auf; sie führen Lebensmittel und Werkzeuge mit sich und bereiten neue Unterkünfte vor. Die älteren, Boden und Ahnen stärker verhafteten Leute folgen zuletzt. Wer auszieht, gibt sich einen neuen Namen, um so die Erneuerung der Gruppe zu verdeutlichen. Sie brechen freiwillig mit ihrer Vergangenheit, bereit, sich neuen Voraussetzungen anzupassen. Die außergewöhnliche Anpassungsfähigkeit dieser Völker, ihre Formbarkeit, ihre Lebenskraft ist ebenso erstaunlich wie ihre Fähigkeit, schnell aus dem neuen Milieu, dem Terrain, aus Begegnungen mit anderen Menschen und anderen Lebensgewohnheiten zu lernen, oder auch ihr Geschick, zu neuen Gesellschaften in Symbiose zu treten und neue Gleichgewichte zu errichten. Nur ihr frohes Wesen bleibt der einzig beständige Grundzug.

Wir haben bereits erwähnt, daß die Ureinwohner dieses Teils des Kontinents zwischen Südatlantik und Indischem Ozean keine Neger sind. Die Pygmäen des Urwaldes und die Buschmänner der Savanne sind Nachkommen dieser Ureinwohner, dieser paläolithischen Bevölkerung; Überlebende, die von den aus Norden eindringenden ›großen‹ Negern in Urwald und Busch zurückgedrängt worden waren. Diese Neger scheinen zwei Familien anzugehören, den Bantu (dieser Begriff bezeichnet streng genommen übrigens nur eine Sprachverwandtschaft), die den Urwald, vielleicht vom Hochland von Kamerun aus, durchquert hatten, und den Hamiten oder Äthiopiden, die vielleicht mit den vordynastischen Ägyptern verwandt und über die ostafrikanische Berg- und Seeregion nach Süden ausgewandert waren. Seit mehr als einem Jahrtausend verlagern sich kleine Gruppen der einen wie der andern Familie ohne Unterbrechung, im allgemeinen richtungslos, wobei sich ihre Wege kreuzen und ihre Rassen sich vermischen. Die einen nehmen die Sprache der andern an, diese dafür deren Einrichtungen, was neue Formen hervorbringt. Vermutet man nicht, daß die Hottentotten Mischlinge von Buschmännern und Hamiten seien? Es ist unter diesen Voraussetzungen, zumindest beim heutigen Stand unseres Wissens, offensichtlich, daß eine klare, verständliche und zutreffende Darstellung noch nicht möglich ist. Je nach der gewählten Optik und dem Erkenntnisbereich, sei es jener der Sprache (Bantu- oder Hamito-semitische Sprachen), jener der Lebensweise (Ackerbau oder Viehzucht), der Familienorganisation (Patriarchat oder Matriarchat), der verwendeten Techniken (Schmieden und Bergwerke, Terrassenkulturen, Verbreitung des Ackerbaus, Konstruktionen aus Stein), oder jener der sagenhafte Ursprünge und Wanderbewegungen erwähnenden mündlichen Überlieferung, gewinnt man auseinanderstrebende und schwer zu vereinbarende Hypothesen.

Da die Geschichte ihr Interesse eher dem Großen als dem Kleinen, eher dem Herrn als dem Knecht zuwendet, dem Herrscher in höherem Maß als dem freien Mann und dem Krieger mehr als dem Bauern ihre Beachtung schenkt, wollen wir uns zuerst an die Hamiten (Niloten, Kaukasoiden, Äthiopiden, wie man sie auch nennt) halten, also an jene aus der oberen Nilregion stammenden Nomaden und Hirten, welche offenbar neue Organisationsprinzipien mit sich führten, welche die Größenordnung von Horde, Dorf und Stamm übertrafen. Die Vermutung, durch sie hätte sich die pharaonische Idee bis an die Ufer des Kongo verbreitet, ist zwar verführerisch, entbehrt indessen noch jeden Beweises. Vielleicht waren sie auch (als entfernte Erben Meroes?) im Besitz metallurgischer Kenntnisse, die sie als Monopol verwahrten, was ihnen ihre Überlegenheit verschafft hätte. Es ist eine Tatsache, daß am Kwango die ›Könige‹, wie man sie nennt, zu den Schmieden gehörten und daß im ganzen Kongobecken die Zunft oder Kaste der Schmiede herrschte.

Von dieser Hypothese ausgehend, hat eine Beschreibung der

Frühgeschichte dieses Teils des Kontinents in der Region der Nilquellen, der Seen und der Hochländer einzusetzen, um dann dem wahrscheinlichen Weg wenn nicht der Menschen, so doch der neuen, höheren Organisationsformen nach Süden und Westen zu folgen.

I. KITWARA. MONOMOTAPA

In diesem Gebiet ist der älteste bekannte Staat Kitwara gewesen, von dem allerdings fast nur der Name bekannt ist. Kitwara war wohl eine Herrschaft von Hirten über Ackerbauern. Die sich folgenden Wellen nomadischer Einwanderer bekämpften sich gegenseitig, wobei die jüngste versuchte, die älteren zu verdrängen.

Welche staatlichen Gebilde lagen weiter südlich, zwischen Zambesi und Limpopo, im Hinterland von Sofala? Allein das rege Leben des Hafens läßt vermuten, daß er sich auf eine organisierte Wirtschaft im Hinterland stützen mußte, seien es auch nur Elefantenjäger gewesen oder Träger, die das Elfenbein den Lagerhäusern der Händler zutrugen, Goldsucher, welche die goldführenden Sande auswuschen, oder Schmiede, die mittels Holzkohle das Eisenerz bearbeiteten. Ohne Zweifel waren diese Spezialisten nur eine Minderheit unter vielen anderen, in Gesellschaftsgebilden organisierten Menschen.

Man findet im Hinterland von Sofala Tausende, zum Teil außerordentlich eindrucksvolle Ruinen, wie die von Groß-Zimbabwe in Rhodesien oder Mapungubwe in Nordtransvaal. Ebenfalls begegnet man Tausenden von ehemals ausgebeuteten Minen: Goldminen, Kupferminen, Eisenerzlagern und Zinngruben. Man stößt auf Terrassenkulturen, die riesige Flächen einnehmen, auf Bewässerungskanäle, Straßen und Megalithen, auf Überreste von Siedlungen und Friedhöfen, auf zwölf Meter tiefe, durch Fels gebrochene Brunnen. Es handelt sich hier wahrscheinlich nicht nur um eine ›Kultur‹, sondern um eine Gruppe von Kulturerscheinungen, über deren Wesen man allerdings nur wenig unterrichtet ist.

Nach der portugiesischen Überlieferung war den an der Küste ansässigen Händlern die Existenz des Monomotapa, eines Königs im Innern des Landes, bekannt. Er herrschte über ein Volk von Grubenarbeitern und Handwerkern, die Kupfer und Gold, ihre Handelsgüter, förderten und bearbeiteten. Die Vermutung liegt nahe, daß auch diese Kultur nicht aus dem Nichts entstand und daß ihr Wachstum Jahrhunderte erfordert hat.

Monomotapa war nicht die Bezeichnung des Landes, sondern des Herrschers. Es soll ›Herr der Minen‹ bedeutet haben, was

von den aufgefundenen Spuren früherer Bergwerksförderungen im Gebiet von Salisbury bekräftigt wird. Normalerweise war der älteste Sohn des Königs sein Erbe. Der König besaß mehrere Frauen. Die erste seiner Gemahlinnen war seine Schwester (oder wurde als solche ausgegeben). Die Königinmutter verfügte über einen gewissen Einfluß. Überhaupt gab es Frauen, deren großes Vermögen ihnen eine beträchtliche Macht sicherte.
Den König umgab ein strenges Zeremoniell. Gefiel es ihm zu trinken, zu husten oder zu niesen, so klatschten die wenigen in seiner Nähe geduldeten Würdenträger in die Hände. Auf diesen Lärm hin spendete man auch außerhalb des Palastes den gleichen Applaus. Die Höflinge ahmten gute wie schlechte Eigenschaften des Königs, ja sogar seine Gebrechen nach. Hinkte er, so begann der ganze königliche Hof zu hinken. Man näherte sich ihm auf den Knien oder noch besser kriechend auf dem Bauch. Verlor der König indessen seine körperliche oder geistige Gesundheit, so war sein Leben verwirkt. Selbst wenn er nur verwundet wurde, verlangte die Tradition seinen Tod. Es scheint, daß sich die Herrscher dieser Pflicht ihres Amtes womöglich entzogen haben. Das Reich war in vier Königreiche oder Provinzen unterteilt, an deren Spitze die Söhne des Königs standen. Es ist unbekannt, wie alt dieses Reich ist. Als die Portugiesen zu Beginn des 16. Jahrhunderts von ihm hörten, mag es bereits einige Jahrhunderte bestanden haben.

II. DIE LUBA. DIE LUNDA

Tiefer im Innern des Kontinents, im Bergwerksgebiet des südlichen und südöstlichen Katanga, scheinen die Luba vielleicht schon seit dem 10. Jahrhundert ansässig gewesen zu sein. Es gibt bis heute keine Anhaltspunkte dafür, ob sich die Luba der alten Zeit von denen unterscheiden, die noch heute in diesem Gebiet leben. Nach legendären Überlieferungen soll um das 15. Jahrhundert ein mächtiger, von Norden eingedrungener König namens Kongolo gelebt haben, dessen Dasein heute von Legenden umrankt ist. Er soll Türme zur Erstürmung des Himmels erbaut haben. Sein Neffe, der Sohn seiner Schwester-Frau und eines fremden Jägers, den Kongolo bei sich aufgenommen hatte, soll ihn ermordet haben. Dieser Neffe und außereheliche Sohn von Kongolos Frau, Ilonga Mbili, der sich im Volk großer Beliebtheit erfreute, sei von seinem Onkel-Vater verbannt worden, aber mit einer Truppe von Kriegern zurückgekehrt. Nachdem er Kongolo ermordet hatte, soll er eine neue Dynastie und ein neues Königreich gegründet haben. Die Organisation dieses im 16. Jahrhundert entstandenen Lubareiches namens

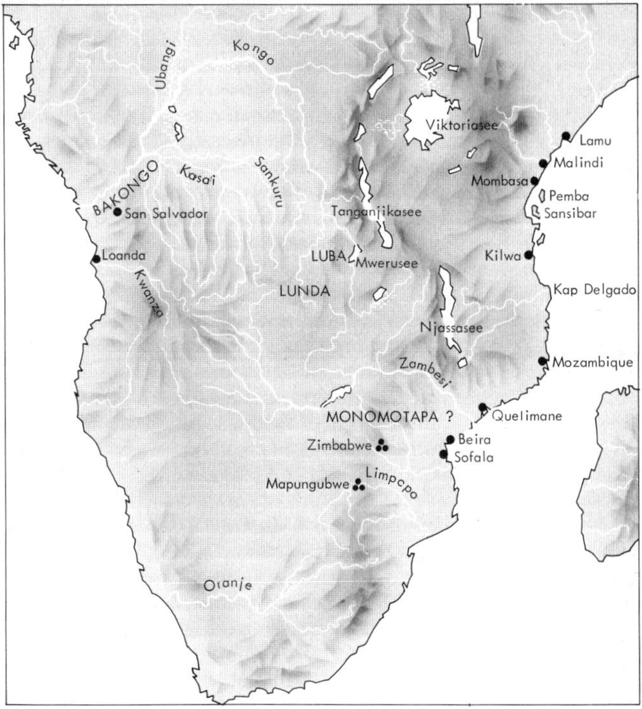

Karte 11: Portugiesische Niederlassungen. Kongo; Ngola; Reich des Monomotapa; Mozambique; Luba; Lunda

Urua gleicht in mancher Hinsicht der des Himareiches von Uganda. Eine Hauptstadt existierte nicht. Unter jeder neuen Herrschaft ließen sich der König und sein Hof in einem anderen Dorf nieder. Ihre Häuser unterschieden sich nicht von jenen der übrigen Bevölkerung.
Eine Königsliste dieser Dynastie, die sich im Lubaland bis zu ihrer Vertreibung durch die Belgier am Ende des 19. Jahrhunderts hielt, ist überliefert.

Ein Enkel Ilonga Mbilis, Ilonga Kibinda, hatte das Lubaland verlassen und war zu Beginn des 18. Jahrhunderts bis ins Land der Lunda am Oberlauf des Kasai gelangt. Dort wurde er Mwata Yamvo, d. h. König. Er stand zu dieser Zeit bereits in zumindest indirektem Kontakt mit den Portugiesen in Angola. Portugiesische Feuerwaffen waren es denn auch, die seiner Luba-Lunda-Dynastie die Machtstellung sicherten.

Dem Luba-Lunda-Machtzentrum lassen sich zahlreiche Hegemonien zuordnen, die zwischen dem 15. und dem 19. Jahrhundert entstanden waren. So erwähnt die Überlieferung der Buschongo, eines am Zusammenfluß von Sankuro und Kasai ansässigen Volkes, die Namen von 121 Herrschern des Kubareiches. Während der Regierungszeit des 98. Königs, Bo Kama Bomankala, soll sich eine totale Sonnenfinsternis ereignet haben. Man nimmt an, daß es sich um die von 1680 handelt. Auch in der Überlieferung der Bugandakönige stößt man auf die Erinnerung an dieses Naturereignis. Kann man aber ernsthaft an die Authentizität einer Überlieferung glauben, die achtundneunzig Regierungszeiten vor das Jahr 1680 zurückreicht? Nimmt man eine durchschnittliche Regierungszeit von drei Jahren an, so müßten die Ursprünge der Dynastie ins 14. Jahrhundert fallen. Aber kann man auf einer solchen Hypothese aufbauen?
Im 18. Jahrhundert entsandte der Mwata Yamvo Emissäre, die seine Herrschaft nach Osten ausdehnen sollten. Diese Statthalter oder Kazembe gründeten südlich des Mwerusees die Hegemonie der Mwata Kazembe, die während einiger Zeit der Herrschaft des Mwata Yamvo unterstand, dann aber allmählich selbständig wurde. Ende des 19. Jahrhunderts hatte sie jedenfalls ihre Unabhängigkeit erlangt. Auch diese Hegemonie gründete ihre Machtstellung auf portugiesische Feuerwaffen. Ein Bericht aus dem Jahr 1831 beschreibt die malerische Ankunft einer kleinen portugiesischen Expedition am Hof des Mwata Kazembe. Der portugiesische Hauptmann Gamitto ritt auf einem widerspenstigen Esel, der zum Helden des Tages wurde, in die Hauptstadt ein. Am nächsten Tag wurde er vom König in Audienz empfangen. Die Huld des Königs, der Pomp seines Hofstaates, die Etikette des Zeremoniells beeindruckten den Portugiesen stark. Die adligen Höflinge und Offiziere, die hohen Beamten, die königlichen Gattinnen, die Possenreißer und Spaßmacher setzten ihn ebenso sehr in Erstaunen wie die 4000 bis 5000 mit Bogen und Wurfspießen bewaffneten Krieger der Garnison.

Andere, nach Westen ausgerichtete Zweige der Luba-Lunda-Hegemonien scheinen älter zu sein, zumindest, wenn man ihnen die Hegemonien am Unterlauf des Kongo und im heutigen Angola zuordnet.
Das Gebiet zwischen Kwango und Atlantik, der Küstenstreifen zwischen dem Mündungsgebiet des Kongo und dem Benguela sowie das Hinterland waren Sitz einer ganzen Reihe kleiner Hegemonien. Nördlich des Kongo: Loango, Kakongo, Ngoyo. Südlich davon: Mbata, Mbamba, Mpemba, Nsundi, Mpangu, Sonyo. Südlich des Flusses Kwanza befand sich Ndongo, dessen König der Ngola war. Sein Name liegt der portugiesischen Bezeichnung Angola zugrunde. Im Zentrum dieses Raumes lag das Kongoreich. Der Herrscher des Bantuvolkes der Bakongo war der Manikongo, dessen Hauptstadt sich bei der Ankunft der Portugiesen in Mbanzakongo befand, dort, wo heute San Salvador liegt. Dieses Königreich wurde zu Beginn des 15. Jahrhunderts gegründet, vielleicht von Statthaltern der Luba-Lunda-Hegemonien, gewiß aber von Schmieden, kühnen Jägern und erprobten Kriegern. Am Kwangoufer finden sich zahlreiche Überreste alter Schmieden.
Welches Band vereinte diese verschiedenen Hegemonien? Der Manikongo, Herr des Kongo und Führer der Bakongo, hatte beim Erscheinen der Portugiesen eine Vormachtstellung inne. Aber vielleicht unterschied sich seine Stellung kaum von jener des Älteren, des ›großen Bruders‹ in einer Familie. Die Bande zwischen den verschiedenen Hegemonien waren wohl eher föderalistisch-verwandtschaftlicher denn politischer Natur. Vielleicht verband die verschiedenen Hegemonien auch eine gewisse Verflechtung und Solidarität der herrschenden Schichten.
Der älteste bekannte Manikongo hieß nach der Überlieferung Nimi a Lukani, Herr von Mpemba, dessen Macht sich auch über die ›verwandten‹ Völker erstreckte. Seinem Enkel Nzinga Nkuwu (Enkel vielleicht im afrikanischen Sinn der Adoptiv-Nachkommenschaft) statteten im Jahr 1482 die Portugiesen unter Diego Cao ihren ersten Besuch ab.
Die Kulturen im ganzen Bereich dieses dünnbesiedelten Teils des Kontinentes scheinen sich lange Zeit auf friedlichem Weg entwickelt zu haben, durch Wanderungen, Ehen oder Aufspaltung, Zusammenschluß und Anschluß an Gruppen. Erst mit dem Auftauchen von Gewehren und dem Auftreten des Sklavenhandels begann die Zeit bewaffneter Zusammenstöße und kriegerischer Hegemonien. Noch mitten im 19. Jahrhundert betonte der Forschungsreisende Livingstone den Frieden und die Sicherheit, die in den riesigen Räumen Innerafrikas herrschten.

B. Die Ankunft der Europäer und die Kolonisation

8. Erstes Auftreten der Europäer

An den Anfang der afrikanischen Geschichte ist wohl die Verödung der Sahara zu setzen, die das Ausschwärmen und die Verbreitung der schwarzen ethnischen Gruppen ausgelöst hat. Mit Sicherheit ist der Islam als zweiter Höhepunkt der Geschichte anzusehen, der über Sahara, Niltal und Rotes Meer hinweg einen ständigen Druck in Richtung Süden ausgeübt hat. Das dritte prägende Ereignis der Geschichte Afrikas südlich der Sahara ist mit der Kontaktaufnahme der Europäer zu diesem Teil des Kontinents eingeleitet worden.
Dieses dritte Ereignis steht in Beziehung zum zweiten. Die Eroberung des östlichen und südlichen Mittelmeerraumes durch die Araber hatte den Handelsverkehr zwischen lateinischer Welt und Nahem und Fernem Osten, Byzanz und – was uns hier besonders interessiert – auch Alexandria unterbrochen. Alexandria aber war praktisch der einzig mögliche Berührungspunkt zwischen dem Abendland und dem südlich der Sahara gelegenen Afrika. In gewissem Sinn waren die Araber, die die alexandrinischen Griechen ersetzt hatten, besser als jene geeignet, einen solchen Kontakt herzustellen und als Vermittler zu dienen. In bestimmtem Umfang erfüllten sie diese Aufgabe auch, aber als Handelsvolk suchten sie ihr Verkehrsmonopol aufrechtzuerhalten. Wir haben bereits erwähnt, daß die chinesischen Schiffe ihre Ladung im Persischen Golf löschten, wo die Araber oder die als Araber bezeichneten Händler sie zur Verteilung auf die ostafrikanische Küste übernahmen. Die Kontrolle über das Rote Meer, den Isthmus von Suez sowie die afrikanischen und asiatischen Karawanenwege ließ die Araber auch den europäischen Handel beherrschen, der Seide, Gewürze (Pfeffer, Zimt oder die in Europa sehr begehrte Gewürznelke), Elfenbein, für den katholischen Gottesdienst bestimmten Weihrauch und Gold aus dem schwarzen Land über den Orient bezog.
Der europäische Kampf gegen den Islam, die Wiedereroberung der Iberischen Halbinsel, die Vorstöße der Kreuzzüge hatten nicht nur die Unabhängigkeit Europas, die Verteidigung und möglicherweise Verbreitung des christlichen Glaubens oder die Wiedereroberung der in die Hände der Ungläubigen gefallenen

Heiligen Stätten, sondern auch die freie Entfaltung der westeuropäischen Wirtschaft zum Ziel; sie tendierten dahin, das arabische Handelsmonopol zu brechen und Europa einen direkten Zugang zu den orientalischen Reichtümern zu verschaffen. Die europäische Expansionspolitik des 15. und 16. Jahrhunderts hatte sich ein großes Ziel gesetzt: den Weg nach Indien zu erkämpfen. Genauer gesagt, eine Route nach Indien zu eröffnen, auf der den Arabern kein Tribut zu entrichten wäre. Zwar war der Verkehr mit dem Orient niemals völlig abgebrochen. Enge Handelsbeziehungen verbanden die Republik Venedig, die in Fragen des Wahren Glaubens weniger empfindlich war (wie hätte sie auch anders bestehen können?), mit den Ungläubigen. Mit Zustimmung und Unterstützung arabischer Behörden, denen sie sich zweifellos erkenntlich zeigten, gelangten venezianische Händler bis ins Rote Meer, ja bis nach Äthiopien. Da die islamische Welt die venezianische Zechine oder den Golddukaten für ihren Außenhandel gebrauchte, machten ihn die Genuesen, damals die Bankiers der ganzen Welt, zur Einheitswährung des internationalen Handels. Sie entsandten in der Mitte des 15. Jahrhunderts einen gewissen Malfante in die Sahara, um dort den Goldmarkt zu studieren.

Andere Vermittler waren die Juden Mallorcas, Spaniens und Marokkos, denen es gelang, sich mit beiden Lagern gut zu stehen. Durch ihre Vermittlung gelangten aus der arabischen Welt nach Europa nicht nur einige Waren, sondern, was viel wichtiger war, auch Nachrichten und Kenntnisse über Geographie und Seefahrt. Im 14. Jahrhundert bestand auf Mallorca eine jüdische Schule von Kartographen. 1375 zeichnete Abraham Cresques eine ›katalanische Karte‹, welche, aus den Quellen arabischer Forschungsreisender schöpfend, eine beträchtliche Erweiterung der europäischen Kenntnisse brachte. Auf dieser, dem König von Frankreich Karl V. überreichten Karte findet sich eine Angabe über die Karawanenstraße von Marokko über Sidjilmasa und Audoghast nach dem Niger. Auch ›Tenbuch‹, d.h. Timbuktu, ›Ciutat de Melli‹, die Hauptstadt von Mali, ›Geugeu‹ oder Gao am Niger sowie die im Zentrum der Westsahara gelegenen Salzminen von ›Tagazo‹ oder Teghaza waren in die Karte eingetragen. Aber diese geographischen Kenntnisse fanden keine Verbreitung, waren sie doch, als Schlüssel zu ›Guinea‹, dem märchenhaften Land des Goldes und der Neger, von großem Wert und wurden deswegen von denen, die sie für teures Geld erkauft hatten, geheimgehalten.

Die Araber, die aus Gründen des Handels und der Religion den Christen jeden direkten Kontakt mit Afrika und Asien verwehrten, erfanden und verbreiteten ihrerseits Legenden von den Gefahren, die denen drohten, die sich als unerschrockene Seefahrer

doch dem Unbekannten nähern sollten. Um die Mitte des 12. Jahrhunderts verfaßte der Araber El Edrisi im Auftrag Rogers II. von Sizilien einen geographischen Bericht, worin es heißt: »Niemand weiß, was jenseits des Meeres liegt (gemeint ist der Atlantik auf der Breite von Marokko). Kein Mensch hat darüber etwas erfahren können, stellen doch die Undurchdringlichkeit des Dunkels, die Höhe der Wogen, die Häufigkeit der Stürme, die Vielzahl von wahren Untieren und die Gewalt der Winde der Schiffahrt große Hindernisse in den Weg.«
Dennoch drangen Informationen durch; auch lagen die Ideen in der Luft. Über Araber und Juden knüpfte das Abendland an die geographische, von Ptolemäus und seiner Schule verkörperte Tradition der Alexandriner an. Was vielleicht schon die Phöniker vermutet hatten, beschäftigte von neuem die Geister, nämlich die Annahme, daß nur ein einziger Ozean existiere und daß er folglich die Kontinente umspüle. Es mußte also möglich sein, Afrika auf der Südroute zu umsegeln. Aber auch damals hatten die Ideen ihren Preis, und diejenigen, die kühne Spekulationen anstellten, hielten diese geheim, weil sie die Früchte ihrer Ideen selbst ernten wollten. Bereits im Jahr 1291 beauftragte ein Genueser, der Reeder Doria, die beiden Brüder Vivaldi, mit zwei Galeeren *auf der Atlantikroute nach Indien* zu fahren. Es war die Zeit, da Marco Polo als Gefangener Genuas seinen Reisebericht verfaßte. Höchst bedeutsam ist indessen der Umstand, daß der Sohn Vivaldis im Indischen Ozean in der Gegend von Mogadischu Nachforschungen nach seinem verschollenen Vater anstellte. Man muß also zu dieser Zeit die Umschiffung Afrikas bereits für möglich gehalten haben.
Die Seekarten jener Zeit bestätigen uns, daß die Kanarischen Inseln in Europa seit 1339 bekannt waren. 1341 schiffte sich eine italienisch-portugiesische Expedition für die ›Inseln‹ ein. Im Jahr 1344 verlieh der Papst dem französischen Admiral Louis de la Corda den Titel eines Fürsten der Glücklichen Inseln mit dem Auftrag, diese—die Kanarischen Inseln—zu erobern.
Seit 1364 umsegelten die aus Dieppe und Rouen stammenden Karavellen der normannischen Seefahrer das Grüne Kap, um mit Elfenbein zurückzukehren. Während eines halben Jahrhunderts sollen die Normannen die Elfenbeinküste und die Goldküste befahren haben, wo sie Niederlassungen gründeten. Aber der französische Bürgerkrieg von 1410 hätte diesen Handel unterbrochen, der dann völlig in Vergessenheit geriet. Es blieb kaum eine Erinnerung daran zurück, da die Seefahrer ihre Entdeckungen geheimgehalten hatten, um sich nicht der Früchte ihrer Mühen berauben zu lassen. Als sich die Portugiesen später an der ›Mine‹, an der Goldküste, niederließen, scheinen sie auf Spuren französischer Niederlassungen und sogar auf die

Überreste einer 1380 erbauten Kirche gestoßen zu sein. Allerdings wird die Möglichkeit von solch frühen normannischen Niederlassungen stark umstritten und der Text, der über sie berichtet (1669 in Paris veröffentlicht), von manchen Historikern als Fälschung zurückgewiesen; doch ihre Argumente sind nicht endgültig entscheidend.
Jean de Béthencourt, der Sohn eines Gefährten von Duguesclin, und sein zweiter Offizier, Gadifer de la Salle, schifften sich 1402 nach den Kanarischen Inseln ein, wo allerdings bereits die Spanier eingefallen waren. Jean de Béthencourt kolonisierte die Inseln. Bei seiner Rückkehr in die Normandie übergab er die Kolonie seinem Neffen, der sie 1418 an Kastilien abtrat. Was davon bleibt, ist, daß im Sinn de la Salles die Niederlassung auf den Kanarischen Inseln nur eine Station auf dem Seeweg zum Land des Goldes sein sollte.

I. DIE PORTUGIESISCHEN SEEFAHRER

Der erste, der zur Aufklärung der afrikanischen Küsten die angemessenen Mittel und Methoden anwandte, war ein portugiesischer Prinz, der Infant Heinrich von Portugal, der als Heinrich der Seefahrer in die Geschichte eingehen sollte. 1393 als vierter Sohn König Johanns I. von Portugal geboren, war er von der Thronfolge ausgeschlossen, was ihm um so mehr Muße ließ, seiner Leidenschaft für die Seefahrt zu frönen. Er ließ sich in der Algarve, am Kap San Vicente, der äußersten, dem Atlantik vorgelagerten Südwestecke Europas nieder. In seinem Schloß in Sagres legte er eine Sammlung aller ihm zugänglichen Dokumente über die Seefahrt an: Gradbücher, Seekarten, Reiseberichte, nautische Instrumente, Kompasse und Sternhöhenmesser. Er berief den berühmten mallorcanischen Kartographen Jaime Ribes zu sich und ließ Schiffswerften errichten. Mit zweiundzwanzig Jahren hatte Heinrich am Angriff auf Ceuta teilgenommen. Auf diesem marokkanischen Kriegszug hatte er dort ansässige Juden über die Sahara, die Karawanen und den Handel mit Elfenbein, Gold und Sklaven sprechen hören. Sein Abenteuersinn und sein Verlangen nach neuen Entdeckungen waren geweckt. Mehr als an Gold war er an der Ausweitung des Wissens interessiert. Auch träumte er von einer wiederaufgenommenen Reconquista jenseits des Meeres. Die hartnäckige Legende des ›Priesters Johannes‹ ließ in ihm den Wunsch aufkommen, zu erfahren, ob in Afrika christliche Fürsten herrschten, die seinen Kampf gegen die Mauren unterstützen würden. Portugal selbst war den Mauren noch nicht so lange entrissen worden. Erst 1147 hatten die Ungläubigen

Lissabon verlassen. Nun wollten die Portugiesen sie aus Marokko vertreiben. Vor allem aber war es das Monopol über den Verkehr mit Indien, den die Portugiesen den Arabern entreißen wollten. Doch wie?

Die Araber versperrten den Weg durch das Mittelmeer und ließen sich nicht zurückschlagen. Heinrich der Seefahrer entwarf einen Plan, nach dem die maurischen Positionen über den Atlantik umfahren werden sollten. Dieses Projekt setzte allerdings zuerst den Besitz von Landeplätzen auf den Inseln längs der afrikanischen Küste voraus. 1420 faßte eine von Heinrich ausgesandte Expedition auf einer damals dichtbewaldeten Insel Fuß, die den Namen Madeira erhielt. Fünf Jahre später erreichte eine andere Expedition die Kanarischen Inseln, fand diese aber bereits im Besitz der Spanier. Bis zum Vertrag von Alcaçovas (1479) machten die Portugiesen und Spanier sich diesen Besitz streitig. Im erwähnten Vertrag erkannte Portugal Spaniens Besitzrechte an, ließ sich aber dafür das Monopol des ›Guineahandels‹ bestätigen.

Die Azoren wurden 1431 von einer dritten portugiesischen Expedition entdeckt und in Besitz genommen. Ihrerseits war die Erforschung des atlantischen Küstenstreifens von immer neuen Erfolgen gekrönt. 1434 umschifften Heinrichs Seeleute das Kap Bojador, 1441 das Weiße Kap, zwei Jahre später erreichten sie die Insel Gete, d. h. Arguin. 1445 erbauten sie dort eine Festung und gründeten eine Faktorei. Ein regelmäßiger Handel mit den Mauren entwickelte sich. Getreide und Stoffe wurden gegen schwarze Sklaven und guinesisches Gold ausgetauscht. Die Portugiesen versuchten, auf diesen Entdeckungsfahrten maurische Gefangene zu machen, vor allem, um sich von ihnen über den geheimnisvollen Kontinent aufklären zu lassen. 1436 wurden zwei maurische Gefangene an der Mündung eines Flusses gegen ein in Gold entrichtetes Lösegeld freigegeben: Allein aus diesem Grund erhielt der Fluß seinen Namen: Rio de Oro.

In den Jahren 1444 bis 1447 erreichten die Portugiesen das ›Land der Schwarzen‹ und die grüne Küste: das Grüne Kap, die Mündung des Senegal. Auch die vor dem heutigen Dakar gelegene Insel Gorée, die um 1447 entdeckte Mündung des Gambia und die Küste sowie die ihr vorgelagerte Inselwelt, das spätere Portugiesisch-Guinea, wurden erforscht. Aber auch Hindernisse stellten sich diesem Vorstoß entgegen. Nicht selten wurden portugiesische Matrosen von den Eingeborenen niedergemetzelt. Oft erlebten sie indessen, »wie sich ihnen zahllose Menschen aus dem Landesinnern näherten, angelockt durch die Waren, die sie im Austausch für Negersklaven erhielten, welche auf den portugiesischen Schiffen eher ihrem Heil denn ihrer Gefangenschaft entgegenfuhren«.

Auch italienische Seefahrer hatte Heinrich in seinen Dienst genommen, so den Venezianer Ca da Mosto und den Genuesen Usodimare, die 1456 die Kapverdischen Inseln entdeckten.
1460 starb Heinrich, aber der Anstoß war gegeben, das ›Land des Goldes‹ in greifbare Nähe gerückt. Die abenteuerlichen und methodischen Anstrengungen sollten ihre Früchte tragen.
1462 erforschten die Portugiesen die Bissago-Inseln. Auf ihrer Fahrt längs der Küste fiel den portugiesischen Seefahrern das mächtige Getöse der Stürme im nahen Küstengebirge auf. Da es sie an das Brüllen von Löwen erinnerte, tauften sie die Küste Sierra Leone.
Zur Finanzierung der Forschungen wurde 1469 dem portugiesischen Adligen Fernao Gomez das Recht verliehen, fünf Jahre lang die Küste auszubeuten. Er mußte sich verpflichten, deren Erforschung jährlich 100 Meilen voranzutreiben und dem König nach abgelaufener Frist die bekannten Küsten zu übergeben.
1471 hatten Gomez' Männer das Land der Goldminen erreicht. Sie gründeten eine Niederlassung, ›El Mina‹ genannt, und sie benannten die Küstenstrecke die ›Goldküste‹. Nicht das weiter im Innern des Landes gelegene, märchenhafte Bambuk hatten sie gefunden, sondern andere, näher der Küste und mitten im Urwald gelegene Goldminen, welche die eingeborenen Schwarzen erst kurze Zeit zuvor entdeckt und auszubeuten begonnen hatten. Es ist nicht bekannt, ob diese Ausbeutung mit dem Aufkommen des portugiesischen ›Guineahandels‹ in Zusammenhang steht oder ob dieses neu geförderte Gold ebenfalls für den Goldhandel mit den sudanesischen Reichen bestimmt war. Jedenfalls ist es wahrscheinlich, daß die Bevölkerungsdichte der unerschlossenen Gebiete der Küste bis zu diesem Zeitpunkt sehr dünn gewesen war. Fernao do Po entdeckte 1472 jene Insel, die seinen Namen erhalten sollte, und einen Fluß, dessen Mündung er überreich an Krevetten, ›camaroes‹, fand. Der Rio dos Camaroes sollte später Kamerun seinen Namen geben.
Zum ersten Mal überquerten Europäer den Äquator. Zum Tod verurteilte Häftlinge kolonisierten seit 1485 die Insel São Thomé. Ihnen und nach 1497 aus Spanien vertriebenen Juden wurde dort die Möglichkeit einer neuen Existenz geboten.
Weiter südlich entdeckte Heinrichs Freund Diego Cao 1482 die Mündung eines mächtigen Stromes. Er hörte von der Existenz eines ausgedehnten Reiches an den Ufern dieses Flusses, des Kongo. Auf einer zweiten Reise fuhr er 1485 mit drei Karavellen auf dem Kongo landeinwärts.
Aber nicht in der Erforschung solcher Reiche sahen die Portugiesen ihr Ziel. Sie stießen weiter nach Süden vor. Was hofften sie jenseits Guineas, jenseits des Kongo zu finden? Vielleicht

bildet eine von Heinrich in Venedig angeforderte und von Fra Mauro 1459, ein Jahr vor Heinrichs Tod, im geheimen fertiggestellte Karte die Erklärung ihrer Hast und ihres abenteuerlichen Wagemutes. Diese Karte stellte den afrikanischen Kontinent mit einer Südküste dar. Es mußte also möglich sein, ihn im Süden zu umschiffen und so in den Indischen Ozean zu gelangen. Möglicherweise baute diese Karte auf Gerüchte, ein indischer Seefahrer habe (zweifellos gegen seinen Willen und durch einen Sturm genötigt) um 1420 Afrika umfahren und sei, vom Indischen Ozean herkommend, in den Atlantik gelangt. Fra Mauro müssen diese Gerüchte so vertrauenswürdig erschienen sein, daß er die neue Erkenntnis seiner Karte zugrunde legte. Diese soll denn auch die Portugiesen ermutigt haben, sich nicht in Afrika aufzuhalten, sondern auf der Suche nach einer Durchfahrt zum Indischen Ozean immer weiter nach Süden vorzustoßen. Ihr Ziel war nicht die afrikanische Küste als solche. Was sie dort suchten, waren lediglich Ankerplätze für den Unterhalt und die Versorgung der Schiffe mit Nahrungsmitteln und Trinkwasser. Ihr eigentliches Ziel aber blieb Indien.

Die Reisen waren lang und voller Gefahren. Der aus Nürnberg stammende deutsche Astronom Martin Behaim, ein Begleiter Joao Afonso d'Aveiros, brauchte 1485 sechsundzwanzig Monate, um nur bis zum Kap Frio auf 18° südlicher Breite zu gelangen. Noch blieben (was man natürlich nicht wußte) 17 Breitengrade entlang einer unbekannten Küste zu fahren, um die Südspitze des Kontinents zu erreichen. Bartholomeo Diaz und sein Steuermann Pedro d'Alemquer, deren Mannschaft sich teilweise aus zum Tod Verurteilten zusammensetzte, welchen man die Begnadigung in Aussicht gestellt hatte, mußten auf ihrer Fahrt eine Meuterei unterdrücken. Sie hatten 1488 beim Umfahren eines Kaps einen heftigen Sturm zu überstehen. Deshalb gaben sie dem Landvorsprung den Namen *›Kap der Stürme‹*. Danach setzten sie ihre Fahrt so lange fort, bis sie die Gewißheit hatten, daß die Küste in west-östlicher Richtung verlief und sogar langsam nach Norden drehte. Nahrungsmangel setzte ihrer Reise an der Mündung des Great Fish River ein Ende. Aber sie kehrten mit der festen Überzeugung um, daß sie die Südspitze Afrikas erreicht und passiert hatten.

Nach Diaz' Rückkehr taufte der König von Portugal das Kap der Stürme in ›Kap der Guten Hoffnung‹ um und verlieh dadurch dem Projekt ein verheißungsvolles Vorzeichen.

Der in spanischen Diensten stehende Genueser Christoph Kolumbus entdeckte um diese Zeit Amerika. Am 4. Mai 1493 verkündete die Bulle *Inter cetera* des Papstes Alexander VI. eine Teilung der Welt zwischen Spanien und Portugal. Westindien,

von dem man allein wußte, daß es existierte, wurde Spanien zugesprochen; Portugal erhielt Ostindien und den dorthin führenden Seeweg, also die afrikanische Küste. Spanien sprach die Bulle die Neue Welt, Portugal die Alte Welt zu. Beide galt es zu entschleiern und zu erobern, in beiden winkten große Möglichkeiten des Handels und christlicher Mission.
1497 brach Vasco da Gama mit Diaz' Steuermann Pedro d'Alemquer erneut nach dem Kap auf. Um Zeit zu gewinnen, folgten sie diesmal, da die Route bekannt war, nicht der Küste. Nach den Kapverdischen Inseln hielten sie in direktem Kurs auf das Kap der Guten Hoffnung zu. Weihnachten erreichten sie, jenseits des Kaps, die Stelle, wo Nahrungsmangel Diaz zur Umkehr gezwungen hatte. Weihnachten gab dem Lande auch den Namen: Natal. Mit vollen Segeln setzte Vasco da Gama seine Fahrt nach Nordosten fort. In Quelimane, Mozambique, Mombasa (wo sie chinesischen Händlern begegneten) und Malindi ankerten die portugiesischen Schiffe. In diesen Häfen erkundete da Gama bei arabischen Seefahrern Möglichkeiten der Schiffahrt im Indischen Ozean. Mit einem arabischen Steuermann an Bord verließ er am 24. April 1498 die afrikanische Küste in Richtung Kalikut.
Als König Manuel von Portugal am 28. August 1499 von der Umfahrung Afrikas durch seine Flotte und ihrer Ankunft in Kalikut Kenntnis erhalten hatte, informierte er den Papst und nahm den Titel eines ›Herrschers von Guinea und den Eroberungen, Herr über die Schiffahrt und den Handel mit Äthiopien, Arabien, Persien und Indien‹ an.
Ägypten und Venedig, vom Verlust ihrer Kontrolle über den Verkehr mit Indien bedroht, griffen gemeinsam die portugiesischen Schiffe an, die den Indischen Ozean befuhren. Aber die Portugiesen schlugen 1509 ihre Gegner auf der Höhe von Diu und zerstörten die feindliche Flotte. Die nächsten hundert Jahre sollten die Portugiesen die Herren des Indischen Ozeans sein. Die Türken begnügten sich damit, den Portugiesen den Zugang zum Roten Meer zu verwehren. 1513 bemächtigte sich Albuquerque, der Begründer des portugiesischen Kolonialreiches, Adens auf der arabischen Halbinsel. Gegen Muselmanen und Türken suchten die Portugiesen die Unterstützung des christlichen Königreiches von Äthiopien. Wir haben bereits erwähnt, daß die Äthiopier ihrerseits Kontakt mit den Portugiesen gesucht hatten, welche ihnen seit 1520 eine vorerst allerdings rein moralische Unterstützung zukommen ließen. Die Türken lieferten dem an der Somaliküste gelegenen muselmanischen Sultanat von Adal Feuerwaffen. Gerade noch rechtzeitig wurde auch Äthiopien von den Portugiesen mit Gewehren ausgerüstet, so daß das Gleichgewicht zwischen Christen und Mohammedanern

erhalten blieb. Die portugiesische Expedition von 1541 haben wir bereits (S. 104 f.) erwähnt. Welches waren die von den Portugiesen verfolgten Ziele? Zuerst muß darauf hingewiesen werden, daß Afrika sie nur indirekt, als Zwischenstation nach Indien, interessierte. Dort, in Asien, sahen sie die wahren Quellen des Reichtums. Ihren Aufklärungsexpeditionen lag ein dreifaches Ziel wirtschaftlicher, religiöser und politischer Natur zugrunde.
In wissenschaftlicher und technischer Hinsicht: Die Portugiesen waren die ersten Europäer, die den Äquator überquert, Afrika im Süden umfahren und so Atlantik und Indischen Ozean miteinander verbunden hatten. Dadurch erfuhren in Westeuropa die Aufklärung der Küsten, ihre kartographische Darstellung und die Navigationstechnik neuen Auftrieb, was die Wege zu jenem Vorgang öffnete, der vom europäischen Standpunkt aus als die Entdeckung des Erdballs bezeichnet wird, d. h. die Kontaktaufnahme zwischen menschlichen Gruppen, die, über den ganzen Globus verstreut, kaum etwas von ihrer gegenseitigen Existenz geahnt hatten. Die Portugiesen sind es gewesen, die diesen Weg freigelegt haben, und zwar mit solcher Anstrengung, daß man zeitweise vermutete, Christoph Kolumbus sei ein Geheimagent Portugals gewesen, beauftragt, die spanischen Ambitionen von jener Richtung abzulenken, die Portugal allein entscheidend schien: der Seeweg nach Ostindien über die Südspitze Afrikas.
Als Geldgeber seiner Expeditionen war der portugiesische Staat weniger an christlicher Evangelisation als an politischer und wirtschaftlicher Strategie interessiert. Es ging ihm weniger darum, dem Wahren Glauben neue Seelen zu erobern, als sich die ›christlichen‹ Basen als maritime und militärische Stützpunkte auf seiner Handelsstraße zu sichern, welche die Stellungen des Islam umfuhr. In diesem Bestreben lag denn auch der wahre Grund für die Entsendung Pedro de Covilhas und bewaffneter Gesandtschaften nach Äthiopien; die gleichen Beweggründe sollten auch den religiösen Missionen der Portugiesen im Kongo zugrunde liegen.
Es ging den Portugiesen nicht um die Eroberung neuer Territorien und deren regelrechte Kolonisation. Sie begnügten sich mit einigen Basen für ihr Handelsnetz, mit Zwischenstationen auf dem Weg nach Indien und mit der Gründung von Handelskontoren, denen die Eingeborenen zwar wertvolle lokale Handelsgüter zutrugen, deren Umfang das Abenteuer und den Aufwand indessen nicht lohnte. Aus diesen Gründen richteten sie ihr Interesse vor allem auf die leicht zugänglichen und leicht zu verteidigenden Inseln, wo sie das nötige Süßwasser und Obst gegen den Skorbut fanden. Nur an wenigen Stellen faßten sie auf dem afrikanischen Festland Fuß: am Atlantik in El Mina

(Goldküste) und im Kongo. Am Indischen Ozean versuchten sie eine Zeitlang, an die Stelle der von ihnen verdrängten arabischen Schiffer zu treten und den Handelsverkehr zu übernehmen, aber ständige Schwierigkeiten zwangen sie, diese Positionen wieder zu räumen. Die portugiesische Politik in Afrika war vorwiegend Handelspolitik.

Über ihre Handelskanäle suchten sie ihren Faktoreien an der Küste die wenigen Reichtümer Afrikas zuzuführen, das, mit Ost- oder Westindien verglichen, als armseliger Markt erschien: etwas Gold, Elfenbein und Pfeffer, ganz untergeordnet Sklaven, welche zu Beginn ausschließlich Gegenstand der Neugier und des Prestiges waren. Lissabon entwickelte sich indessen sehr schnell zu einem bedeutenden Markt schwarzer Sklaven.

Dem portugiesischen Vorstoß in Afrika haftete zuerst weder ein Eroberungscharakter noch der einer Besetzung an. Je nach den Umständen änderten die Portugiesen ihre Methoden der Kontaktaufnahme mit der einheimischen Bevölkerung; oft waren sie brutal. Wenn man sich allerdings die Größe und die Gefahren des Unternehmens und die für die abenteuerlichen Seefahrer unerläßliche Kühnheit vorstellt, ist es begreiflich, daß nur ihre wilde Entschlossenheit sie vorwärts trieb, sich ins Unbekannte stürzen und schließlich über eingebildete und wirkliche Gefahren triumphieren ließ. Energische Männer sind selten Philanthropen. Auch muß man die damaligen Sitten berücksichtigen, denen zufolge nach Kräften und guten Gewissens Gefangene gemacht, Gegner niedergemetzelt oder Lösegelder erpreßt wurden; erfreuten sich doch beide Seiten der besonderen Unterstützung Gottes. Der Bruder Heinrichs des Seefahrers, Ferdinand, der Heilige Prinz, wurde als Gefangener der Araber gefoltert, in der Hoffnung, sie würden als Austausch Ceuta von den Portugiesen zurückerhalten. Die Portugiesen ihrerseits, die große Anstrengungen gemacht hatten, den Seeweg nach Indien zu entdecken, wollten sich den Nutzen davon erhalten. Wie vor ihnen die Karthager und nach ihnen die Engländer, schalteten sie ihre Konkurrenz mit den wirksamsten, nötigenfalls aber auch mit den grausamsten Mitteln aus. 1586 versenkten sie ein großes, auf den Namen ›Hoffnung‹ getauftes Schiff aus Dieppe, ermordeten einen Teil der Besatzung und führten den Rest in Gefangenschaft. Als sie die Häfen des Indischen Ozeans erreichten, sahen sie den traditionellen arabischen Handel nur als eine auszuschaltende Konkurrenz an. 1502 ließ Vasco da Gama vor Kalikut eine mit Reis beladene Flotte anzünden und die Matrosen foltern. Almeida übergab Kilwa und Mombasa den Flammen, Saldanha verwüstete Berbera, Soares zerstörte Zeila und d'Acunha ließ von Brava nur noch Trümmer zurück, nachdem er die Einwohner getötet oder in Gefangenschaft ge-

führt und sich großer Mengen Goldes, Silbers und Handelsgüter bemächtigt hatte. Dreifachen Vorteil hatte den Portugiesen dieser Überfall neben der Beute eingetragen, denn es war ihnen gelungen, gleichzeitig die Matrosen zu befriedigen, die Konkurrenz auszuschalten und Mohammedaner auszurotten.
Das Ergebnis dieser Verwüstungen war praktisch die Vernichtung der eigenständigen, blühenden Sandschkultur. 1501 beschrieb Barbosa den Hafen Malindi, wo zwei Jahre zuvor ein arabischer Steuermann Vasco da Gama den Weg nach Indien erklärt hatte. Die Bewohner Malindis wohnten in schönen Steinhäusern mit terrassenförmigen Dächern. Die Gärten waren voller Früchte und Blumen und die Menschen mit Baumwolle und weißer Seide bekleidet. Goldene Armbänder und Edelsteine schmückten Hals und Arme der Frauen. Ein bedeutender Handel erfüllte die Stadt mit Leben. Stoffe, Gold, Elfenbein und verschiedene Handelsgüter wurden jährlich in großen Mengen im Hafen auf die Schiffe verladen. Araber, Inder, Malaien und Perser lebten nebeneinander. Wo immer sie sich zeigten, waren die Portugiesen gewohnt, als übermenschliche Wesen bestaunt zu werden, so daß sie schließlich selbst an ihre Überlegenheit glaubten. Sie scheinen deshalb sehr über die mangelnde Aufmerksamkeit erzürnt gewesen zu sein, die man ihnen an der Ostküste Afrikas schenkte. Im Bordbuch von Vasco da Gamas Flaggschiff wird über den Besuch zweier einheimischer ›Herren‹ berichtet, die (offenbar in Quelimane) den portugiesischen Seefahrern einen Besuch abstatteten. »Sie waren voller Überheblichkeit und wußten von allem, was wir ihnen anboten, nichts zu würdigen. Einer trug eine Kopfbedeckung aus grüner Seide. Ein junger Mann, der sie begleitete, stammte aus einem fernen Land. Er behauptete, bereits ebenso große Schiffe wie die unseren gesehen zu haben.«
Wo sie hinkamen, ließen die Portugiesen fast überall nur Ruinen und Verwüstung zurück. 1583 blieb beinahe nur noch der durch seine Insellage geschützte Hafen von Kilwa unversehrt. Die schönen und elegant gekleideten Frauen dieser Stadt beschrieb der Holländer van Linschoten voller Bewunderung. Er erwähnte auch die ausgesuchten Baumwoll- und Seidenkleider der Bewohner, ihre aus Kalk- und Sandstein gebauten Häuser und die wohlriechenden Gärten. Lange Zeit sollte Europa in Unkenntnis darüber bleiben, daß seine Pioniere an der Ostküste Afrikas auf eine verfeinertere und tolerantere Kultur, auf gesittetere Völker als jene der iberischen Algarve gestoßen waren.
Der gleiche Unterschied wie zwischen Ostafrika und der Algarve bestand auch zwischen dieser mehr persischen und hinduistischen als arabischen oder afrikanischen Händlerkultur, in die der Is-

lam langsam und auf dem Weg der Infiltration und Assimilation eingedrungen war, und dem aggressiven arabischen Islam der Sklavenjäger im saharischen und sudanesischen Afrika, jenem Islam, der stark durch die erobernden Beduinen, dann durch die Türken geprägt worden war. Die Portugiesen hatten diesen Unterschied aber nicht zu würdigen gewußt.

II. DIE PORTUGIESISCHE KOLONISATION: GOLDKÜSTE, KONGO, ANGOLA

Das spätere portugiesische Fußfassen in Westafrika und im Kongo hatte aber einen völlig anderen Charakter.
In El Mina hatten sich zwischen Portugiesen und Fanti, den Küstenstämmen, freundschaftliche Beziehungen angebahnt. Die Fanti brachten den Portugiesen das von den Aschanti, einem verwandten Stamm, im Hinterland geförderte Gold. Sie erhielten dafür Salz, Stoff, Werkzeuge, daneben aber auch Tand. Zu Beginn drohte das Unternehmen zwar zu mißlingen. Als sich Diego d'Azambuja in El Mina niedergelassen hatte, war er in einer feierlichen Zeremonie vom lokalen Herrscher, dem Karamansa, empfangen worden. »Mit Trompeten, Hörnern und Viehglocken wurde der sich uns nähernde Herrscher angekündigt, den unzählige mit Pfeil und Bogen, Sagaje und Schild bewaffnete Neger begleiteten. Die Anführer waren von nackten Pagen umgeben, die Holzstühle hinter ihnen hertrugen.« Als die portugiesischen Arbeiter zum Bau einer Festung jedoch die heiligen Felsen der Eingeborenen in Bausteine zerkleinern wollten, mußten sie vor den aufgebrachten Eingeborenen auf ihre Schiffe flüchten. Erst lange Verhandlungen und bedeutende Entschädigungen vermochten ihren Zorn zu beschwichtigen und die Voraussetzungen für einen regelmäßigen Handel zu schaffen, dessen Grundlage sehr schnell der Sklavenhandel wurde.
Die Kontakte mit dem entfernteren Beninreich blieben indessen Episode. Ein Herrscher des Beninreiches, der von der Existenz der Weißen zwar vernommen, aber noch keine gesehen hatte, wandte sich an König Johann II. von Portugal, um ihn um die Entsendung von Priestern zu bitten. Er strebte dabei nicht nur nach einem mächtigen Verbündeten, sondern auch nach einem neuen Gott für seine Sache. Der portugiesische König entsandte zwar einige Missionare ins Beninreich, von denen aber wegen des ungesunden Klimas die meisten an Fieber starben. Sie wurden nicht ersetzt.

1482 ließ Diego Cao an der Zaire-(Kongo-)Mündung Steinsäulen errichten, deren Inschriften die Inbesitznahme des Landes verkündeten. Ein Jahr später fuhr er auf dem Fluß landeinwärts. Er hörte von der Existenz eines Volkes, eines Herrschers und einer politischen Organisation, deren Vorhandensein bis dahin keine Quelle erwähnt hatte: des Manikongo. Als er ankerte, sah er »viele pechschwarze Menschen mit wolligem Haar« herbeieilen, die ihm erzählten, daß ihr mächtiger König mehrere Tagesmärsche entfernt im Innern des Landes residiere. Cao entsandte zwei seiner Begleiter als Botschafter an den Hof des Manikongo. Er reiste jedoch wieder ab, ohne ihre Rückkehr abzuwarten. Erst auf seiner zweiten Reise begab er sich selbst an den Hof des Kongoherrschers. Er fand ihn »mit nacktem Oberkörper vor, auf einem reich geschmückten Podium thronend, den Kopf mit einer Kapuze aus einem Palmblattgeflecht bedeckt, über der Schulter einen mit Silber verzierten Pferdeschweif, um die Hüften ein Damasttuch, das ihm unser König hatte zukommen lassen, den linken Arm endlich mit einem Elfenbeinarmband geschmückt«.

Dieser Besuch sollte ein äußerst interessantes Experiment der Zusammenarbeit und Annäherung zwischen einer europäischen und einer afrikanischen Kultur einleiten. Zwar mißlang letzten Endes das zwei Jahrhunderte währende Experiment, aber dieser Mißerfolg kann schwerlich den Afrikanern allein zur Last gelegt werden, die auf diese Zusammenarbeit guten Glaubens und voller Vertrauen eingegangen waren. Die Verantwortung dafür tragen vielmehr die Portugiesen, welche die Zusammenarbeit nicht so lange und so wirksam wie nötig erhalten konnten und auch einem Sklavenhandel nichts in den Weg legten, der mit den verkündeten christlichen Grundsätzen längst nicht mehr zu vereinbaren war.

1489 sandte der Manikongo Nzinga Nkuwu, der Diego Cao einen freundlichen Empfang bereitet hatte, eine Gesandtschaft nach Lissabon. Diesem Gesandtenaustausch folgte eine effektive Zusammenarbeit zwischen den beiden Herrschern. Der portugiesische König gewährte dem König des Kongo technische und kulturelle Hilfe. Er entsandte Maurer und Zimmerleute, aber auch christliche Missionare, die seine afrikanischen Freunde zum Christentum bekehren sollten. Nzinga Nkuwu wurde Christ und ließ 1490 die erste Kirche in seiner Hauptstadt Mbanza erbauen. Zu Tausenden wurden seine Untertanen getauft. Der Manikongo gewährte den Missionaren beim Bau von Kirchen und der Eröffnung von Schulen jede Unterstützung. Er selbst nahm den Namen Johann I. an. Alle ihm nachfolgenden Kongoherrscher sollten unter ihrem christlichen Namen in die Geschichte eingehen.

Die Assimilation vollzog sich jedoch nicht ohne Widerstände. Einerseits hatten die Untertanen, die eher zu Massentaufen ge-

nötigt als aus innerer Überzeugung zu den Grundsätzen des Evangeliums bekehrt worden waren, die Großzügigkeit der portugiesischen Herrscher nicht zu würdigen gewußt, welche dem bekehrten Afrikaner automatisch die portugiesische Nationalität und rassische Gleichberechtigung zusicherten. Andererseits lehnten viele Große des Reiches gewisse Vorschriften des Christentums, insbesondere die von den Missionaren auferlegte Monogamie, ab. Ein Vetter des Königs, Nzinga Mpangu, stellte sich an die Spitze der Unzufriedenen. Der verängstigte König Johann I. schwor der christlichen Religion ab. Er starb 1507. Sein direkter Nachfolger, Nzinga Bemba, war 1491 auf den Namen Alfonso getauft worden. Er schaltete Nzinga Mpangu und dessen Parteigänger aus und bestieg als Alfonso I. den Thron. Als aufgeklärter und tatkräftiger Herrscher führte er ein zur Stärkung seiner Dynastie bestimmtes Christianisierungs- und Europäisierungsprogramm durch, das den Bestand der christlichen Bantudynastie bis ins 18. Jahrhundert sicherte.
Seine Hauptstadt Mbanza, der Alfonso I. den neuen Namen San Salvador gab, schmückte er nicht nur mit einem Dutzend Kirchen, sondern machte sie auch zu einem Zentrum christlicher Mission. San Salvador war bisweilen Wohnsitz mehrerer tausend Europäer. Alfonso beabsichtigte auch die Schaffung einer Hochschule, die als Ausbildungsstätte der kongolesischen Fürstensöhne eine neue Elite heranbilden sollte. Da sich die Missionare indessen nicht einigen konnten, mußte Alfonso auf sein großes Projekt verzichten. Er ließ deshalb die Söhne der kongolesischen Aristokratie in Portugal ausbilden, wo sie gut aufgenommen wurden. Manuel I. sandte 1512 aus Portugal fünf Schiffe mit Handwerkern, bisher unbekannten Nahrungspflanzen und Haustieren nach dem Kongo. Simon da Silva, der Leiter dieser Expedition, hatte den Auftrag, Alfonso I. einen mehrstöckigen, steinernen Palast zu erbauen, dem Herrscher Tischsitten beizubringen, ihn mit einem königlichen Hofstaat zu umgeben, kurz, ihm ein Leben zu ermöglichen, das sich als eines sehr christlichen Königs würdig erwies. Er schuf Adelstitel, welche manchen schwarzen Häuptling unversehens zu einem Marquis von Pembe, Grafen von Sogno, Herzog von Bata oder Großherzog von Bemba werden ließen. Eine Art Verwaltung nach portugiesischem Vorbild wurde geschaffen, mindestens was Titel und Funktionen anbelangte. Alfonsos Sohn Henrique, der lange in Portugal studiert hatte, begab sich nach Rom, wo er vom Papst zum Bischof von Utica geweiht wurde. 1521 kehrte er in sein Land zurück, wo er neun Jahre später starb.
Zwei Schwierigkeiten galt es indessen zu überwinden. Einerseits bedeutete die Übernahme allein einiger äußerer Zeichen der europäischen Zivilisation und des Christentums noch keine

Assimilation ihrer Grundzüge; andererseits, und in besonderem Maß, ließen die Portugiesen dem Kongo keine völlig absichtsfreie technische Hilfe zukommen. Sie waren auch an ihrem Handel interessiert. Der Auftrag da Silvas umfaßte ebenso die Kehrseite der Medaille. Der Kongoherrscher wurde zur Lieferung von Elfenbein und Sklaven verpflichtet. Man erwartete von ihm, daß er die Tätigkeit der Sklavenhändler in seinem Gebiet unterstütze. Zwar war die Sklaverei im Kongo eine normale Einrichtung, und wenn die Herrscher die christlichen Missionen ansiedelten, verliehen sie ihnen nicht nur Grund und Boden, sondern auch Sklaven zu ihrer Bearbeitung. Was dem Problem indessen einen neuen Aspekt verlieh, war der Umstand, daß die unbegrenzte Nachfrage der portugiesischen Sklavenhändler die Sklaverei von der begrenzten Stufe der Familie auf die kommerzielle Stufe ausweitete, die keine Grenzen mehr kannte.

Der um 1541 verstorbene Alfonso I. sollte einen großen Namen hinterlassen. Unter steten Anstrengungen hatte er an verschiedenen Fronten kämpfen müssen. Gleichzeitig mit der Annahme der portugiesischen Unterstützung, die er zum Besten seines Volkes zu verwenden gedachte, hatte er dieses Volk auch gegen die portugiesischen Sklavenhändler zu schützen, die nach schnell erworbenem Reichtum strebten. In den spanischen Niederlassungen auf Kuba, Hispaniola und Neu-Granada war die Nachfrage nach Arbeitskräften groß. Schon durch die Verfrachtung und den Verkauf einiger hundert Negersklaven konnte man in kurzer Zeit ein Vermögen verdienen. Wer wollte sich die Möglichkeit rascher Bereicherung ungenützt entgehen lassen?

Nach dem Tod Alfonsos I. waren die Regierungszeiten Pedros I. und Franciscos I. nur von kurzer Dauer. Diego I., Nkungi Mpudi a Nzinga, bat den portugiesischen König um Entsendung neuer Missionare, da viele schon nach kurzer Zeit heftigen Fiebern erlagen. 1547 traf eine Jesuitenmission im Kongo ein, die viele Bekehrungen erreichte. Bald aber gerieten die Jesuiten in Gegensatz zu Diego und wurden ausgewiesen.

Die in San Salvador ansässigen Portugiesen scheinen Diego I. zu einem Feldzug ermutigt zu haben, der sich gegen seinen südlichen Nachbarn, den Ngola von Ndongo, der in einer Art Vasallenverhältnis zu Diego stand, richtete. Die Kampagne schlug jedoch fehl. Nachdem der Ngola die Truppen des Kongoherrschers zurückgeschlagen hatte, drang er mit den seinen im Kongo ein und verwüstete die Südprovinzen. Im Kielwasser dieses Einfalles erschienen die wilden Horden der Djaga.

Unter der Herrschaft Alvaros I., der 1568 den Thron bestiegen hatte, erlitt der Kongo so starke Djaga-Einfälle, daß Alvaro seine Hauptstadt San Salvador, die der Verwüstung anheimfiel, verlassen und auf einer Kongoinsel Zuflucht suchen mußte. Der um Beistand ersuchte Sebastian von Portugal sandte ihm 1570 eine Hilfstruppe von sechshundert Mann, mit deren Unterstützung er die Djaga zurückdrängte. Nach einem fehlgeschlagenen Versuch, dem Ngola von Ndongo die Südprovinzen wieder zu entreißen, mußte er den Dandefluß als neue Grenze anerkennen. Die kleine, etwas weiter im Süden gelegene Kongoinsel Loanda, wo Kaurifischerei betrieben wurde und wo die europäischen Sklavenhändler einen Sklavenmarkt aufgebaut hatten, blieb indessen im Besitz des Kongokönigs.

Die Portugiesen nutzten die Rivalitäten zwischen dem Kongoherrscher und dem Ngola von Ndongo zu ihrem eigenen Vorteil aus. 1575 entsandten sie Paulo Diaz de Novais mit sieben Kriegsschiffen, siebenhundert Kriegern und einigen Kapuzinermönchen nach Ndongo und verliehen dem Land ein Patent, das ihm alle Territorien, deren es sich bemächtigen konnte, zusprach. Mit dieser Expedition wurden die Fundamente des späteren portugiesischen Angola gelegt. Das wahre Ziel dieser Mission war jedoch der Sklavenhandel, der sich auf den Markt von Loanda stützte. Die Politik der Portugiesen – die der Händler, aber auch die der Gouverneure in dem Maß, wie sie die Händler unterstützten – strebte die Aufrechterhaltung der Stammesfehden und der Kriege zwischen afrikanischen Staaten an. Das gab ihnen die Gelegenheit, Feuerwaffen zu verkaufen oder besser gegen Gefangene einzutauschen, die als Sklaven nach Amerika verschickt wurden.

Alvaro II. folgte seinem Vater Alvaro I. gegen Ende des 16. Jahrhunderts auf den Thron. Auch er sandte eine Botschaft an den König von Portugal, damals Philipp II. von Spanien, der vor der Notwendigkeit stand, die spanischen Niederlassungen in der Neuen Welt mit Sklaven zu versorgen. Alvaros II. Bitte um Entsendung neuer Missionare wurde stattgegeben. Vom Heiligen Stuhl erwirkte er die Schaffung eines Bistums von San Salvador, dessen Oberhirte Portugiese sein sollte. Trotz dieser Zeugnisse christlichen Eifers betrachteten ihn die Portugiesen als unsicheren Verbündeten. Es ist sogar denkbar, daß sowohl seiner Bitte um Missionare als auch jener um Schaffung eines afrikanischen Bistums die Absicht zugrunde lag, der Tätigkeit der Sklavenhändler Grenzen zu setzen und gegen sie die Unterstützung des Heiligen Stuhles zu gewinnen. Tatsächlich wurde diese Unterstützung auch verlangt, aber die ohne Begeisterung gewährte Hilfe blieb wirkungslos. Portugiesen und Jesuiten zogen es vor, ihre Anstrengungen auf Angola zu konzentrieren, dessen Regierung in höherem Maß beeinflußbar schien. So verlegten sie den Schwerpunkt ihrer Tätigkeit nach

Angola, sowohl in missionarischer und kommerzieller Hinsicht als auch in Beziehung auf den Sklavenhandel.
Von 1641 an besetzten die Holländer während einiger Jahre São Paulo de Loanda, da sie unter dem Vorwand der Personalunion zwischen Spanien und Portugal ihren gegen Spanien gerichteten Krieg auch auf die portugiesischen Besitzungen ausgedehnt hatten. 1648 wurden sie jedoch von einer aus Brasilien kommenden portugiesischen Expedition endgültig aus São Paulo verjagt. Diesmal ließen sich die Portugiesen als Herren auf Loanda nieder. Sie besetzten selbst das Gebiet der Kongovasallen, um Garcia II. (1641–1663) für die Unterstützung zu bestrafen, die er den Holländern gewährt hatte. 1651 wurde er zu einem Vertrag gezwungen, der ihn zum Verzicht auf alle Rechte in Loanda und den südlich des Dande gelegenen Gebieten zwang. Er erkannte das Handelsmonopol der Portugiesen an und verpflichtete sich zur Lieferung eines Kontingentes von Sklaven. Für den Kriegsfall versprachen sich der portugiesische und der kongolesische König gegenseitig Beistand und Hilfe. Ein portugiesischer Botschafter sollte in San Salvador, ein kongolesischer in Loanda seinen Sitz haben. Sollten Silberminen entdeckt werden, so gewährte der Kongo Portugal das Monopol der Förderung. Außerdem erkannte der Kongo die Protektion Portugals, d. h. seine Stellung als portugiesisches Protektorat an.
Es scheint, daß sich Garcias christlicher Eifer später abkühlte. Gegen Ende seiner Herrschaft kehrte er zu der in Afrika verbreiteten Sitte zurück, noch zu seinen Lebzeiten mögliche Rivalen und Nachfolger, mit Ausnahme des von ihm als Prätendenten ausgewählten, umbringen zu lassen. Bei Garcias Tod im Jahr 1663 standen denn auch der Nachfolge seines Sohnes Antonio I. keine Hindernisse im Weg. Dennoch vollendete dieser seines Vaters Werk, indem er seinen Bruder und verschiedene Angehörige ermorden ließ. Als die Portugiesen beabsichtigten, den mit Garcia geschlossenen Vertrag zu verwirklichen und die Silberminen (die übrigens nur in ihrer Phantasie existierten) auszubeuten, stellte Antonio eine Armee auf, mit der er die Portugiesen angriff. Antonio wurde geschlagen und getötet, während die königliche Krone des Kongo von den Siegern als Zeichen des Triumphes nach Lissabon gesandt wurde.
Antonio folgten noch eine ganze Reihe mehr oder minder christlicher oder wenigstens getaufter Kongokönige nach, die sich zuweilen gegenseitig die Herrschaft streitig machten. Mit Unterstützung der Portugiesen wurde der letzte Herrscher Pedro V. Elelo 1859 als ›Katholischer König des Kongo und der anderen Gebiete‹ ausgerufen. Trotz der Rügen der Missionare behielt er seine sechs Ehefrauen und zahlreiche Konkubinen bei. Seine

Macht erstreckte sich kaum über die Vorstädte seiner Residenz hinaus. Seine Einkünfte, die ihm ein sorgenfreies Leben gestatteten, stammten aus dem Kaurihandel, einer ihm vom portugiesischen Gouverneur von Loanda entrichteten Pension und aus Abgaben der portugiesischen Händler. Dieser im Wohlstand lebende Patriarch folgte ohne tiefe Erregung dem Verlauf der Berliner Konferenz von 1884/85, die sein ›Königreich‹ der portugiesischen Kolonie Angola einverleibte. 1891 verschied er in Frieden.
Der Versuch, eine negro-portugiesische Kultur zu schaffen, schlug also letztlich fehl, hauptsächlich, weil den Portugiesen die Mittel fehlten, das Experiment so lange und so absichtsfrei wie nötig durchzustehen. Auch die zum Teil wahrhaft frommen Missionare konnten nicht immer als Beispiel dienen. Vor allem aber betrieben die Sklavenhändler eine vollends entgegengesetzte Vernichtungspolitik, welche die traditionellen Strukturen zerstörte und die verkündeten christlichen Prinzipien Lügen strafte. Ihre Überfälle und ständigen Kriegszüge richteten ganze Landstriche zugrunde, zerstörten ihre Organisationen und entvölkerten sie. Die Portugiesen gaben sich große Mühe, die Machtstellung der christlichen Könige des Kongo, die sie doch selbst geschaffen hatten, zu untergraben; sie begünstigten sogar die Intervention der Djaga und ihre schrecklichen Einfälle.

Die Djaga waren weder ein Volk noch ein Staat, sondern eine in steter Wanderung begriffene Gruppe, die vielleicht den türkischen Janitscharen zu vergleichen wäre. Da sie ausschließlich Krieger waren, hatten sie die Familie mit Verbänden militärischer Natur vertauscht und die Ehe untersagt. Sie konnten sich zwar Frauen halten, aber die solcher Verbindung entsprungenen Kinder wurden getötet. Ihren Nachwuchs sicherten sie sich durch Adoption von Söhnen der Besiegten, welche in ihre militärischen Formationen gezwungen wurden. Am Tag, da diese als Beute das Haupt eines Feindes zurückbrachten, wurden sie als freie Männer angesehen. Sie bildeten die Kader von Horden, die sie zum Kriegsdienst, zur Ausrottung von Menschen und zur Plünderung ausbildeten. Es konnte vorkommen, daß die echten Djaga in einer Horde nur eine verschwindende Minderheit bildeten, ein Dutzend auf 16 000 Krieger, wie es der englische Abenteurer Andrew Battell überliefert, der achtzehn Jahre, von 1589 bis 1607, in Angola und Loango verbracht hatte, wo er selbst Bandenhäuptling geworden war.
Welches sind die Ursprünge des Djagasystems? Wie und zu welcher Zeit ist es entstanden? Die Gründer scheinen vor dem 16. Jahrhundert aus der Region der großen Seen gekommen zu sein. Offenbar haben sie sich einige Zeit im Lundaland auf-

gehalten, denn man hat Spuren ihres Durchzuges im Zambesital und im Tal des Kwango gefunden. Im 16. Jahrhundert verbreiteten ihre Einfälle im Kongo und in Angola große Unsicherheit. Während die portugiesischen Behörden ihre Feldzüge zu begrenzen suchten und zuweilen den Kongo in seinem Kampf gegen die Djaga unterstützten, betrachteten die portugiesischen Sklavenhändler sie als nützliche Lieferanten.
Als 1620 der portugiesische Gouverneur Luis Mendes den Ngola (oder König von Angola) Sala Bandi besiegt und sein Land besetzt hatte, wurde die Schwester des besiegten Herrschers (den sie nach der Überlieferung ermordet haben soll) zur Königin ausgerufen. Sie schwor das Christentum ab, zog sich in eine unabhängige Provinz zurück (Matamba am Kwango), baute von dort aus den Widerstand gegen die Portugiesen auf und wurde Königin der Djaga. Nun vollzog sich der umgekehrte Vorgang. So wie die Portugiesen von den Kriegen zwischen den Afrikanern profitiert hatten, zog sie aus der Rivalität zwischen Portugiesen und Holländern Nutzen. Sie setzte sich an die Spitze einer Erhebung angolesischer Fürsten gegen den portugiesischen Gouverneur und fiel in Angola ein. Gegen Ende ihres Lebens ließ sie sich jedoch von Kapuzinermissionaren bekehren, die bis zu ihrem Tod im Jahr 1663 an ihrem Hof verblieben.

III. DIE PORTUGIESISCHEN NIEDERLASSUNGEN AN DER OSTKÜSTE. DAS ENDE DES MONOMOTAPA

Wir haben bereits erwähnt, daß die Portugiesen an der afrikanischen Ostküste versucht hatten, das Handels- und Verkehrssystem der negro-arabischen Sandschkultur zu verdrängen. Welches war aber die Quelle der dort vorhandenen Reichtümer? Die Portugiesen hatten von der Existenz eines mächtigen Herrschers, des Monomotapa, im Innern des Landes, im Hinterland von Sofala, erfahren. 1514 drang Antonio Fernandez, 1561 Antonio Caido, ein portugiesischer Abenteurer, an den Hof des Monomotapa vor. Im selben Jahr erschien auch der portugiesische Missionar da Silveira, der den Monomotapa taufte, aber bald seinen Bekehrungseifer mit seinem Leben bezahlen mußte. 1560 folgten die Portugiesen dem Zambesi landeinwärts, wo sie die Flußhäfen von Sena und Tete gründeten. Nur noch wenige Tagesmärsche trennten sie von der Residenz des märchenhaften Herrschers. 1570 schlug eine portugiesische Expedition unter Barreto von Sofala aus den Weg nach den Minen ein, die man sich als Eldorado vorstellte. Barreto starb jedoch unterwegs, und seine Kolonne wurde angegriffen, der Nahrungsmittelnachschub abgeschnitten. Nachdem sie einige Hütten in

Brand gesteckt hatten, mußten sich die Portugiesen zurückziehen. Enttäuscht hatten sie feststellen müssen, daß nur sehr wenig Gold vorhanden und seine Förderung mit großen Schwierigkeiten verbunden war.

Das Reich des Monomotapa hatte einem doppelten Druck standzuhalten. Einerseits wurde es von den Portugiesen, andererseits von den Cangamira bedroht. Dieser Name bezeichnet eine Dynastie, die über das Volk der Barotse, auch Rotse oder Lozi genannt, herrschte. Ursprünglich Vasallen des Monomotapa, hatten sie gegen Ende des 16. Jahrhunderts ihre Unabhängigkeit erlangt. Die Cangamira waren übrigens in Groß-Zimbabwe ansässig, in jener Festung, welche die Monomotapa um die Mitte des 15. Jahrhunderts verlassen hatten, um ihre Wohnsitze weiter nach Norden, an die Abhänge des Zambesitals zu verlegen. Es waren wohl die Cangamira, welche auf alten Fundamenten die eindrucksvollen Mauern errichtet hatten, von denen man annimmt, daß sie, mindestens im vorliegenden Zustand, nicht weiter als bis ins 17. Jahrhundert zurückreichen. Die Cangamira hatten auch an anderen Stellen steinerne Mauern und Terrassenkanten errichtet, was vermuten läßt, daß sie ihre Machtstellung ihrer militärischen Kraft verdankten.

Sie drangen von Westen her ins Reich des Monomotapa ein, während die Portugiesen von Osten her vorrückten. Um sich der Cangamira zu erwehren, nahm der Monomotapa Gasa Lusere 1607 portugiesische Militärhilfe an, gegen die Abtretung aller Gold-, Kupfer-, Blei- und Eisenminen des Landes an den portugiesischen König. Dieser sollte ihm helfen, seine Machtstellung zu erhalten, und ihm die zur Vernichtung seiner Feinde nötigen Truppen zur Verfügung stellen.

Dieser Vertrag befriedigte jedoch die Portugiesen noch nicht. Sie stellten 1628 eine Kolonne von 250 Kriegern auf, denen ›30 000 Kaffern, ihre Vasallen‹ folgten. Diese Truppe vernichtete die zwei Armeen des Monomotapa. Die meisten Adligen des Landes wurden getötet. Die Portugiesen zwangen dem Monomotapa einen Vertrag auf, der ihn völlig ihrer Herrschaft unterwarf. Vor allem hatte er den Bekehrungseifer der Missionare zu unterstützen, den Bau von Kirchen zu gestatten und innerhalb eines Jahres alle ›Mauren‹, d. h. die arabischen Händler, auszuweisen. Endlich hatte er den portugiesischen Besuchern das Recht zuzugestehen, sich in seiner Anwesenheit zu setzen.

Der Monomotapa war zur portugiesischen Marionette degradiert worden, was ihn jegliches Ansehen kostete. Gasa Lusere wurde übrigens durch einen Herrscher ersetzt, der, zumindest nominell, das Christentum angenommen hatte. Aber sein eigener Adel gehorchte ihm nicht mehr. Die Anarchie machte sich breit.

Die Portugiesen versuchten, diese Anarchie zu nutzen, um alle Goldminen in Besitz zu nehmen und sie auf eigene Rechnung auszubeuten. Aber es ließ sich nur wenig Gold gewinnen; den ›Kaffern‹ wurde gleich alles Gold, das sie gefördert hatten, abgenommen, so daß sie bald die Minen verließen. Nachdem die Afrikaner erfahren hatten, daß die Bergwerksförderung die Begehrlichkeit der Portugiesen weckte, verschütteten sie die Minen und verwischten alle Spuren davon. Man ließ das Land wieder seinen Naturzustand annehmen und die Wüste vordringen.
Die Cangamira, die sich niemals der portugiesischen Herrschaft unterworfen hatten, drangen um 1693 ins Reich des Monomotapa ein, wo sie die Hauptstadt zerstörten und die Erben des Herrschers, sobald sie den Thron besteigen wollten, methodisch beseitigten. Die Portugiesen mußten sich ihren Mißerfolg eingestehen. Ihr Interesse am Landesinnern, das überhaupt kein Gold mehr hervorbrachte, versiegte. Nur in wenigen Plantagen am Unterlauf des Zambesi hielten sie sich noch; die portugiesischen Besitzer gingen aber allmählich in der ansässigen Bevölkerung auf.

In einer Bilanz der portugiesischen Kolonisation müßte man neben all den hier angeführten negativen Elementen sowohl die Einführung des Zuckerrohres in São Tomé als auch die der Maniokwurzel, des Maises und der Batate oder Süßkartoffel von Südamerika in Afrika gutschreiben. Diese in den feucht-äquatorialen Breiten sehr wertvollen neuen Nahrungsmittel verbreiteten sich rasch und schafften dadurch eine bessere Ernährungsgrundlage, was wiederum eine stärkere Bevölkerungsvermehrung ermöglichte.

IV. DIE HOLLÄNDER IN AFRIKA

Um 1600 erlebten die Afrikaner, wie andere Europäer — Engländer und Holländer — im Kielwasser der Portugiesen auf dem schwarzen Kontinent Fuß faßten. Die Holländer, kühne Hochseefischer und gewandte Kaufleute, hatten damit begonnen, Nordeuropa mit den von den Portugiesen nach Europa eingeführten exotischen Nahrungsmitteln aus Indien und Afrika zu beliefern. Protestantisch geworden, hatten sie sich 1566 gegen die spanische Herrschaft aufgelehnt; und die nördlichen Provinzen hatten 1581 ihre Unabhängigkeit proklamiert. Die spanisch-portugiesische Personalunion von 1580 scheint die holländischen Seefahrer von allen Skrupeln entbunden zu haben, sollten sie je solche gehabt haben. Sie traten auf den afrikanischen und orientalischen Märkten in direkte Konkurrenz zu den Portugiesen und bemächtigten sich bei Gelegenheit ihrer Faktoreien. Die Holländer gründeten zwei Handelsgesellschaften: die Ostindienkompanie, deren Einflußbereich sich vom Kap der Guten Hoffnung bis nach Japan erstreckte, und 1621 die niederländische Westindienkompanie, welcher der Atlantik und seine Küsten zugewiesen wurden. 1637 verdrängte die Westindienkompanie die Portugiesen aus El Mina an der Goldküste. Sie übernahm die portugiesische Stellung im Sklavenhandel und schloß mit den Fanti neue Verträge. An sechzehn verschiedenen Stellen ließ sie Festungen errichten. Von 1641 bis 1648 besetzte sie in Angola die Insel Loanda, von der die Portugiesen sie mit Waffengewalt vertreiben mußten. Abgesehen von solchen heftigen Zusammenstößen trieben aber die holländischen Schiffer mit den portugiesischen Faktoreien Handel.

Auf ihrem Weg nach Ostindien pflegten die portugiesischen Seefahrer mehrere Stationen einzuschalten, so an der Atlantikküste (in Brasilien oder in Afrika) und in Mozambique am Indischen Ozean. Von dort aus trug der Monsun ihre Schiffe nach dem indischen Goa. Die besser ausgerüsteten und schnelleren Schiffe der Holländer konnten sich mit einem einzigen Zwischenhalt auf halbem Weg, in Südafrika, begnügen. Vom Kap aus benützten sie andere regelmäßige Westwinde, die sie direkt nach Niederländisch-Indien trugen. Von 1617 bis 1645 versuchte die holländische Ostindienkompanie, in der ungünstigen St.-Helena-Bucht Fuß zu fassen. Dann aber wurde die etwas westlich vom Kap der Guten Hoffnung gelegene Tafel-Bucht als Ziel dreier mit Siedlern und Lebensmitteln beladener Schiffe ausersehen. Am 6. April 1652 landeten die Kolonisten an jener Stelle, wo vier Jahre zuvor die ›Harlem‹ Schiffbruch erlitten und ihre Schiffbrüchigen ein Jahr unter ganz angenehmen Umständen zugebracht hatten. Am nächsten Tag gründete der Gouverneur Jan van Riebeek das Fort und entwarf die Pläne für eine dauernde Niederlassung mit Gemüsegärten und Weideplätzen für das Vieh. Es war jedoch keine Kolonisation vorgesehen, sondern nur die Errichtung einer Versorgungsstation auf dem Weg nach Indien. (Im selben Jahr 1652 gründete der Holländer Pieter Stuyvesant die Stadt Nieuw Amsterdam, das spätere New York.) Der Hafen unterstand in keiner Beziehung der niederländischen Regierung, sondern der Kompanieverwaltung. Er wurde von Batavia aus verwaltet, wo die Zentrale der Kompanie für den Indischen Ozean lag. Die Kompaniecharta setzte einer territorialen Ausweitung der Kapbasis möglichst enge Grenzen. Im übrigen enthielt sie eine Fülle drakonischer Reglements, die den Siedlern eine puritanische Lebensführung vorschrieben und sie zu einer Niederlassung von zehn, ihre Kinder zu einer von zwanzig Jahren verpflichteten. Jeder Handel mit Nicht-Holländern war ihnen untersagt, ebenso alle Beziehungen zu Eingeborenen. So wurde es von Batavia aus gesehen; in Kapstadt verliefen die Dinge freilich etwas anders.

Aber der Gartenbau und die Viehzucht, die zur Ernährung der Schiffsbesatzungen mit Obst und Fleisch bestimmt waren, gediehen zu Beginn kaum. Die Weiden waren mager und der Humus kärglicher als in den holländischen Ebenen. Auch wurden die Siedler schnell darüber aufgeklärt, daß sie keineswegs jungfräuliche Erde betreten hatten. Schon vier Tage nach ihrer Landung begannen die Zusammenstöße mit den ›Wilden‹ der ansässigen Bevölkerung, deren Existenz nicht ernstlich in Betracht gezogen worden war.

Zwei unvorhergesehene Faktoren sollten der Begrenzungspolitik der Kompanie entgegenwirken. Vorerst verlangte die Viehzucht die Ansiedelung holländischer Bauern, der Buren, welchen man immer größere Räume als Viehweiden zugestehen mußte. Die mageren Weiden zwangen sie zu einer transhumanten Viehzucht. Während der Transhumanz, dem *Trek*, welche zuweilen eine Wanderung ohne Rückkehr war, verloren die Buren den ursprünglichen Zweck ihrer Niederlassung, die Versorgung der Kompanie, immer mehr aus den Augen, und mit der Zeit wurden sie autonom.

Schon in den katholischen Südprovinzen der Niederlande hatten die sich zum protestantischen Glauben bekennenden Buren gelernt, als eine auf sich selbst gestellte autonome Minderheit zu leben. In einem starken Glauben wurzelnd, waren sie gewohnt, sich selbst zu genügen, ihr Heil nicht von außen zu erwarten und nur Gott und seinem Wort zu folgen, wie es von der Bibel übermittelt wurde, deren Auslegung allein dem Familienoberhaupt zustand.

Als zweiter Faktor machte der im Land herrschende Mangel an Arbeitskräften – es war nicht leicht, diesen ›Wilden‹ die erlösende Tugend der Arbeit nahezubringen – die Einführung von Sklaven von der Goldküste und von Mozambique sowie aus Java und Madagaskar notwendig. Einige Jahre später gab es bereits ebenso viele Sklaven wie weiße Siedler. Im Lauf der Generationen kam eine wachsende Mischlingsbevölkerung hinzu, die, zuerst unter dem Namen Bastarde (Bastaards), schließlich unter der Bezeichnung Griqua, eine eigene ethnische Gruppe bildeten. Unter diesem Namen sollten sie zwischen 1803 und 1813 geschlossen auswandern, von den Missionaren, die die Kolonie von ihnen befreien wollten, dazu aufgefordert. Jenseits der Grenze gründeten sie in einem Land, das den Namen Griqualand annahm und zu arm war, Begehrlichkeiten zu wekken, autonome Stämme oder Republiken.

Nach der 1685 erfolgten Aufhebung des Ediktes von Nantes durch Ludwig XIV., die zur Abschaffung der bislang den französischen Protestanten gewährten Garantien führte, emigrierten Tausende von Hugenotten nach Holland. Einige hundert von ihnen wanderten von dort nach dem Kap aus, wo sie von ihren Glaubensbrüdern aufgenommen wurden. Platz war für jedermann vorhanden, vor allem, als der wachsende demographische Druck unter den Siedlern, die alle Bande zu ihrem Mutterland abgeschnitten hatten, zu einer territorialen Expansion führte. Im Jahr 1700 waren noch alle Europäer in einem Umkreis von höchstens 100 km Entfernung vom Kap ansässig gewesen. 1750 hatte sich die Siedlungszone bereits auf eine Entfernung von 400 km ausgedehnt. Die ersten Siedler erreichten 1795 den 800 km östlich des Kaps gelegenen Great Fish River.
Die eingeführten Sklaven wurden hauptsächlich in Haus und Garten beschäftigt, während die eingeborenen Hottentotten, welche die Buren schließlich als Arbeitskräfte hatten gewinnen können, als Hirten der extensiven und transhumanten Weidewirtschaft integriert wurden. Ziemlich weit im Landesinnern waren weiße Jäger bereits ums Jahr 1702 auf Bantustämme gestoßen. Seit dem Beginn des 17. Jahrhunderts, vielleicht schon früher, verlagerten sich diese Stämme allmählich von Norden nach Süden, wobei sie Hottentotten und Buschmänner verdrängten, die zwischen den von Norden eindringenden Schwarzen und den von Süden vorstoßenden Weißen eingeklemmt wurden.
Auf der Suche nach neuen Weideplätzen im Osten des Kaps stießen 1775 burische Treker am Fluß Kei, jenseits des Fish River, auf bantu-sprechende Hirten, die Xhosa. Um die gleiche Zeit drängten im Nord-Nordwesten des Landes die Hottentotten, die von der Kolonie mit Gewehren ausgerüstet worden waren, andere bantu-sprechende Hirten, die Herero, zurück, die wahrscheinlich in langen Wanderbewegungen von der anderen Seite des Kontinents, der Seenregion, über Nordrhodesien und Südangola nach Südwesten vorgestoßen waren. Beinahe ein Jahrhundert lang kämpften die Hottentotten- und Hereroviehzüchter um den Besitz der Weideplätze und Wasserstellen Südwestafrikas und fügten einander schwere Verluste zu, bis sich 1885 der Herrscher der 80 000 überlebenden Herero dem Protektorat der Deutschen unterstellte.
Indessen waren auch ›Kaffern‹ – wie die Buren Xhosa, Thembu, Pondo und andere Bantu mit einem arabischen Begriff nannten, der unterschiedslos alle Ungläubigen bezeichnete – und Buren in Kämpfe um die Weideplätze der Südostküste verstrickt, wobei sie sich gegenseitig das Vieh raubten.

V. WEITERE EUROPÄISCHE NIEDERLASSUNGEN IN WESTAFRIKA VOM 16. BIS ZUM 19. JAHRHUNDERT

Wie die Holländer wandten auch andere Europäer – Briten, Franzosen, Schweden, Dänen und Brandenburger – ihr Interesse den afrikanischen Seewegen zu.

1530 begab sich ein englischer Reeder ins Beninreich. Ab 1553 regelmäßig unternommene britische Expeditionen führten zu heftigen Zusammenstößen mit den Portugiesen. So griff Hawkins 1555 portugiesische Schiffe an und kaperte die mitgeführten Sklaven. Sebastian Cabot wurde zum Gouverneur der ›Merchant Adventurers‹ ernannt, einer britischen Kompanie, die sich den Afrikahandel zum Ziel setzte. Königin Elisabeth I. verlieh den Kaufleuten von Exeter die Patente zu regelmäßigem Handel mit Senegal und Gambia. Am 18. Juni 1580 umsegelte Francis Drake das Kap der Guten Hoffnung.

Die erste nach Gambia entsandte britische Expeditionsflotte wurde zwar von den Portugiesen vernichtet, aber der zweiten gelang es, sich mit den lokalen Herrschern zu verständigen und 1663 das Fort James zu errichten.

1626 wurde eine französische Westafrika-Kompanie gegründet. Die Franzosen ließen sich in Senegal nieder, wo sie Festungen und Dörfer erbauten. Sie bemächtigten sich der holländischen Stützpunkte in Gorée und Rufisque, während die Holländer ihrerseits den Engländern ihre Forts an der Goldküste entrissen. Ein holländischer Angriff auf das von den Portugiesen erfolgreich verteidigte Mozambique war indessen 1608 fehlgeschlagen.

1657 gründeten die Schweden Cape Coast (im heutigen Ghana), wurden aber bald von den Dänen daraus verdrängt, die nahe dem heutigen Accra Schloß Christiansborg bauten.

1677 entsandte der ›Große Kurfürst‹ Friedrich Wilhelm von Brandenburg eine Expedition von fünf Schiffen an die afrikanische Küste. Kapitän Blonk schloß an der Goldküste mit den schwarzen Lokalherren Verträge zur Errichtung eines Forts in der Nähe des Kaps der Drei Spitzen. Von der Gröben baute die befestigten Faktoreien von Groß-Friedrichsburg. Die Brandenburger setzten auch das von den Portugiesen erbaute, später aber von ihnen verlassene Fort auf der Insel Arguin wieder instand. 1720 trat jedoch der König von Preußen, Friedrich I., den andere Sorgen beschäftigten, alle brandenburgisch-preußischen Niederlassungen an Holland ab, und zwar für den Preis von 7000 Dukaten und zwölf Negersklaven, von denen sechs in goldene Ketten gelegt waren.

Die Europäer bekämpften sich gegenseitig, eroberten fremde Forts, wurden wieder daraus vertrieben und kaperten gegnerische Schiffe, um sich ihrer Ladung zu bemächtigen. Die Handstreiche, Seeräuberüberfälle und Ausrottungen, die ganze entfesselte Gier kannte nur ein Ziel: den Sklavenhandel.

VI. DER SKLAVENHANDEL

Es war die Suche nach Reichtümern, welche die Europäer über ihre Grenzen hinaustrieb. Alle Kräfte der Portugiesen hatten sich auf das eine Ziel konzentriert, die größten damals bekannten Quellen des Reichtums in Indien und im Orient auszuschöpfen. Die unsicheren und mehr erträumten als wirklichen Reichtümer Westindiens hatten sie dafür gern den Spaniern überlassen. Aber nach den flüchtigen Einfällen der Konquistadoren auf ihrer Suche nach Gold eröffneten sich den Pflanzern der Neuen Welt weitere und langlebigere Perspektiven. Westeuropa begann Zucker, Rum, Tabak und Baumwolle zu schätzen, was den Aufschwung der Antillen, Louisianas und Brasiliens zur Folge hatte.

Welche Möglichkeiten der Bereicherung bot demgegenüber Afrika? Wo war das märchenhafte Gold von Bambuk? Die Minen Guineas brachten nur wenig Gold hervor. Afrika wies mit seiner kargen Erde und seinem ungesunden Klima einen einzigen Reichtum, eine einzige Großproduktion auf: seine kräftige und fruchtbare Bevölkerung, die von den Sklavenhändlern euphemistisch ›Ebenholz‹ genannt wurde. Gerade Sklaven aber wurden in den Pflanzungen Westindiens benötigt, denn der Anbau von Zuckerrohr verlangte zahlreiche Arbeitskräfte. Die drei Welten – die europäische, die afrikanische und die amerikanische – schienen einander wirtschaftlich zu ergänzen. Die Entwicklung des europäischen Sklavenhandels in Afrika war einerseits die Folge der Entdeckung der Neuen Welt, andererseits die Konsequenz der Entwicklung in Europa, insbesondere der Einführung des Zuckerkonsums.

Afrikas Reichtum an Arbeitskräften war übrigens schon lange ausgebeutet worden. Zahlreiche politische und soziale Systeme gründeten auf der Sklaverei, andere auf der Sklavenjägerei und dem Sklavenhandel.

Auch die Araber wußten von der Sklaverei Gebrauch zu machen. Unter den schwarzen Sklaven schätzten sie besonders die kastrierten, blieb ihnen doch dadurch jenes Problem erspart, das ein paar Jahrhunderte später die schwarze Bevölkerung in den USA darstellte. Die Tuareggesellschaft konnte in der Wüste nur auf der Grundlage von schwarzen ›Gefangenen‹ existieren, die ein unentbehrliches Element ihrer Organisation darstellten.

Wie lange Zeit die europäischen Kulturen, so beruhten auch die afrikanischen Gesellschaften auf der unfreien Arbeit, deren einfachste Form die Sklaverei war. Plato und Aristoteles sind nur in einer Gesellschaft denkbar, die sich auf Sklaverei stützt. Zumindest gab die Sklaverei selbst bei den Christen früher zu keinerlei Gewissenskonflikten Anlaß. Unter den Merowingern war Verdun an der Maas ein berühmter Sklavenmarkt auf halbem Weg zwischen slawischer (daher der Name: *Sklaven*, also Slawen) und arabischer Welt. Die ersten in Europa verwendeten Negersklaven waren den Mauren an der marokkanischen Küste abgekauft worden. Man hatte sie also von den Ungläubigen erlöst, was in den Augen des Herrn und der Christenheit doch nur eine Wohltat sein konnte. Zwar verurteilte das Papsttum grundsätzlich den Sklavenhandel; dennoch ist das 1571 vom Gerichtshof von Bordeaux verkündete Urteil einzigartig, das, im Gegensatz zu Portugal, einem Sklavenhändler den Verkauf von Sklaven im Land mit der Begründung verbot, »Frankreich, die Mutter der Freiheit, biete keinem einzigen Sklaven Platz«.

Im Lauf des 17. Jahrhunderts sollten in den Praktiken des Sklavenhandels Veränderungen eintreten, die auch seinen Charakter beeinflußten und – auf lange Sicht – eine Reaktion hervorriefen. Dieses neue Element war die Veränderung der Größenordnung, die dem ganzen Phänomen einen anderen Aspekt verlieh. Wie viele Afrikaner mögen über den Atlantik geschafft worden sein? Die Annahmen schwanken stark. Eine Schätzung auf 10 Millionen jenseits des Atlantiks verkaufter Sklaven scheint zu niedrig. Aber selbst größere Zahlen vermögen die Wirkungen des Sklavenhandels nicht wiederzugeben. Die Zahl der eingeführten Sklaven muß schon um mindestens 25 %, vielleicht wesentlich mehr, erhöht werden, um die mitzuzählen, die auf dem Transport starben. Doch muß man auch diejenigen miterfassen, die dem Sklavenhandel indirekt zum Opfer fielen. Um dem weißen Sklavenhändler nur einige Dutzend Sklaven verkaufen zu können, metzelten die schwarzen Sklavenjäger eine beträchtliche Anzahl Erwachsener und Kinder nieder und vertrieben ganze Dörfer, deren desorganisierte und ihrer männlichen Erwachsenen beraubte Bewohner kaum zu überleben vermochten. Die Entvölkerung und vor allem die indirekten Auswirkungen fallen unvergleichlich viel stärker ins Gewicht als die nackte Zahl der deportierten Sklaven.

Vier Jahrhunderte lang haben die Europäer Sklavenhandel betrieben, wobei das 18. Jahrhundert allein ebenso viele Transporte aufwies wie das 16., 17. und 19. Jahrhundert zusammengenommen. Geographisch gesehen verteilten sich die Übernahmestellen an der afrikanischen Küste, wo die weißen Sklavenhändler das ›Ebenholz‹ von den schwarzen Sklavenhändlern in Empfang nahmen, folgendermaßen:

– die Goldküste und die benachbarte ›Sklavenküste‹ (Ghana,

Togo, Dahome, Nigeria), die im 17. und 18. Jahrhundert den Hauptanteil der ›Ladung‹ lieferten,
– das Nigerdelta, wo die Sklavenhändler sich seit dem 18. Jahrhundert versorgten und das nach der offiziellen Abschaffung des Sklavenhandels eine wichtige Rolle im Sklavenschmuggel des 19. Jahrhunderts spielen sollte,
– Angola und der Kongo, die vier Jahrhunderte lang regelmäßig bedeutende Kontingente lieferten.

Unter welchen Flaggen wurden die Sklaven über den Ozean geschafft? Der aus Sevilla stammende Bischof des mexikanischen Bistums Chiapa, Bartholomeo de las Casas, regte 1498 die Überführung von Negern nach Mexiko an. Da Papst Martin V. verkündet hatte, daß »den Ungläubigen kein einziger Teil der Welt gehören sollte«, ließ sich der Sklavenhandel auf christliche Art und Weise mit den Evangelisationsanstrengungen rechtfertigen. Im Jahr 1502 begannen die Spanier, Neger nach den Antillen zu bringen. Aber die spanische Krone übertrug den Sklavenhandel flämischen Kaufleuten. Da sich die Flamen jedoch nicht immer an die Abmachungen der Verträge hielten und versuchten, die den spanischen Auftraggebern zustehenden Prozente zu umgehen, kam es oft zu Streitfällen. Als einzige unter den christlichen Nationen hatte Spanien seinen Bürgern stets die Erlaubnis verweigert, sich am Sklavenhandel zu beteiligen. 1500 wurde Christoph Kolumbus eingekerkert, weil er Christen in die Sklaverei gezwungen hatte. Jedoch hatten die Spanier nichts dagegen einzuwenden, wenn man von Portugiesen, Holländern oder Briten Sklaven kaufte, die diese aus Afrika eingeführt hatten. Der Handel wurde auf den Märkten von Sevilla und den Kanarischen Inseln abgewickelt. Auch die Portugiesen, die seit dem 15. Jahrhundert von den Mauren der marokkanischen Küste schwarze Sklaven kauften, hatten einen blühenden Markt aufgebaut: In Lissabon wurden jährlich 12 000 Sklaven verkauft. Auf dem internationalen Markt verdrängten die Flamen sie jedoch mehr und mehr. Die Portugiesen befriedigten schließlich nur noch ihre eigenen Bedürfnisse, die in Brasilien allerdings sehr bedeutend waren. Im 18. Jahrhundert wetteiferten Franzosen und Engländer um die Vorherrschaft, die schließlich von den englischen Schiffen errungen wurde. Diese sorgten dann für mehr als die Hälfte des gesamten Sklavenhandels über den Atlantik. Nach der offiziellen Abschaffung des Sklavenhandels wurde er während des 19. Jahrhunderts nur noch von Halbpiraten, Schmugglern und Blockadebrechern ausgeübt, die unter keiner nationalen Flagge segelten.

Im Verlauf des 18. Jahrhunderts begann sich schon eine humanitäre Reaktion abzuzeichnen. Locke, Diderot, Voltaire, Rousseau, Wilberforce und viele andere sahen in der Sklaverei einen Anschlag auf die Würde und die unveräußerlichen Rechte des Menschen. In England und in Pennsylvanien verdammte die Gesellschaft der ›Freunde‹, die Quäker, schon 1727 die Sklaverei. 1765 wurde in England die Antisklavereigesellschaft gegründet. Die Abschaffung der Sklaverei auf den britischen Inseln fällt ins Jahr 1772. Die Pflanzer vermieden es, sich von ihrem Hauspersonal begleiten zu lassen, wenn sie England besuchten. Die britische Marine erhielt den Auftrag, das Verbot des Sklavenhandels vorerst auf den in britischen Territorialgewässern kreuzenden Schiffen, später auf allen unter britischer Flagge verkehrenden Schiffen zu verwirklichen. Schließlich wurde 1807 der Sklavenhandel nach den britischen Besitzungen verboten, wo die Sklaverei selbst aber weiterhin legal blieb. Ein blühender Schmuggel war die Folge.

1833 verkündete das britische Parlament die Befreiung aller Sklaven des Empires unter Auszahlung einer Entschädigung an ihre Besitzer. Durch den auferlegten Verzicht auf die Sklaverei hatte die britische Regierung ihre Bürger in eine schwierige wirtschaftliche Lage versetzt. Wie sollten sie der Konkurrenz jener Länder gewachsen sein, welche die Sklaverei nicht abgeschafft hatten? Es gab nur die eine Lösung, die anderen Länder ebenfalls zur Aufhebung der Sklaverei zu bringen und diesen Beschluß durch einen gemeinsam ausgeübten Druck auch wirksam zu machen.

1804 war die Einfuhr von Sklaven nach den USA verboten worden. 1815 hatte Portugal eingewilligt, seinen Sklavenhandel nur noch südlich des Äquators zu betreiben. Offiziell wurde der Sklavenhandel in der südlichen Hemisphäre zwischen Angola und Brasilien bis 1878 fortgesetzt. Brasilien selbst schaffte erst zehn Jahre später die Sklaverei ab.

1815 hatte der Wiener Kongreß zwar in einer feierlichen Grundsatzerklärung die Aufhebung des Sklavenhandels verkündet. Aber in Frankreich war es erst die Zweite Republik von 1848, welche die Aufhebung der Sklaverei in den französischen Kolonien proklamierte und durchsetzte.

Dem gelösten Problem folgten jedoch neue. Was sollte mit den befreiten Sklaven geschehen, etwa mit denen der Vereinigten Staaten, die ihren Herren davonliefen und in Neu-Schottland Zuflucht suchten? Was sollte das Schicksal derer sein, die man im Kielraum der von der königlich britischen Marine auf hoher See durchsuchten Sklavenhändlerschiffe vorfand? Es war nicht angebracht, sie genau dort wieder an Land zu setzen, wo sie den Sklavenjägern in die Hände gefallen waren. Von der sehr vereinfachenden Überlegung ausgehend, daß sich ein Neger überall in Afrika zu Hause fühle, kam man auf den Gedanken,

sie in Sierra Leone anzusiedeln. Der erste Versuch dieses Experimentes wurde 1787 durchgeführt. Die eingeborene Bevölkerung nahm jedoch gegenüber diesen Kolonisten neuer Spielart eine feindselige Haltung ein. Da die private ›Sierra-Leone-Kompanie‹ weder gewillt war, das Experiment zu wiederholen, noch seinen Erfolg gewährleisten konnte, kaufte die britische Regierung die Titel der Kompanie auf und machte Sierra Leone zur Kronkolonie. In einem langwierigen Prozeß wurden dort während des ganzen 19. Jahrhunderts befreite Sklaven angesiedelt. Aber zwischen diesen eingeführten und als Kreolen bezeichneten Schwarzen und der eingeborenen Bevölkerung entstand niemals ein gutes Verhältnis. Die Kreolen konzentrierten sich deshalb auf einen engen Umkreis um Freetown. Zwischen 1808 und 1860 wurden etwa 70 000 ehemalige Sklaven, die meist von der britischen Marine auf hoher See befreit worden waren, in Sierra Leone angesiedelt.
In den Vereinigten Staaten war es eine private Gesellschaft, die ›American Colonization Society‹, welche sich die Wiederansiedlung freigelassener Sklaven in Afrika zum Ziel setzte. 1821 kaufte die Gesellschaft an der Sierra Leone ein Stück Land und gründete eine Stadt, die zu Ehren Präsident Monroes den Namen Monrovia erhielt. Einige tausend aus Amerika heimgebrachte ehemalige Sklaven wurden dort angesiedelt, aber auch sie wurden von der einheimischen Bevölkerung schlecht aufgenommen. Sie konnten sich nur in der unmittelbar von den Kanonen der amerikanischen Marine beschützten Küstenzone halten. Im ganzen hatten sich dort kaum mehr als 15 000 in Amerika und 5000 auf hoher See befreite Sklaven niedergelassen. Die übrigen in den USA freigelassenen Neger zogen es vor, in Amerika zu bleiben. Die Niederlassung der amerikanischen Gesellschaft erhielt den Namen Liberia und ein Statut als Staat. In Harvard wurde eine Verfassung ausgearbeitet und 1841 der erste afrikanische Gouverneur ernannt. Stufenweise erlangte Liberia die Autonomie, dann die Unabhängigkeit. Die Amerika-Liberianer – die Nachkommen der freigelassenen Sklaven – hielten im Land faktisch das Monopol der Regierung und der Verwaltung in Händen, während das Hinterland in seinem alten Zustand verblieb.
1849 wurde die ›Elizia‹, ein Schiff der Sklavenhändler, von den Franzosen erbeutet. Die ›Ladung‹ wurde in Gabun an Land gebracht und die Stadt, wo die befreiten Sklaven angesiedelt wurden, in ›Libreville‹ umgetauft, als Symbol der Aufhebung der Sklaverei in allen französischen Besitzungen. Im Gegensatz zur Entwicklung in Freetown und Monrovia sollte Libreville zum Sitz einer französischen Kolonialverwaltung werden.

Die Aufhebung der Sklaverei und die Probleme, die sie hervorrief, machen einen gewissen, dem Liberalismus des 19. Jahrhunderts inhärenten Widerspruch deutlich. Als ökonomisches System konnte der Liberalismus nur funktionieren, wenn sich auch die Konkurrenten an seine Regeln hielten. Wenn sie diese nicht einhielten oder anderen Gesetzen folgten, war der Liberale genötigt, ihnen entweder seine Regeln aufzuzwingen oder sich den ihren zu unterwerfen. Die Abschaffung der Sklaverei war zwar löblich, aber unhaltbar, wenn die spanischen, portugiesischen, französischen oder anderen Konkurrenten ihre unbezahlten Arbeitskräfte beibehielten. Die Briten sahen sich deshalb durch den Zwang der Umstände genötigt, die Stützpunkte des Sklavenschmuggels immer schärfer zu überwachen und an der afrikanischen Küste in verschiedenen Formen Verwaltungszellen aufzubauen, die zu den Keimen der späteren Kolonien wurden. Die Gouverneure von Sierra Leone, die in der Überwachung des Schmuggels einige Erfahrung besaßen, wiederholten in ihren Berichten die Notwendigkeit einer Ausdehnung der englischen Überwachung auf die gesamte Küste, wenn der Sklavenschmuggel wirksam unterbunden werden sollte. Die Abschaffung des Sklavenhandels hatte den heimlichen Handel sehr lukrativ werden und bis 1850 sogar noch anwachsen lassen. Dabei hatte sich die Lage der durchgeschmuggelten Sklaven verschlimmert. Wurde ein Sklavenhändlerschiff von der britischen Marine hart verfolgt, so warf die Besatzung im letzten Augenblick die gefesselten Gefangenen über Bord, um nicht in flagranti ertappt zu werden.

Nach der Abschaffung des Sklavenhandels glaubten die Holländer und Dänen, die an der Goldküste befestigte Kontore besaßen, nicht mehr an die Rentabilität ihres Afrikahandels. Sie traten daher ihre Niederlassungen an die Briten ab; 1850 die Dänen, 1872 die Holländer. Als allein Interessierte verkündeten die Briten 1874 die Goldküste zur britischen Kronkolonie.

Nicht weit davon entfernt, an der Sklavenküste und im Nigerdelta, trieb jedoch der Sklavenhandel nach Kuba und Brasilien wilde Blüten. Er stellte denn auch die Haupteinnahmequelle des Königreiches Dahome dar. Ein Unterdrückungsfeldzug gegen den Sklavenhandel führte das französische Kriegsschiff ›La Malouine‹ dazu, sich einiger Gebiete zu bemächtigen, denen anscheinend kein großer Wert beizumessen war, so 1832 an der Elfenbeinküste, 1837 in Casamance, 1842 in Guinea und 1851 in Dahome. 1849 entschloß sich das Foreign Office, die Sklavenverschiffungen in den Häfen von Wydah, Badagri und Lagos sowie in den sogenannten ›Oil Rivers‹, der Niger-

mündung, zu unterbinden. 1851 bemächtigten sich die Briten der Stadt Lagos, die 1861 formell britische Kolonie wurde. Damit war das Fundament des späteren Nigeria gelegt.
Um 1865 darf der Sklavenhandel im Nordatlantik als beendet gelten. Damit verschwand aus dem europäischen Afrikahandel das Element, das während dreieinhalb Jahrhunderten seine Grundlage gewesen war. Damit wurde aber auch ein Großteil der afrikanischen, direkt oder indirekt auf den Sklavenhandel ausgerichteten Tätigkeiten überflüssig und in ihren Fundamenten erschüttert.

Der Historiker kann sich in seiner Darstellung der afrikanischen Geschichte nicht genug mit jenen zahlreichen Problemen auseinandersetzen, welche die Sklaverei stellte, allerdings weniger vom moralischen Standpunkt aus – nicht hier liegt seine Aufgabe – als in sozialer, wirtschaftlicher und politischer Hinsicht. Vielleicht wird später einmal eine Geschichte Afrikas unter dem Gesichtswinkel der jeweiligen Arbeitsformen in den verschiedenen afrikanischen Gesellschaften geschrieben werden, denn diese Formen haben sehr weitgehend die wirtschaftlichen, sozialen und endlich auch politischen Strukturen geprägt. Ein Aspekt dieser Frage ist natürlich die Zwangsarbeit und ihre charakteristischste Form, die Sklaverei.
Wir haben bereits dargestellt, wie zwischen dem 9. und dem 16. Jahrhundert die Reiche der sudanesischen Zone am Südausgang der transsaharischen Handelsstraßen entstanden, deren Handel einerseits der mit Sklaven, andererseits der mit Salz, Gold und Stoffen war. Dieser transsaharische Handel bestand bis Ende des 19. Jahrhunderts, ohne sich weiterzuentwickeln. Im Gegenteil, er verlor an Bedeutung – wenigstens in relativer Hinsicht – durch die Tatsache, daß andere Handelswege entstanden. Handel trieb man mit den Afrikanern südlich der Sahara nicht mehr auf den schwierigen Karawanenwegen durch die Wüste, sondern auf dem viel billigeren und weniger umständlichen Seeweg.

Zu Beginn des 15. Jahrhunderts benutzten die europäischen Händler Ankerplätze an der afrikanischen Küste. Die Sklavenhändler holten dort ihre ›Ware‹, die sie gegen Gewehre, Pulver, Salz, Stoffe, Eisen- und Glaswaren tauschten. Es scheint, daß weder der europäische Handel weit in das Landesinnere eingedrungen, noch der Sklavenfang in einer großen Entfernung von der Küste getrieben worden ist. Letzterer scheint nicht mit dem Sklavenhandel der Haussa und Bornu in Konkurrenz getreten zu sein. Die traditionellen Sklavenmärkte von Timbuktu, Gao und Kano behielten ihre Bedeutung, während an der

Küste die Aschanti Sklaven fingen, die sie an die Fanti verkauften; letztere verkauften sie an die europäischen Händler weiter, die aus Sicherheitsgründen in einiger Entfernung von der Küste vor Anker gingen.
Dieser Handel ließ regelmäßige Beziehungen entstehen und führte zur Errichtung von Häfen, wo man sich mit Süßwasser versorgen und etwas Elfenbein und Leopardenfelle erstehen konnte. Diese bald wohlhabenden Hafenstädte zogen immer neue Tätigkeitsbereiche und Handelskanäle an sich und trieben ihre Verästelungen ins Innere des Kontinents. Immer stärker begann der afrikanische Handel die Binnenstraßen zu vernachlässigen, sich auf die Küste hin zu orientieren und ganz auf den Seehandel einzustellen.
Diese neue Ausrichtung ist zwar durch die Bedürfnisse des europäischen Handels ausgelöst, aber allein von den Afrikanern verwirklicht worden. Mit Ausnahme der Franzosen, die zwischen 1626 und 1660 auf dem Senegal 400 km landeinwärts vorstießen, wagten sich die europäischen Händler nicht ins Landesinnere. Die wenigen portugiesischen Niederlassungen am Zambesi wurden schnell von den schwarzen Volksgruppen absorbiert. Ihre Niederlassungen im Kongo und in Angola riefen andere Probleme hervor. Nirgends – soviel läßt sich mit Sicherheit sagen – hat sich in Afrika das Gegenstück zu den Unternehmen der Konquistadoren in der Neuen Welt ereignet.
Im 17. und 18. Jahrhundert lag nicht Gegnerschaft, sondern Übereinstimmung der Interessen zwischen kaufenden europäischen Händlern und verkaufenden Schwarzen vor. Auf neuer Wirtschaftsbasis entstanden auch in Westafrika neue politische Organisationen als Folge ihrer Beziehungen zur Küste; alte begannen, sich neu zu beleben; so etwa die Aschanti, Dahome und die Yoruba. Diese neuen Systeme unterschieden sich vor allem durch ihren Besitz an Feuerwaffen von den alten. Wie schlecht diese von den Europäern nach Afrika eingeführten Gewehre auch sein mochten, sie sicherten ihren Besitzern eine Überlegenheit, die sie zu nutzen verstanden.
So hat bei den Aschanti Osei Tutu (1695–1731), eine bedeutende Gestalt der afrikanischen Geschichte, außerordentliche Energie und bemerkenswerten politischen Sinn bewiesen, indem er – sei es durch Krieg und Unterwerfung, sei es durch Verhandlung und Föderation – die benachbarten Stämme zusammenschloß, wobei er ihre Eigenart respektierte und ihre Häuptlinge in seinen Bundesrat aufnahm. Er wußte sie sich zu Freunden zu machen, ohne mehr von ihnen zu verlangen, als daß sie ihre eigene Vergangenheit hinter sich ließen und ihre besonderen Traditionen aufgaben. Er verstand es, sich mit Priestern und weisen Männern zu umgeben, deren Rat er zu nutzen

wußte. Er gründete das Königreich der Aschanti, zu dessen Hauptstadt er Kumasi machte, das in der Folge eine große Ausstrahlung erlangen sollte. Nachdem er im Kampf gefallen war, führten seine Nachfolger sein Werk fort. Wir werden später auf die Auseinandersetzungen der Aschanti und ihrer südlichen Nachbarn, der Fanti, mit den britischen Kolonialbehörden zurückkommen. Zu Beginn des 19. Jahrhunderts erlebte das Reich der Aschanti unter dem ›Bundeskönig‹ Osei Osibe Kwamina seine größte Blüte. Die Autorität des Herrschers erstreckte sich über den größten Teil des heutigen Ghana, über das Siedlungsgebiet der Mossi und das Gebiet um Kong (heute Obervolta und der nördliche Teil der Elfenbeinküste). Der König von Dahome schickte ihm Ehrengeschenke. Er bereitete sogar den britischen Truppen eine vorübergehende Niederlage.
Einen gleichzeitigen Aufstieg mit ähnlichen Merkmalen erlebte das Königreich Dahome. Seine militärische und wirtschaftliche Organisation (beide hingen engstens zusammen) weist nicht allzuviele Unterschiede auf. Immerhin war Dahome keine Föderation, sondern eine absolute Monarchie, die sich auf den Krieg und seinen jährlichen Ertrag gründete. Anläßlich der großen Feste wurden in der Hauptstadt Abomey zahlreiche Menschenopfer dargebracht als bekräftigender Ausdruck der Erhabenheit des bewunderten und gefürchteten Fürsten.
Weiter östlich lag das Königreich der Yoruba, dessen Hauptstadt Oyo war. Es war älter als die Königreiche Aschanti und Dahome, löste sich aber schon gegen Ende des 18. Jahrhunderts auf.
Es verdient Beachtung, daß keine der drei Hauptstädte — Kumasi, Abomey, Oyo — an der Küste lag, sondern 120 bis 200 km im Innern des Landes mitten in dem Gebiet des Sklavenauftriebs.

Um 1850 sahen sich diese, auf der Grundlage des Sklavenhandels beruhenden und während dreieinhalb Jahrhunderten blühenden politischen Organisationen in ihrer wirtschaftlichen Grundlage erschüttert, denn es entglitt ihnen mit der Abschaffung des Sklavenhandels die Hauptquelle ihres Reichtums. Kein anderer lohnender Handel konnte zu diesem Zeitpunkt an Stelle des geächteten treten. Gewürze fanden die Europäer unter wesentlich günstigeren Bedingungen in Indien. Gold und Elfenbein waren nur in sehr spärlichen Mengen vorhanden. Nirgends außer auf São Thomé, wo die Nachkommen 1492 aus Spanien vertriebener Juden Zuckerrohr anbauten, hatten die Weißen Plantagen angelegt, wozu sie auch nur Unvernunft hätte verleiten können, denn auf den Antillen bestanden unvergleichlich günstigere Voraussetzungen. Auch die Schwarzen hatten ausschließlich für ihre eigenen Bedürfnisse produziert. Zum Zeitpunkt der Aufhebung der Sklaverei, um die Mitte des 19. Jahrhunderts, scheint ein einziger Agrarsektor einige Aussicht auf lohnenden Ertrag gehabt zu haben, nämlich das Palmöl des Nigerdeltas, wo die Palmen ohne Pflege gediehen und wo ein dichtes Netz von Flußläufen den Transport der Ernte unter günstige Bedingungen stellte. Transporte auf Menschenrücken wurden hier überflüssig. Die für das Vieh tödliche Tse-Tse-Fliege hatte die Einführung von Lasttieren verhindert. Südlich der Sahara gab es nirgends Straßen, nur Pfade, die den Transport auf dem menschlichen Rücken und im Gänsemarsch erlaubten. Abgesehen von der Siedlungskolonie des Kaps war also Ostnigeria der einzige Winkel Afrikas, wo sich die Möglichkeit einer lohnenden Bewirtschaftung abzeichnete, die vielleicht den Sklavenhandel abzulösen und das Interesse der Europäer an Afrika erneut zu wecken imstande schien.

Im Unterschied zum arabischen System der Sklaverei, das – wir haben die Gründe dafür bereits erwähnt – zu keiner Entstehung einer schwarzen Bevölkerung außerhalb Afrikas geführt hat, brachte jenes der Europäer auch eine positive Seite der Sklaverei hervor. Die Millionen nach der Neuen Welt deportierten Sklaven wurden dort zu Begründern neuer Geschlechter. In Brasilien, auf den Antillen und in den Vereinigten Staaten entstanden blühende negro-amerikanische Kulturen, die die moderne Welt um wertvolle Beiträge bereichert haben. Wenn sie auch ihrer Freiheit und ihrer Heimat beraubt worden waren, so wurden im allgemeinen die Sklaven der Pflanzer nur ausnahmsweise mißhandelt. Ihr Gesundheitszustand war letztlich genauso gut wie jener ihrer im Busch verbliebenen Brüder, die von der Schlafkrankheit, dem Gelbfieber, der Lepra, der Unterernährung, der hohen Kindersterblichkeit und den Massenmorden hinweggerafft wurden.

9. Südafrika

Bei ihrer Niederlassung am Kap der Guten Hoffnung bestand eine der dringendsten Aufgaben van Riebeeks und seiner Siedler in der Errichtung eines Forts, das sie gegen die Einfälle der Eingeborenen und gegen britische Konkurrenz schützte. Der holländische Gouverneur verhandelte mit dem Führer der Hottentotten, einem gewissen Kora. Aber der geschlossene Vertrag wurde von den Holländern gebrochen. Kora fiel im Verlauf eines dadurch entstandenen Scharmützels. Um dem Zustrom neuer Siedler zu begegnen, nahm van Riebeek 1669 eine Ausdehnung der Kolonie durch Landverteilung vor, was zu neuen Zusammenstößen mit den Eingeborenen führte, die sich, nicht ohne Widerstand zu leisten, zurückziehen mußten.

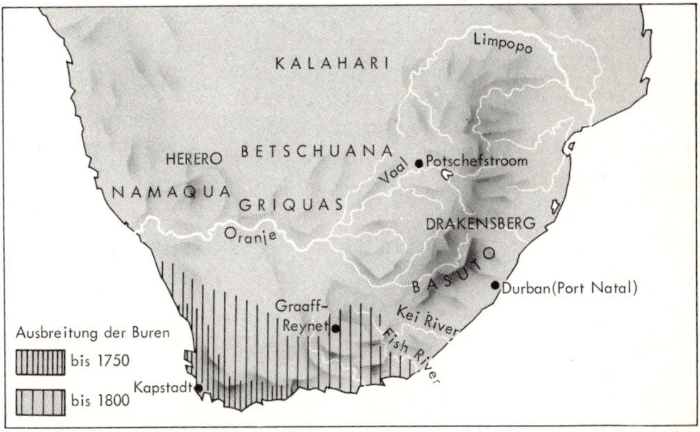

Karte 12: Südafrika

Wer waren diese Eingeborenen, die von den ersten Kolonisten, die keine Verschiedenheiten zwischen diesen ›Wilden‹ zu erkennen vermochten, unterschiedslos als Hottentotten bezeichnet wurden? Sie unterteilten sich in jene, auf die künftig die Bezeichnung Hottentotten beschränkt blieb, und die Busch-Hottentotten oder Buschmänner. Weder die einen noch die anderen sind Neger. Vielleicht ist das Hirtenvolk der Hottentotten aus einer Verschmelzung von Buschmännern mit den aus Norden stammenden schwarzen Hamitehirten hervorgegangen. Bestimmt sind aber die Buschmänner die reinerhaltenen Nachkommen einer sehr primitiven Bevölkerung. Als heute auf einige tausend zusammengeschmolzene, vielleicht auch degenerierte Überlebende steinzeitlicher Kulturen, die sich früher über den ganzen Kontinent südlich des Urwaldes erstreckten, verdienen die Buschmänner ein besonderes Interesse.

Ihre Haut, von heller Farbe, die alle Töne von blassem Gelb bis goldenem Braun umfaßt, ist äußerst trocken und selbst bei jungen Leuten schon sehr faltig. Eine niedrige, gewölbte Stirn, ein verkürzter Unterkiefer sowie weit auseinander und tief in den Höhlen liegende Schlitzaugen prägen ihr breites, fast tiefenloses Gesicht. Sie sind von geringer Größe. Auch ihre Hände und Füße sind äußerst klein, denen eines Kindes vergleichbar, ihre Glieder sind dünn und ihre Arme kurz. Ihre Sprache weist einige völlig originelle Laute auf, beispielsweise gewisse Schnalzlaute der Zunge. Nur die beiden Zahlbegriffe eins und zwei sind ihnen bekannt. Die Zahl sieben z. B. können sie nur durch Aneinanderreihung, ›zwei und zwei und zwei und eins‹, ausdrücken.

Sie befinden sich noch immer auf der Stufe des Paläolithikums. Zu Beginn unseres Jahrhunderts erlegte ein Europäer zusammen mit einem Buschmann auf der Jagd eine Gazelle. Da sie kein Messer bei sich hatten, ergriff der Buschmann zwei Steine, die er aneinanderschlug, und trennte so vom Stein eine scharfe Klinge ab, mit der er dem Tier die Eingeweide entnahm. Dann warf er das Werkzeug fort, dessen er nicht mehr bedurfte. Als Jäger lebten die Buschmänner in sehr kleinen Gruppen, die in der Verfolgung des Wildes und auf der Suche nach wildem Honig in steter Wanderung begriffen waren. Die Frauen ergänzten die Nahrung, indem sie Früchte und Beeren pflückten, den Boden nach Wurzeln, Knollen und Termiteneiern durchsuchten und die Körner wilder Gräser sammelten und zerstampften.

Den Buschmännern werden Tausende von Felszeichnungen und Malereien im ganzen südlichen Afrika zugeschrieben, die von ihrer weiten Verbreitung noch in jüngster Zeit Zeugnis ablegen.

Erst mit dem Auftauchen der aus Norden eindringenden Bantu und den aus Süden vorstoßenden Kapeuropäern wurden sie auf engem Raum zusammengedrängt. Viele dieser Felszeichnungen sind sehr jungen Datums. Eine äußerst betagte, um 1850 geborene Bantufrau konnte sich erinnern, noch in ihrer Jugend drei Buschmänner bei der Bemalung von Höhlenwänden gesehen zu haben, die ihre Arbeit mit Pinseln aus Gnuhaaren und roter, mit geschmolzenem Fett vermischter Farbe ausgeführt hatten. »Als Vorbereitung ihrer Malerei«, so berichtete sie, »zeichneten sie zuerst auf einen flachen Stein im Kleinen das Bild, das sie im Großen darstellen wollten. Dann übertrug der Buschmann, den Farbtopf in der Hand und die Steinplatte mit der Zeichnung vor sich, die Darstellung in den gewünschten Dimensionen auf die Felswand.« 1905 überlieferte Stow: »Der letzte bekannte Künstler der Buschmänner, der im Malutigebiet lebte, wurde im Eingeborenenreservat von Witteberg erschossen, wo er beim Pferdediebstahl gefaßt worden war. Offenbar hat er bei seinen Stammesgenossen in hohem Ansehen gestanden. An seinen Gürtel geschnallt trug er zehn kleine, aus Tierhorn verfertigte Farbbehälter mit sich. Jeder Farbton unterschied sich deutlich von den anderen.« Mit ihm starb der letzte Vertreter einer künstlerischen Tradition, die 25 000 Jahre gedauert hatte.

Als die Bantu im Basutoland auftauchten, sollen sie die dort ansässigen Buschmänner in zwei Klassen eingeteilt haben, in die Felsritzer und in die Maler. Die beiden Gruppen unterschieden sich so stark voneinander, daß sie nicht einmal die gleiche Sprache sprachen. Ihre Darstellungen waren den Bantu gleichermaßen Gegenstand höchsten Erstaunens wie tiefer Bewunderung. Als Ende des 18. Jahrhunderts der große Bantuführer Mohlomi sich im Norden von Basutoland niederließ, wählte er einen von den Buschmännern mit reichen Malereien geschmückten Ort, der seine Leute in den Ruf ausbrechen ließ: »Nur Götter können dies geschaffen haben!«

Zwischen den Bantubauern und den Buschmännerjägern scheint über zwei Jahrhunderte ein friedlicher Kontakt geherrscht zu haben. Jede Gruppe duldete die Existenz der anderen. Die Bantu, die, wie die anderen Schwarzen, individuelles Eigentum nicht kannten, sondern nur ein zeitlich begrenztes Gebrauchsrecht zu landwirtschaftlicher Nutzung, respektierten — in Übereinstimmung mit einer alten afrikanischen Überlieferung — stets die ›Herren des Bodens‹ und erkannten damit deren Privilegien als älteste Inhaber des Grundes an. Wenn sie zusammen mit den Buschmännern jagten, traten sie diesen stets den größeren Beuteanteil ab als ihren eigenen Herren. Lange Zeit brachten die Bantu den Buschmännern tiefe Achtung entgegen. Sie fürchteten sie nämlich als Zauberer, die mit Giften umzugehen wußten, auf magische Weise Wasserstellen aufzuspüren vermochten und über geheimnisvolle und furchtgebietende Eigenschaften verfügten. Erst im 19. Jahrhundert, als der durch den großen Zuluführer Chaka verbreitete Terror und die dadurch hervorgerufenen Wanderbewegungen zu gegenseitigen Kriegen unter den Schwarzen und zu Zusammenstößen zwischen Weißen und Schwarzen führte, nahmen die ihrerseits verfolgten Bantu an der Jagd auf die Buschmänner teil, die in ihre letzten Widerstandsnester vertrieben wurden.

Obwohl die Buren einige Hottentotten hatten zivilisieren und als Hirten ihrer Viehherden anstellen können, war es ihnen nie gelungen, sich gleicherweise mit den Buschmännern zu verständigen und ihnen eine Vorstellung von der Arbeit und dem Besitz anderer beizubringen. Sie sahen in ihnen nur »Rohlinge, voller Doppelzüngigkeiten, eingefleischte Lügner und Diebe, grausam, niedrig unter den Niedrigen, unwürdig, den Namen Mensch zu tragen« und allein in ihrer Ausrottung die Lösung. 1749 verfaßte ein Reisender folgenden Bericht: »Bei meiner Rückkehr in die Stadt sah ich, wie 59 Buschmänner, Männer, Frauen und Kinder, herbeigeführt wurden. 150 Meilen im Innern des Landes waren sie bei ihren Diebszügen gefaßt worden. Sie hatten sich in eine enge Schlucht zurückgezogen, wo sie sich verbarrikadiert und der vom Kap gegen sie ausgesandten Truppe von Soldaten und Siedlern einen langen und erbitterten Kampf geliefert hatten. Sie hatten mächtige Steine auf ihre Belagerer gewälzt und ihnen einige Verluste zugefügt. Die Buschmänner wurden angeklagt, mehrere Behausungen verwüstet, ihre Besitzer umgebracht, das Vieh entführt und sich dabei mit Feuerwaffen eingedeckt zu haben. Sie bestritten diesen Tatbestand zwar keineswegs, machten aber zu ihrer Entschuldigung geltend, daß sie dazu gezwungen worden wären, würden sich doch die Europäer täglich ihrer Gebiete bemächtigen und sie immer weiter ins Landesinnere zurückdrängen, wo sie ihrerseits von anderen Stämmen, die sie nicht unter sich duldeten, getötet würden. Sie sind Wilde, die die Freiheit der Knechtschaft vorziehen und lieber in den dicht belaubten Wäldern und unzugänglichen Bergen ein armseliges Dasein fristen als sich von Fremden unterjochen zu lassen, die ihnen ihre Raubzüge nicht verzeihen können ... Wir begegneten hier auch einer zweiten Truppe von 90 Mann, die sich sowohl aus Siedlern wie aus Hottentotten zusammensetzte und die zur Jagd auf die Buschmänner nach dem Roggeveld gesandt worden war, wo sie ungefähr 250 Buschmänner getötet hatte. Das dritte, in die Berge des Schnees ausgeschickte Kontingent hatte fast 400 dieser Räuber getötet ... Den Kolonisten vom Roggeveld erscheinen

die Buschmänner als eine wahre Plage. Sie bemächtigen sich der Viehherden und entführen sie mit unglaublicher Schnelligkeit von ihren Weideplätzen. Während der letzten zwei Jahre haben sie auf diese Weise zehntausend Schafe entführt, die Rinder nicht eingerechnet. Auch ist eine große Anzahl von Sklaven und Weißen bei diesen Verwüstungen ums Leben gekommen.«
Ein anderer Reisender berichtete um 1798: »Allein schon der Name der Buschmänner jagt der ganzen Kolonie Schrecken ein. Die Farmer verabscheuen sie und glauben nichts Verdienstvolleres tun zu können, als sie überall, wo sie ihnen begegnen, zu ermorden. Ein Bauer aus Graaff-Reynet antwortete auf die Frage, ob die Wege stark von Wilden verseucht seien, er hätte nur vier von ihnen umgebracht. Er legte dieses Geständnis mit solcher Kaltblütigkeit und Ruhe ab, als hätte er von vier erlegten Rebhühnern gesprochen. Ich selbst habe einen anderen Farmer sich rühmen hören, er hätte eigenhändig um die dreihundert dieser armseligen Kreaturen umgebracht.«
Im selben Zeitraum schrieb ein weiterer Reisender: »Die Jagd auf diese Leute bedeutet für viele Siedler eine Art Vergnügungspartie.«
Man vermutet, daß in den zehn Jahren von 1785 bis 1795 mindestens 10 000 Buschmänner getötet wurden.
Einigen von Pastoren und Missionaren unternommenen Versuchen, die Buschmänner seßhaft zu machen, war kein dauerhafter Erfolg beschieden. Einerseits weigerten sich die Siedler, Buschmänner in ihrer Nähe zu dulden, und ließen einige dieser Missionen zu dem Zeitpunkt schließen, da sich ein gewisser Erfolg abzuzeichnen begann, andererseits wehrten sich die Buschmänner gegen jede Veränderung ihrer Lebensweise. Ein von den Missionaren unterrichteter Buschmann, dem man die Vorteile der Viehzucht auszumalen versuchte, erwiderte: »Die Tiere sind da, uns zu ernähren, nicht wir, sie zu ernähren.«

Solche Verhaltensweisen charakterisierten die beim Erscheinen der Europäer im südlichen Afrika ansässige Bevölkerung. Die Hottentotten, mit welchen man sie zuerst verwechselt hatte, waren ein leichter zivilisierbares, weniger widerspenstiges Volk, das sich der Viehzucht widmete. Als die Buren indessen mit ihren Viehherden immer weiter vorstießen, mußten diejenigen unter den Hottentotten, die ihre eigenen Herden weiter weiden wollten, nach Nordwesten ausweichen. Dank ihrem gewöhnlich friedfertigen und gefügigen Charakter sprengten ihre Scharmützel mit den Buren nur selten den Rahmen lokaler Polizeiaktionen. In einer ersten Phase waren die unabhängig gebliebenen Hottentotten über den Oranjefluß hinaus zurückgedrängt worden. 1799 hatten die der Westküste folgenden Kapkolonisten die Mündung jenes Flusses erreicht, den sie zu Ehren der niederländischen Dynastie auf den Namen Oranje tauften. Bis 1836 sollte dieser Fluß praktisch die Grenze der Kolonisation im Nordwesten darstellen. In jenem Jahr wurde der Fluß überschritten. Im Verlauf der folgenden vier oder fünf Jahrzehnte wurden die Hottentotten – zumindest jene, die ihre Unabhängigkeit behaupten wollten – in die Kalihariwüste vertrieben.

II. DIE XHOSA-BANTU

Mit den ersten Zusammenstößen zwischen weißen Siedlern und Bantu, die sich, längs der Ostküste und im Hinterland, langsam von Norden nach Süden verlagerten, änderte sich der Charakter dieser Kämpfe. Das Bantuvolk der Nguni, deren südlichster Stamm die Xhosa waren, zeichnete sich durch eine bessere Organisation und wirksamere Bewaffnung als die Buschmänner und Hottentotten aus. Die Xhosa hatten einen starken Sinn für Unabhängigkeit. Sie lehnten aus diesem Grund jede gemeinsame übergeordnete Autorität ab und blieben auch unter sich selbst gespalten. 1686 hatten sie den Schiffbrüchigen eines holländischen Seglers einen freundlichen Empfang bereitet und ihnen geholfen, das Kap zu erreichen. Um 1750 begegnete ein europäischer Jäger bei den Xhosa schiffbrüchigen englischen Matrosen, die der Gedanke an eine Heimkehr nicht zu verlocken schien. Wie die Buren betrieben auch die Xhosa Rinderzucht, allerdings nach anderen Methoden. Die Buren überließen ihr mit Brandzeichen versehenes Vieh, wie die Züchter der argentinischen Pampa, unbeaufsichtigt den ausgedehnten Weiden. Nur von Zeit zu Zeit wurde es kontrolliert. Bei den Xhosa dagegen stand eine Herde unter der steten Aufsicht eines Hirten. So betrachteten sie denn auch das unbeaufsichtigte Vieh der Buren, dem sie an den Ufern des Fish Rivers begegneten, als wild und herrenlos. Sie zögerten nicht, sich diese Herden anzueignen. Auf ihren Verteidigungskampagnen drangen die Buren ins Gebiet jenseits des Flusses ein, wo sie den Xhosa ihr Vieh wieder entrissen. Die von Viehdiebstählen oder Streitigkeiten um Weideplätze ausgelösten Zusammenstöße arteten bald in wahre Schlachten aus. Schon die erste Berührung um 1780 leitete einen mehr als hundert Jahre dauernden Kriegszustand zwischen den Buren (dann den Briten) und den ›Kaffern‹ ein.

III. DIE EXPANSION DER BUREN

Zweifellos war die Expansion der Buren von der niederländischen Ostindienkompanie weder vorgesehen noch gewünscht worden. Sie hatte im Gegenteil nach Möglichkeit versucht, die Kontrolle über die Lage nicht zu verlieren. Grundsätzlich gehörte die jungfräuliche Erde der Kompanie, die für jährlich 10 Dollar Konzessionen von ungefähr 3000 Hektar vergab. Erst nachdem er die Erde fünf Jahre bebaut hatte, wurde der Inhaber voller Eigentümer mit allen Rechten. Aber die Kompanie verfügte kaum über wirksame Druckmittel gegen die Buren, zudem war sie stärker an anderen Fragen als an den Zusammenstößen zwischen Buren und Eingeborenen interessiert. Je weiter sich die Buren vom Kap entfernten, desto stärker entzogen sie sich der Kontrolle der Kompanie.

Eine Gruppe von Buren, die auf ihrer Wanderung zu den trockenen Weiden des Großen Karru gelangt war, hatte dort 1786 um die Stadt Graaff-Reynet einen ›autonomen Distrikt‹ gegründet.

Dann erreichten die Berichte von der Französischen Revolution die Kapkolonie. In ihrer Begeisterung verkündeten 1795 die Bewohner von Graaff-Reynet, 1400 Erwachsene, 1700 Kinder und 600 Sklaven, die Republik. Sie schmückten sich mit der Trikolore und bekannten sich zum Leitspruch der Revolution: Freiheit, Gleichheit, Brüderlichkeit. Der Krieg gegen die Rinderdiebe der Kaffern nahm den Charakter eines nationalen Krieges an und wurde mit dem gleichen Anspruch geführt wie jener der französischen Jakobiner gegen Emigranten und Tyrannen.

IV. DIE BUREN UND GROSSBRITANNIEN

Eine andere Auswirkung der Französischen Revolution hatte Holland zu einem Departement der Französischen Republik gemacht. Die autonom gewordene holländische Ostindienkompanie ersuchte Großbritannien um den Schutz ihrer Seewege und Häfen gegen die revolutionären Armeen. Die Engländer beeilten sich, dieser Einladung Folge zu leisten und am Kap zu landen, wo sie die unabhängige Republik von Graaff-Reynet auflösten und ihre Anführer einkerkerten. Die Missionsgesellschaft von London beschloß die Entsendung religiöser Missionen nach dem Kap. Wie durch Zufall wurde die wichtigste Mission in Graaff-Reynet errichtet. Den von London praktizierten humanitären Grundsätzen der Antisklaverei entsprechend war das diesen Missionaren aufgetragene Hauptziel, den Hottentotten ihre Freiheit und Menschenwürde zurückzugeben, d. h. praktisch die

Buren jener Arbeitskräfte zu berauben, die ihre Lebensart voraussetzte. Da sich die Buren den Missionen widersetzten, beschloß der britische Gouverneur zur Aufrechterhaltung der Ordnung die Aushebung einer bewaffneten Polizeimacht unter den erst kurz zuvor emanzipierten Hottentotten. Die Reaktion der Buren ist leicht zu ermessen.

Zwischen 1802 und 1806 trat eine Unterbrechung in der britischen Verwaltung ein. Der Vertrag von Amiens hatte 1802 die Kapkolonie wieder der Verwaltung der Batavischen Republik anvertraut. Als aber im Jahr 1803 der Krieg zwischen der Batavischen Republik und England erneut aufflammte, erneuerte Großbritannien im Jahr 1806, und jetzt für lange, seine Machtstellung am Kap.

Nach dem Londoner Vertrag von 1814 wurden die Bürger Kapstadts Untertanen der britischen Krone. Aber in London, wo die teilweise tendenziösen, teilweise zutreffenden Berichte der britischen Missionen über die schlechte Behandlung der Eingeborenen durch die Buren einliefen, genossen die Siedler keinen guten Ruf. Durch einen Erlaß des britischen Gouverneurs der Kapkolonie sahen sich die Buren ihrer Quellen an Arbeitskräften beraubt. Dieser Erlaß von 1809, der unter der Bezeichnung ›Magna Charta der Hottentotten‹ bekanntwurde, hob die Zwangsarbeit auf. 1812 versuchte ein anderer Erlaß die Situation zwischen Buren und Kaffern an der Nordostgrenze — dem Fish River — zu stabilisieren und eine Bodenreform durchzuführen. Ein neues System wurde eingeführt, das die Konzessionen auf 500 Hektar beschränkte und eine ständige Pachtsumme von jährlich 100 Dollar erhob. Überdies wurde das Erstgeburtsrecht aufgehoben. Der Besitz mußte unter alle Erben aufgeteilt werden. Die wahre Absicht dieses Erlasses strebte, zumindest auf lange Sicht, das Unmöglichmachen der traditionellen Lebensführung der Buren an. Diese erhoben sich gegen das Gesetz und die britische Verwaltung. Einige Rebellen wurden verhaftet, verurteilt und 1815 in Slagters Nek gehängt. Schnell breitete sich die Legende ihres tragischen Schicksals aus und ließ sie zu Widerstandshelden gegen die britische Herrschaft werden.

Die Briten entsandten anglikanische Missionare, vor allem aber schottische Presbyterianer nach Südafrika. 1828 wurde Englisch die offizielle Sprache in Kirche und Verwaltung. Die Buren sträubten sich jedoch, Verwaltungsakte in einer fremden Sprache ausführen und die Sakramente von schottischen Priestern empfangen zu müssen, die nicht an die Prädestination glaubten.

Ein Erlaß aus dem Jahr 1828 ermächtigte die Hottentotten, die Buschmänner und die Griquamischlinge, derer sich die britischen Missionare in besonderem Maß annahmen, eigenen Grund und

Boden zu erwerben. Wenn auch nur wenige Begünstigte von diesem Recht Gebrauch machten, hatte es dennoch eine wichtige Konsequenz. Nach dem traditionellen System der Buren zur Beschaffung von Arbeitskräften wurde jeder Nichtbesitzende – also jeder Eingeborene – prinzipiell als Vagabund betrachtet, der als solcher zur Arbeit gezwungen werden konnte. Das neue Gesetz, das den Eingeborenen die Möglichkeit eigenen Besitzes eröffnete, befreite sie indirekt vom obligatorischen Paß.

1833 schaffte das britische Parlament die Sklaverei ab. In der Kapkolonie gab es nur einige Zehntausende von Sklaven. Aber was sollte mit den Buren geschehen? Wie sollten sie, ihrer Arbeitskräfte beraubt, unter dem steten Druck der britischen Verwaltung und den Einfällen der Kaffern sowie der aus Natal eindringenden Zulu preisgegeben, ihre Arbeit weiterführen können?

1837 brachen 2000 Buren, ihre Familien in Planwagen, samt ihrem Vieh nach Norden auf. Sie überquerten den Oranje in Richtung auf das *Veld*, wo sie, der Kontrolle der Kolonie ledig, fruchtbare Weiden zur Viehzucht aufzufinden hofften. Diese Massenauswanderung sollte unter der Bezeichnung ›der große Trek‹ in die Geschichte eingehen.

Den Emigranten stellten sich viele Hindernisse in den Weg. Einige Gruppen wurden niedergemacht, andere verirrten sich und blieben spurlos verschwunden. Dennoch konnten sie die Stämme der Matabele zurückdrängen, die sich weiter im Norden, im heutigen Südrhodesien niederlassen sollten. Eine von Potgieter geführte Burengruppe gründete eine Republik mit Potchefstroom als Hauptstadt. Ein anderer Führer, Pieter Retief, verhandelte mit dem Zuluherrscher Dingan, dem Nachfolger Chakas. Retief wurde dabei aber am 6. Februar 1838 verräterisch umgebracht. Noch heute wird in Südafrika ›*Dingan's Day*‹ gefeiert.

Der Nachfolger Retiefs, Andries Pretorius, baute die Armee der Buren neu auf, schlug die Zulu in die Flucht, verließ die Gegend des Drakensberg und führte seine Leute zum Indischen Ozean, wo er 1839 an der Küste die unabhängige Republik von Natal proklamierte. Pretorius glaubte, daß die Buren zur Erhaltung ihrer Unabhängigkeit über einen Zugang zum Meer verfügen müßten. Dieser Zugang sollte Durban sein (oder Port Natal, wie der Hafen in Erinnerung an den Weihnachtstag 1497, dem Tag der Ankunft Vasco da Gamas an dieser Küste, auch genannt wurde).

Die britische Kolonialverwaltung betonte indessen, daß die Buren auch weiterhin britische Untertanen seien und daß die Tatsache ihrer Grenzüberschreitung und ihrer Auswanderung aus britischem Territorium sie dieser Eigenschaft nicht entkleidet hätten. Dieser Grundsatz, der erst 1836 in der ›Cape of Good Hope Punishment Act‹ niedergelegt worden war, stipulierte ausdrücklich, daß jeder britische Untertan auch dann noch dem britischen Recht unterstehe, wenn er das britische Territorium verlassen habe. ›Die Königin‹ konnte folglich keine von ihren Untertanen gegründeten Gemeinschaften als ihrer Autorität entzogen anerkennen, wo immer sie sich auch gebildet hatten. Die britischen Truppen besetzten deshalb das Territorium von Natal. 1843 annektierte die britische Krone in aller Form die Republik. Den Burenfamilien, die im Land bleiben wollten, wurden von den britischen Behörden 3000 Hektar Land angeboten. Die Mehrzahl belud aber von neuem die Ochsenwagen, überquerte noch einmal die Pässe des Drakensberg und begab sich zu den Buren von Potchefstroom. Dort gründeten sie am Nordufer des Vaal, eines Zuflusses des Oranje, die drei Nachbarrepubliken von Lydenberg, Zoutspanberg und Utrecht. Am Südufer des Flusses rief Pretorius die Republik von Winburg aus. Zwei Jahre später, 1846, besetzten die britischen Truppen aber auch diese Republik, wie sie zuvor Natal besetzt hatten. Nach einem Versuch, den Briten Widerstand zu leisten, mußte Pretorius über den Vaal nach Potchefstroom fliehen, wo er als Held empfangen wurde und die Würde des Präsidenten erhielt.

Die Briten hatten damit aber noch nicht alle Schwierigkeiten überwunden. Neben dem Widerstand der Buren stellten sich ihnen noch zwei weitere Hindernisse in den Weg. Als erstes zeichnete sich im britischen Parlament eine Opposition gegen die koloniale Expansion ab, die mehr Ausgaben erforderte als Gewinn einbrachte und die Macht und Verantwortlichkeiten der Verwaltung ausdehnte, ohne dafür neue Handelsvorteile zu schaffen. Die Oppositionsführer in Westminster forderten die Räumung der beiden kurz zuvor besetzten Territorien durch die britischen Behörden.

Ein zweites Hindernis bildete der in den Ausläufern des Drakensberg ausgebrochene Guerillakrieg. Dieses Bergmassiv, dessen Gipfelpunkt, der Berg der Quellen, 3300 m hoch ist, wird durch die fächerförmig gegliederten Ketten der Maluti geprägt, die von tiefen Schluchten und reißenden Bächen durchschnitten werden. Das ganze Vorland ist reich an Grotten und Felsunterständen, die oft mit Höhlenmalereien und Felsgravuren geschmückt sind. Tatsächlich ist dieses Gebiet sehr lange von Buschmännern bewohnt worden. Sie vermochten sich hier länger als anderswo zu halten, denn die Maquis der Maluti-Berge boten ihnen zur Zeit des großen Terrors unter Chaka Zuflucht.

Die Schwarzen, die ununterbrochen, ungefähr von 1600 bis 1720 hier eindrangen, waren der Tschuanafamilie zugehörige Bantu, die aus dem Betschuanaland und dem Limpopotal stammten. Die verschiedenen Clans, die sich hier zusammenschlossen, vermischten und von neuem trennten, wurden die Vorfahren der Sotho, die der Region in der Folge den Namen Basutoland gaben. Die Sotho lebten mit den Buschmännern in gutem Einvernehmen, bis der Terror Chakas und seiner Zulu große Unruhe in die Stämme brachte und an den Grenzen der Kapkolonie neue Probleme aufwarf.

Aus diesen Gründen schlossen die britischen Behörden 1852 mit den Republiken des Transvaal die Konvention von Sand River, worin die britische Krone die Unabhängigkeit der Republiken in aller Form anerkannte. Zwei Jahre später sah sie sich auch zur Anerkennung des südlich des Vaal gelegenen Territoriums genötigt, das die Bezeichnung ›Oranje-Freistaat‹ wählte. Auch verzichtete die Königin darauf, die Buren weiterhin als ihre Untertanen zu betrachten.

Um die Kapkolonie für ihre Loyalität zu belohnen, gewährte die Königin ihr gleichzeitig eine gewisse Autonomie. Zwar wurde die Exekutive auch weiterhin von London designiert, aber die Entschlüsse des Parlamentes der Kolonie waren für sie grundsätzlich bindend. Die Folge dieser Liberalisierung war jedoch der von London angestrebten Aussöhnungspolitik gerade entgegengesetzt. Als Herrin ihrer Tarife verhängte die Kolonie eine Tarifblockade über die Transvaal-Republiken, die über keinen Zugang zum Meer verfügten. Gleichzeitig setzten die britischen Kolonialbehörden der Kapkolonie ihre die ›natives‹ begünstigende Politik fort, was bei den Buren der Kolonie große Empörung hervorrief. Sie verharrten bei ihren patriarchalischen Traditionen des 17. Jahrhunderts, verschlossen sich jedem Gedanken religiöser Toleranz und rassischer Gleichberechtigung und wiesen solche Auffassungen als vom Bösen eingeflößt von sich.

Diese Spannungen steigerten nur die Feindseligkeit zwischen den innerhalb und außerhalb der Kolonie ansässigen Buren und den britischen Behörden. Nicht grundlos warfen die Buren den Briten vor, sie suchten sie langsam zu ersticken.

1860 schlossen sich die Republiken des Transvaal zur Föderation der Südafrikanischen Republik zusammen.

Der Oranje-Freistaat wurde von einer anderen Seite bedroht. Die Buren waren dort in Kriege mit dem ›großen Herrn der Berge‹, dem Basutoherrscher Moschesch, verstrickt.

Von allen Seiten eingeschlossen, an ihren Grenzen bedroht, vom Ozean und der übrigen Welt abgeschnitten (die Eröffnung des Suezkanals im Jahr 1868 sollte die Isoliertheit Südafrikas, das seine Bedeutung im Europa-Asien-Handel verlor, nur noch verschärfen), wurden die Buren von einer Art Belagerungsfieber ergriffen, das ihren alten Glauben zu neuem Feuer entfachte. Getragen von ihrer Überzeugung, von der Vorsehung zur auserwählten Rasse bestimmt zu sein, gründeten sie 1859 eine unabhängige calvinistische Kirche, die sich zum äußerst starren Interpreten der Schrift machte und jede Konzession an moderne Ideen zurückwies. Diesen Extremisten, den ›Dopper‹, erschien jede Reform als Ketzerei, die englische Spache als Werkzeug des Satans, der Liberalismus als der Teufel in Person. Galilei hatte sich geirrt, denn die Erde war eine Scheibe, und Kirchenmusik war ihnen schon Anlaß zu Empörung. So wie sie in den Buren die vom Herrn auserwählte Nation sahen, sprachen sie den Bantu, als den Söhnen Hams, jede Seele ab. In der Rassensegregation endlich, der *Apartheid,* meinten sie einen kategorischen Imperativ, ja das göttliche Gesetz selbst zu erkennen.

Karte 13: Südafrika um 1860

Auch wenn diese Fanatiker nicht sehr zahlreich waren, so zeichneten sie sich doch durch große Energie und Ungestüm aus. Verhältnismäßig viele Führerpersönlichkeiten stammten aus ihren Reihen. Paul Krüger, der Präsident der Südafrikanischen Republik während mehr als der Hälfte ihres Bestehens, hatte seine Laufbahn als Dopperprediger begonnen.

1868, am Vorabend der Eröffnung des Suezkanals, strebte die Südafrikanische Republik den Abschluß eines Vertrages mit Portugal an, der ihr in Mozambique einen freien Zugang zum Indischen Ozean öffnen sollte. Die Briten gaben aber Portugal zu verstehen, daß ihnen ein solcher Vertragsabschluß unerwünscht sei, was die Portugiesen darauf verzichten ließ.

Natal, das von der überwältigenden Mehrheit der Buren bei der Ankunft der britischen Truppen im Jahr 1844 verlassen worden war, wurde zum Siedlungsgebiet britischer Emigranten. Die Einwanderung erreichte zwischen 1848 und 1851 dank der Propaganda und dem Einfallsreichtum des irischen Abenteurers John Charles Byrne ihren Höhepunkt. Byrne hatte den Einwanderern das Blaue vom Himmel versprochen und ihnen ein Land blühender Baumwoll-, Kaffee-, Tabak- und Zuckerrohrplantagen ausgemalt. Aber die einheimischen Arbeitskräfte fehlten. Die Bantu konnten nicht zur Arbeit gezwungen werden, weder durch Gewalt noch durch Arbeitsverträge. Kaum waren die Plantagen urbar gemacht, war ihr Weiterbestand auch schon gefährdet. Um sich aus ihrer prekären Situation zu retten, beschlossen die Siedler die Anwerbung von Indern, mit denen sie zehnjährige Arbeitsverträge abschlossen. Nach Ablauf ihrer Verträge kehrten jedoch viele Inder nicht mehr in ihre Ursprungsländer zurück, sondern ließen sich fest in Natal nieder, wo sie auf kleinen Plantagen meist Baumwolle anpflanzten. Dadurch entstand ein neues Rassenproblem.

Die europäische Wirtschaft in Südafrika schien 1867 gefährdet und ohne Zukunftsaussichten, als ein Kind in der Nähe von Hopetown im Griqualand einen glitzernden Stein fand, der als Diamant erkannt wurde. Ein zweiter wurde gefunden, ein dritter ... Der Boden Südafrikas barg Schätze.
Wem aber sollten diese Reichtümer gehören? Der Wettstreit, der eine neue Phase in der Geschichte dieser afrikanischen Region einleiten sollte, war eröffnet.

V. DIE ZULU. CHAKA

Eine zumindest in ihren Anfängen ausschließlich negro-afrikanische Episode der Geschichte Südafrikas muß hier eingefügt werden, jene der Zulu und Chakas, deren Namen wir erwähnt haben. Wo sind die Ursprünge der Zulu? Man nimmt heute an, daß sich die Bantu des Südostens, die seit dem 10. Jahrhundert, vielleicht früher, aus Norden gekommen waren, sich in drei Gruppen unterteilten: die Thonga, die ältesten Einwanderer, auf die im 16. Jahrhundert die Portugiesen im Hinterland von Sofala gestoßen sein sollen, die in einer zweiten Welle erschienenen Ngoni und, wahrscheinlich einige Jahrhunderte später als ihre Vorläufer, um das 15. Jahrhundert, die Sotho-Tschuana, eine zahlenmäßig sehr starke Gruppe, deren wichtigste Nachfahren heute in Gebieten leben, die ihren Namen tragen: Basutoland und Betschuanaland. Der Gruppe der Ngoni gehörten die Xhosa an, mit denen die Buren bei ihrer Expansion nach Nordosten in Konflikt gerieten. In die gleiche Gruppe gehört auch ein zu Beginn wenig bedeutender Stamm, die Zulu, die in historischer Zeit im heutigen Natal, an den gegen den Indischen Ozean gerichteten Abhängen des Drakensberg-Massivs ansässig waren.
Ende des 18. Jahrhunderts war ein gewisser Senzangakona Herrscher der Zulu. Neben anderen Kindern war ihm 1787 auch ein Sohn namens Chaka geboren worden. Dieser mehr oder minder legitime Sohn wurde nicht im Haus seines Vaters, sondern

bei seiner Mutter aufgezogen. Von seinem Vater verstoßen, fand er bei dem mächtigen Nachbarfürsten Dingiswayo Zuflucht, der ihn militärisch erziehen ließ. In Dingiswayos Armee zeichnete sich Chaka bald als hervorragender Krieger aus, stieg schnell in der militärischen Hierarchie auf und wurde nach Dingiswayos Tod von der Armee zu seinem Nachfolger erkoren. Es scheint, daß er mit der Ermordung der beiden direkten Erben des Verstorbenen zuvor schon die nötigen Vorsichtsmaßnahmen ergriffen hatte. Seine Wahl trug ihm auch nach der Ausschaltung seiner Brüder die Nachfolge seines ebenfalls verstorbenen Vaters Senzangakona ein. Er wurde damit aber nicht nur oberster Herr eines oder gar zweier Stämme, sondern vor allem Anführer einer Militärorganisation, die er in außerordentlicher Weise entwickeln sollte.

Von einem grenzenlosen Ehrgeiz besessen, der nur noch von seiner Grausamkeit übertroffen wurde, entfesselte er einen schrankenlosen Terror. Unter seiner Herrschaft vervielfachten sich die Todesurteile und Exekutionen. Er besaß zwar Hunderte von Frauen, aber keine einzige Gemahlin. Kein von ihm gezeugtes Kind blieb am Leben. Entweder wurde die Mutter während der Schwangerschaft umgebracht oder man tötete das Neugeborene. Seine Grausamkeit ließ ihn zum weithin gefürchteten Herrscher werden.

Was man in der Folge als Zulu bezeichnete, war keine Rasse und auch kein Volk mehr, sondern ein System, das für den Krieg und durch den Krieg lebte. Der große Kriegsherr Chaka war absoluter Herr über Leben und Tod und über allen Besitz seiner Untertanen. Sämtliche jungen Leute, Knaben und Mädchen, wurden in militärische Formationen gezwungen, nicht nur die des eigenen Stammes, sondern auch die der besiegten Völker. Die älteren Leute der unterworfenen Stämme wurden automatisch zu Sklaven.

Gewöhnlich hatten die Zulukrieger kein Recht zur Ehe, solange sie noch Kriegsdienst leisteten. Das Ideal des Kriegers stand hoch über dem der Familie, das der Verachtung preisgegeben war. Das Kriegsziel bestand im Sieg, in der Ausrottung der männlichen erwachsenen Feinde und in der Eingliederung der Jünglinge, der Frauen und Kinder sowie des Viehs in das eigene System. Diese Art der Kriegsführung, die Ausrottung des besiegten Feindes und die Integration der zum Überleben Auserwählten, schloß jede mögliche Revanche aus. Chaka hatte viel vom erfolgreichen Kriegsführer Dingiswayo gelernt. In einer Hinsicht aber hatte er eine neue, sehr wirksame Technik eingeführt. Unter seinem Vorgänger war die Hauptwaffe der meist zu früh und in zu großer Entfernung abgeschleuderte Wurfspeer gewesen, der oft sein Ziel verfehlte. Chaka untersagte

seinen Kriegern den Speerwurf und befahl ihnen die Überwindung des Gegners im Nahkampf. Er bewaffnete sie mit der kurzstieligen Sagaje, die immer in der Hand blieb. Konnte ein Krieger nach der Schlacht seine Sagaje nicht mehr vorweisen, wurde er getötet; er suchte also seinen Tod lieber im Kampf.
Chaka begründete eine neue Schlachtordnung. Mit seinen bewährten Soldaten bildete er während des Sturmes die Hauptschlachtreihe, hinter ihnen folgten die ›Säuberer‹ oder Halsabschneider, die das Mordwerk vollendeten, während die in beweglichen Formationen aufgestellten Jünglinge die Flanken schützten. Zuhinterst stand eine Veteranenreserve zum Einsatz bereit. Man versteht, daß Chaka der ›schwarze Napoleon‹ genannt wurde. Achtzehn Jahre jünger als Napoleon Bonaparte, scheinen sich Chakas Neuerungen ausschließlich auf sein eigenes Genie und seine persönliche Erfahrung gegründet zu haben. Er pflegte seine Truppen im Kampf persönlich anzuführen.
Doch zahlreiche Rückschläge setzten Chakas Erfolgen ein Ende. Noch zu seinen Lebzeiten verließen ihn seine Befehlshaber. Von seinen Brüdern ermordet, fand er ein trauriges Ende. Die direkte Folge seiner zehnjährigen kriegerischen Aktionen von 1818 bis 1828 war die Verwüstung riesiger und bis dahin friedlicher und fruchtbarer Gebiete sowie die Ausrottung und Zerstreuung vieler Völker. Man schätzt die Zahl der Opfer auf beinahe eine Million. Indirekt hatten die von ihm entfesselten Kriege durch die Auslösung von Völkerwanderungen in einem ausgedehnten Raum des Kontinents, vom Kap bis zum Viktoriasee, ihre Auswirkungen.
Auf diese Weise trieb die von Chakas Regimentern, den ›Impi‹, verbreitete Panik die Sotho in wilder Flucht in die Maquis der Malutiberge, wo sie ihrerseits die Buschmänner niedermachten, die dort schon früher Zuflucht gefunden hatten.
Mit Chakas gewaltsamem Tod (1828) war aber die Expansion der Zulu noch nicht beendet. Sein Halbbruder Dingan, einer seiner Mörder, nahm seine Stelle ein und stürzte die Zulu in neue Kriege. Wie bereits erwähnt, ließ er 1838 den Burenführer Pieter Retief und seine sechshundertköpfige Gefolgschaft verräterisch niedermachen. Von der Armee Pretorius' verfolgt, von seinen Unterführern verlassen (sein eigener Halbbruder Mpande hatte sich mit 6000 Mann Pretorius angeschlossen), starb Dingan auf der Flucht.

Chakas Beispiel sollte Schule machen. Verschiedene Gruppen, die eher militärische Clans ohne jede ethnische Einheit als Stämme oder Königreiche darstellten, verbreiteten ihrerseits Mord und Verwüstung.

Einer von Chakas ehemaligen Unterführern, der von ihm abgefallene Moselekatse (oder Umziligazi), begründete nach dem Vorbild der Zulu den kriegerischen Clan der Matabele, der einerseits von den Zulu, andererseits von den Buren verfolgt wurde, was ihn zur Überschreitung des Limpopo in Richtung Norden nötigte. Der britische Missionar Robert Moffat stand dem gewandten Moselekatse als Ratgeber zur Seite. (Ein anderer Brite namens Fynn hatte sich in Chakas Umgebung aufgehalten.) Moselekatse vereinigte zahlreiche Stämme unter seiner Herrschaft, die allmählich ihre kriegerische Komponente verloren. Bei seinem Tod im Jahr 1868 erstreckte sich sein Machtbereich über das ganze Gebiet zwischen Limpopo und Zambesi. Robert Moffats Sohn, 1889 britischer Vertreter in Bulawayo, der Hauptstadt des Matabelelandes, bewog Moselekatses Sohn und Nachfolger Lobengula zum Abschluß eines Vertrages mit den Briten. Das von Moselekatse begründete Reich wurde später zu Südrhodesien.

Die Ndwandwe, ein anderer Ngoniclan, stießen 1818 mit den Zulu zusammen. Sie spalteten sich auf, wobei ein großer Teil unter ihrem Anführer Zwangendaba 1820 nach dem Natalgebiet aufbrach, 1835 den Zambesi in nördlicher Richtung überschritt und langsam seine Wanderung fortsetzte. Die immer wieder unterbrochene, 25 Jahre dauernde Bewegung kam erst in der Nähe von Tanganjika, 3000 km vom Ursprungsort entfernt, endgültig zum Stehen. Im Jahr 1845 beim Tod Zwangendabas, der keinen Staat aufgebaut hatte, löste sich der Clan auf.

Andere Ngonigruppen erreichten das nicht weit von Sansibar entfernte Kilwa an der Ostküste.

Ein gewisser Sebitwane wurde 1823 Herr über eine ungefähr 30 000 Menschen zählende Sothogruppe, die einerseits von den Griqua, andererseits von Chaka bedrängt wurde. Die Gruppe nahm den Namen Kololo an und begann, langsam das Land der Tschuana zu durchqueren. Einige Jahre später erreichten sie den Oberlauf des Zambesi, wo es zu Zusammenstößen mit Moselekatse und seinen Truppen kam. Nach mehreren schweren Verlusten auf beiden Seiten räumte Sebitwane das Feld, um seine Kololo ins Lozi-(oder Barotse-)Land zu führen, das er in Besitz nahm. Er gründete dort ein von Kololo regiertes und verwaltetes Reich. Hier stieß Livingstone auf den Kololoherrscher. Sebitwane starb 1851 in Anwesenheit des großen For-

schungsreisenden, der seiner Trauer mit folgenden Worten Ausdruck gab: »Er war der beste Eingeborenenherrscher, dem ich jemals begegnet bin. Nie hat mir eines Schwarzen Tod solchen Schmerz zugefügt.« Unter einem von Sebitwanes Nachfolgern, einem besonders grausamen Herrscher, erhob sich die Lozibevölkerung, metzelte in einer Nacht die Kololo nieder und stellte sowohl die Unabhängigkeit der Lozi als auch ihr eigenes Königshaus wieder her. Es war ein Fürst aus der wiedereingesetzten Dynastie, Luanika, der 1898 jenen Vertrag mit der ›Chartered Company‹ schloß, der das Lozi- oder Barotseland Nordrhodesien einverleibte.
In jenem Teil des Sotholandes, der zum Basutoland werden sollte, gelang es dem weithin geachteten Moschesch, sein Land gegen die Einfälle der von der Zulubewegung entfesselten Horden zu schützen. 1833 hatte sich in seinem Herrschaftsbereich die französische evangelische Mission niedergelassen und sich beim Herrscher rasch eine Vertrauensstellung geschaffen. Moschesch konnte auch Moselekatse zum Abzug seiner Truppen bewegen. 1852 verwies er die Briten seines Landes, sechs Jahre später widerstand er erfolgreich den Buren. Im Alter erkannte der ›große Herr der Berge‹ indessen, daß sich die Zeiten gewandelt hatten. 1868 unterstellte er sich mit seinem Volk dem britischen Protektorat.
Zur Zeit, da Chaka noch einer von Dingiswayos Unterführern gewesen war, war ein anderer Stammeshäuptling, Sobuza, von Dingiswayos Armee verfolgt worden. Er hatte in den Bergen bei einer Ndwandwegruppe Zuflucht gefunden. Von Chakas Verwüstungen verschont, vermochte sein neuer Staat den Zulu unter Dingan Widerstand zu leisten. Sobuza hinterließ 1839 seinem Sohn und Nachfolger Mswazi ein festgefügtes Staatsgebilde. Mswazi, von Chakas Beispiel inspiriert, baute ebenfalls eine Armee auf. Von seinen Nachbarn seiner kühnen Feldzüge wegen gefürchtet und geachtet, ein großer Viehdieb, hinterließ Mswazi bei seinem Tod ein Volk, dessen Einheit die Briten anerkannten und dessen Territorium sie den Namen Swaziland gaben.

10. Die Teilung Afrikas

An der Schwelle zum kolonialen Zeitalter (etwa um 1875 bis 1880) wollen wir einen Überblick über die in Afrika anwesenden fremden Bevölkerungsteile geben. Anders gesagt: Wie ist zu dieser Zeit die geographische, wirtschaftliche, soziale und verwaltungstechnische Lage der nicht-einheimischen Gruppen, also der Europäer und Araber, in Afrika? Im Verhältnis zur Größe des Kontinents ist dieses fremde Element zahlenmäßig verschwindend klein; es muß jedoch erwähnt werden.
Bei dieser Aufzählung wollen wir von den Buren absehen. Wohl sind sie Europäer ihrer Abstammung nach, doch haben sie seit langer Zeit jegliche Verbindung mit Europa aufgegeben, sie haben kein anderes Vaterland als Südafrika, das sie erschlossen haben, sie haben keine andere Heimat, in die sie zurückkehren könnten. Obwohl sie im Gegensatz zu den Portugiesen die Reinheit ihrer Rasse behaupteten, hatten sie sich doch so weit afrikanisiert, daß die Flutwelle der Kolonisation über sie ebenso hinwegrollte wie über die Eingeborenen. Erst nach heroischem Widerstand sollten sie dem britischen Weltreich eingegliedert werden: Der Burenkrieg ist eines der grausamsten Kapitel der Kolonisation.
Wieviele Europäer gab es (abgesehen also von den Buren) zu dieser Zeit südlich der Sahara? Man hat keine Volkszählung durchgeführt, aber ihre Zahl betrug höchstens einige tausend. Welche Motive hatten sie, in Afrika zu sein? Sie waren im allgemeinen Händler, Missionare; einige waren Pflanzer, andere – ganz ausnahmsweise – Verwaltungsbeamte. Wo lebten sie? Man traf sie fast nur an einigen Stellen der Küste. Seit der Zeit der portugiesischen Seefahrer waren einige Handelsniederlassungen an der afrikanischen Küste gegründet worden. Nach der Abschaffung der Sklaverei hatten sie sehr an Bedeutung verloren, die allerwenigsten waren einträglich gewesen oder hatten sich auch nur behauptet. Die Bedeutung dieser Handelsniederlassungen stand und fiel mit dem Seehandel, die Faktoreien hatten nur spärliche Verbindungen mit dem Inneren des Kontinents. Man handelte dort mit kleinen Dingen, man tauschte Glasperlen, Eisenwaren, Stoffe und Waffen gegen einheimische

Produkte wie Felle, Gummi und Elfenbein ein, die die Afrikaner zu den Häfen brachten. Ein tüchtiger, unternehmungslustiger Europäer konnte dort ein kleines Vermögen verdienen, wenn er nicht am Fieber starb. Aber dieser Handel war keineswegs ein wirtschaftlicher Faktor. Einem Europäer kam es nicht in den Sinn, sich dort niederzulassen und Wurzeln zu schlagen.
Die Abschaffung der Sklaverei hatte dem einzig wichtigen und lohnenden Handel, dem mit Menschen, ein Ende gesetzt. Die Holländer, Dänen, Schweden und Preußen hatten sich aus dem Wettbewerb zurückgezogen. Nur die Portugiesen, Engländer und Franzosen blieben zurück. Sie klammerten sich an einige Niederlassungen und versuchten, andere Einnahmequellen ausfindig zu machen. So kamen die Engländer auf die Idee, den Handel im Nigerdelta wiederzubeleben und dort Palmöl zu gewinnen, da die Entwicklung des Maschinenbaus im 19. Jahrhundert den Pflanzenölen als Schmiermittel einen Absatzmarkt in Westeuropa bot. Die Franzosen führten den Anbau der Erdnuß im Senegal mit der gleichen Absicht ein. Nebenbei widmeten sich die Europäer weniger einträglichen Tätigkeiten wie der Erforschung des Kontinents und der Ausbreitung der christlichen Lehre.
Diese verstreute Tätigkeit kann man nicht als Kolonisation bezeichnen; sie war nicht einmal der Ansatz dazu. Was den Namen Kolonisation verdient, ist eine erst später einsetzende, zunächst noch unvorhersehbare, rasche Entwicklung, nämlich die Ausbreitung der europäischen Verwaltungstätigkeit in Afrika im letzten Viertel des 19. Jahrhunderts.

I. Ein Inventar der europäischen und arabischen Niederlassungen um 1875

In Westafrika waren es die Franzosen, die, dem Lauf des Senegal folgend, als einzige tiefer in das Land eindrangen. Nur im Senegal (und an der Goldküste) stand eine beträchtliche Anzahl von Eingeborenen unter einer europäischen Verwaltung. Übrigens übten die Engländer an der Goldküste so wenig wie möglich direkte Verwaltung aus; sie zogen es vor, den alteingesessenen Führern die Aufgabe zu überlassen, die Ordnung aufrechtzuerhalten und den Schutz für einen reibungslosen Handel zu gewährleisten. Wie wir sehen werden, war die französische Kolonie in Senegal (oder Senegambien) schon im Jahr 1863 gut organisiert, und die in Senegal gewonnene Erfahrung sollte später die Richtlinien der französischen Kolonisation in Afrika bestimmen.
In Grand Bassam, Asini und Porto Novo besaßen die Fran-

Karte 14: Afrika 1880

zosen nur Landeplätze und Handelsniederlassungen. Die britischen Kolonien von Gambia, von Sierra Leone und von Lagos waren kleine Enklaven in Territorien, die von afrikanischen Häuptlingen beherrscht waren. In dem Gebiet, das später Portugiesisch-Guinea heißen sollte, gab es nur wenige Portugiesen, etwas mehr portugiesische Mulatten, aber das war auch fast alles; von einer portugiesischen Verwaltung war wenig zu spüren. Die Niederlassungen im Golf von Guinea, hauptsächlich die Insel Fernando Poo, die die Spanier von den Portugiesen geerbt hatten, waren von geringerer Bedeutung.

Wohl war die Goldküste 1874 zur britischen Kronkolonie, ›Gold Coast Crown Colony‹, erklärt worden, doch hatte sich die britische Regierung zu diesem Schritt nur ungern entschlossen, da sie sich von der Kolonie einen Ertrag kaum versprach und sich in die Fehden der Fanti und der Aschanti nur ungern einmischte.

Weiter südlich, in Äquatorialafrika, hatten die Franzosen in Gabun den kleinen Flottenstützpunkt Libreville gegründet.

In Südafrika war, wie wir gesehen haben, die Kapkolonie, ebenso wie Natal, unter britische Kontrolle gekommen. Die Ausnahmestellung von Transvaal wird später erörtert: Hier in Südafrika stellte sich infolge der Diamantenfunde und des Goldabbaus ein besonderes Problem. Auf Wunsch seines Führers Moschesch wurde das Land der Basuto im Jahr 1868 britisches Protektorat. Die Weißen waren dort fast ausschließlich Missionare mit halb religiöser, halb politischer Mission.

Südlich des Äquators erstreckten sich die portugiesischen Gebiete Angola und Mozambique. Die Portugiesen pflegten zu behaupten, daß sich ihre Besitzungen lückenlos vom Atlantischen bis zum Indischen Ozean erstreckten. Es traf sich aber, daß diesen westöstlichen Ansprüchen andere Aspirationen entgegenstanden. Die englischen Missionare, die mehr als einmal die Wegbereiter des britischen Vordringens waren, zogen auf der sogenannten ›Straße der Missionare‹ von Südafrika aus nach Norden. Diese Straße verlief zwischen der Kalahari im Westen und dem Land der Buren im Osten (dem Oranje-Freistaat und der Südafrikanischen Republik) durch das Land der Griqua (West-Griqualand), durch Betschuanaland, dem Land der Matabele und dem Land der Maschona, bis sie schließlich auf die portugiesische Einflußzone am Zambesi traf. Wir haben gesehen, daß Moselekatse (auf englisch Mzilikazi), dessen Herrschaft sich zwischen Limpopo und Zambesi erstreckte, einen englischen Berater namens Moffat hatte, der ein Mitglied der London Missionary Society (L.M.S.) war. Der Schwiegersohn Robert Moffats, David Livingstone (1813–1873), ein Arzt und Missionar, unternahm es, das Gebiet zwischen Atlantik und Indischem Ozean zu erforschen. Von Kuruman, der Missionsstation in Betschuanaland, ausgehend, durchquerte er zum ersten Male den Kontinent von der Atlantikküste (wo er sich im Mai 1854 in Loanda befand) bis zur Küste von Mozambique (wo er Quelimane im Mai 1856 erreichte). Die Ergebnisse seiner Forschungen, die weithin verbreitet wurden, enthüllten der Welt wie zufällig, daß im Inneren von Angola und Mozambique der Handel mit Sklaven und Elfenbein weiter blühte und daß dieser in den Händen portugiesischer Mestizen, der *pombeiros*, lag. Livingstone stellte ebenfalls fest, daß auf den Pflanzungen am unteren Zambesi und an der Küste von Mozambique Sklaven arbeiteten. Die portugiesische Regierung sah sich gezwungen, die Verantwortung dafür abzulehnen und somit zuzugeben, daß sich ihr Einfluß in Wirklichkeit nicht auf das Innere des Kontinents erstreckte. Dieses Eingeständnis ließ der britischen Expansion freie Hand, gemäß der Achse ›vom Kap bis Kairo‹ vorwärtszudringen.

Die portugiesischen Niederlassungen, die, wie schon erwähnt,

im 16. Jahrhundert an der Küste des Indischen Ozeans gegründet worden waren, gediehen dort nicht. Da das Mutterland sie nicht unterstützte, verfügten sie über sehr begrenzte Mittel. Die Portugiesen begnügten sich, mit möglichst geringem Kostenaufwand Stützpunkte auf einigen der Küste vorgelagerten Inseln zwischen Kap Delgado und Lamu zu unterhalten. Sie wurden eigentlich nur als Raststellen auf dem Weg nach Goa betrachtet. Ende des 16. Jahrhunderts drangen die Stämme aus dem Landesinnern in periodischen Abständen bis zur Küste vor, wo sie die Küstenstädte heimsuchten. Im Jahr 1587 besetzten die Zimba die Stadt Kilwa und töteten die Bevölkerung. Vom Indischen Ozean her waren die Portugiesen hinwiederum den Streifzügen der türkischen Korsaren ausgesetzt. Einer von ihnen, namens Mirale Bey, hatte vom osmanischen Reich den ausdrücklichen Auftrag erhalten, die Mohammedaner an der Westküste Afrikas von der christlichen Herrschaft zu befreien. Er faßte an der Küste Fuß und besetzte Mombasa. Mit Zustimmung der vertriebenen Portugiesen benutzten die Zimba die Situation, um die Stadt anzugreifen und zu plündern, bis die Portugiesen, die inzwischen Verstärkung erhalten hatten, wieder Herr der Lage waren. Im Jahr 1593, als sie wieder fest im Sattel saßen, bauten die Portugiesen die Zitadelle Fort Jesus in Mombasa und hinterließen dort eine Garnison.
Im Jahr 1608 versuchten die Holländer, Mozambique im Überraschungsangriff einzunehmen, aber ihr Handstreich schlug, ungünstiger Winde wegen, fehl.
1622 besetzte Schah Abbas, Herrscher der Sefevidendynastie, mit Hilfe britischer Seestreitkräfte die Insel Hormuz an der Schlüsselstellung des Persischen Golfes und vertrieb die Portugiesen.
Im Jahr 1650 vertrieben die Streitkräfte des Seestaates Oman in Arabien unter der Führung des Imam Sultan Ibn Seif die Portugiesen aus Maskat. Von da aus entsandten die Araber unentwegt Streifzüge, denen es schließlich gelang, 1700 Fort Jesus von den Portugiesen zu erobern. Anfang des 18. Jahrhunderts stand die ganze Küste von Lamu bis Kap Delgado unter der Herrschaft des Sultans von Oman. In Ostafrika behielten die Portugiesen nur die Küste von Mozambique.
Im Grund standen nur die Küstenstädte, die wieder zu Handelsstädten wurden, unter der Kontrolle der Sultane. Aber diese zeigten großes Interesse an ihren afrikanischen Besitzungen. Der omanische Sultan Seyyid Said (1806–1856) widmete ihnen besondere Aufmerksamkeit, sogar mehr als seinem eigenen Land. Er ließ die Gewürznelke in Sansibar anbauen, die dort so gut gedieh, daß die Insel um die Mitte des 19. Jahrhunderts Dreiviertel des Weltverbrauches an Gewürznelken deckte. Er baute

eine Flotte auf und machte aus Sansibar einen Handelsstützpunkt ersten Ranges. Aus Indien und Europa bezog Sansibar Stoffe, Pulver und Waffen. Dafür lieferte es außer der Gewürznelke noch Elfenbein und Sklaven, die aus dem Inneren des afrikanischen Kontinents nach Sansibar gebracht wurden. Die Stadt wurde zum größten Sklavenumschlagsplatz der Welt.
Im Jahr 1840 verlegte der Sultan seine Hauptstadt von Asien nach Afrika, von Maskat nach Sansibar. Die Engländer errichteten sogleich ihr erstes Konsulat an der Ostküste Afrikas.
Nach und nach belebten die Araber zu ihrem Nutzen die alten Handelswege, die ins Innere des Kontinents führten. Sie verliefen bis in die Gegend der großen Seen, bis zum Lunda-Reich der Kazembe (im Süden von Katanga), bis Buganda und Bunyoro (westlich des Viktoriasees).
Die Engländer handelten mit Seyyid Said und seinen Nachfolgern eine Reihe von Verträgen aus (1822, 1845, 1873), die langsam den Sklavenhandel eindämmen sollten. Tatsächlich wurde dadurch der Sklavenhandel am Indischen Ozean nach und nach untersagt. Doch in Afrika und auf der Insel Sansibar war die Sklaverei weiterhin Teil der örtlichen Tradition. Die neuen arabischen Siedlungen stützten sich auf den Handel. Elfenbein und Sklaven (Gold und Eisen waren uninteressant geworden, da sie anderswo billiger waren) wurden gegen Stoffe, Glasperlen, Eisenwaren, Waffen und Munition eingetauscht. Die arabischen Kaufleute drangen bis zum Tanganjikasee ins Innere des Kontinents ein und gründeten den Handelsstützpunkt Udjidji und die Raststelle Tabora. Sie schlossen mit den Stämmen dieser Gegend Verträge ab und machten mit ihnen Tauschgeschäfte. Die Yao von Süd-Tanganjika und die Häuptlinge von Buganda brachten ihnen das Elfenbein und die Sklaven, die sie im ganzen Gebiet zusammengerafft hatten. Die Araber verbündeten sich vor allem mit dem Stamm der Nyamwezi, der gewöhnlich das Gebiet östlich des Tanganjikasees und südlich des Viktoriasees um Tabora bewohnte. Da die Nyamwezi gute Händler und an lange Märsche und schwere Lasten gewöhnt waren, hatten sie im Gebiet der Seen und Hochebenen bis Katanga ihr eigenes System für den Handel entwickelt, das die Waren den arabischen Händlern zuführte. Es kam auch vor, daß die Handelsrivalitäten zwischen Arabern und Nyamwezi mit Waffen ausgetragen wurden. Der Nyamwezifürst Mirambo hatte Berühmtheit erlangt, weil er die arabischen Karawanen, die Elfenbein mit sich führten, überfiel. Im Jahr 1871 war er sogar Herr in Tabora. Es ist jedoch wahrscheinlich, daß er das Elfenbein, das er dem einen arabischen Händler geraubt hatte, an einen anderen Araber verkaufte, und daß es so endlich doch nach Sansibar gelangte. Ein anderer Nyamwezi namens Misiri

gründete in Katanga ein Reich von Händlern und Kriegern, das ungefähr zwanzig Jahre lang bestand. Misiri wurde schließlich im Jahr 1891 von den Belgiern umgebracht.
Außer einigen arabischen Pflanzern und Kaufleuten, die sich am Küstenstreifen, der unter der Oberherrschaft des Sultans von Sansibar stand, ansiedelten, hatten sich wenige Araber für die Dauer auf dem afrikanischen Kontinent niedergelassen. Dennoch hat einer von ihnen einen Namen in der Geschichte erlangt. Ein arabisches Halbblut, der Elfenbein- und Sklavenhändler Tippu Tip, der um 1838 geboren worden war, hatte das Verdienst, ein großer Organisator der Handelswege zu sein, und das Glück, berühmt zu werden, weil er Livingstone, Cameron, Stanley und andere auf ihren Forschungsreisen begleitete. Er versuchte, sich ein ›arabisches‹ Reich im Gebiet des Belgischen Kongo aufzubauen, und genoß dabei zu Beginn die Unterstützung Stanleys. Die belgischen Truppen sollten im Lauf eines langen und schwierigen Feldzuges diesem Traum ein Ende bereiten und so zumindest diese Art des arabischen Einflusses in Ostafrika aus der Welt schaffen. Der besiegte Tippu Tip zog sich nach Sansibar zurück und schrieb dort in Suaheli seine Memoiren. Er starb in Frieden im Jahr 1905.
Die Araber drangen noch auf anderen Wegen, nämlich von Norden, von Ägypten her, ins Land ein. Die Khediven (von 1820 ab vor allem unter Führung von Mehemet Ali) zogen nilaufwärts und machten sich zu den Herren des Sudan und der Stadt Khartum. Sie erkoren den oberen Nil als Sammelpunkt und versorgten sich mit Sklaven, die sie für ihre Armee brauchten. Systematisch durchkämmten sie die Gegenden des Blauen und Weißen Nil und des Bahr el Ghazal, d. h. die Gebiete der Dinka, der Nuer und der Schilluk. Sie stießen von Norden her bis Uganda vor, wo sie auf die von Osten, von Sansibar, kommenden Araber oder zumindest auf deren Unterhändler trafen. Im Gegensatz zu den letzteren, die Handel betrieben, war die Methode der aus Khartum kommenden Araber die Razzia. Der Grund dafür ist einfach; diese hatten viel weitere Entfernungen zurückzulegen und viel größere Transportschwierigkeiten. Es hätte sich für sie nicht gelohnt, Waren aus Ägypten herbeizuschaffen.
Vielleicht floß Blut dieser von Norden kommenden Araber in den Adern von Rabeh; auf alle Fälle verwandte er dieselben Methoden, als er sich gegen Ende des 19. Jahrhunderts ein Reich zwischen dem oberen Nil und dem Tschadsee aufbaute. Wie der Herrschaft Tippu Tips von den Belgiern ein Ende gesetzt wurde, so zerschlugen die Franzosen im Jahr 1900 das Reich Rabehs (siehe weiter unten S. 219).
Als Zusammenfassung können wir feststellen, daß sich zu die-

ser Zeit die arabische Tätigkeit in Afrika praktisch auf das Sultanat von Sansibar und die Militär- und Handelsexpeditionen zu den Quellen des Nils beschränkte.
Ob Europäer oder Araber, es gab um 1875 (wenn man von Südafrika absieht) sehr wenige Nichteingeborene in Afrika. Sie waren verstreut und ohne großen Einfluß.

II. DIE TEILUNG AFRIKAS. BERLINER KONGOKONFERENZ

Schon zehn bis fünfzehn Jahre später, etwa im Jahr 1891, war der ganze afrikanische Kontinent südlich der Sahara (mit Ausnahme von Äthiopien und Liberia) wenigstens theoretisch unter der Oberherrschaft einer der europäischen Kolonialmächte. Im Jahr 1902 vollendete die Eroberung der Burenrepublik durch die Engländer die Teilung des Kontinents.
Was ist während dieser wenigen Jahre geschehen? Was hat diesen Wettlauf um die Kolonien — ›the european scramble for african colonies‹ — hervorgerufen, und wie wurde er ausgelöst? In welchem nicht unbeträchtlichen Maß die Gründe dieses Wettlaufes um ein Kolonialreich aus der europäischen Politik zu erklären sind, wollen wir hier außer acht lassen (siehe Fischer Weltgeschichte, Bd. 29). Stellen wir uns auf den afrikanischen oder auch auf einen rein realistischen Standpunkt, so erscheint dieser Wettstreit als völlig unverständlich; von Afrika aus gesehen bleibt seine Motivierung undurchsichtig. In der Tat liegen den Kolonialgelüsten der europäischen Mächte viele rein psychologische Faktoren zu Grunde. So z. B. romantischer Pioniergeist, überströmende Vitalität und ein primitives Expansionsbedürfnis. Zwischen 1880 und 1930 wanderten fünfzig Millionen Europäer nach Übersee aus, wovon jedoch nur ein verschwindend kleiner Prozentsatz auf Afrika entfiel. Dieser Hunger nach Raum und einem neuen Betätigungsfeld, diese Abenteuerlust sind wohl mit anderen Motiven durchsetzt wie z. B. dem Handel, der Suche nach neuen Absatzmärkten, dem Streben nach militärischer Macht, schließlich auch mit humanitärem Opfersinn und Missionsgeist. Die wachsende Bedeutung der Tagespresse und die Sensationssucht des Nachrichtendienstes hat die Schwärmerei der Kolonialromantik noch gefördert.
Doch was hatte Afrika eigentlich zu bieten? Etwa Siedlungsgebiete, die den europäischen Bevölkerungsüberschuß hätten aufnehmen können? Außer von Südafrika und dem Gebiet um die großen Seen, die zu dieser Zeit kaum bekannt waren, konnte man wegen des Klimas und der gesundheitlichen Voraussetzungen nicht viel erwarten. Erhoffte man sich etwas von Pflanzungen? Der Boden Afrikas ist im allgemeinen arm an Humus,

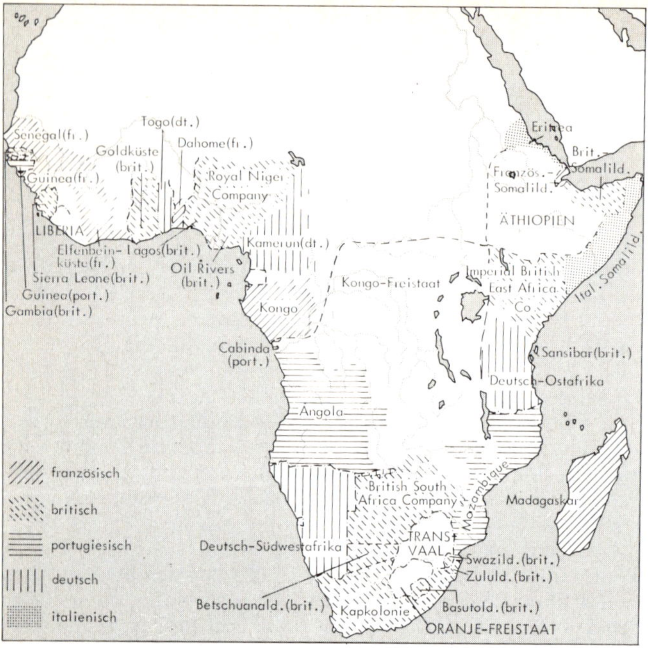

Karte 15: Afrika 1890

auf alle Fälle weniger fruchtbar als jener der Antillen, des Paradieses der Pflanzer. Die allerwenigsten Pflanzer hatten zu irgendeiner Zeit in Afrika Erfolg – und wenn, dann erst später, in Kenia und Rhodesien. Glaubte man Bodenschätze zu finden? Wenn man von den Diamanten- und Goldfunden Südafrikas absieht, die aber schon in festen Händen und für die Einwanderer nicht mehr zugänglich waren, so wurde nirgends mehr ernsthaft geschürft. Man konnte sich nur den phantastischsten Spekulationen hingeben. Selbst wenn man Vorkommen finden sollte, wie hätte man sie ausbeuten können? Man hatte weder Arbeitskräfte noch die nötigen Zugangs- und Fördermöglichkeiten. Man hätte alles herbeischaffen, alles anlegen müssen, und wie teuer wären dann die Erze geworden? Konnte man hoffen, in Afrika einen Absatzmarkt für die europäischen Fertigwaren zu finden? Vielleicht, auf den ersten Blick, denn Afrika brauchte alles; aber wenn man näher hinsah, so war dies eine Illusion, denn Afrika besaß nichts, womit es das hätte bezahlen können, was es benötigte.

Waren wenigstens Arbeitskräfte zu gewinnen? Obwohl man in der französischen Umgangssprache sagt: »Wie ein Neger schuften«, so scheinen die Afrikaner wenig zur Arbeitsamkeit geneigt; im allgemeinen halten sie (übrigens wie die europäische Aristokratie im Fahrwasser der Feudalherrschaft) die Arbeit für eine niedrige, ja knechtliche und entehrende Beschäftigung, die den Frauen und Gefangenen zukommt, die dafür da sind. Die Ausbreitung des Islam verbesserte die Lage nicht, ganz im Gegenteil. Selbst für jene Arbeiten, deren Ertrag ihnen schließlich wieder zukam, schien es schwierig, die Afrikaner einzusetzen. Frankreich sollte es gelingen, wenigstens ihre kriegerischen Fähigkeiten auszuwerten, indem es unter der Trikolore die sogenannten ›Senegalesen‹ mobilisierte, die sich während der beiden Weltkriege großartig bewährten.

Weder die Missionare, die vom christlichen Glauben inspiriert waren, noch die von wissenschaftlicher Neugierde getriebenen Forscher waren sich bewußt, die Bahnbrecher einer kolonialen Expansion zu sein. Das französische wie auch das englische Parlament sahen ohne sonderliches Vergnügen die Kolonialbudgets anwachsen, die ihre steuerpflichtigen Mitbürger (ihre Wähler) in der vagen, sicherlich trügerischen Hoffnung auf Gewinne finanzieren mußten. Die britische Regierung bremste, so gut sie konnte, die koloniale Expansion, in die sie hineingeschlittert war. Da sie für die Abschaffung der Sklaverei eintrat, genügte es nicht, sie auf dem Papier zu beseitigen; es galt auch, diese guten Grundsätze an Ort und Stelle in die Tat umzusetzen. Es genügte nicht, die Handelsfreiheit zu verkünden und die Christianisierung als wünschenswertes Ziel zu propagieren, man mußte auch die britischen Händler, Missionare und Agenten schützen und unterstützen. Schutz und Unterstützung, die ihnen zuerst an der Küste gewährt wurden, mußten allmählich auf das Landesinnere ausgedehnt werden. Das französische Parlament, zu dieser Zeit damit beschäftigt, die Niederlage von 1871 zu überwinden und die Grundlagen einer demokratischen Republik zu schaffen, sah jene nicht gern, die Frankreich in das ›Abenteuer der Kolonien‹ hineinziehen wollten.

Wie konnte und warum sollte die Teilung Afrikas trotzdem stattfinden?

Das Ereignis, das diese Zeit beherrschte, war die Berliner Kongokonferenz (November 1884 bis Februar 1885). Diese Konferenz der Kolonialmächte trat auf Betreiben Bismarcks zusammen; er sah darin eine Gelegenheit, die Stellung des neuen deutschen Reiches in der Weltpolitik zu behaupten. Die Vertreter von zwölf europäischen Staaten nahmen an der Konferenz teil, zu denen sich die Vereinigten Staaten und die Türkei gesellten. Bismarck schürte dort sehr diskret die kolonialen Ambitionen Frankreichs, rechnete er doch damit, daß Frankreich so einen Ersatz für den Verlust des Elsaß wie auch für die Eisenlager Lothringens finden würde. Auch hoffte er, daß die Kolonien ein Ventil für den französischen Revanchegeist sein würden. Er sah darin schließlich einen Weg, um ohne großes Aufsehen dem damals mächtigsten Rivalen des Reiches, dem britischen Empire, entgegenzutreten. Ebenfalls gedachte er die gelegentlich auftretenden Rivalitäten zwischen Frankreich und England auszunützen, um als Schiedsrichter aufzutreten. Er vermutete sicher nicht, daß der Drang nach Kolonialbesitz so schnell das eigene Volk ergreifen würde.

Der Anlaß zur Berliner Konferenz war die eben von Leopold II., dem König der Belgier, im Kongobecken geschaffene Situation. Schon vor seiner Thronbesteigung im Jahr 1865 hatte er als Herzog von Brabant große Reisen unternommen von Formosa bis zu den Neuen Hebriden. Vom Beginn seiner Regierung an hatte er sein besonderes Interesse Afrika zugewandt und eigentlich seine Ambitionen überhaupt auf Afrika beschränkt. Unter dem Decknamen einer internationalen Organisation, der ›African International Association‹, faßte er Fuß in Zentralafrika, von der atlantischen Küste bis zur Küste des Indischen Ozeans. Er gab vor, philanthropische und wissenschaftliche Zwecke zu verfolgen. So z. B. die weitere Erschließung Afrikas und seine Kartographie, den Schutz der missionarischen und kulturellen Bestrebungen, die Unterstützung des Handels in Afrika, wobei all dies nicht irgendeiner europäischen Nation gutgeschrieben werden sollte, sondern der europäischen Kultur überhaupt.

Im Jahr 1879 verpflichtete Leopold II. den Journalisten und Forschungsreisenden Stanley, der, zwar in Wales geboren, die amerikanische Staatsangehörigkeit angenommen hatte. Er hatte Afrika von Osten nach Westen unter Benutzung des Flußlaufs des Kongo durchquert. Der König der Belgier beauftragte Stanley mit folgender Mission: Er sollte auf dem Wasser- oder Landweg über eine Entfernung von 1700 km zwischen der Flußmündung des Kongo und den Stanleyfällen, wo später Stanleyville (Kisangani) gegründet wurde, eine Verbindung organisieren. Sehr geschickt trat Leopold II. nicht als König der Belgier, sondern als Privatmann auf. Er spielte die europäischen Kolonialmächte gegeneinander aus, indem er allen vormalte, welchen Vorteil sie davon hätten, wenn sich keine Konkurrenzmacht am Lauf des größten Flusses Afrikas niederließe. Sie sollten ihn vielmehr in seinen Bestrebungen unterstützen, sich hier eine private Domäne zu errichten, die als riesiges internationales Gebiet eine freie Handelszone bilden würde und allen zur uneingeschränkten Nutzung offenstünde.

Die persönliche Diplomatie Leopolds war von Erfolg gekrönt; er erlangte auf der Berliner Konferenz die Anerkennung des Kongo-Freistaates, der sich über 2 500 000 qkm vom Atlantik bis Tanganjika, von Ägypten bis Rhodesien erstreckte. Dieses Gebiet war praktisch Leopolds Privateigentum, das er sich auf dem Umweg einer eigens zu diesem Zweck geschaffenen Gesellschaft gesichert hatte.
Bismarck seinerseits hatte, im Hinblick auf die Berliner Konferenz, und um dort nicht mit leeren Händen zu erscheinen, an allen Ecken und Enden des afrikanischen Kontinents in achtzehn Monaten eiligst Annexionen vornehmen lassen — und zwar im Südwesten Afrikas, in Togo, in Kamerun und in Ostafrika —, alles Gebiete, die von deutschen Kaufleuten, Missionaren und Forschungsreisenden vorher erkundet worden waren. Diese Annexionen, die in Form von Verträgen mit den einheimischen Herrschern vollzogen wurden, hatten die Bedeutung von Stützpunkten, die den Weg für die Zukunft offenhalten sollten. Zuerst war weder die Entsendung von Siedlern noch von Verwaltungsbeamten geplant. Deutschland wollte sich weder politisch noch finanziell engagieren. Diese Annexionen waren also kaum mehr als Formalitäten. So reiste der deutsche Forscher Nachtigal am 19. Mai 1884 mit seinen Instruktionen in der Tasche von Europa ab und nahm an der Küste von Togo schnell eine offizielle Annexionsfeierlichkeit vor. Ohne sich weiter aufzuhalten, gelangte er am 14. Juli an die Küste Kameruns, wo er einen Protektoratsvertrag mit König Bell, dem Herrscher der Duala, abschloß. Als der britische Konsul Hewett, der von seinem Londoner Kolonialamt geschickt worden war, dort am 19. Juli eintraf, um das gleiche im Namen seiner Regierung zu tun, erfuhr er, daß Nachtigal ihm fünf Tage zuvorgekommen war. So blieb dem britischen Gesandten nichts anderes übrig, als sich zurückzuziehen.
Jedoch hatte Hewett nicht ganz und gar seine Zeit vertan. Er hatte sich am Nigerdelta aufgehalten, wo er einen Vertrag ausgehandelt hatte. Dieser war dazu bestimmt, den Franzosen das Wasser abzugraben, die der Meinung waren, daß das Nigerdelta ihnen zukäme, da sie schon den oberen Flußlauf kontrollierten und ihren Einfluß gern bis zur Mündung ausgedehnt hätten. Wir haben schon gesagt, daß das Nigerdelta, die ›Oil Rivers‹, eines der wenigen Gebiete der afrikanischen Küste war, wo der Anbau lohnend schien.
Im Jahr 1885 annektierte Großbritannien eilig Betschuanaland, dessen Schlüsselposition auf der Nord-Süd-Achse Afrikas wir beschrieben haben, um eine mögliche Ausdehnung der deutschen Machtstellungen nach dem Landesinnern zu vereiteln, und besonders da die Deutschen sich gerade in Südwestafrika festsetzen

wollten, aber auch, um ihre Verbindung mit den Buren zu verhindern. Obwohl Westafrika vom wirtschaftlichen Standpunkt aus gesehen am verlockendsten erschien, so war die englische Politik unter Lord Salisbury, der von 1886 bis 1892 sowohl Premierminister als auch Außenminister war, bestrebt, auch die englischen Positionen in einer Einflußzone, die im Osten des Kontinents lag, zu sichern. Das neue Interesse Großbritanniens erklärt sich aus dem Bau des Suezkanals, an dem sich die Engländer nicht beteiligt hatten, da sie an eine Verwirklichung des Projektes nicht geglaubt hatten, dessen Erfolg jedoch eine dramatische Revision der englischen Afrikapolitik unumgänglich machte. In der Folge handelte es sich darum, das Hinterland der britischen Gebiete in Ägypten zu sichern. Zu diesem Zweck verhandelte Lord Salisbury mit den anderen Kolonialmächten, mit Deutschland, Portugal, Frankreich und Italien (das sich an der Küste von Somali in den Wettstreit eingeschaltet hatte) und öffnete so Kenia und Uganda dem britischen Einfluß. In Ostafrika, im zukünftigen Nordrhodesien (Zambia) und in Njassaland vertraute er die Vertretung der britischen Interessen einer Handelskompanie an. Von den Portugiesen erzwang er die Anerkennung der Tatsache, daß Angola und Mozambique nicht mehr aneinander grenzten. Gemeinsam mit den Italienern legte er die Grenze von Somaliland und der BIEA-Kompanie (British Imperial East Africa Company) fest. Mit den Deutschen traf er eine allgemeine Abmachung, die die Insel Sansibar den Engländern zuerkannte; diese überließen ihrerseits die felsige, der deutschen Nordseeküste vorgelagerte Insel Helgoland den Deutschen. Was die Franzosen anbetraf, so hatte Lord Salisbury die Grenzfrage zwischen französischem und englischem Gebiet in Westafrika nicht klären können. Vor allem blieb jedoch die Frage des Sudan offen. Sie war in der Folge das ›heiße Eisen‹ der französisch-englischen Rivalität.

Vor und sogar während der Berliner Konferenz entstand ein erbitterter Wettlauf der europäischen Staaten um afrikanische Kolonialterritorien; doch gleich nachdem die Aufteilung vorgenommen worden war, ging das Fieber merkwürdigerweise schlagartig zurück. Die öffentliche Meinung war wenig erregt worden, die beteiligten Regierungen wollten sich nur für die Zukunft sichern. Es ging ihnen darum, Pfänder in der Hand zu haben, die sie je nach den Umständen wirtschaftlich nutzen oder austauschen konnten. Die eigentliche Kolonisierung hat, jedenfalls bis zum Ersten Weltkrieg, nur sehr langsame Fortschritte gemacht.

Bei der Teilung Afrikas müssen noch zwei Episoden gesondert untersucht werden, da sie aus dem Rahmen fallen: die Übernahme Südafrikas durch die Engländer und der italienische

Versuch, Äthiopien zu beschlagnahmen. Beide Ereignisse waren Anlaß zu blutigen Kriegen. Im ersten Fall standen sich hauptsächlich Europäer feindlich gegenüber, von denen die einen seit langer Zeit im Land ansässig waren und dort Wurzeln geschlagen hatten, die anderen als die Vertreter des britischen Empire ins Land kamen. Im zweiten Fall gelang es einem negroafrikanischen Staat, einen europäischen Eroberungsversuch mit den Waffen abzuweisen und die eigene Unabhängigkeit zu bewahren.

III. SÜD- UND SÜDWESTAFRIKA. CECIL RHODES

In Südafrika waren, wie schon berichtet wurde, im Jahr 1867 in der Nähe von Hopetown in Griqualand Diamanten gefunden worden. Die Grenzen dieses bis dahin wenig anziehenden Landes waren nicht klar abgesteckt. Wem sollten nun diese märchenhaften Reichtümer gehören? Die Gebietsansprüche des Oranje-Freistaates erstreckten sich auf einen Teil von Griqualand bis zum Vaal. Die Südafrikanische Republik erhob ihrerseits Anspruch auf das ganze Flußbecken des Vaal.
England hatte schon seit der Konvention von Bloemfontein (1854) auf alle Gebietsansprüche nördlich des Oranje verzichtet. Es schien so auf jeden Fall vom Wettlauf um die Diamanten ausgeschlossen zu sein. Doch nun hatte die britische Regierung das Gefühl, angesichts einer neuen Situation nicht unbeteiligt zusehen zu können. Es mag nicht unbedingt so gewesen sein, daß sie die reichsten Diamantenfunde der Welt für sich beanspruchen wollte; es können noch zwei weitere Gründe für das neuerwachte britische Interesse ins Feld geführt werden. Erstens die Tatsache, daß sich die Funde auf der ›Straße nach Norden‹ befanden; darunter ist der Zugang zu den Gebieten im Norden der Kolonie, Katanga und das Gebiet der großen Seen, zu verstehen. Es handelte sich um eine Reiseroute, auf der die Missionare den Diamantensuchern vorangegangen waren. Die zweite Gegebenheit ist, daß die Diamantenschürfer, von denen viele Engländer waren, als Privatleute in das Gebiet der Diamantenfunde einströmten und daß sie schon 1870 in Klipdrift am Vaal eine Republik der Diamantensucher (Diggers Republic) gegründet hatten, von der zu erwarten war, daß sie eher gespannte Beziehungen zu den Buren und den Bantu haben würde. Was die Kapkolonie anbetraf, begnügte sie sich dank ihrer geographischen Lage damit, den Durchgang zur Zone der Diamantenfunde zu kontrollieren; diese schien sich infolge der Entdeckung neuer Diamantenfelder östlich des Vaal bis Kopje und Voruizigt zu erstrecken. Das Gebiet benannte man bald

nach dem Lord Kimberley, der als Staatssekretär der britischen Krone mit dem Kolonialamt betraut worden war.
Großbritannien sicherte sich schnell durch eine Art Schiedsgerichts- und Entschädigungsverfahren die direkte Kontrolle des fraglichen Gebietes, nachdem es die Ansprüche der beiden Burenrepubliken abgewiesen hatte. Dem Oranje-Freistaat blieb allein die Hoffnung, indirekt vom Wohlstand von Kimberley zu profitieren, indem es an Lebensmitteln und Naturalien alles lieferte, was eine nicht unbedeutende Bevölkerung von Diamantensuchern benötigte, die sich um ganz andere Dinge als Viehzucht und Ackerbau kümmerte. Auf Transvaal entfielen nicht einmal die Brotkrumen.
In Natal lebten nur noch entmutigte Pflanzer, deren Pioniergeist jedoch durch die Diamantenfunde neu entfacht wurde. Ein junger Engländer namens Cecil Rhodes, Sohn eines Geistlichen, hatte vorübergehend seine Studien in Oxford aufgegeben, um im Jahr 1871 seine schwächliche Gesundheit unter dem Himmel von Natal auf einer Baumwollplantage, die seinem Bruder gehörte, zu pflegen. Vor Ablauf eines Jahres tauchte Cecil Rhodes in Griqualand auf, wo er mit beträchtlichem Gewinn Lebensmittel und sonstiges Material verkaufte. Mit dem Gewinn erwarb er Diamantenkonzessionen. Schon weniger als zehn Jahre später, im Jahr 1880, hatte er den größten Teil der Konzessionen aufgekauft. Mit einem anderen Spekulanten hatte er die Kompanie de Beers gegründet, die sich praktisch das Diamantenmonopol sicherte. Er finanzierte die Eisenbahn, die, vom Kap ausgehend, Kimberley im Jahr 1880 erreichte. Seinen Sitz im Parlament der Kapkolonie gewann er mit der Unterstützung der Partei der Afrikaander, Buren, die weniger als andere an den patriarchalischen Traditionen festhielten und Neuerungen weniger feindlich gegenüberstanden.
1885 waren die Privateinkünfte von Cecil Rhodes, der damals 32 Jahre alt war, größer als die der ganzen Südafrikanischen Republik. Er kaufte noch die Anteile seiner Partner und Rivalen auf und gründete die ›de Beers Consolidated Mines Ltd.‹, die praktisch das Monopol für die Diamanten besitzt.
Im Jahr 1889 erhielt die Chartergesellschaft ›British South Africa Co.‹ (in Wirklichkeit Cecil Rhodes selbst) für 15 Jahre mit stillschweigender Erneuerung des Vertrages sämtliche Rechte: Ausbeutung der Gruben, Eisenbahnen, Handel, Polizei in einem riesigen Gebiet , das sich nördlich des Limpopo zu beiden Seiten des Zambesi zwischen Angola und Mozambique erstreckte.
In Transvaal (der Südafrikanischen Republik) entwickelten sich die Dinge jedoch nicht wie gewünscht. Dem Präsidenten, Pfarrer Thomas François Burgers, wurde von den Seinen vorgeworfen, er habe einen Schiedsspruch angenommen, der die

Interessen seines Landes mißachtet habe. Er versuchte, die Lage durch Maßnahmen, die auf lange Sicht gedacht waren, zu verbessern, um den Geldwert stabil zu erhalten und den Handel zu sichern. Er versprach, eine Eisenbahn bis zur Küste von Mozambique zu bauen, um Transvaal aus seiner abgeschlossenen Stellung herauszuführen. Aber seine Landsleute hatten nicht so viel Geduld. Sie verweigerten die Steuern. Einige von ihnen machten sich sogar wieder auf den Trek und wanderten in portugiesisches Gebiet aus. Im Innern sank die Republik in Anarchie; von außen bedrohten die Zulu unter der Führung von Cecwayo ihre Existenz.

Großbritannien beschloß, wenigstens indirekt einzugreifen. Theophilus Shepstone, Sekretär für die Angelegenheiten der Eingeborenen in Natal, wurde in Sondermission nach Transvaal geschickt, wo er mit Präsident Burgers verhandelte. Im April 1877 verkündete Shepstone die Annexion von Transvaal mit dem Versprechen, dem Land seine Autonomie zurückzugeben, sobald sich die Lage gebessert hätte. Im Augenblick sei es wichtiger, Transvaal vor den Zulu zu schützen. Eine britische Streitmacht wurde gegen Cecwayo eingesetzt. Doch wurde sie von ihm am 22. Januar 1879 überraschend angegriffen. Cecwayo vernichtete ein Regiment und brachte drei anderen Regimentern bedeutende Verluste bei. Die Kämpfe zwischen den Zulu und den britischen Truppen gingen weiter und verliefen nicht immer zum Vorteil der Engländer. Im Lauf eines Gefechtes wurde Prinz Eugène Louis Napoleon, der einzige Sohn Napoleons III. und der Kaiserin Eugénie, von einem Zulu getötet. Disraeli, zu dieser Zeit britischer Premierminister, konnte sagen: »Diese Zulu sind wirklich ganz beachtliche Leute, sie besiegen unsere Generale, sie bekehren unsere Bischöfe, sie besiegeln das Schicksal einer großen europäischen Dynastie.« Wäre er ein Wahrsager gewesen, so hätte er hinzufügen können: »und sie verursachen den Sturz des Kabinetts Disraeli.« Der Krieg gegen die Zulu trug in der Tat nicht wenig dazu bei, daß Gladstone im April 1880 die Amtsgeschäfte als britischer Premierminister übernahm. Gladstone war mit dem ausdrücklichen Auftrag der Wähler an die Macht gekommen, die britischen Truppen aus dem Gebiet der Zulu und Buren abzuziehen.

Die britischen Truppen hatten jedoch schließlich Cecwayo gefangengenommen und die von den Zulu drohende Gefahr eingedämmt. Nachdem nun diese Bedrohung beseitigt war, forderten die Buren von den Engländern die Einhaltung ihres Versprechens, der Republik Transvaal ihre Unabhängigkeit zurückzugeben. Da die Regierung Gladstone sich nicht schnell genug ihrem Willen fügte, schritten die Buren zur Tat; sie versam-

melten sich in Pardekraal und riefen, wie sie es gewohnt waren, eine Republik aus. An ihrer Spitze stand ein Triumvirat unter der Führung von Paul Krüger. Die Buren kämpften gegen britische Truppen und schlugen sie am 27. Februar 1881 bei Majuba Hills.
Mit der Konvention von Pretoria vom 3. August 1881 erkannte England die Unabhängigkeit von Transvaal an, und zwar im Rahmen einer ein wenig nach Lehensherrschaft klingenden und etwas unklaren Formulierung. Es gewährte die uneingeschränkte Autonomie, jedoch mit Anerkennung der Oberherrschaft Ihrer (britischen) Majestät (›Complete self-government, subject to the suzerainty of Her Majesty‹). Diese Einschränkung bedeutete für Großbritannien, daß es die Kontrolle über die Außenpolitik wie auch über die Eingeborenenpolitik in der neuen Republik Transvaal behielt, die das Erbe der alten Südafrikanischen Republik angetreten hatte. Einige Buren, die mit diesen Einschränkungen unzufrieden waren, machten sich in Richtung Norden auf den Trek. Sie gründeten kleine autonome Republiken: Stellaland und Goshen.
Im Jahr 1884 wurden die Verhandlungen zwischen der Regierung in London und Transvaal über die Klausel der Oberherrschaft wiederaufgenommen. Schließlich verzichtete Großbritannien auf die Einmischung in die Eingeborenenpolitik von Transvaal, das sich dann wieder Südafrikanische Republik nannte. Dieses folgenschwere Zugeständnis sollte die Buren versöhnen und sie den englischen Plänen bezüglich der ›Großen Straße nach Norden‹ (The Great North Road) geneigter stimmen. Diese Straße hielten die Engländer für den Schlüssel zum Kontinent, sozusagen für den Suezkanal Südafrikas.
Zu dieser Zeit baute Cecil Rhodes die Eisenbahnlinie weiter aus, von Kimberley zu den Städten Mafeking und Bulawayo, den Etappen auf dem herkömmlichen Weg der Missionare.

Gleichzeitig gab es in der Geschichte von Transvaal ein folgenschweres Ereignis: Man entdeckte Gold am Witwatersrand. Der Zustrom von Goldschürfern führte im September 1886 zur Gründung einer neuen Stadt: Johannesburg. Sie war aber vorerst nichts als ein riesiges Lager für Goldsucher, das man im Herzen des Landes der patriarchalischen Buren angelegt hatte. Die Farmer beklagten sich, vom Sturm auf das Gold überflutet zu werden. Die Staatseinnahmen stiegen aber in phantastischem Ausmaß; in vier Jahren um das Zehnfache, in fünfzehn Jahren um das Fünfundzwanzigfache. Die Regierung bezog beträchtliche Einnahmen aus dem Monopol für Dynamit, das für die Gruben des Rand benötigt wurde. Der dauernde Zustrom von Bantuarbeitern warf jedoch wieder neue Probleme auf.

Cecil Rhodes investierte Kapital in die Goldgruben von Transvaal, ohne jedoch zu versuchen, dort das Monopol, ja nicht einmal die Hauptanteile zu bekommen. Vom Jahr 1890 an stand er an der Spitze der Regierung der Kapkolonie. Da man als Transportmittel die Eisenbahn benutzen mußte, brachte das Goldfieber der Kolonie, und indirekt Cecil Rhodes, genügend ein. Cecil Rhodes verfolgte dieselbe Politik wie Standard Oil in den Vereinigten Staaten, wo sie kein Monopol der Bohrungen anstrebte, sondern das Monopol des Transports und der Raffinierung errang. Was die Phantasie Cecil Rhodes' ansprach und was auch die Unterstützung rechtfertigte, die ihm die britische Regierung gewährte, war die berühmte Straße nach Norden.

Bulawayo, der Sitz des Häuptlings Lobengula, von dem schon die Rede war, war vorläufig Zielstadt der Eisenbahnlinie. Lobengula hatte – wie gesagt – als Berater John Moffat, Sohn des Missionars Robert Moffat und Schwager Livingstones. Er war schon lange Zeit im Land der Matabele ansässig gewesen. Im Jahr 1888 schickte Cecil Rhodes Charles Dunnell Rudd, einen alten Kameraden aus Oxford, nach Bulawayo, um mit dem Herrscher einen Vertrag auszuhandeln. Rudd gelang es, die anderen Bittsteller auszustechen, indem er Lobengula rundweg eine schöne Pension, Waffen und ein Dampfschiff auf dem Zambesi anbot. Als Gegenleistung gewährte der Häuptling dem Vertreter Cecil Rhodes' das Monopol für die Ausbeutung der Erzvorkommen im Land der Matabele. Die Konzession Rudds wurde unverzüglich von der britischen Regierung gebilligt, die darauf ihre weiteren Pläne für das Vordringen nach Norden gründete.

Das Mittel dieses Vordringens sollte weder eine Regierung noch ein Verwaltungsapparat sein, sondern die *British South Africa Company.* Die der Gesellschaft im Oktober 1889 verliehene Charta gewährte ihr außer den Rechten für den Erzabbau noch die Kontrolle des Handels, der Einwanderung, des Fernmeldewesens und der Polizeistreitkräfte. Aber die Charta sollte erst dann in Kraft treten, wenn Lobengula aus freiem Willen seine Zustimmung gegeben hätte. Er hatte jedoch die Angewohnheit, seine Versprechen zurückzunehmen, indem er vorgab, nicht richtig verstanden zu haben, was man ihm früher zur Unterzeichnung vorgelegt hatte. So ließ er sich bitten, der Charta zuzustimmen, wobei er sogar die Konzessionen bestritt, die er Rudd gewährt hatte.

Auch Transvaal machte Schwierigkeiten. Um auf die Eisenbahn von Cecil Rhodes nicht angewiesen zu sein, forderte es einen direkten Zugang zum Meer. Es bestand in Transvaal der Plan, eine Eisenbahnlinie von Pretoria zum portugiesischen Hafen

von Lourenço Marques zu bauen. Nach langwierigen Verhandlungen erhielt Präsident Krüger von den Engländern die Erlaubnis, seine eigene Eisenbahnlinie zu bauen. Die diesbezüglichen Verhandlungen wurden aber so lange verzögert, bis Cecil Rhodes im Jahr 1893 eine Nebenlinie seiner Eisenbahn bis Johannesburg ausgebaut hatte.
Um Lobengula endlich zu überzeugen, schickte Cecil Rhodes Dr. Jameson, einen seiner Freunde, zu ihm. Diesem gelang es, dem Häuptling die Zustimmung abzuringen, daß man ›einen Schacht‹ graben dürfe. Jameson verkündete triumphierend, daß Lobengula die Charta ratifiziert habe; auf diese Nachricht hin ließ die britische Regierung die Charta sofort in Kraft treten und erkannte die Kompanie endgültig an. Am 27. Juni 1890 wurde Lobengula gemeldet, daß 200 ›Pioniere‹, die von 700 Mann der Polizeistreitkräfte geleitet würden, in sein Gebiet einmarschierten. Er zeigte sich erstaunt, daß ein so großes Aufgebot nötig sei, um ein einziges Loch zu bohren, er begnügte sich jedoch damit zu protestieren. Die Agenten der Gesellschaft zeigten sich diszipliniert. Auf einem Umweg durch den Busch vermieden sie es, sich in Bulawayo zu zeigen. Unbeanstandet ließen sie sich am 12. September 1890 an einem Ort nieder, den sie gleich befestigten und Salisbury nannten.
Das Wettrennen nach Norden wurde zielbewußt fortgesetzt. Während sich die Pioniere der *British South Africa Company* im Land der Matabele niederließen, unterzeichneten die Vertreter der Gesellschaft einen Vertrag mit dem Stamm der Lozi (Rotse) am Zambesi, westlich der Viktoriafälle. Die Gesellschaft und der Freistaat Kongo einigten sich über die Grenzen der Einflußzonen im sogenannten *Copper Belt,* um die Kupfervorkommen, die man damals dort vermutete, unter sich aufzuteilen. Der Einfluß von Cecil Rhodes' Agenten reichte bis zu den Ufern des Njassasees; dort stießen sie auf die äußersten Grenzen des deutschen Interessengebietes. Der Hochkommissar von Kapstadt konnte am 13. April 1891 verkünden, daß es *de facto* eine britische Einflußzone gebe, die von der Chartergesellschaft kontrolliert würde. In Wirklichkeit war Cecil Rhodes Herr der Kapkolonie, Betschuanalands und der riesigen Territorien, die sich nördlich des Kongo bis zum Njassa- und Tanganjikasee erstrecken. Von seinem Standpunkt aus gesehen war der einzige wunde Punkt seines Systems die Tatsache, daß seine Eisenbahn Betschuanaland durchquerte, das weiterhin Protektorat der britischen Krone blieb. Hätte Cecil Rhodes die Regung empfinden sollen, sich selbständig zu machen, so hätte ihm die britische Regierung jederzeit die Luft abschnüren können.
Lobengula fand sich immer noch nicht mit der Tatsache ab, daß sich eine so große Zahl von Pionieren im Land der Matabele

niederließ. Nach einigen Streifzügen der Untertanen Lobengulas in das Land der Maschona benützte Jameson, der dieses Land im Namen der Gesellschaft verwaltete und Cecil Rhodes dort vertrat, die Streitigkeiten der Stämme, um mit Lobengula fertig zu werden. Die Polizeistreitkräfte der Gesellschaft griffen Bulawayo mit Maschinengewehren an. Lobengula floh in den Busch und starb dort an den Blattern. Darauf wurde das Matabeleland zu einem festen, unbestrittenen Bestandteil der Gesellschaft. Vom Mai 1895 an wurde dieses Gebiet Rhodesien genannt.

Um seiner großartigen Vision eines südafrikanischen Reiches willen wollte sich Cecil Rhodes gerne mit den Buren, oder wenigstens mit einigen unter ihnen, aussöhnen, um sie für die Idee einer südafrikanischen Föderation zu gewinnen. Aber die Buren, auf alle Fälle die in Transvaal ansässigen, waren unbeugsam; nun, da sie durch ihre Goldgruben reich geworden waren und mit der Eisenbahn von Lourenço Marques einen eigenen Zugang zum Meer hatten, konnten sie es sich leisten.

Die große Sorge des alten Präsidenten Krüger waren die zahlreichen Einwanderer, die durch die Goldgruben von Transvaal ins Land gezogen worden waren. Die *Uitlanders* drohten, schon rein zahlenmäßig, die alteingesessenen Buren zu überfluten. Krüger und der *Volksraad* (das Parlament) verweigerten ihnen die politischen Rechte oder machten diese zumindest von einem längeren Aufenthalt im Land abhängig. Die *Uitlanders,* die den Wohlstand nach Transvaal gebracht hatten, verlangten jedoch, nicht einfach als Ausländer ohne Rechte behandelt zu werden.

Jameson, der Gefolgsmann von Cecil Rhodes, startete ein neues Unternehmen. Er wollte mit Präsident Krüger genauso zu Rande kommen wie mit Lobengula. So ließ er den Uitlanders heimlich Waffen geben und verbündete sich mit ihnen. Er benachrichtigte die britische Regierung und den Hochkommissar in Kapstadt, daß bald etwas in Transvaal geschehen werde, daß man sich also darauf vorbereite, eine Zollunion der Kapkolonie mit Transvaal zu proklamieren. Im Oktober 1895 verließ er Rhodesien mit Kanonen und 800 Mann, dem Großteil seiner Polizeistreitkräfte. In Johannesburg wurden freiwillige *Uitlanders* offensichtlich auf den Kriegsfall trainiert. In England schiffte man Truppen nach Südafrika ein.

Sehr geschickt zeigte sich Präsident Krüger jedoch versöhnlich und vermied es, den erhofften Vorwand zu liefern. Das Komplott wurde in letzter Minute von Cecil Rhodes und den *Uitlanders* abgeblasen. Cecil Rhodes versuchte vergeblich, Jameson, der schon mit seinen Leuten die Grenze von Transvaal überschritten hatte, von der neuen Sachlage zu unterrichten. Die *Uitlanders* rührten sich nicht, und der Hochkommissar in Kapstadt stritt jede Beziehung zu dem Komplott ab. Ein Kommando von Buren nahm Jameson und seine Leute gefangen, und die Regierung von Transvaal übergab sie den englischen Gerichten. Das war das Ende des Handstreiches, den man den Jameson-Raid nennt.

Darauf legte Cecil Rhodes sein Amt als Minister nieder und gab seine Stellung als Direktor der Gesellschaft auf. Nach diesem Abenteuer war seine politische Karriere beendet. Rhodesien hatte seine wirklichen Herren, Cecil Rhodes und Jameson, wie auch seine besten Polizeistreitkräfte verloren, nachdem man Jameson nach England überführt hatte. Zuerst nützte der Stamm der Matabele, dann auch der Stamm der Maschona die Situation aus und erhoben sich; um ihnen Widerstand leisten zu können, schlossen sich die Weißen in einigen Gebieten zusammen. Um die Finanzen Rhodesiens, genauer gesprochen, um die der Gesellschaft, stand es schlecht.

Die britische Regierung übernahm nunmehr dieses Gebiet und unterstellte das Arbeitsfeld der Gesellschaft der Kontrolle dreier Kommissare (einer für Süd-, einer für Nordost- und einer für Nordwestrhodesien). Im Jahr 1899 wurde die Eisenbahnlinie von Salisbury nach Beira an der Küste von Mozambique dem Verkehr übergeben. Dies befreite Rhodesien von der schweren Belastung, seinen ganzen Verkehr über die Eisenbahn des Kap abwickeln zu müssen.

Präsident Krüger ging größer und stärker aus dem Abenteuer hervor, zum Mißfallen der Engländer, die immer wieder hervorhoben, daß der englischen Krone durch die Konvention von Pretoria von 1881 das Recht der Oberherrschaft über Transvaal zustände, was Präsident Krüger und seine Anhänger jedoch ihrerseits bestritten. Transvaal war England ein Dorn im Auge, da es gerade über eine großzügige Teilung Südafrikas mit dem deutschen Reich verhandelte. Gemeinsam gewährten diese beiden Länder Portugal ein Darlehen, wobei eine geheime Abmachung dahin ging, daß, falls Portugal seine Schulden nicht zurückzahlen könne, sich England und Deutschland seine afrikanischen Besitzungen teilen würden.

IV. DER BURENKRIEG

Die englische Regierung sah mit Beunruhigung, daß Krüger von Deutschland Waffen kaufte, und schickte im Jahr 1897 einen neuen Hochkommissar nach Kapstadt. Es scheint klar zu sein, daß Sir Alfred Milner den Auftrag erhalten hatte, Krüger irgendwie zu beseitigen. Im Jahr 1899 wurden 10 000 Mann der englischen Streitkräfte aus dem Mittleren Osten abgezogen und nach Südafrika eingeschifft.

Angesichts dieser gespannten Lage trafen die burischen Republiken Vorkehrungen. Sie riefen die Vermittlung der Vereinigten Staaten an. London widersetzte sich und bestand weiterhin auf seinem angeblichen Recht der Oberherrschaft. Die bewaffneten Buren bezogen Stellung an ihren Grenzen.
Am 12. Oktober 1899 brach der Krieg aus. Zuerst waren die Buren im Vorteil, da sie zahlenmäßig überlegen und auch gewohnt waren, mit Waffen umzugehen; zudem schlugen sie sich im eigenen Land. Unter der Führung von General Botha griffen die Truppen von Transvaal die Stadt Mafeking an, die Streitkräfte des Oranje-Freistaates unter der Führung von de Wet wandten sich gegen Kimberley. England konzentrierte den größten Teil seiner Indien-Armee auf diesem Kriegsschauplatz. Es kamen Freiwillige aus Kanada und Australien.
Die nun zahlenmäßig sehr überlegenen britischen Truppen eroberten die verlorenen Positionen zurück; sie drangen tief in das Gebiet von Oranje und Transvaal ein und nahmen ohne Schwierigkeit Johannesburg und Pretoria ein. Den Regierungen der beiden Republiken blieb nichts anderes übrig, als um Frieden zu bitten. Sie forderten jedoch immer noch die Unabhängigkeit des Landes und den Schiedsspruch eines dritten Landes, was England aber verweigerte. Burische Kommandos zogen sich kämpfend bis in portugiesisches Gebiet zurück, wo sie im August 1900 die Waffen niederlegten. England proklamierte die Annexion von Transvaal und entsandte Lord Kitchener, damit er die Ordnung im Land wiederherstelle.
Die Buren erkannten die Annexion nicht an. Sie kämpften weiter. Zwei Jahre lang führten sie gegen die Engländer einen harten Guerillakrieg. Diesmal kämpften aber nicht nur die Buren der beiden Republiken, sondern alle Buren Südafrikas. Der Brand griff auf die Kapkolonie und Natal über.
Die Engländer verschanzten sich in den Städten, verteidigten die Eisenbahn und bauten Blockhäuser, aber die burischen Kommandos waren die Herren des freien Feldes. Es wurden drei Verfahren des modernen Krieges erprobt oder zum ersten Mal angewandt: der Guerillakrieg und seine Abwehr, der Gebrauch von Stacheldraht und die Zusammentreibung der Bevölkerung in Konzentrationslager.
Kitchener führte den totalen Krieg. Landstrich um Landstrich kämmte er das Gebiet durch. Die Bauernhöfe wurden verbrannt, die Herden niedergemacht und die Ernten vernichtet. Die Männer wurden ins Exil nach St. Helena oder Ceylon geschickt, die Frauen, Kinder und Diener wurden getrennt und in Konzentrationslagern eingesperrt. Es genügte nicht, das Land Farm um Farm zu erobern; man mußte in einem völlig verwüsteten, dem Hunger preisgegebenen Land auch die Nahrungsversorgung

der Bevölkerung gewährleisten; so mußte man in riesigen Mengen Lebensmittel importieren.
Die burischen Kommandos unter der Führung von Botha, Christian de Wet und Smuts behaupteten sich lange Zeit auf dem flachen Land. Ihnen unterstanden niemals mehr als 45 000 Mann. Etwa 250 000 Menschen befanden sich in Konzentrationslagern. Die Engländer mußten fast 450 000 Mann mobilisieren. Das alles hinderte 45 000 neue Goldgräber nicht daran, mitten im Krieg nach Transvaal einzuwandern.
Endlich wurde am 31. Mai 1902 Frieden geschlossen. Die burischen Republiken wurden Kronkolonien, welchen man für später jedoch die Autonomie versprach. Nun mußten die Folgen des Krieges beseitigt, die Buren wieder angesiedelt, die zerstörten Höfe aufgebaut und das Vieh ersetzt werden. Nach dem Sieg geizte England nicht mit finanzieller Unterstützung, aber dies löste nicht alle Probleme, vor allem nicht das Problem der Bantuarbeitskräfte in der Landwirtschaft und in den Gruben.

Das großangelegte englische Projekt einer südafrikanischen Föderation sollte erst im September 1909, nach langen, schwierigen Verhandlungen verwirklicht werden.
Der Plan betraf folgende Gebiete: die Kapkolonie, Transvaal, den Oranje-Freistaat und Natal; daneben die Staaten von Rhodesien und die den Bantu vorbehaltenen Reservate. Diese Gebiete waren sehr unterschiedlich.
Nord- und Südrhodesien hatten, nachdem Rhodesien durch die Verschmelzung von Nordost- und Nordwestrhodesien auf zwei Staaten reduziert worden war, nach dem Burenkrieg ein getrenntes Schicksal. Sie waren der Krone treu geblieben, hatten die neue Eisenbahn von Salisbury nach Beira benutzt und sich im Krieg nicht mit Südafrika solidarisch gezeigt. Ihr Problem bestand darin, in ihren Gruben Gold zum gleichen Preis wie in Transvaal und Kupfer zum gleichen Preis wie in Katanga zu fördern (das Kupfer war im Jahr 1902, dem Todesjahr Cecil Rhodes', entdeckt worden). Sie mußten ihre fruchtbare Erde für den Ackerbau und für die Viehzucht nutzbar machen, sie mußten Siedler anziehen und sie ansässig machen. Wegen der Verschiedenheit der Interessen Rhodesiens und jenen der anderen Länder Südafrikas wurden die Pläne einer großen Föderation aufgegeben und die Verhandlungen ohne die Beteiligung Rhodesiens weitergeführt.
Da die englische Regierung sich allein für die Verteidigung der Interessen der schwarzen Bevölkerung verantwortlich fühlte, konnten die den Bantu vorbehaltenen Reservate, nämlich Betschuanaland, Basutoland und Swaziland, auf keinen Fall in eine Föderation eingegliedert werden. Jeder Weiße, der sich

dort niederlassen wollte, mußte eine Genehmigung beantragen, die ihm, es sei denn er war Missionar, im allgemeinen verweigert wurde.
Die anderen Gebiete der geplanten Föderation waren ein buntes Flickwerk, und die Lage in den verschiedenen Ländern war sehr verschiedenartig.
Folgende Rassen lebten dort nebeneinander: Die Weißen setzten sich aus Buren und aus Siedlern britischen Ursprungs zusammen; ihre Einstellung zur Rassenfrage war nicht einheitlich. Sie sprachen verschiedene Sprachen und haßten sich von ganzem Herzen. Der farbige Bevölkerungsteil waren die Bantu, die sich ungeheuer vermehrten und deren Arbeitskraft den Weißen unentbehrlich war. Hinzu kamen noch Inder, Malaien und 50 000 chinesische Kuli, die man im Jahr 1904 ins Land geholt hatte. Ebenso lebten dort Hottentotten und sogar einige überlebende Buschmänner.
Sozial gesehen, setzte sich die Bevölkerung aus burischen Farmern, englischen Pflanzern in Natal, Goldsuchern und Bergwerksingenieuren zusammen; es gab weiße Angestellte und schwarze Arbeiter.
An Sprachen und Religionen herrschte in diesem Gebiet die gleiche Vielfalt. Man kann sich vorstellen, daß dadurch die politische Karte nicht vereinfacht wurde. Da der Krieg unentschieden ausgegangen war, hinterließ er Bitterkeit.
Die Interessen Englands überschnitten sich übrigens nicht unbedingt mit denen der englischen Siedler. Die englische Politik war der Politik der Buren direkt entgegengesetzt; letztere verweigerten entschlossen allen Farbigen jedes politische Recht und jede Staatsbürgerschaft, in welcher Form auch immer.
Am achten Jahrestag der Beendigung des Burenkrieges wurde endlich die Südafrikanische Union proklamiert (31. Mai 1910). Ihre Verfassung war im Vorjahr ratifiziert worden. Diese Union war auf eine Reihe von Kompromissen gegründet, wie z. B. das Fehlen einer bestimmten Hauptstadt. Das Parlament tagte in Kapstadt, die Exekutive in Pretoria, der oberste Gerichtshof in Bloemfontein. Die Südafrikanische Union war ein britisches Dominion, übrigens das einzige mit nicht überwiegend weißer Bevölkerung.
Premierminister wurde General Botha. Er bemühte sich, die Föderation lebensfähig zu machen und zumindest die beiden weißen Parteien auszusöhnen. Unter seiner Führung vereinigten sich die weniger extrem gesinnten Weißen in der ›Südafrikanischen Nationalen Partei‹ (*South African National Party*), die ab 1913, nach dem Ausscheiden der nationalistischen Opposition innerhalb der Partei, kurz *South African Party* hieß.

Anfang des 16. Jahrhunderts hatten die Portugiesen die äthiopische Dynastie für eine kurze Zeit unterstützt. Aber seither hatte sich keine europäische Macht in die Angelegenheiten dieses Landes eingemischt. Im Jahr 1603 gelang es dem Jesuiten Pedro Paes, den Negus zum Katholizismus zu bekehren, aber schon 1632 wurden die Jesuiten aus Äthiopien ausgewiesen. Was eigentlich die Europäer anzog und ihre Neugierde erweckte, war die Frage nach den Quellen des Nils und den Ursachen seiner jährlichen Überschwemmungen. Im 18. Jahrhundert reiste der Franzose Poncet von Kairo über Dongola nach Sennar, überquerte den Blauen Nil und kehrte über Massaua zurück. 1701/02 unternahmen Theodor Krump und 1768 James Bruce Erforschungs- und Erkundungsreisen in das Land, ohne jedoch die Quellen des Nils ausfindig zu machen.
Die Zentralgewalt war in Äthiopien schwächer geworden; so nützten die heidnischen Galla die Lage aus, um vom 16. Jahrhundert an regelmäßig in die Marken des Südens und Südwestens einzudringen.
Aus den Rivalitäten erhob sich endlich ein Prinz, Ras Kassa, der über eine Provinz im Nordwesten herrschte. Er ließ sich im Jahr 1855 unter dem Namen Theodor II. in Axum krönen. Er modernisierte die Armee, schlug die Galla und einigte die Provinzen des Reiches: im Norden Tigre und Amhara, im Süden Schoa. Die britischen Gesandten behandelte er unglimpflich, und dies diente als Vorwand für eine Strafexpedition, die Sir Robert Napier im Jahr 1867 gegen die Festung von Magdala unternahm. Der eingeschlossene und von den Seinen verlassene Kaiser Theodor beging Selbstmord.
Der Fürst von Tigre, einer jener, die den Negus verraten hatten, und der für seine Unterstützung von den Engländern moderne Waffen erhalten hatte, ließ sich alsbald unter dem Namen Johannes IV. zum Kaiser krönen. Zu seinem Kronprinzen ernannte er einen jungen, ehrgeizigen Vasallen, den König Menelik von Schoa. Zwanzig Jahre lang organisierte Menelik als Thronanwärter sein zukünftiges Reich; er erweiterte sein Gebiet, indem er die Nachbarn von Schoa unterwarf, und stattete die Armee mit modernen Waffen aus. Im Jahr 1883 gründete er die neue Hauptstadt Addis Abeba. Nachdem Johannes IV. im Jahr 1889 in einem Kampf mit den sudanesischen Mahdianhängern getötet worden war, folgte ihm Menelik endlich auf dem Thron. Das war der Beginn einer lange vorbereiteten Herrschaft, die Geschichte machen sollte.
Italien, dessen Einigung erst dreißig Jahre zurücklag, hatte auch Kolonialbestrebungen. Wie andere europäische Mächte wollte

es ebenfalls in Afrika Fuß fassen. Zuerst richtete es sein Augenmerk auf die nahegelegene Küste von Tunis. Aber am 12. Mai 1881 hatte sich Frankreich im Vertrag von Bardo das Protektorat dieses Gebietes gesichert. An der Mittelmeerküste sollte sich Italien, nachdem es in Tunis ausgeschaltet worden war, in Tripolis festsetzen.
Schon ein Jahr später, im Jahr 1882, faßten die Italiener (in Massaua) am Roten Meer Fuß. Sie versuchten, in das Innere von Tigre vorzudringen, stießen dabei aber auf heftigen Widerstand. Menelik wurde bei seiner Thronbesteigung (1889) von den Italienern unterstützt, sie hatten ihm Waffen geliefert und mit ihm einen Pakt abgeschlossen. Über die Auslegung des Paktes wurden sich die beiden Parteien jedoch nicht einig; die Italiener meinten, dieser Vertrag sichere ihnen das Protektorat über Abessinien zu, Menelik seinerseits widersetzte sich dieser Auslegung.
Zur gleichen Zeit gewannen die Italiener an der Küste von Somaliland Einfluß. Sie hatten die Absicht, die ganze Ostspitze des afrikanischen Kontinents, nämlich Eritrea, Somaliland und Abessinien unter ihrer Oberherrschaft zu vereinigen. Menelik wies die italienischen Ansprüche mit den Waffen ab. Er hatte volles Vertrauen in seine Armee, die er mit italienischer, doch vor allem mit französischer Hilfe aufgerüstet hatte.
Der italienische Feldzug gegen Menelik endete für die Italiener mit einer Katastrophe. Bei Adua (1. März 1896) fielen von 10 000 Italienern 4500, 1300 wurden gefangengenommen. Der am 26. Oktober in Addis Abeba unterzeichnete Friede besiegelte die Unabhängigkeit Äthiopiens und setzte die Grenzen zwischen Äthiopien und den italienischen Besitzungen Eritrea und Italienisch-Somaliland fest.
Im Jahr 1906 garantierten England, Frankreich und Italien feierlich die Unabhängigkeit Äthiopiens und bestätigten die Grenzen eines Territoriums, das durch die Feldzüge Meneliks beträchtlich vergrößert worden war.
Frankreich wurde der Bau der Eisenbahnlinie von Djibuti nach Addis Abeba anvertraut.

Man kann sagen, daß mit dem Burenkrieg und der italienischen Niederlage vor dem Ende des 19. Jahrhunderts in weniger als zwanzig Jahren die Aufteilung Afrikas unter die europäischen Kolonialmächte abgeschlossen war.
Diese Teilung sollte für die politische Organisation des afrikanischen Kontinents entscheidende Folgen haben. Aus dieser Teilung sind die europäischen Kolonien in Afrika hervorgegangen und aus diesen wiederum die modernen Staaten des unabhängigen Afrika. Nun sind es aber fast jedesmal die Um-

stände oder sogar der Zufall gewesen, die der einen oder anderen Kolonialmacht dieses oder jenes Stück des afrikanischen Kontinents zugesprochen haben und seine Grenzen bestimmten. Die Europäer berücksichtigten niemals die bestehende ethnische Zusammensetzung, die sie für nebensächlich erachteten, wenn sie ihnen überhaupt bekannt war. Afrika war für die Europäer ein herrenloses, sozusagen wildes Land, das nur von einigen ›primitiven‹ Stämmen bewohnt war.

Die Urkunde, die im Februar 1885 die Berliner Konferenz beschloß, gab denn auch keine verbindlichen geographischen Bestimmungen, die die Grenzen der zugeteilten Territorien festgelegt hätten.

Nur die Küste war endgültig vergeben; man nahm als selbstverständlich an, daß die für die Küste zuständigen Kolonialmächte Sonderanrechte auf das Hinterland hätten. Es wurde ihnen anheimgestellt, das Land durch Eroberung wirklich in Besitz zu nehmen, Verträge mit den Eingeborenen auszuhandeln und Abkommen mit den anderen Kolonialmächten zu treffen, wenn sich ihre Einflußzonen berührten.

11. Grundzüge und Auswirkungen der Kolonisation

Die Periode der Kolonisation stellt nur einen kurzen Abschnitt in der Geschichte Afrikas dar. Wenn man von den portugiesischen Unternehmungen, von der Besiedlung Südafrikas und von dem französischen Eindringen in den Senegal absieht, kann man sagen, daß sie um 1885 einsetzte und in den Anfängen der sechziger Jahre unseres Jahrhunderts abgeschlossen war. Ein dreiviertel Jahrhundert – das ist ungefähr die Dauer eines Menschenlebens. Doch hat sie das Gesicht Afrikas entscheidend verändert und die politische Karte des Kontinents umgestaltet.

Man muß sich zunächst darüber im klaren sein, daß die Kolonisation an sich ein Vorgang ist, der nicht allein Afrika oder den europäischen Kolonisatoren eigen ist. Die Tatsache der Kolonisation ist ein allgemein und überall auftretendes Phänomen in der Geschichte der Völker. Man könnte sagen, die Kolonisation sei überall und zu allen Zeiten die übliche Art und Weise gewesen, durch die ein Volk auf eine höhere Kulturstufe gehoben wurde. Die großartige Unternehmung Alexanders ist ein koloniales Abenteuer. Die Geschichte Roms stellt die Entwicklung eines Kolonialreiches dar, das sich schließlich bis zu den Grenzen der damals bekannten Welt erstreckte. Bis zum Mittelalter ist die Geschichte Frankreichs im Grund der Vollzug zweier Kolonisationen – zunächst durch die Römer, die dem Land seine Sprache gaben, und daraufhin durch die Franken, die ihm seinen Namen schenkten. Die Geschichte Großbritanniens, Deutschlands und Rußlands sowie diejenige Persiens und Chinas, von Amerika gar nicht zu reden, besteht jeweils ebenfalls aus einer Folge von Kolonisationen. Afrika bildet darin keine Ausnahme.

Man hat sich jedoch daran gewöhnt, den Begriff ›Kolonisation‹ mit all seinen Assoziationen auf die Beziehungen zu beschränken, die sich besonders im 19. Jahrhundert zwischen den europäischen Staaten und den Völkern von Übersee bildeten – Beziehungen, die zur Institution wurden, und zwar in der Verwaltungsform von ›Kolonien‹, die von einem europäischen Mutterland abhängig waren. Der Rassenunterschied ist immer spürbar, wenn auch nur als Unterton, sowohl bei den Kolonisierten als auch bei den Kolonisatoren.

Der Historiker Afrikas betrachtet die Kolonisation als eine geschichtliche Tatsache, die nunmehr abgeschlossen ist. Obgleich das Ende der Kolonisationsperiode noch nicht lange zurück liegt, genügt der Abstand doch, um gewisse Grundzüge einer Epoche herauszustellen, die das Geschick und das Gesicht dieses Kontinents weitgehend umgestaltet hat. Wir wollen diese Grundzüge unter den drei folgenden Hauptpunkten zusammenstellen:
1. die Berührung der afrikanischen Negerkulturen mit der Kultur Westeuropas;
2. die Neugliederung der afrikanischen Bevölkerung, die sich nach neuen wirtschaftlichen und verwaltungstechnischen Gegebenheiten ausrichtete; als Folge die Bildung neuer sprachlicher und politischer Gruppen, die zum Ausgangspunkt für die heutigen afrikanischen Staaten wurden;
3. die Tatsache, daß sich Europäer fast nur in Südafrika, in Kenia und Rhodesien in größerem Umfang ansiedelten, daß aber die einheimische Bevölkerung überall, ja besonders in den europäischen Siedlungskolonien, ungeheuer anwuchs.

Die Berührung mit der europäischen Kultur ist den afrikanischen Kulturen zum Verhängnis geworden; sie hat ihre traditionellen Formen zerschmettert. Nicht daß man den Europäern vorwerfen könnte, sie hätten bewußt das Erbe der afrikanischen Traditionen vernichten wollen – abgesehen von gewissen Ausnahmen wie den Menschenopfern, dem Kannibalismus, der Sklaverei sowie bis zu einem gewissen Grad und aus religiösen Gründen der Polygamie. Anfangs wußten die Europäer fast nichts von den afrikanischen Kulturen. Für sie gab es nur eine Kultur, und das war die ihre. Daß der Kalif Harun al Raschid zivilisierter war als Karl der Große, wissen die meisten Europäer heute noch nicht. Erst zur Zeit der Kreuzzüge begannen sie zu ahnen, daß es eine orientalische Kultur gab. Diese Feststellung wurde aber sofort durch die Überzeugung übertrumpft, die christliche Religion sei die einzig wahre; den Ungläubigen zu bekehren – und sollte man ihn, um dies zu erreichen, auch umbringen müssen – das bedeutete auf jeden Fall, ihm das ewige Heil zu verschaffen. Für die Kolonisatoren waren die Afrikaner ›Wilde‹, und dem entsprach, daß man sie, so gut es ging, ›zivilisierte‹, also zunächst christianisierte.

In dieser Hinsicht hatte die alte portugiesische Kolonisation ihre Vorzüge. Da ihr das Rassengefühl fremd war, ließ sie ohne Bedenken die Vermischung schwarzen und weißen Blutes zu. Man war der Ansicht, daß vom Augenblick der Taufe an und auf Grund der Taufe Gleichheit unter den Menschen herrsche. Die Tatsache, daß der Abkömmling ein Mulatte war, raubte ihm nicht sein Recht auf die Zugehörigkeit zur christlichen portugiesischen Nation.

Die englische Kolonisation, die sich die Förderung des Handels zum Ziel setzte, nahm im allgemeinen Rücksicht auf die örtlichen Bräuche und Traditionen, sofern sie weder den Frieden noch die Sicherheit des Handels gefährdeten. Dieser Rücksichtnahme war eine starke Dosis Verachtung beigemischt; aus einem *native* einen *gentleman* zu machen, kam nicht in Betracht.

Deutlicher den Charakter einer Intervention trug die französische Kolonisation, die das (allerdings ferne und ideale) Ziel hatte, die Kolonisierten zu Staatsbürgern, d. h. selbstverständlich, zu französischen *citoyens* zu machen. Tatsächlich waren die Senegalesen früher französische Staatsbürger als die Savoyarden und die Einwohner von Nizza, die erst 1860 zu Frankreich kamen. Die Senegalesen unterließen es nicht, diese Tatsache gelegentlich in Erinnerung zu bringen. Zwischen 1945 und 1960 saßen im französischen Parlament Dutzende von afrikanischen Parlamentariern, und in jeder französischen Regierung dieser Zeit gab es schwarze Minister, die mit ihren europäischen Kollegen gleichberechtigt waren. Allerdings muß man hinzufügen, daß im Sinn der französischen republikanischen Tradition der Staatsbürger wohl ein Wähler ist; das bedeutet aber auch, daß er Schüler, Soldat, Arbeiter und Steuerzahler ist.

Wenn auch von kurzer Dauer, sollte anscheinend die deutsche Kolonisation einen ebenso wirksamen wie rücksichtslosen Charakter tragen; sie setzte sich zum Ziel, aus den Afrikanern disziplinierte und wirtschaftlich rentable Untertanen zu machen. Es gab übrigens eine deutsche Tradition der Kolonisierung, die seit dem Mittelalter im östlichen Mitteleuropa, in slawischen und baltischen Gebieten, Deutsche angesiedelt und Städte gegründet hatte; man denke nur an die Tätigkeit des Deutschen Ordens von 1226 bis 1410.

Unter einem anderen Aspekt betrachtet, war der Handel der erste Antrieb zur Kolonisation, und die ersten Siedlungen waren Handelsniederlassungen. Das trifft für das 16. Jahrhundert zu, aber auch noch für das 19., als nämlich Großbritannien, Deutschland und Italien privilegierte Handelskompanien als Pioniere der Kolonisation einsetzten.

Doch den Kaufleuten folgten andere Europäer: Missionare, Soldaten und Verwaltungsbeamte. Die Missionare wollten gute schwarze Christen gewinnen, die Offiziere gute schwarze Soldaten ausbilden und die Verwaltungsbeamten wollten gute schwarze Untertanen erziehen. (Es ist auffallend, daß die Plantage, die den Grundstock der Kolonisation Westindiens und Amerikas bildete, eine geringe Rolle in der Kolonisation des tropischen Afrika spielte.) Für diese Kolonisten, bei denen der

Schlechteste neben dem Besten stand und wo das Ausmaß an Brutalität der einen nur vergleichbar war mit der Selbstverleugnung der anderen, gab es gewiß etwas anderes als die Lockung des Gewinns. Diese Tatsache, daß die Kolonisation den Siedler in Afrika nur selten reich machte (natürlich abgesehen vom Bergbau, den Diamanten- und Goldfunden in Südafrika sowie der Kupfer- und Urangewinnung in Belgisch-Kongo und Rhodesien, die hauptsächlich die europäischen Aktieninhaber reich machten, abgesehen auch von einigen Pflanzungen in Kenia und Rhodesien), war vielleicht der Grund dafür, daß romantische Schwärmerei eine größere Rolle bei den europäischen Kolonisten in Afrika als bei jenen in Amerika oder Asien spielte.

Es ist jedoch eindeutig, daß die alten afrikanischen Kulturen bei der Berührung mit der europäischen Kultur zerfielen, ohne daß bis jetzt etwas anderes an ihre Stelle getreten ist, ja, ohne daß man bis jetzt sagen könnte, ob sich eine neue Schicht afrikanischer Negerkulturen bilden wird.

Und ihr Zerfall war nicht die Folge irgendeiner bösen Absicht auf seiten der europäischen Siedler, sondern geschah bei der bloßen Berührung und allein durch die Konfrontierung. Ja, je größer das Wohlwollen, die Hochherzigkeit, die Aufopferung auf europäischer Seite war, die bei dieser Begegnung zutage traten, desto zerstörerischer war der Kontakt. Die Missionare, die gegen die Menschenopfer und die Zauberei ankämpften; die Verwaltungsbeamten, die Brücken und Wege bauen ließen und damit die Landschaft entseelten; die Erzieher, die die Kinder lehrten, daß sie selbständige Persönlichkeiten und nicht nur Glieder eines Stammes seien; die Ärzte, die sich bemühten, die Kindersterblichkeit einzudämmen und die Lepra, das Gelbfieber, die Schlafkrankheit, die Malaria zu besiegen und dadurch das Gleichgewicht des alten Bevölkerungsbestandes störten – sie alle mit ihrem grenzenlosen guten Willen, ihrem humanitären Bemühen, trugen gerade durch ihre Aufopferung dazu bei, das Gebäude der afrikanischen Traditionen ins Wanken zu bringen. Eigentlich sollte man sich auch von diesen Traditionen kein idyllisches Bild machen.

Es ist nicht paradox, zu behaupten, daß jene Tätigkeit, die den Traditionen gegenüber die größte Achtung beweist, auch diejenige ist, die die Traditionen am gründlichsten zerstört; nämlich die Forschungen der Völkerkundler. Ihre Tätigkeit ist unendlich nützlich, sofern sie die Traditionen genau in dem Augenblick fixiert, wo sich diese zu verlieren drohen; und wie viele sind schon spurlos verschollen, haben doch die Afrikaner selbst nicht das Bestreben gehabt, wenigstens die Erinnerung daran anders als in einer allzu leicht zu vergessenden mündlichen Überlieferung zu bewahren! Aber indem sie das, was bisher nur im Kollektivbewußtsein des Stammes lebte, auf die Stufe des individuellen Bewußtseins hoben, indem sie, was nur als Wort zwischen Sprecher und Zuhörer lebte, mit Hilfe der Schrift und des Tonbandes festhielten, haben die Ethnographen dazu beigetragen, die lebendige Quelle der Tradition zum Versiegen zu bringen. Man kann dies mit der Formalininjektion vergleichen, die der Naturforscher der lebenden Eidechse einspritzt, um sie in seiner Kollektion aufbewahren zu können.

Die Anwesenheit der Europäer in Afrika hatte so vielseitige Folgen, daß jeder Versuch, diese zu vereinfachen, die Probleme verfälscht. Ihre Wirkungen sind oft gegensätzlich, je nachdem, welche Periode man betrachtet, oder auch je nachdem, von welchem Gesichtspunkt aus man die sofortigen oder die späteren Folgen, die direkten oder indirekten Konsequenzen sieht.

Wir haben bereits ein Beispiel der verschiedenen, je nach Ort und Augenblick entgegengesetzten Rückwirkungen des europäischen Eingreifens gegeben: Die Entdeckung der afrikanischen Küste durch europäische Seefahrer, die Gründung von Handelsniederlassungen, die Ausdehnung des Sklavenhandels über den Ozean hinaus, all dies hatte die Wirtschaft des afrikanischen Kontinents mit der Weltwirtschaft in Berührung gebracht und in den weltumspannenden Seehandel, wenigstens als Objekt, einbezogen. Diese Tatsache sollte nicht wenig dazu beitragen, die Hauptaktivität der afrikanischen Völkerschaften aus dem Innern des Kontinents (Sudanzone) an die Küste zu verlagern und auf einen bis zu 300 km breiten Küstenstreifen die Entstehung und Entfaltung von Staaten des guinesischen Typus (Aschanti, Dahome) zu fördern. Umgekehrt hatte die Sklavenjagd eine ganze Reihe von Stammesverbänden und traditionellen Lebensformen im Busch und in der Savanne zerstört.

In einer späteren Phase der Entwicklung hatte die Aufhebung des Sklavenhandels, zumindest der Sklavenausfuhr, nicht nur die wirtschaftlichen, sondern die politischen Strukturen der Küstengebiete in Mitleidenschaft gezogen. Andererseits aber bereitete sie den Ausschreitungen eines El Hadj Omar, eines Samori, ein Ende und brachten weiten heimgesuchten Gebieten den Frieden.

In dem Maß, in dem die Kolonisatoren ins Innere des Landes vordrangen, wurde auch die häusliche Sklavenhaltung betroffen und sollte mit der Zeit immer mehr abnehmen. Eben dadurch aber wurde in vielen Fällen die traditionelle Verteilung der sozialen Aufgaben – Knechtsdienst, zunftmäßige Berufsarbeit, vornehme Aktivitäten wie Krieg und Staatsführung – in Frage gestellt. Während eines Dreivierteljahrhunderts sollte die Kolonialverwaltung den – gelegentlich unvorhergesehenen – Rahmen dieser Strukturwandlung abgeben. So kam es, daß

beispielsweise die Sklavenjäger aus Dahome eine ›vornehme‹ Ersatzbetätigung im Dienst des Staates – und nicht nur eines Staates – fanden. Am Ende der Kolonisationszeit stellte Dahome über 10 000 Beamte der Verwaltung der übrigen Territorien von Französisch-Westafrika. Ebenso fanden die Küstenstädte, die mit dem Fortfall des Sklavenhandels den größten Teil ihrer Daseinsberechtigung eingebüßt hatten, eine neue Bedeutung anfangs als Sitze der Kolonialbehörden, später als Hauptstädte der unabhängigen afrikanischen Staaten.
Ein weiteres Beispiel widersprüchlicher Folgeerscheinungen: Der Kolonialfriede hat ohne Frage dazu beigetragen, die afrikanische Bevölkerung seßhaft zu machen, die Massenwanderungen zu unterbinden und ihre ortsgebundene Entwicklung zu fördern, und zwar in dem meistens willkürlichen Rahmen der kolonialistischen Aufteilung. Sie begünstigte damit den Zusammenschluß der Afrikaner zu mehr oder weniger einheitlichen Nationen, ein Prozeß, der noch lange nicht am Ziel angelangt ist. Doch in manchen Fällen wurden die Stammeseinheiten geradezu in zwei oder drei Teile zerschnitten, wie es den Ewe erging, die, den Zufällen der Kolonisation unterworfen, zwischen der Goldküste, Dahome und Togo aufgeteilt, unter englischen, französischen und eine Zeitlang deutschen Einfluß gerieten.
Unter diesem Aspekt gilt es, zwei typische Erscheinungen, eine sprachliche und eine demographische, näher zu untersuchen.
Die sprachliche Entwicklung ergab sich praktisch aus drei Verkehrssprachen, dem Englischen, dem Französischen und dem Suaheli. Diese überlagerten die unendliche Vielzahl der einheimischen Sprachen. Bis in die neueste Zeit schien die Vielzahl der einheimischen Sprachen für die Afrikaner, weitgereist wie sie waren und bei ihrer Begabung für das Erlernen von Sprachen und für die Kunst der Rede, keine unüberwindliche Schwierigkeit darzustellen. Eine Zeitlang hatte die arabische Sprache die Rolle der Verkehrssprache übernommen, wenigstens in den Gebieten, die den arabischen Händlern offenstanden, vom Senegal bis Sansibar, sowohl auf den Reiserouten der Karawanen als auch in den Häfen der arabischen Schiffahrt am Indischen Ozean. Dort war spontan eine gemeinsame afrikanische Sprache entstanden, das Suaheli (im Grund eine mit Arabisch durchsetzte Bantu-Sprache), die sich ein wenig auf die gleiche Weise wie das Pidgin-Englisch in den chinesischen Gewässern oder die ›lingua franca‹ in der Levante entwickelt hatte.
Die schnelle Ausdehnung der europäischen Kolonisation, die Verbreitung des Schulunterrichts, die Einbeziehung der Afrikaner in das Handelsleben und in die Verwaltung, der Eintritt der afrikanischen Völker in internationale Organisationen haben das Englische und das Französische zu sprachlichen Verständi-

gungsmitteln gemacht, die sowohl intern, zwischen den verschiedenen Völkergruppen des Kontinents, als auch zwischen Afrika und der übrigen Welt dienen.

Das Phänomen der Bevölkerungsverschiebung ist vielschichtiger. Zunächst gab es Wanderungen, neue Zusammenballungen, die nichts als die Fortsetzung der traditionellen Bewegungen waren. Sie wurden aber einerseits verlangsamt durch die Befriedung der Kolonialverwaltung, die die Sicherheit erhielt; andererseits wurden sie aber beschleunigt durch die Eröffnung von Straßen, Luft- und Eisenbahnlinien (die Europäer haben 58 000 km Bahnstrecke im Afrika südlich der Sahara gebaut). Diese Bewegungen wurden weiterhin verstärkt durch das Entstehen neuer Anziehungspunkte: der Häfen, der Bergwerke, der großen Kolonialstädte, wo die Afrikaner zu Tausenden aus dem Busch zusammenströmten. Die Einwohnerzahl Bamakos stieg von 22 000 im Jahr 1939 auf 85 000 im Jahr 1951; die Dakars von 30 000 im Jahr 1930 auf 273 000 1955; die Leopoldvilles von 40 000 im Jahr 1939 auf 100 000 1945 und 360 000 im Jahr 1955.

Der Bau einer Eisenbahnstrecke sprengte die Verteilung der Bevölkerung eines Gebietes. Als man im Belgischen Kongo den unteren Kongo und Katanga durch eine Eisenbahnlinie verband, beobachtete man, daß sich das ganze Gebiet auf Geldwirtschaft umstellte, als die Arbeiter, die zunächst beim Bau der Strecke, dann mit ihrer Instandhaltung beschäftigt waren, Löhne erhielten. Der Anbau von pflanzlichen Nahrungsmitteln wurde aber auch zugunsten des Anbaus von Maniok, Mais, Erdnüssen und Baumwolle aufgegeben, da dieser einen exportierbaren und in Geld umsetzbaren Überschuß versprach. In ganzen Dorfgemeinden verließ die Bevölkerung den Busch, um sich entlang der Eisenbahnstrecke niederzulassen.

Die großen staatlichen Baustellen wie die Anlage der Eisenbahnstrecke vom Kongo zum Ozean, bei der von 1920 bis 1940 etwa 30 000 Arbeiter beschäftigt waren, hatten zwei entgegengesetzte Auswirkungen, die nacheinander eintraten; zunächst die Entvölkerung weiter Gebiete, deren Bevölkerungsdichte schon vorher gering war; die Sterblichkeit auf der Baustelle war groß, die Überlebenden kehrten aber selten in ihre Heimatdörfer zum Leben im Busch zurück. Dann machte sich in einem zweiten Stadium eine entgegengesetzte Wirkung bemerkbar, nämlich das Entstehen einer Entwicklungszone, die sich rasch bevölkerte und ausdehnte.

Der Bergbau im Kongo und in Südafrika hat ebenfalls bedeutende Bevölkerungsverschiebungen hervorgerufen; er ließ Städte mit hohen Bevölkerungsziffern dort entstehen, wo zuvor nur der Busch die Landschaft beherrschte.

Im Küstenstreifen von Gabun hat sich die Zahl der Holzgewinnungsunternehmen seit 1920 vervielfacht. Diese Industrie beschränkte sich zunächst auf die Gebiete in der Nähe der Küste, wo die Holzblöcke leicht zum Meer transportiert werden konnten. Die Arbeitsstellen zogen 20 000 bis 30 000 Menschen an, die dort ihre Beschäftigung fanden. Das erscheint nicht sehr beträchtlich; jedoch muß man sich vergegenwärtigen, daß in Anbetracht der geringen Bevölkerungsdichte diese Zahl etwa die Hälfte der erwachsenen männlichen Bevölkerung von ganz Gabun darstellte. Es ist deswegen nicht erstaunlich, daß unter diesen Umständen das Landesinnere, zumindest in einer ersten Phase, entvölkert wurde.

Schließlich gibt es unzählige zeitweilige und jahreszeitlich bedingte Wanderungen; doch sie gehören schon zur afrikanischen Tradition. Die Einführung des Anbaus neuer Nutzpflanzen, wie der Kakaostaude an der Gold- und an der Elfenbeinküste, der Erdnuß in Senegal und in Nigeria zieht Saisonarbeiter an, die aus einem Umkreis von Hunderten von Kilometern kommen.

Will man sich an eine zahlenmäßige Bilanz halten, obgleich Bevölkerungsstatistiken auch heute noch selten existieren, so kann man annehmen, daß die Abschaffung des Sklavenhandels und die Befriedung durch die Kolonisation die Bevölkerungsziffer der Eingeborenen beträchtlich hat ansteigen lassen. Die Befriedung setzte einer ununterbrochenen Folge von Kriegen ein Ende, von denen einige, z. B. die der Djaga und Samoris, beträchtliche Todesopfer forderten. Die Kolonisationsperiode ist bis jetzt die einzige in der afrikanischen Geschichte, die nicht durch Kriege, Massenmord und Razzia unter den afrikanischen Stämmen geprägt ist. In der letzten Phase der Kolonisation hat die Verbesserung der Ernährung, der Kampf gegen die einheimischen Krankheiten und Epidemien und gegen die Kindersterblichkeit im gleichen Sinn gewirkt. Die Kindersterblichkeit betrug in der Regel in Afrika 40 %; sie konnte im allgemeinen auf ungefähr 20 % im Busch und 15 % in den Städten gesenkt werden.

So sind am Ende der Kolonialzeit 42 % der 36 Millionen zählenden Bevölkerung von Nigeria weniger als 14 Jahre alt. In Kenia beträgt der Bevölkerungszuwachs mehr als 1,5 % im Jahr. Bei ihrem derzeitigen Anwachsen wird die Bevölkerung von Ruanda-Urundi sich in 50 Jahren verdoppeln.

Trotzdem bleibt Afrika ein dünnbesiedelter Kontinent. Die durchschnittliche Bevölkerungsdichte bleibt in der Größenordnung von 8 Bewohner pro Quadratkilometer, was noch nicht viel sagen will. Es ist aufschlußreicher, festzustellen, daß, als die afrikanischen Staaten die Unabhängigkeit erlangten, weniger als 5 % des Gebietes mehr als 40 Einwohner, 85 % der Bodenfläche weniger als 10 Einwohner pro Quadratkilometer zählten.

12. Die französische Kolonisation

I. SENEGAL

Frankreich kannte eine Kolonialtradition, die bis zu Ludwig XIII., genauer gesagt, bis zu seinem Minister Kardinal Richelieu zurückreichte. Damals und noch für lange Zeit sollte für die Franzosen Afrika gleichbedeutend mit Senegal sein.

1633 verlieh Richelieu einer Kaufmannsgilde von Rouen ein Monopol von zehnjähriger Dauer für den Handel mit Senegal und Gambia.

Richelieu folgte darin dem Beispiel der Königin Elisabeth I. von England und der Holländer, welche an Handelskompanien Privilegien verliehen. Schon lange bevor sich der Kardinal zu diesem Schritt entschloß, hatten französische Händler und Abenteurer erkannt, daß Senegal die erste Niederlassungsmöglichkeit nach der ungastlichen Maurenküste bot, wo die Schiffbrüchigen kein gutes Schicksal erwartete. Zahlreiche Berichte christlicher Sklaven in Marokko zeugen vom elenden Los, das sie dort erwartete.

1638 entsandte die Kompanie einen Bürger aus Dieppe, Thomas Lambert, um eine Station an der Mündung des Senegal zu gründen, den er dann 200 km landeinwärts bis Podor befuhr. Zwanzig Jahre später, 1659, fand ein anderer Angestellter der Kompanie, Caullier, einen günstigeren Platz an der Senegalmündung vor, auf der Landzunge zwischen Fluß und Meer. Der Festung, die er dort errichtete, gab er den Namen Saint Louis, nach dem König von Frankreich. Die erste französische Stadt auf dem afrikanischen Kontinent, Saint Louis du Sénégal, entstand also sieben Jahre nach dem von Jan van Riebeek gegründeten Kapstadt.

Unter Colbert, dem Minister Ludwigs XIV., bekam die französische Kolonisation neue Impulse. Er unterstützte die Senegalkompanie gegen die Holländer. 1677 zerstreute Admiral d'Estrées eine holländische Flotte auf der Höhe der Insel Gorée vor dem Kap Verde. Die Angestellten der Kompanie nahmen den Platz der Holländer in Arguin (an der mauretanischen Küste), in Gorée und Rufisque ein. Eine französische Guineakompanie versuchte, sich an der Goldküste in der Nähe von El Mina niederzulassen. Diesmal gelang es aber den Holländern, die französische Faktorei zu zerstören und die Afrikaner zu töten, welche die Franzosen gastfreundlich empfangen hatten.

Generalleutnant Germain Ducasse konnte jedoch an verschiedenen Stellen der Küste mit den Häuptlingen Verträge schließen. Eine seiner Aufklärungsfahrten führte bis Assinie in der heutigen Elfenbeinküste, »deren Völker über große Mengen Goldes verfügen und den Franzosen wohlgesinnt sind«.

Der französische Handel mit Senegal war ein Dreiecksunternehmen. Die europäischen Manufakturwaren wurden in Afrika gegen ›Ebenholz‹, das heißt Sklaven, eingetauscht, welche nach den Antillen gegen Zucker und Rum verkauft wurden. Diese Waren wiederum kamen nach Europa. Der Handel wurde allerdings durch sogenannte ›Gepflogenheiten‹ belastet, die in Abgaben an die afrikanischen Fürsten bestanden, so an den *Brak* von Walo, den *Emir* von Trarza, den *Damel* von Cayor, den *Serigne* der Lebu, den *Almami* des Futa Toro und den *Bur* von Djolof. Der Handel wurde von oft mittelmäßigen und nicht immer gewissenhaften Agenten besorgt; und die Europäer standen in scharfer Konkurrenz zueinander. Bald nahmen während der europäischen Kriege die in Gambia stationierten Engländer Saint Louis und Gorée ein; bald waren es die Franzosen, die in Gambia das Fort James eroberten und zerstörten. Trotz der Unterstützung durch Colbert und Richelieu gediehen die Kompanien nicht. Zwischen 1626 und 1763 wechselten sich ein Dutzend solcher Gesellschaften ab, die alle im Konkurs endeten.

Dennoch dehnte sich der Tätigkeitsbereich der französischen Händler aus, stärker übrigens in Hinsicht auf die Erforschung neuer Gebiete als auf den Handel. An der Küste erforschten sie 1686 Bissao und die Insel von Bolama. Stromaufwärts stieß André Brue 600 bis 700 km ins Landesinnere vor, wo er am Senegal mehrere kleine befestigte Stützpunkte errichten ließ. Der Mönch Apollinaire fuhr den Faleme, einen Zufluß des Senegal, hinauf und gelangte damit ins märchenhafte Goldland Bambuk. Ein französischer Maurer namens Compagnon war der erste Europäer, der diese legendären Goldminen zu Gesicht bekam, die eigentlich Schwemmablagerungen goldführender Sande waren. Der französische Mineraloge Pelays, der 1732 die Minen untersuchte, wurde mit seinen Begleitern ermordet. Der Botaniker Michel Adanson, der an der senegalesischen Küste zwischen 1749 und 1753 nach neuen Pflanzen forschte, war der erste Gelehrte, der sich für Afrika interessierte. Der Affenbrotbaum Adansonia trägt seinen Namen.

Eine erste Periode französischer Kolonisation ging damit ihrem Ende entgegen. Die wirtschaftlichen Ergebnisse waren bescheiden, wenn nicht bedeutungslos. Aber die Neugier für

Afrika war fortan geweckt. Eine negro-französische ›kreolische‹ Stadt existierte: Noch heute trägt Saint Louis den Stempel des 18. Jahrhunderts, das die Stadt gedeihen sah. Die französische Kolonialdoktrin war formuliert. Was man den ›Kolonialpakt‹ nennt, ist die Doktrin Colberts: Das Mutterland gründet Kolonien und unterhält sie, als Gegenleistung treiben die Kolonien nur mit dem Mutterland Handel und vermeiden es, seiner Produktion Konkurrenz zu machen. Richelieu sah in der Kolonisation eine Erweiterung des nationalen Bereiches, während Colbert betonte, daß die Kolonisation die Eingeborenen zu »einer Lebensgemeinschaft mit den Franzosen« auffordere. Demzufolge tendierte Frankreichs spätere Tätigkeit in Afrika zur politischen Besitzergreifung.
Während des Siebenjährigen Krieges besetzten die Engländer die französischen Faktoreien in Senegal. 1763, nach Abschluß des Krieges, gaben sie Gorée zurück, um sich dort allerdings noch einmal, während des amerikanischen Unabhängigkeitskrieges, für einige Zeit niederzulassen. Nach Kriegsende sprach der Vertrag von 1783 Saint Louis und Gorée wieder Frankreich zu.
1789, nach Ausbruch der Französischen Revolution, wurde im Namen von Saint Louis den Generalständen in Paris von einem gewissen Lamiral eine Beschwerdeschrift überbracht; sie klagte die Kompanien an, ihre Privilegien zu mißbrauchen. Die Privilegien gehörten nun dem Ancien Régime an, und 1791 wurde die Handelsfreiheit proklamiert.
Während der napoleonischen Kriege bemächtigte sich England der französischen Kontore. 1815 gab es Frankreich allerdings Arguin und Portendik (in Mauretanien), Gorée und Rufisque, die Bissago- und die Losinseln sowie seine alten Rechte in Gambia und Casamance zurück. Da aber der Sklavenhandel gleichzeitig abgeschafft worden war, verschwand der wichtigste Anreiz für die Kaufleute, diese ungastlichen Landstriche aufzusuchen.
So waren es denn auch die Idealisten, die dort nun zu siedeln versuchten. 1817 ging eine ›philanthropische Kolonialgesellschaft‹ in Dakar mit 200 Kolonisten an Land, die sich allerdings nicht zu akklimatisieren vermochten. Die auffallendste Episode war der Untergang des Auswandererschiffes ›*Méduse*‹ und die Odyssee ihrer verschmachtenden Schiffbrüchigen auf einem Floß.
1819 war 100 km stromaufwärts von Saint Louis eine Modellfarm, die ›Sénégalaise‹, gegründet worden. Der Gärtner Richard unternahm dort die ersten Versuche auf dem Gebiet der afrikanischen Tropenlandwirtschaft. Sein Name lebt in der Bezeichnung der Konzession Richard-Toll fort. 1840 wurden die ersten Erdnüsse, in große Säcke verpackt, nach Marseille ver-

schifft. Da die Ölpressung sehr befriedigend ausfiel, war die landwirtschaftliche Ausrichtung Senegals endgültig vorgezeichnet. Noch heute ist die Erdnuß Senegals Hauptprodukt.
1833 hatte das französische Gesetz jeder in den französischen Kolonien frei geborenen oder befreiten Person die Gesamtheit der politischen und bürgerlichen Rechte eines französischen Bürgers zugestanden. Zumindest theoretisch wurde der *Code civil* auf jedermann anwendbar. Während der Revolution von 1848 bestimmte das Dekret der Zweiten Republik, das in den französischen Kolonien die Sklaverei abschaffte, daß »die von Knechtschaft gereinigten Kolonien ... in der Nationalversammlung vertreten sein werden«. Noch im selben Jahr entsandte Senegal einen Deputierten nach Paris.

Mit dem Zweiten Kaiserreich wurde eine neue Phase französischer Kolonialpolitik eingeleitet. Für Napoleon III. deckte der Begriff ›Empire‹ nicht nur das französische Mutterland, sondern umfaßte auch die Kolonien. Der Senatsbeschluß von 1854 bestimmte, daß die Kolonien durch ›kaiserliches Dekret‹ regiert werden sollten. Dieses Dekretsystem sollte merkwürdigerweise auch unter der Dritten Republik aufrechterhalten werden, deren Kolonialreich weiterhin durch Dekretverordnung nach der Rechtsgrundlage des ›Second Empire‹ regiert wurde. Die erste Folge dieser Ordnung bestand für Senegal im Verlust seines Abgeordneten im französischen Parlament. Erst 1871, nach dem Sturz Napoleons III., konnte er dort wieder Einzug halten.
Gerade die Anwendung eines Dekretregimes zeigte aber, gerade wegen seiner angestrebten juristischen Kohärenz, deutlich die Widersprüche auf. Saint Louis und Gorée (später auch Dakar und Rufisque) hatten den Status französischer Gemeinden erlangt. Wer aus diesen Gemeinden gebürtig war, war folglich französischer Bürger und damit dem französischen Recht unterworfen. Konsequenterweise hätte also eine Anzahl mohammedanischer Bürger von Saint Louis wegen Polygamie unter Anklage gestellt werden müssen, was natürlich nicht geschah. Eine *de-facto*-Ordnung setzte sich allmählich durch und erlangte Gesetzeskraft. Drei Bevölkerungskategorien lebten in Französisch-Afrika nebeneinander: die Gebürtigen der vier senegalesischen Gemeinden, die trotz ihrer französischen Staatszugehörigkeit über einen vom gemeinen Recht abweichenden persönlichen Status verfügten, dann die französischen Bürger, schließlich die französischen ›protégés‹ oder Untertanen. Diese konnten zwar französische Bürger werden, mußten sich aber dann dem gemeinen französischen Bürgerrecht unterstellen.
Eine andere Folge der Dekretordnung war, daß auch unter der Dritten Republik die französische Kolonialhierarchie ihrem We-

sen nach autoritär blieb. Der nur seinem Minister verantwortliche Generalgouverneur war ein eigentlicher Prokonsul an der Spitze einer Befehlshierarchie, die in europäische Gouverneure, Kreis- und Bezirkskommandanten sowie afrikanische Kantons- und Dorfvorsteher gegliedert war. Auf keiner Ebene bestand Gewaltentrennung. Die exekutive, legislative und richterliche Gewalt war (in gewissen Grenzen) in einer Person vereinigt. Der Kreiskommandant konnte beispielsweise eine zweiwöchige Gefängnishaft verhängen.
Abgesehen von kleinen Veränderungen blieb dieses System in den französischen Kolonien bis zum Zweiten Weltkrieg in Kraft.

II. FRANZÖSISCH-WESTAFRIKA

Die Schaffung des französischen Kolonialreiches in Westafrika ist vornehmlich mit einem Namen verbunden, mit dem des Generals Faidherbe. Sein Einfluß sollte sich ebenso sehr durch sein Talent und sein persönliches Ansehen wie durch die Richtung, die er der französischen Kolonialpolitik während seiner zehnjährigen Verwaltungszeit (1854–1865) vorzeichnete, als bestimmend erweisen.
Als Pionieroffizier sah er in der Kolonisation weniger ein kaufmännisches Unternehmen, das sofort Resultate zeitigen mußte, als vielmehr die militärische Einsetzung eines Systems, dessen Ziel die Befriedung und Verwaltung war und das selbstverständlich zu Wohlstand führen sollte. Im Kielwasser der Befriedung würden sich nämlich Händler, Kolonisten und Pflanzer dort niederlassen können, wo sie sich Erfolg versprechen durften. Faidherbe, ohne Zweifel ein Militär, aber ebensosehr Administrator, Gründer von Städten und Erbauer von Straßen, ein Liebhaber der Geschichte, Geographie, Ethnologie und Sprachwissenschaft, ein willensstarker, autoritärer, unter den Afrikanern hochangesehener Kolonisator, sollte für mehrere Generationen französischer ›Reichserbauer‹ wegweisend sein.
Auch die geographische Richtung des französischen Vordringens nach Schwarzafrika wurde von Faidherbe bestimmt. Sie hatte in Senegal ihren Ausgangspunkt und folgte dann mehr oder weniger dem Breitenkreis flußaufwärts auf dem Senegal und abwärts auf dem Niger in Richtung Tschad und darüber hinaus. Für die französischen Kolonialpolitiker wurde die Achse Senegal-Niger-Tschad zur Grundlage ihrer Kolonialdoktrin und zu ihrem eigentlichen Glaubensartikel, wie etwa für die Briten in Südafrika die ›North Road‹. Faidherbes Interesse galt kaum der Küste, obwohl sie reicher und leichter zugänglich war, wie

die Briten bewiesen, die sich an der Goldküste und in Nigeria niederließen. Man kann sich fragen, warum Faidherbe diese Richtung eingeschlagen hat, deren Konsequenzen sich auf die Geschichte, die Geographie und die Wirtschaft Französisch-Westafrikas auswirken sollten, und warum er den Schwerpunkt seiner Politik mehr in der sudanesischen als der guinesischen Zone sah. Da er kein Seemann war, dürfte man zunächst annehmen, daß er sich von den Küsten und der Schiffahrt weniger angezogen fühlte. Dennoch war er es, der auf einer der bestangelegten Reeden der Welt 1857 den Hafen und die Stadt Dakar erbauen ließ.

Wahrscheinlich waren für seine Politik drei Faktoren ausschlaggebend gewesen. An erster Stelle die Richtung, die Napoleon III. der französischen Politik in Nordafrika gab. Das Zweite Kaiserreich stieß in Südalgerien bis zu den Oasen von Wargla und Tugurt vor. Napoleon III. träumte damals von einem ›arabischen Königreich‹ französischer Prägung (das zu jenem Zeitpunkt allerdings weniger realisierbar schien als sein zweiter Traum, die italienische Einheit). War es also nicht die Aufgabe Frankreichs, sich die Kontrolle über die südsaharische Zone zu sichern, das heißt die Zone zwischen Sudan, Niger und Tschad? Auch strategisch fiel ins Gewicht, daß die Küste auf lange Sicht nur dann sicher gehalten werden konnte, wenn man auch das Landesinnere kontrollierte, was die Briten an der Goldküste und sogar in Nigeria erfuhren.

Endlich – und vielleicht war dies entscheidend – entzündeten sich Faidherbes stets überwache Neugier und lebendige Phantasie an der Erinnerung an die sudanesischen Reiche, auf deren oft zerfallene, aber an vergangenen Ruhm und Lebenskraft gemahnende Spuren seine Kolonnen stießen.

Eine erlauchte Gesellschaft von Forschungsreisenden war bereits vor Faidherbe vom geheimnisvollen Glanz des nigerischen Sudan betört worden. Der Name Timbuktu hatte sie angezogen und das Geheimnis des Nigers ihre Neugier geweckt, von dem man selbst zu Beginn des 19. Jahrhunderts noch nicht wußte, ob er sich in ein Binnenmeer entwässere oder in den Kongo münde, nicht einmal, ob er von Westen nach Osten oder in umgekehrter Richtung fließe.

1791 fuhr der Engländer Houghton den Gambiafluß hinauf. Unterwegs nach Timbuktu wurde er jedoch in der Nähe von Nioro ausgeraubt und ermordet.

Vier Jahre später befuhr der schottische Arzt Mungo Park denselben Fluß, gelangte über den Oberlauf des Faleme hinaus und erreichte bei Segu den Niger, wo er feststellte, daß der Strom nach Osten floß. Erschöpft kehrte er 1797 nach London

zurück, um der ›African Association‹, einer geographischen Gesellschaft, die seine Expedition finanziert hatte, von seinen Entdeckungen zu berichten und eine zweite Expedition vorzubereiten. Im Jahr 1805 brach er zum zweitenmal auf, diesmal mit der Unterstützung und im Auftrag der britischen Regierung und mit dem Ziel, dem Lauf des Nigers so weit wie möglich zu folgen und den Atlantik auf einem neuen Weg zu erreichen. Seine Begleitung setzte sich aus vier Zimmerleuten für den Bau geeigneter Flußboote, vierunddreißig europäischen Soldaten und einer ganzen Karawane kleiner Esel zusammen. Als Parks Kolonne den Niger erreichte, war sie nicht nur durch einheimische afrikanische Führer erpreßt, sondern auch durch Krankheit dezimiert worden, so daß sie auf Park, einen Zimmermann und sechs Soldaten zusammengeschmolzen war. Die übrigen waren entlang ihres Weges flüchtig begraben worden. Sie bestiegen ein kleines Flußboot, das sie auf den Namen des Flusses ›Dioliba‹ tauften. Bei den Stromschnellen von Bussa verliert sich ihre Spur. Man hat nie erfahren, ob sie ertranken oder ob sie ermordet wurden. Vor ihrem Verschwinden hatten sie nach London berichten können, daß der Niger von einer bestimmten Stelle ab von Norden nach Süden fließe.
Eine ganze Reihe britischer Forschungsreisen endete zwischen 1815 und 1825 in der Katastrophe. Afrika gab seine Geheimnisse nicht umsonst her. Die zu schwerfälligen und mit überflüssigen Utensilien ausgerüsteten Kolonnen kamen nur langsam vorwärts. Einem französischen unbemittelten Marineangestellten, Mollien (übrigens ein Überlebender der ›*Méduse*‹-Katastrophe), gelang dagegen mit Hilfe eines Tekrurifführers und eines Esels eine erfolgreiche Expedition. 1818 durchquerte er die Ferlowüste und den Futa Toro; er entdeckte die Quellen des Gambia, des Rio Grande, des Falémé und des Bafing. Die hartnäckigen Briten versuchten ihrerseits, auf einem anderen Weg ins Landesinnere vorzudringen, diesmal vom Mittelmeer aus. 1823 erreichten Clapperton und Denham von Tripolis aus den Bornu, den Tschadsee, Sokoto und Chari. 1825 kehrten sie nach Tripolis zurück. Als erste Europäer, die bis zum Tschadsee gelangt waren – genauer, die davon zurückkehrten – bewiesen sie, daß der Niger nicht in den Tschadsee mündet. Eine neue Expedition führte Clapperton, diesmal von Lagos in Nigeria aus, nach Sokoto, wo er starb. Aber 1830 fuhren seine Gefährten, die Brüder Lander, auf dem Niger von den Stromschnellen von Bussa aus, wo Mungo Park spurlos verschwunden war, bis zum Ozean hinunter und sicherten damit den Briten eine Vormachtstellung am Unterlauf des Nigers. Wir haben bereits erwähnt, wie René Caillé 1828 nach Timbuktu gelangte, dessen Abenteuer in ganz Europa Aufsehen erregten.

Der große Name der Epoche ist jedoch der des Deutschen Heinrich Barth, der, mit nur geringen Mitteln und lange Zeit totgeglaubt, fünf Jahre lang, von 1850 bis 1855, den ganzen Sudan durchstreifte. Er blieb sieben Monate in Timbuktu und brachte eine ungeheure Fülle von Dokumenten und Informationen heim, die er in fünf Bänden (1857–1858) veröffentlichte und so Europa das Gesicht einer fast ungeahnten und begeisternden Welt enthüllte.
Es ist kaum verwunderlich, daß sich Faidherbe und seine Nachfolger in diese Richtung gezogen fühlten, auch wenn sie dabei vielleicht den wirtschaftlichen Faktoren nicht Rechnung trugen.
Faidherbe gewährleistete die Sicherheit auf den Hauptstraßenzügen Senegals und legte jene Stützpunkte zur späteren Einigung des Territoriums an, die seine Nachfolger ausbauten. Am Ufer des Senegal ließ er die Stationen von Matam, Bakel und Medine errichten, die auf einer 1000 km langen Strecke den künftigen Vormarsch nach Osten anzeigten. Er lenkte den von El Hadj Omar auf Senegal ausgeübten Druck ab und besetzte den Futa Toro. Auch entsandte er die Mission Mage und Quintin mit dem Auftrag, den Oberlauf des Nigers zu erforschen. Ahmadu, der Sohn El Hadj Omars, hielt sie 1866 einige Zeit als Gefangene in Segu zurück. Auch die Mission Leutnant Lamberts in den Futa Djalon geht auf Faidherbe zurück.
Vor allem aber schuf er die Kolonie Senegal und setzte einen Verwaltungsapparat ein, der der weiteren französischen Kolonisation in Afrika als Vorbild diente. Auch gründete er Schulen, eine Zeitung und eine Bank von Senegal. Schon zu seiner Zeit exportierte Senegal jährlich mehrere tausend Tonnen Erdnüsse.
Nach dem Ausscheiden Faidherbes, nach dem Sturz Napoleons III. und der Niederlage Frankreichs von 1871 verlangsamte sich vorübergehend die französische Expansion. Dennoch begann gerade in der Zeit ein Gouverneur von Senegal die Errichtung einer Straße, die Kayes am Senegal mit Bamako am Niger verbinden sollte.
Nach 1880 gab Jules Ferry, einer der Ministerpräsidenten der Dritten Republik, der kolonialen Expansion Frankreichs neue Impulse. Da sich eine von Gallieni befehligte Militärmission ebenfalls mit Ahmadu hatte auseinandersetzen müssen, wurde in Kayes eine Militärbasis angelegt. Daraufhin wurde der französische Vormarsch wiederaufgenommen und Ahmadu und Samori zurückgedrängt. Am Niger wurden Bamako 1883, Mopti 1887 erreicht. Dann wurde der Bau einer Eisenbahn in Angriff genommen, die den Senegal mit dem Niger, Bamako mit Dakar, den Sudan mit der atlantischen Küste verbinden sollte.
Die Kolonie des französischen Sudan wurde 1892 gegründet. Archinard, ihr erster Gouverneur, stieß gegen Timbuktu vor,

das 1893 erreicht wurde, aber erst 1898 endgültig von den Tuareg gesäubert werden konnte. Vom Sudan aus besetzte er Oberguinea: Kankan, Kurussa, Kissidugu.
Ein Ordonnanzoffizier Faidherbes, Binger, erforschte den Süden des französischen Sudan. Im Mossiland wurde er vom Herrscher, dem Mogho-Naba, herzlich empfangen. Er besuchte auch die Gegend von Kong. Da man ihn verschollen glaubte, brach Treich Laplène, ein Handelsvertreter des Kontors von Assinie an der Elfenbeinküste, auf, um ihn zu suchen. In Kong stieß er auf den Gesuchten und brachte ihn nach Grand-Bassam an der Atlantikküste. Die Verbindung zwischen dem Sudan und dem Atlantik über das Mossiland war damit hergestellt. Strategisch kam dem französischen Sudan erstrangige Bedeutung zu. Er war die Basis der französischen Kolonisation in Westafrika, die Drehscheibe zwischen der alten Kolonie des Senegal, den Kontoren an der Elfenbeinküste (Grand-Bassam und Assinie), den französischen Kontoren von Guinea (Dubreka) und Dahome, wo Frankreich 1882 Porto Novo unter sein Protektorat gestellt hatte.
In Guinea akzeptierte der Almami des Futa Djalon 1882 das Protektorat Frankreichs. Der Vertreter Frankreichs, Ballay, gründete 1890 Conakry und ein Jahr später die Kolonie Guinea. Er stellte so die Verbindung zwischen der Küste und dem Savannengebiet her, in das Archinard, der Gouverneur des Sudan, seinerseits vorstieß. 1896 war die Befriedung beendet. 1893 wurde die Kolonie der Elfenbeinküste geschaffen und der Forscher Binger zu ihrem ersten Gouverneur ernannt.
In Dahome wurde der König von Abomey, Gbehanzin (oder Kondo, 1889–1894) mit Waffengewalt gezwungen, die Anwesenheit der Franzosen in Kotonu zu dulden. 1894 nahmen die Franzosen Abomey ein; Gbehanzin mußte sich unter das Joch beugen. Damit wurde die Kolonie Dahome geschaffen. 1896 bewegte die Expedition Voulet-Chanoine die Mossi von Yatenga und Waga, das Protektorat der Franzosen anzuerkennen.
Alle diese verstreuten Niederlassungen sollten unter einer Oberverwaltung zusammengefaßt werden. Daher schuf Frankreich 1895 in Dakar das Generalgouvernement Französisch-Westafrika, das einer zivilen Autorität unterstellt wurde. Es umfaßte zuerst die vier Territorien Senegal, Sudan (der vorübergehend Obersenegal-Niger hieß), Guinea und die Elfenbeinküste. Dahome wurde ihm 1899 angegliedert, Obervolta 1919 und Mauretanien 1920.
Da die Franzosen weiter in die Sahara vordrangen, wurden mit den Briten Verträge abgeschlossen. 1890 untersagte die *Royal Niger Company* den Franzosen, sich über das Sultanat von Sokoto, den Bornu, das Airgebiet und Adamaua weiter aus-

zudehnen. Frankreich willigte ein, die Linie Say-Marua nicht zu überschreiten. Die vom französischen Offizier Monteil befehligte Grenzziehungskommission, die in Senegal aufgebrochen war und den Sudan durchquert hatte, wurde ab Sikasso zu einer eigentlichen Forschungsexpedition. Sie stieß in unkontrolliertes und schlecht bekanntes Territorium vor und gelangte bis nach Say am Niger (nahe Niamey), bis wohin sich die Ansprüche der *Royal Niger Company* erstreckten. Monteil durchquerte Sokoto und gelangte nach Kano, dann nach Kuka. Er stellte fest, daß die englische Präsenz eine mehr fiktive als tatsächliche war und daß der Vertrag der Briten mit dem Herrscher von Sokoto eine Anzahl von Gebieten nicht miteinschließen konnte, da diese, vor allem Djerma und Gobir, dessen Herrschaftsgewalt nicht unterstanden. Monteil sicherte so für Frankreich neue Gebiete, die ein weiteres französisches Vordringen in Richtung Tschad ermöglichten. Die 300 km von Tschad entfernte Station Goure wurde 1903 angelegt. 1904 wurde das Airmassiv besetzt, ein Jahr später Bilma im Kawar, was aber nicht ohne die Unterdrückung einiger Aufstände gelang. Die Grenze mit Britisch-Nigeria wurde 1904 gezogen. 1906 wurde die von Sokoto losgelöste Region von Konni Frankreich zugeschlagen. Das Militärterritorium des Niger wurde 1910 vom Sudan abgetrennt und dem Generalgouvernement angegliedert. Die Schaffung der Nigerkolonie fällt ins Jahr 1922. Die Föderation Französisch-Westafrika umfaßte damit acht Kolonien oder Territorien. Diese Föderation blieb bis zu dem Zeitpunkt bestehen, da Frankreich seinen alten Territorien die Autonomie zugestand. Inzwischen wurde eine einzige, ausschließlich verwaltungstechnische Änderung vorgenommen: Von 1932 bis 1947 wurde Obervolta, welches das Mossiland umfaßte, vorübergehend der Elfenbeinküste einverleibt.

III. FRANZÖSISCH-ÄQUATORIALAFRIKA

Wesentlich tiefer im Süden, im südlichen Urwald, hatten die Väter des Heiligen Geistes 1844 die Mission von Sainte Marie du Gabon gegründet. Verträge mit lokalen Fürsten gestatteten den Franzosen die Niederlassung an verschiedenen Stellen der Gabunmündung. 1849 wurde, wie schon erwähnt, Libreville gegründet. Der dreiundzwanzigjährige französische Marineoffizier italienischer Abstammung Savorgnan de Brazza ließ sich 1875 einen Jahressold vorstrecken, um mit einem Arzt, einem Quartiermeister und zwölf schwarzen Matrosen eine Aufklärungsmission durchzuführen. Zuerst folgte er dem Lauf des Ogowe bis in die Nähe seines Quellgebietes. Dann verließ er den Fluß, um seine Erforschung zu Fuß in östlicher Richtung fortzusetzen. Nach einer Aufklärungsexpedition, die fast drei Jahre gedauert hatte, kehrte er zurück, um aber sofort von neuem aufzubrechen, diesmal mit Unterstützung der französischen Regierung. Jules Ferry gab ihm den Auftrag, den Kongo vor Stanley zu erreichen, der ebenfalls, wie gewöhnlich außerordentlich gut ausgerüstet, zum Kongo unterwegs war. 1880 fuhr Savorgnan de Brazza ein zweitesmal den Ogowe hinauf, gründete die Station Franceville, überquerte das Batekeplateau und erreichte den Kongofluß. Im Namen Frankreichs schloß er mit dem Batekeherrscher einen Vertrag ab, bevor er sich auf dem rechten Kongoufer zur Rückreise aufmachte, wobei er auf Stanley stieß. Da kehrte dieser auf das linke Kongoufer zurück und gründete dort Leopoldville. Das von Brazza erforschte rechte Kongoufer, wo er mit den lokalen Machthabern Verträge geschlossen hatte, wurde auf der Berliner Konferenz von 1885 Frankreich zuerkannt. Ein Jahr später wurde Brazza zum Generalkommissar des französischen Kongo ernannt, dem 1888 auch Gabun angegliedert wurde.

Eine ganze Reihe von Aufklärungsmissionen wurde nun gegen Norden in Richtung Tschad geführt. Zuerst wurden das Ngoko- und das Sanghabecken erforscht und die Grenze mit dem Kongo-Freistaat am Ubangi festgelegt, der als Grenzfluß bezeichnet wurde. 1892 traf sich Brazza am Oberlauf des Sangha mit einer französischen, am Niger aufgebrochenen Kolonne. Andere Missionen erforschten das Tal des Chari, der in den Tschadsee mündet, und suchten die Lokalherrscher durch Verträge an Frankreich zu binden.

Der weitere französische Vormarsch stieß indessen im Herrschaftsgebiet Rabehs auf Widerstand. Dieser Rabeh war der letzte der großen afrikanischen Abenteurer. In Sennar am Blauen Nil geboren, war er zuerst im Sold Zubeirs, eines mächtigen Sklavenhändlers im Bahr el Ghazal, Sklavenjäger gewesen. Zubeir, auch Ziber Pascha genannt, war 1870 von Kairo zum Gouverneur des Bahr el Ghazal ernannt worden. Da er sich aber auf eigene Rechnung den Darfor eroberte, wurde er von der ägyptischen Regierung nach Kairo zurückbeordert, die sich von seiner Machtfülle und seinem Unabhängigkeitsdrang beunruhigt fühlte und ihn in Kairo ins Gefängnis warf. Sein Sohn Sulaiman stellte sich jedoch an die Spitze einer Aufstandsbewegung. Der Khedive Ismail, der einen Briten zum Gouverneur seiner ›Äquatorialprovinz‹ am oberen Nil gemacht hatte. sandte diesen Gouverneur, General Gordon, gegen Sulaiman aus, der 1879 geschlagen wurde. Rabeh sammelte jedoch die Überlebenden dieser Schlacht, flüchtete mit 150 Gewehren ins Sumpfgebiet des Bahr el Ghazal und warb eine Anzahl kleiner

Abenteurer an, unter denen sich einige Araber und arabische Mischlinge befanden. Mit seinen militärisch organisierten und von Offizieren und Unteroffizieren befehligten Truppen, die Infanterie und Kavallerie umfaßten, unterwarf er sich durch Terror das unermeßliche Gebiet zwischen Darfor, Ubangi und Tschad. Seine Herrschaft wurde im Wadai, Bagirmi und Bornu anerkannt und dehnte sich auch auf die Chariregion aus. Als er sich 1896 die letzte Bornuprovinz unterwarf, war er im Begriff, eine riesige ausgebreitete zentralafrikanische Machtstellung zu schaffen. Deshalb forderte Gauranga, der Sultan von Bagirmi, von den Franzosen Hilfe an. Rabeh ließ jedoch die zu Gaurangas Unterstützung entsandte französische Kolonne Bretonnet niedermetzeln und den französischen Forschungsreisenden de Béhagle 1899 hängen.
Gerade in dieser Zeit, um die Jahrhundertwende, gelang aber den Franzosen die langersehnte Verwirklichung eines Projektes, das die Vereinigung dreier Kolonnen in der Tschadregion vorsah, von denen die erste in Südalgerien, die zweite im Sudan und die dritte im Kongo aufgebrochen war. Dieses Unternehmen sollte aller Welt die Einheit des französischen Kolonialreiches in Afrika vor Augen führen. Der ehrgeizige Plan gelang aber nur unter Überwindung dramatischer Zwischenfälle.
Die in Wargla in der Nordsahara aufgebrochene Mission Foureau-Lamy wurde im Airmassiv von den Tuareg heftig angegriffen und konnte nur unter größten Anstrengungen Agadès verlassen, wo der Sultan sie zurückzuhalten suchte.
Die im Sudan aufgebrochene Kolonne stand unter der Führung der Hauptleute Voulet und Chanoine, die offenbar in plötzliche geistige Umnachtung fielen und den Obersten Klobb, der zu ihnen gestoßen war, ermordeten. Sie selbst wurden am folgenden Tag von ihren Leuten umgebracht. Unter Führung von Joalland und Meynier setzte der Rest der Kolonne den Weg in Richtung Tschad fort, besetzte Zinder und vereinigte sich am Neujahrstag 1900 in Fort Archambault am Ufer des Logone mit der Kongokolonne. Am 21. April 1900 trafen die drei Kolonnen am linken Ufer des Chari zusammen. Der Chef der Kongokolonne, Gentil, ein hoher Verwaltungsbeamter, war von der französischen Regierung mit Vollmachten ausgestattet worden. Major Lamy übernahm das militärische Kommando der drei vereinigten Kolonnen, die Rabeh angriffen und ihn in der Schlacht von Kuseri besiegten und töteten. Auch der französische Kommandant fiel bei diesen Kämpfen.
Im September 1900 schuf die französische Republik die Militärregion von Tschad, die in der Folge aber nicht Westafrika, sondern Französisch-Äquatorialafrika angegliedert wurde.
Die französischen Pläne gingen aber noch weiter. Der Gouver-

neur Lagarde ließ sich zunächst in Obok, dann (1892) in Dschibuti nieder, wo er die Kolonie der französischen Somaliküste gründete. In einem 1897 unterzeichneten Abkommen erklärte Kaiser Menelik von Äthiopien, daß er Dschibuti als den »offiziellen Ausfuhrhafen des äthiopischen Handels« ansehe. Frankreich baute daraufhin eine Eisenbahn zwischen Dschibuti und Addis Abeba. Aber zwischen Tschad, wo Frankreich sich anschickte, Fuß zu fassen, und Äthiopien, zu dem Frankreich gute Beziehungen unterhielt, liegt das Tal des oberen Nils.
Schon 1891 hatte Savorgnan de Brazza seine Generalvertreter am oberen Ubangi beauftragt, »allmählich jene Gebiete in Besitz zu nehmen, die uns zugänglich sind, und sie in ein französisches Territorium umzuwandeln, das über einen offenen Zugang zum Nil verfügt«. 1896 beschloß die französische Regierung, eine Militärkolonne unter dem Kommando Hauptmann Marchands aufzustellen mit dem Auftrag, Faschoda am Nil einzunehmen. Anfang 1897 verließ Marchand Brazzaville und führte ein altes Schiff, die ›Faidherbe‹, mit sich durch den Busch vom Kongo- zum Nilbecken. Am 10. Juli 1898 erreichte er den Nil und stand plötzlich der Armee des Mahdi gegenüber. Mohammed Ahmed el Mahdi, ein fanatischer Mohammedaner, der 1881 den Aufstand des Ostsudan gegen Ägypten geführt hatte, entsandte zuerst eine Flottille gegen den in Faschoda verschanzten Marchand, der diesen Angriff am 23. August 1898 aber abschlagen konnte.
Zur gleichen Zeit unterstützten die Briten Ägypten bei der Rückeroberung des Sudan von den Mahdisten, an die es die Region für einige Zeit hat abtreten müssen. Der Engländer Kitchener hatte die ägyptische Armee neu aufgestellt, ausgebildet und ausgerüstet. An ihrer Spitze zog er nilaufwärts und eroberte 1896 die Provinz von Dongola, 1897 Berber, an der Einmündung des Atbaraflusses, und 1898 Khartum zurück, nachdem er die mahdistischen Streitkräfte in Omdurman geschlagen hatte. In Khartum erfuhr er von der Anwesenheit des Franzosen Marchand in Faschoda. Mit seiner kleinen Flotte fuhr er die 650 km, die Khartum von Faschoda trennen, nilaufwärts und stieß auf Marchand, der sich weit überlegenen Kräften gegenübergestellt sah.
Die Lage war kritisch und löste in der öffentlichen Meinung Frankreichs eine heftige Reaktion aus. Auf Befehl der französischen Regierung mußte sich Marchand zurückziehen. Der Traum eines französischen Imperiums vom Atlantik zum Indischen Ozean war angesichts des britischen Willens nach Errichtung eines Imperiums von Kairo zum Kap ausgeträumt. Wahrscheinlich wurde in jenem Herbst 1898 der Krieg zwischen Frankreich und England nur um Haaresbreite vermieden.

Man kann sich fragen, in welchem Ausmaß und in welcher Richtung die französische Kolonisation in diesem Stadium und bis zum Ersten Weltkrieg die Lebensart der 12 bis 15 Millionen Afrikaner beeinflußt hat, die zumindest nominell in dieses System eingegliedert waren. Die Massen – wenn man in einem Gebiet, dessen Bevölkerungsdichte nirgends 10 Menschen pro Quadratkilometer überstieg und meistens darunter lag, überhaupt von Massen sprechen kann – hatten wenig Gelegenheit, mit der französischen Verwaltung in Berührung zu kommen. Die ›französische Präsenz‹, wie sie genannt wurde, war mit Ausnahme einiger Zentren eine äußerst schwache, wie auch die französischen Handelsniederlassungen wenig zahlreich waren. Abgesehen von den Verwaltungsaufgaben wurde die Verbindung mit der Bevölkerung meist von libanesischen oder syrischen Händlern aufrechterhalten, die auch die Landesprodukte einsammelten und den kleinen Handel betrieben.
Die französische Präsenz war in erster Linie eine verwaltungstechnische, zeitweilig und am Rand eine militärische. Die Forderungen dieser Verwaltung waren, alles in allem, gering. Aber sie berührten einen empfindlichen Punkt, die Zwangsarbeit. Der Afrikaner, der zu der von ihm als demütigende Beschäftigung empfundenen Arbeit gezwungen wurde, machte keinen Unterschied zwischen einer Arbeit von öffentlichem Interesse, die ihm selbst oder den Seinen eines Tages zum Nutzen gereichen würde, und der Arbeitsverpflichtung zugunsten eines Privatmannes, wie das in den portugiesischen Kolonien oder in Südafrika der Fall war. In den französischen Kolonien wurde Zwangsarbeit grundsätzlich nicht oder nur mißbräuchlich zu privaten Zwecken verlangt. Aber der Afrikaner, den man im Busch aufsuchte und dem man eine Hacke in die Hand drückte, erfaßte diese Nuance kaum. Wenn er sich dieser Verpflichtung zu entziehen suchte, wurde er von der Verwaltung, dem weißen Kreiskommandanten oder dem schwarzen Kantonsvorsteher, verfolgt, die für die Ausführung der Arbeiten verantwortlich waren und nicht zögerten, Zwang, zuweilen auch Gewalt anzuwenden. In Französisch-Westafrika waren bis 1920 20 000 km Straßen gebaut worden, bis 1930 60 000 km, und 1940 waren es bereits 100 000 km, davon 27 000 km zu jeder Jahreszeit benutzbar, und etwa 4000 Kilometer Schienenstrecken. Es wäre irrig, anzunehmen, daß dies alles nur gutwillig erreicht worden sei. Aber ebenso falsch wäre es, zu glauben, daß diese Ergebnisse der Kolonisation nur über Berge von Leichen verwirklicht wurden. Auch wäre es unrichtig, zu behaupten, daß die Afrikaner ihrem Naturell nach jede Arbeit verabscheuten. Die Zünfte der

Handwerker, Weber und Schmiede sind sehr fleißig. Die Bauern wissen ihre karge Erde mit primitiven Geräten zu bearbeiten; aber diese landwirtschaftlichen Arbeiten werden gemeinschaftlich erledigt. Die Rodung, die Bearbeitung der Erde mit der Hacke, die Aussaat und Ernte, dies alles wird im Gruppenverband geleistet, unter Scherzen, bei Tanz und Gesang. Dadurch gewinnt die Verrichtung der Arbeit den Charakter eines feierlich-fröhlichen Rituals eher als denjenigen einer wirtschaftlich und ethisch fundierten Pflichterfüllung, wie es im christlichen Europa der Fall ist. Aber die von der Kolonialverwaltung angeordneten Arbeiten fielen aus diesem Rahmen. Mit der Ausdehnung ihres Einflußbereichs brach die französische Kolonisation eine Reihe von Widerständen. Die bekanntesten wurden durch die Namen El Hadj Omar, Ahmadu, Samori und Rabeh angedeutet. Aber es wäre ungerecht, alle diese Namen im selben Atemzug zu nennen, wo doch, um von einem Extrem zum anderen zu gehen, El Hadj Omar nicht nur Krieger, sondern auch ein Mystiker und Weiser war, während Rabeh nichts als ein blutrünstiger Sklavenjäger war. Es ist kein Euphemismus, wenn sich die französische Kolonisation in Westafrika als Befriedungsaktion darstellte. Die ›französische Präsenz‹ führte, wenn auch nicht ohne auf Widerstand zu stoßen, die Sicherheit und Ruhe im Gefolge. Der Bauer konnte sein Dorf verlassen, das Kind ins Nachbardorf gehen, der Djulahändler durfte mit seinen Kolanüssen und Stoffballen die Wege im Busch unbesorgt begehen, der Fulbehirte konnte seine Herden weiden, ohne jeden Augenblick eine Razzia befürchten zu müssen oder in der ständigen Angst zu leben, niedergemetzelt oder gefangengenommen, in die Sklaverei oder zur Menschenopferung geführt zu werden. Daher begannen die ethnischen Gruppen, die bis dahin ängstlich auf engem Raum zusammengelebt und sich in Verteidigungsstellungen verschanzt hatten, in Busch und Savanne auszuschweifen, jungfräuliche Erde zu erobern, sich auszudehnen und Nahrungsmittelkulturen anzulegen. In diese Periode fällt eine intensive Kolonisierung des Buschwaldes durch die Afrikaner, die eine wichtige Sekundärerscheinung der europäischen Kolonisation darstellt. Gewiß, diese ›innere Kolonisierung‹ geschah zugunsten einer anspruchslosen und anonymen Masse, die keine geschichtliche Existenz und keine Stimme hatte, und auch zum Nachteil derjenigen, die bis dahin die Herren gewesen waren. Letztere sahen natürlich keinen Grund, der neuen Ordnung wohlwollend gegenüberzustehen, es sei denn, daß diese ihnen neue Möglichkeiten von Ansehen, Macht, Genuß oder Luxus brachte.

13. Die britische Kolonisation

I. GRUNDZÜGE

Die britische Kolonisation in Afrika weist, verglichen mit der französischen, einige recht verschiedene Züge auf. Sie war weniger romantisch und stärker auf kommerzielle Ziele ausgerichtet, aber deshalb in ihren weitgreifenden Plänen und langfristigen Projekten nicht weniger ehrgeizig. Vier Grundsätze schienen sie zu leiten.

Zuerst die Tatsache, daß sich die Seefahrernation England auf allen Meeren zu Hause fühlte. Daher erschloß sie sich vom afrikanischen Kontinent zunächst nur die Küsten. Wo sie sich niederließ, blieb sie auch so lange wie möglich unter dem direkten Feuerschutz der *Royal Navy*. Nur ungern und meist in Form von privaten, subventionierten und methodischen Forschungsreisen wagten sich die Briten ins Landesinnere.

Zweitens hatte sich die Kolonisation als ein gesundes und gewinnbringendes Geschäft zu erweisen und zu rechtfertigen. Nach den Worten Cobdens durften die Kolonien »nur nach dem Handelsverkehr, den sie anregen, eingeschätzt werden«. So strebte denn die britische Regierung weniger als die französische nach der direkten Verwaltung, sondern zog es vor, den Kolonien ein Maximum an Autonomie zuzugestehen, um ihnen allerdings auch das Maximum an finanziellen Aufwendungen zu überlassen. Nach Cobden sollten »die Regierungskosten auf ihr Konto gehen«. Anders ausgedrückt, überließ die Regierung das Risiko des Abenteuers den großen Handelskompanien, denen sie dafür eine Charta und Privilegien zugestand und notfalls auch durch eine Demonstration mit Kriegsschiffen Achtung verschaffte. Dieses Vorgehen, den englischen Kaufleuten und Konsuln sowie allen beschützten Untertanen der britischen Krone, wo sie auch seien, Anerkennung zu erzwingen, scheint eher für imperiale und maritime Routine bezeichnend, als einem ausgeklügelten und abgestimmten Plan entsprungen zu sein.

Drittens fühlte sich das fromme und humanitäre England für das Los, die Würde und die Freiheit der Eingeborenen, die ebenfalls als Gottesgeschöpfe betrachtet wurden, in seinem Einflußbereich verantwortlich. Es war nicht immer leicht, diese For-

derung mit der zuvor genannten in Einklang zu bringen, was nicht selten eine eigenartige Kasuistik zur Folge hatte.
Viertens waren die Briten vom Gedanken an den Weg nach Indien besessen. Nelson war es schließlich gelungen, Napoleon Bonaparte von Ägypten fernzuhalten. Dann hatte Großbritannien den Bau des Suezkanals durch den Franzosen Ferdinand de Lesseps geschehen lassen, ohne aber seine Bedeutung zu ermessen, solange er nur ein Projekt war, das von Lord Palmerston als Schimäre apostrophiert wurde. Nach Beendigung des Kanalbaues mußte England befürchten, von jener hochempfindlichen Stelle des Isthmus von Suez und seines Wächters Ägypten verdrängt zu werden. Nach 1869 zog England aus der vollendeten Tatsache die Konsequenz und gründete seine ganze afrikanische Politik auf die Kontrolle Ägyptens. Für Lord Salisbury, der zwischen 1885 und 1902 mehrmals englischer Premierminister gewesen war und sein Land auf der Berliner Konferenz von 1885 vertreten hatte, zählten in Afrika in erster Linie Ägypten und das Niltal, alles andere war zweitrangig.
Im Augenblick, da Afrika aufgeteilt wurde, etwa um 1880, waren die Briten (abgesehen natürlich von ihren Positionen in Südafrika, von denen wir bereits gesprochen haben) nur an vier Punkten der afrikanischen Küste vertreten, und nirgends waren sie weit über den Küstenstreifen hinausgedrungen. Diese vier Niederlassungen waren Gambia, Sierra Leone, die Goldküste und das Nigerdelta. Dazu vertrat ein sehr aktiver britischer Konsul sein Land beim Sultan von Sansibar.
Diese Niederlassungen wurden in Großbritannien als kleine Kontore betrachtet, die mehr Unannehmlichkeiten als Gewinn abwarfen. Vom afrikanischen Kontinent aus gesehen handelte es sich dabei nur um einige kleine, verstreute und isolierte Enklaven, deren Berührungspunkte mit dem Hinterland, vielleicht mit Ausnahme der Goldküste, sich auf lose Handelsbeziehungen beschränkten.
In Gambia hatten die Briten einen kleinen, praktisch bedeutungslosen Handelsverkehr angelegt, der erst dann die Aufmerksamkeit auf sich zog, als (wie schon erwähnt) die Auswirkungen der internationalen Lage die Briten von Gambia mit ihren französischen Nachbarn in Senegal zusammenstoßen ließ.
In Sierra Leone stellten sich allerdings bereits andere Probleme. An dieser Stelle der Küste hatte niemals ein ertragreicher Handel eingeleitet werden können. Freetown war im 18. Jahrhundert gegründet worden, um befreite Sklaven dort anzusiedeln, deren Nachkommen als Kreolen bezeichnet und von den Eingeborenen ungern gesehen wurden, da die Kreolen sie verachteten. Die englische Autorität erstreckte sich nur auf einen Kreis von einigen Kilometern um Freetown und wurde bis zum Ende des

19. Jahrhunderts nicht ausgedehnt. 1808 wurde die Niederlassung von Freetown zur Kolonie und das Hinterland zum Protektorat erklärt. Der Hafen diente den Kontrollbooten als Basis, die von 1807 bis etwa 1860 im Atlantik auf Sklavenhändler Jagd machten. Auch protestantische Missionen ließen sich in Sierra Leone nieder, um ihre Evangelisations- und Erziehungsaufgabe gerade unter diesen ihrem ursprünglichen Milieu entwurzelten Afrikanern durchzuführen, die infolge ihrer Befreiung an diese Stelle der Küste gebracht worden waren, zu der sie keine natürliche Beziehung hatten. Um die Mitte des 19. Jahrhunderts mögen es etwa 70 000 ehemalige Sklaven gewesen sein. Die von den protestantischen Missionen in Sierra Leone (vor allem dem theologischen Institut von Freetown, das 1845 zum *Furah Bay College* wurde) ausgebildeten Afrikaner bewiesen schnell ihre Fähigkeit, die europäische Kultur zu assimilieren und die Berufe von Missionaren, Ärzten, Rechtsanwälten, Kaufleuten und Verwaltungsbeamten zu ergreifen. Einige im *Furah Bay College* ausgebildete Afrikaner der Goldküste und Nigerias sollten in der Folge in der afrikanischen Emanzipationsbewegung eine Rolle spielen.
Es waren vor allem die Erfahrungen der Gouverneure von Sierra Leone, die England davon überzeugten, daß es nur dann das Treiben der Sklavenhändler unterbinden konnte, wenn es die afrikanischen Häfen tatsächlich kontrollierte, die von diesen benützt wurden.

II. DIE GOLDKÜSTE

Dies bewog wohl 1820 das Colonial Office dazu, die Kontore an der Goldküste zu übernehmen, die noch immer Ziel jener Aschanti-Konvois waren, welche die im Landesinnern gejagten Sklaven zur Küste brachten. Es fiel den Briten jedoch nicht leicht, das Territorium unter Kontrolle zu nehmen. Die Abkommen, die den Europäern die Niederlassung an der Goldküste gestatteten, waren in der Regel mit dem Küstenvolk der Fanti geschlossen worden. Im Jahr 1800 gab es elf holländische, acht britische und fünf dänische Forts sowie ein 1798 von den Fanti selbst errichtetes und benütztes Fort. Der Handel der Fanti bestand darin, die Sklaven von den Aschanti im Landesinnern aufzukaufen und sie dann an die Europäer weiterzuleiten. Nur die Holländer zogen es vor, sich die Kosten des Fantizwischenhandels zu sparen und direkt mit den Aschanti zu verhandeln. Die Aschanti selbst, die bis um 1700 ein geschichtsloses Bauernvolk gewesen waren, hatten in Sklavenjagd und Sklavenhandel ein sehr einträgliches Geschäft entdeckt und sich auf diese neue

Tätigkeit eingestellt. Sie betrieben im Hinterland den Wiederverkauf von Salz, Feuerwaffen, Pulver und Manufakturwaren, die sie von den Fanti oder direkt in den holländischen Kontoren erstanden hatten. Dagegen verkauften sie an der Küste die Sklaven, die sie in den Haussastaaten aufgekauft oder selbst gejagt hatten.
Um 1805 versuchten die Aschanti mit Waffengewalt, die an der Küste ansässigen Fanti zu vertreiben. Die Briten verteidigten die Fanti, die ihre Verbündeten, Handelspartner und Schützlinge waren; aber damit stürzten sie sich in einen immer wieder aufflackernden Krieg, der 1806 mit dem ersten Aschantiangriff auf die Fanti, den die Briten zu bestehen hatten, begann.
Als die Europäer das Ende des Sklavenhandels verkündeten und damit den Aschanti ihre wirtschaftliche Grundlage entzogen, flammte der Krieg 1807 wieder auf, um neun Jahre zu dauern. Die Briten wiederholten immer wieder, daß sie nach der Versöhnung zwischen Fanti und Aschanti und ihrer Verzichterklärung auf den Sklavenhandel ihnen die Forts abtreten würden. Nachdem 1816 ein provisorischer Frieden geschlossen worden war, beschloß das Colonial Office, die britischen Kontore zu übernehmen, um die Realisierung der Befriedungs- und Antisklavereipolitik zu gewährleisten. Das Ergebnis war aber zuerst bescheiden. Da der Gouverneur der Goldküste 1824 ermordet worden war, brach der Krieg gegen die Aschanti 1825 von neuem aus, und die Briten, die sich zumindest offiziell zurückziehen wollten, mußten bleiben, um zu verhindern, daß die Fanti von ihren Feinden niedergemacht würden. In diesen Krieg fällt übrigens eine merkwürdige Episode, die zeigt, wie unvorhergesehene Verkettungen zu unerwarteten Konsequenzen führen können. Nach der afrikanischen Überlieferung, die die Briten stets zu achten vorgaben, war der effektive Inhaber von Konzessionsverträgen auch der wirkliche Besitzer der betreffenden Konzession. Als daher die Aschanti die Fanti ihrer Dokumente beraubt hatten, die ihre Abmachungen mit den Briten festhielten, verlangten sie von diesen, daß künftig die vertraglichen Abgaben an sie zu entrichten seien, da sie nun im Besitz der Titel wären.
Während ihres zweiten Krieges gegen die Aschanti suchten die Briten deshalb die fraglichen Dokumente zu erbeuten, was ihnen auch gelang. Aber nun war es die britische Regierung, die als effektive Inhaberin der Papiere nach der afrikanischen Tradition auch zur Besitzerin der Forts wurde. Die britische Regierung trat diese Titel indessen einem Londoner Kaufmannskomitee ab, und die offiziellen Vertreter der britischen Regierung zogen sich von der Goldküste zurück.
Der ehemalige Offizier George MacLean, den die Kaufleute zum Verwalter dieser Dokumente ernannt hatten, war davon über-

zeugt, daß eine elastischere und weniger aufwendige Politik der Freundschaft mit den Fanti und den Aschanti die Entwicklung dieses Gebietes zu einer lebensfähigen Kolonie erlauben würde. Auf dieser Basis bereitete er nach 1830 das Terrain für eine neuerliche Niederlassung britischer Regierungsvertreter vor, die 1843 erfolgte. In Wahrheit war dies aber nur ein indirekter Erfolg MacLeans, den er vielleicht nicht einmal angestrebt hatte. Denn durch sein persönliches Ansehen, seine guten Verbindungen mit den Afrikanern und seine Kenntnis und Achtung ihrer Sitten hatte MacLean die britische Verwaltung beunruhigt. Sie befürchtete, daß dieser Delegierte der Kaufleute die ausschließlich handelspolitischen Interessen aus den Augen verlieren und eigenmächtig die britische Regierung auf eine bestimmte Politik an der Goldküste festlegen könnte. 1843 sicherte sie sich deshalb erneut die Kontrolle über die britischen Forts. 1850 traten die Dänen, 1872 die Holländer ihre Forts an die britische Regierung ab. Die von George MacLean 1831 ausgehandelte Waffenruhe zwischen Fanti und Aschanti dauerte bis 1873. 1844 war ein Abkommen zwischen Vertretern der britischen Regierung und den Fantistämmen geschlossen worden, das die britischen Behörden zu Schiedsrichtern in Stammesfehden machte. Da sie aber stets mit der Möglichkeit rechneten, daß sich die Briten nach Herstellung des Friedens erneut zurückziehen könnten, stellten sie sich auf diese Eventualität ein, indem sie ihre Verteidigung gegen ihre kriegerischen Nachbarn, die Aschanti, vorbereiteten. 1871 arbeiteten die Fanti ein Projekt einer Konföderationsverfassung aus. Da aber die britischen Behörden dieses Projekt infolge eines Mißverständnisses als gegen sie selbst gerichtet auffaßten, verhinderten sie durch ihr Veto die Inkraftsetzung der ›Mankesim Verfassung‹ und verboten den Fanti, sich zusammenzuschließen.

Nachdem die Engländer 1872 den Holländern ihre Forts und Kontore abgekauft hatten, für die die früheren Besitzer den Aschanti gewisse Abgaben bezahlt hatten, stellten die Briten diese Zahlungen ein, in der Meinung, mit der Entrichtung des Kaufpreises an die Holländer ihren Verpflichtungen genügt zu haben. Die Aschanti aber teilten diese Ansicht nicht und gingen mit Waffen gegen die Briten vor, die für sie säumige Schuldner waren. Zwar wurden die Aschanti geschlagen, aber ihr Land blieb auch weiterhin unbesetzt. Um unüberhörbar ihren Entschluß zu dokumentieren, die Fanti als ihre Verbündeten unter allen Umständen gegen die Aschanti zu schützen, erklärte England 1874 den Küstenstreifen des Fantilandes zur Kronkolonie. Die Aschanti vermochten ihre Unabhängigkeit zwar weiterhin zu behaupten, aber die Briten warteten nur auf eine günstige Gelegenheit, um ihren Widerstand zu brechen.

Diese Gelegenheit bot sich 1895. Der von den Franzosen verfolgte Samori hatte sich in die Nordterritorien geflüchtet, wo die Briten bis zu diesem Zeitpunkt noch nicht militärisch aufgetreten waren. Die Briten befürchteten nun, daß die Franzosen auf ihrer Jagd nach Samori in dieses Gebiet eindringen könnten und, wenn sie erst einmal dort Fuß gefaßt hätten, das Gebiet nicht mehr räumen würden. Um möglichen Rivalitäten vorzubeugen, stellten die Briten die Nordterritorien unter ihr Protektorat. In der Zwischenzeit hatten sich im Westen die Franzosen an der Elfenbeinküste niedergelassen, während östlich der Goldküste die Deutschen einen Teil des Ewelandes besetzt und ihm den Namen ›Kolonie von Togo‹ gegeben hatten. Die Engländer wollten weder die Franzosen noch die Deutschen in Versuchung bringen, während eines britischen Krieges gegen die Aschanti zu intervenieren. Sie beschlossen deshalb, die Aschantimonarchie abzuschaffen, so wie ein Jahr zuvor Jameson den König der Matabele, Lobengula, abgesetzt hatte.
1895 war die Lage folgende: Das Küstengebiet bildete die Kolonie der Goldküste,während die Nordterritorien britisches Protektoratsgebiet darstellten. Dazwischen lag das Aschantiland, das weder Kolonie- noch Protektoratsstatus aufwies und den Transitverkehr zwischen Kolonie und Protektorat tatsächlich kontrollierte.
Den Aschantihene (oder König der Aschanti) Prempeh beunruhigte die Aktivität britischer Agenten in seinem Gebiet, die unter dem Vorwand von Handelsgeschäften den Zusammenhalt der Aschantistämme zu zersetzen suchten. Er verbot deshalb den Transitverkehr durch sein Land und schnitt das Protektorat von der Kolonie ab. Er sandte eine Botschaft nach London, um der britischen Regierung seinen Standpunkt darzulegen. Aber der Gouverneur der Goldküste stellte ihm, ohne die Rückkehr der Gesandten abzuwarten, ein Ultimatum, das die Wiedereröffnung der Wege für den Handelsverkehr, die Abschaffung der Menschenopfer sowie die Bezahlung einer Kriegsentschädigung verlangte, die den Aschanti nach dem britischen Sieg von 1874 zwar auferlegt worden war, auf deren Erfüllung die Briten aber nicht bestanden hatten. Der Aschantihene widersetzte sich den Forderungen des Ultimatums und wartete die Rückkehr seiner Gesandtschaft ab, die aber ohne irgendwelche Resultate aus London zurückkam. Daraufhin marschierten die britischen Truppen gegen Kumasi, die Hauptstadt der Aschanti, wo sie den Tempel plünderten und Prempeh, seine Familie sowie zwei Aschantifürsten gefangennahmen und zur Küste führten. Dort wurde Prempeh abgesetzt. In Kumasi hatten die Engländer die Entrichtung einer riesigen Geldsumme von 50 000 Unzen Gold verlangt, weniger, um aus den Aschanti diese Summe

herauszupressen, als vielmehr, um ihre besiegten Gegner vor die Unmöglichkeit zu stellen, dieser Forderung nachzukommen. Überdies verlangten sie die Auslieferung des ›Goldenen Stuhles‹ des Aschantihene, damit sich Königin Viktoria zum Zeichen ihrer Herrschaftsgewalt darauf niederlassen konnte.
Dieses britische Vorgehen zeigt gewisse charakteristische Fehleinschätzungen auf, denen die Europäer in Afrika leicht zum Opfer fielen. Die Briten scheinen den Aschantihene für einen König und den ›golden stool‹ für einen Herrscherthron gehalten zu haben. In Wirklichkeit bildeten die Aschanti eine Konföderation, in der der Aschantihene einem Präsidenten vergleichbar war, der die Bundesgewalt verkörperte; der ›Goldene Stuhl‹ war kein Thron, sondern ein Symbol für den heiligen Charakter der Konföderation. Um das von den Engländern angestrebte Sakrileg zu vereiteln, versteckten die Aschanti den ›Goldenen Stuhl‹. Als 1900 der Gouverneur der Kolonie, Sir Frederic Hodgson, das Aschantiland aufsuchte, verlangte er erregt die Entrichtung der Reparationssumme, zuzüglich Zinsen in der Höhe von 30 % pro Verzugsjahr. Er bestand auf seinem Anspruch, sich auf den heiligen Stuhl zu setzen. Um diese Beleidigung zu rächen, erhoben sich die Aschanti von neuem. Sir Frederic wurde in Kumasi eingeschlossen und belagert. Nach einigen Wochen gelang es ihm, aus der Stadt auszubrechen und die Küste zu erreichen. Nun ließ er Prempeh, die Königinmutter und die Aschantifürsten nach den Seychellen im Indischen Ozean deportieren. Das Aschantiland wurde annektiert und zur Kronkolonie gemacht, die von 1902 an direkt von Großbritannien verwaltet wurde.
Das Gebiet umfaßte nun drei Zonen: die Kolonie der Goldküste, die Aschantikolonie und das Protektorat der Nordterritorien. Alle drei Sektoren wurden vom gleichen Gouverneur mit Residenz in Accra verwaltet. Ihm stand ein Exekutivrat zur Seite. Den Städten Accra, Sekondi und Cape Coast wurden eigene Gemeinderäte zugestanden, deren Vertreter teils gewählt, teils vom Gouverneur ernannt wurden.
Eine halboffizielle Organisation, die Gesellschaft zum Schutz der Rechte der Eingeborenen (*Aborigines' Rights Protection Society*) machte sich beim Gouverneur zum Fürsprecher der afrikanischen Bevölkerung. In den Nordterritorien blieb das überlieferte Häuptlingssystem erhalten.
1920 wurde zufällig der ›Goldene Stuhl‹ aufgefunden. Vier Jahre später ließ der britische Gouverneur den Aschantihene und die Seinen in ihr Land zurückkehren und erstattete ihnen auch ihren symbolischen Thron zurück.

Weiter östlich liegt eine Küstenregion, die ›Oil Rivers‹, Ölflüsse, genannt wurde. Sie stellt ein kompliziertes und gegen das Meer hin offenes System von Lagunen, Flüssen und Flüßchen dar. Auf den dazwischenliegenden Inseln wuchsen wilde Ölpalmen. Man glaubte, daß dieses Flußsystem 100 oder 200 km nördlich in den Bergen entspringe, die 1830 aber noch von niemandem erforscht worden waren. In diesem von den politisch nicht entwickelten Ibo bewohnten Gebiet gab es keine organisierten Staatswesen, mit Ausnahme des kleinen Beninreiches im Westen. 1830 tauchten die Brüder Lander, die Begleiter Clappertons, plötzlich im Gebiet der ›Oil Rivers‹ auf. Sie hatten am mittleren Niger, mitten in der Wüste, ein Boot bestiegen, sich flußabwärts treiben lassen und waren zur allgemeinen Überraschung im Gebiet der ›Oil Rivers‹ gelandet. Das Geheimnis der Nigermündung war damit gelüftet.
Auch in dieser Region wurde der Sklavenhandel betrieben. Die hier angebotenen Sklaven wurden von den europäischen Sklavenhändlern jedoch weniger geschätzt. Die Neger dieser Region waren wilder als die anderen und für etwas anspruchsvollere Arbeit ungeeignet. Es gab hier wie in Dahome keinen Staat, der für die Regelmäßigkeit, die Qualität und auch die Quantität des Angebots an menschlicher Ware bürgte, sondern nur kleine Händler, die wahllos alles auf den Markt brachten. Die Sklavenhändlerschiffe mußten in den Flüssen ankern, um an den verschiedenen Stellen, wo die einheimischen Händler gerade hinkamen, hier und da einige Sklaven aufzukaufen. Während der langen Wartezeiten litt die ›Ladung‹ beträchtlich, und es gab große Verluste. Brasilien begnügte sich indessen mit diesen Sklaven, denn sie waren billig und konnten auch als unqualifizierte Arbeitskräfte auf den großen brasilianischen Plantagen eingesetzt werden. Nachdem die Briten begonnen hatten, den Sklavenhandel zu unterbinden, zogen es die Sklavenhändler vor, sich im Gebiet der ›Oil Rivers‹ zu versorgen, wo sie in den zahlreichen Wasserläufen ohne die Befürchtung überrascht zu werden ankern konnten. Auch interessierte sich Großbritannien offiziell nicht für diese Region, die scheinbar keine große Zukunft hatte.
Dies änderte sich aber, als man erkannt hatte, daß es sich bei diesem Gebiet um das Nigerdelta handelte. Die britischen Kaufleute schenkten der Region nun vermehrte Aufmerksamkeit. Der Zuständigkeitsbereich des britischen Konsuls auf Fernando Poo wurde auch auf das Nigerdelta ausgedehnt. Lagos blieb weiterhin eine bevorzugte Basis für den Sklavenschmuggel, und zwar so sehr, daß Dahome zur Ausschaltung der lästigen Kon-

kurrenz mit seinem berühmten Amazonenkorps aus gefürchteten weiblichen Soldaten Abeokuta angriff. Aber die auf 18 000 Kriegerinnen geschätzte Streitmacht vermochte Abeokuta nicht einzunehmen. Um die Wiederholung solcher Zwischenfälle zu verhindern, besetzten die Briten 1861 den Hafen und die Stadt Lagos. Sie wandelten sie in eine Kolonie ohne Hinterland um. Die Sklavenhändler mußten sich anderswo ein neues Betätigungsfeld suchen.

1882 verlegte der britische Konsul in Fernando Poo seine Residenz an die Küste ins östlich vom Delta gelegene Calabar. Seine Gerichtsbarkeit erstreckte sich theoretisch über die ganze Küste von Lagos bis nach Kamerun. Das Gebiet war jedoch viel zu ausgedehnt, um vom britischen Konsul tatsächlich kontrolliert werden zu können.

Der auf der Insel Man geborene britische Kaufmann George Goldie, der spätere Sir George Taubman Goldie, interessierte sich von 1877 an für den Niger. Er sicherte sich rasch die Kontrolle über den Deltahandel und gründete die *United African Company,* welche 1882 in die *National African Company Ltd.* umgewandelt wurde. In gewissem Sinn war Goldies Tätigkeit ein Spiegelbild der Arbeit Cecil Rhodes' in Südafrika. Ähnlich wie Cecil Rhodes wurde auch er von seiner Regierung ermuntert, seinen Geschäftsbereich auszudehnen, sich eine Position im Deltagebiet zu schaffen und auf dem Niger weiter ins Landesinnere vorzustoßen, wo die Franzosen sich anschickten, auf dem Fluß stromabwärts die Küste zu erreichen.

Als der Plan der Berliner Konferenz Gestalt annahm, hielten die Briten eine offizielle Intervention für notwendig. 1884 entsandten sie deshalb einen Agenten, Hewett, dem sie den Titel eines Konsuls von Calabar verliehen, zum Abschluß offizieller Verträge mit den einheimischen Machthabern ins Nigerdelta. Es wurde erwähnt (S. 185), wie diese Verhandlungen Hewett zurückhielten, so daß er erst fünf Tage nach Dr. Nachtigals Unterzeichnung des Protektoratsvertrages zwischen dem Deutschen Reich und König Bell von Duala in Kamerun eintraf.

1885 ratifizierte das britische Parlament die an der Berliner Konferenz verabschiedeten Verträge und errichtete das Protektorat des Nigerdeltas (*Oil Rivers Protectorate*), dessen Sitz in Calabat war, lange Zeit aber eher theoretischen Charakter hatte.

Wirklich aktiv aber war noch immer George Goldie. Es war seine Gesellschaft, die den Niger landeinwärts befuhr und im Haussaland, vor allem mit dem Emir von Sokoto, Verträge schloß. 1886 erhielt seine Gesellschaft das Handelsmonopol für den unteren Niger. Damit erhielt sie den Status einer Chartakompanie und legte sich die Bezeichnung *Royal Niger Company, chartered and limited* zu. Es war Aufgabe Goldies, sein Monopol

gegen die Unternehmungen der Franzosen zu verteidigen. Eine französische Expedition wurde 1889 auf dem Niger von einem mit Goldies Kompanie verbündeten afrikanischen Stamm zurückgeschlagen.
Da sich die Franzosen Dahome unterworfen hatten, fürchtete Goldie für seine Pläne im Haussaland. Er sicherte sich deshalb die Dienste eines ehemaligen Offiziers der Indienarmee, Lugard, der 1888 von der *African Lakes Company* angeworben worden war und durch seine Befriedung Ugandas von seinen Qualitäten als Offizier und Verwaltungsmann im Bereich der Kolonialpolitik Zeugnis abgelegt hatte. Im Auftrag von Goldies Kompanie (die übrigens von der britischen Regierung finanziell unterstützt wurde) übernahm Lugard das Kommando ihrer Privatarmee. 1897 begann er im Namen britischer Interessen im Norden von Nigeria eine Regierungsgewalt auszuüben. 1898 regelte ein englisch-französischer Vertrag die Grenzfrage und sicherte den Franzosen den Zugang zum Tschadgebiet. Aber die Verträge mit den Emiren und dem Sultan von Sokoto, die in aller Eile unterzeichnet worden waren, blieben toter Buchstabe. Der Kompanie wurde ihr Monopol entzogen. Doch setzte sie ihre Handelstätigkeit fort und nahm den Namen *United Africa Company* an, der auf die ursprüngliche Bezeichnung *United African Company* hinwies. Im Hinblick auf die Ausbeutung von Palmöl verband sich die Kompanie mit dem internationalen Konzern Unilever, der die *United Africa Company* praktisch absorbierte.
Am 1. Januar 1900 nahm das Protektorat der Nordterritorien den Namen ›Northern Nigeria‹ an, und Lugard wurde zum britischen Hochkommissar ernannt. Seine Aufgabe bestand vorerst darin, den Sklavenhandel in den Fulbe-Emiraten zu unterbinden. Er brauchte sieben Jahre dazu, um einigermaßen befriedigende Resultate zu erzielen. Andererseits sollte er den französischen Vormarsch zum Stehen bringen. Dies gelang ihm durch eine Militäraktion, die den Borgu, den die Franzosen beeinflußten, als selbständige Größe ausschaltete. Dann oblag ihm auch die Organisation des neuen Protektorates. Gerade in diesem Bereich zeichnete sich der zum Sir Frederic erhobene Lugard besonders aus.
In Nordnigeria, einem der am dichtesten besiedelten Gebiete Afrikas, wo die Fulbe kurz zuvor ihre Herrschaft über die Haussavölker begründet hatten, sah sich Lugard einer zahlreichen Bevölkerung gegenüber. Sehr geschickt verstand er es, die Ressentiments der Haussa ihren Herren, den Fulbe, gegenüber auszuspielen, aber er setzte die Fulbeverwaltung nicht ab, sondern stellte ihr einige britische Berater zur Seite. Damit setzte Lugard das typisch britische System der indirekten Verwaltung

und der *native authorities* ein. Der Einflußbereich der britischen Vertreter beschränkte sich auf vier Fälle:

- die Aufrechterhaltung von Ordnung und Frieden,
- den Kampf gegen Tyrannei und Korruption,
- die Einschränkung des Handelsverkehrs mit den französischen Besitzungen
- und die Unterdrückung des Sklavenhandels.

In Wirklichkeit konnte der Sklavenhandel nicht mit einem Schlag abgeschafft werden, sondern er wurde immer mehr eingeschränkt, bis er schließlich aufhörte.

Auch Südnigeria erhielt die Form eines Protektorates, das aber weder mit der Kolonie von Lagos noch mit dem Protektorat von Lagos, das sich über das Yorubaland erstreckte, identisch war. Diesem Protektorat von Südnigeria wurde das annektierte Beninreich einverleibt, wo 1897 eine britische Delegation niedergemetzelt worden war. Die Beninherrscher standen seit langem im Ruf blutrünstiger Tyrannen, die noch immer Menschenopferungen duldeten.

1906 verschmolzen die Kolonie und das Protektorat von Lagos mit dem Protektorat von Südnigeria. Der Hafen von Lagos wurde ausgebaut. Um die Vereinigung der beiden Gebiete vorzunehmen, wurde Sir Frederic von seinem Gouverneursposten in Hongkong nach Afrika zurückgerufen. 1912 wurde ihm die Regierung der beiden Territorien, des Nordens und des Südens, übertragen. 1914 wurde er zum Generalgouverneur der eben geschaffenen Föderation von Nigeria ernannt. Die Kolonie von Lagos, die fortbestand, behielt ihren Legislativrat, in den nun auch zwei Afrikaner Einzug hielten. Auf Föderationsebene stand dem Generalgouverneur ein Großer Rat mit einer Majorität von britischen Verwaltungsbeamten zur Seite, denen sieben britische Geschäftsleute und sechs afrikanische Häuptlinge gegenüberstanden. Im Norden blieb das Regime der Emire erhalten, deren Macht sich aber auf britische Ermächtigungsurkunden stützte, die ihnen die Kolonialherren ausstellten, was natürlich die Loyalität der Emire voraussetzte. Die Europäer durften keinen Landbesitz erwerben. Im Norden existierten die traditionellen Koranschulen weiter, so wie im Süden die christlichen Missionen.

IV. Britisch-Ost- und Zentralafrika

In den Jahren 1860 bis 1870 begannen sich die britischen Politiker für die afrikanische Küste am Indischen Ozean zu interessieren. Dafür gab es mehrere Gründe. Der erste lag in der traditionellen Politik des British Empire, die darauf beruhte, den Seeweg nach Indien unter steter Kontrolle zu halten. Der Suezkanal sollte nach 1870 die Ausbeutungsmöglichkeiten und selbst die Route dieses Seeweges verändern. Gewiß, die den Segelschiffen anvertrauten Massengüter wurden noch immer vorteilhaft um das Kap der Guten Hoffnung transportiert. Aber die Dampfer, die den Transport von kostbareren Gütern, verderblichen Eßwaren und von Reisenden übernommen hatten, befuhren mehr und mehr die kürzere und schneller zu bewältigende Route durch den Suezkanal, die für sie trotz des Schiffszolls, der von der Suezkompanie zur Ankurbelung des Kanalverkehrs günstig gehalten wurde, billiger war. Da dieser neue Weg nun einmal existierte, suchte Großbritannien sich die Kontrolle über die neue Straße und ihre Ausbeutung zu sichern. Einerseits kaufte England 1875 ein großes Aktienpaket der Kompanie auf, andererseits faßte es 1882 in Ägypten Fuß, dessen Herrscher sich zuerst *de facto*, 1914 auch *de jure* unter britische Protektion stellte. Dann sicherte sich England auch die Kontrolle über den Ausgang am Roten Meer, wo es den Kohlenhafen von Aden anlegen ließ. In Somalia verdrängte England 1884 Ägypten aus seiner Machtstellung in Zeila und Berbera. Das neue Territorium wurde unter der Bezeichnung Britisch-Somaliland bis 1898 durch den Gouverneur von Indien verwaltet. Dann gelangte es in den Zuständigkeitsbereich des Foreign Office, nach 1905 in den des Colonial Office.

Nachdem 1899 die anglo-ägyptischen Truppen unter Kitchener die sudanesische Nilregion von den Mahdisten zurückerobert hatten, gelangte sie wieder unter anglo-ägyptische Kontrolle. Die Hauptstadt Khartum wurde dem Befehl des Sirdar, d. h. Generalissimus der ägyptischen Armee, unterstellt, der den Titel eines Generalgouverneurs erhielt. Ihm standen ein Legislativ- und ein Exekutivrat zur Seite. Die dreizehn Provinzen wurden ausschließlich britischen Gouverneuren anvertraut, die entweder Offiziere der anglo-ägyptischen Armee oder zivile Beamte waren. Jede Provinz war in Distrikte eingeteilt, an deren Spitze von englischen Inspektoren kontrollierte ägyptische Offiziere standen.

Aber auch sekundäre Interessen lenkten die Aufmerksamkeit der Europäer und vor allem der Briten auf Ostafrika. Sie wünschten, den Sklavenhandel allmählich überall auszurotten; außerdem wurden sie von wissenschaftlicher Neugier dorthin getrieben. 1855 waren die Nilquellen noch immer unerforscht. Missionare und Forschungsreisende brachen nach Ostafrika auf. Die beiden deutschen Missionare G. Rebmann und L. Krapf berichteten schon vor 1850 von hohen, mit ewigem Schnee bedeckten Bergen in jener Region. Ihren Aussagen wurde allerdings wenig Glauben geschenkt, wohl weil sie die ersten Europäer waren, die den Kilimandscharo und Kenia sahen und davon berichteten. Händler und Karawanenführer erzählten auch von großen Seen, so daß die Königlich-Geographische Gesellschaft in London eine Forschungsmission beauftragte, diese Reiseberichte zu überprüfen und die Region des Uschidschisees zu erkunden. Die 1857 von Sansibar aufgebrochenen Forscher Burton und Speke erreichten im Jahr darauf den Tanganjikasee. Nachdem sie sich für die Rückreise getrennt hatten, entdeckte Speke den Viktoriasee. Er vermutete, damit die Nilquellen gefunden zu haben, was aber Burton bestritt. Auf einer zweiten, diesmal mit Grant unternommenen Expedition umging Speke den See, so daß es ihm gelang, die Verbindung mit dem schon bekannten Teil des Nils herzustellen. 1864 fuhr Samuel Baker nilaufwärts Speke entgegen. Dabei kam er zu einem See, den er zu Ehren des britischen Prinzgemahls Albertsee nannte. Während der nächsten zehn bis fünfzehn Jahre folgten sich nun die Expeditionen, die nach und nach das Geheimnis der Nilquellen lüfteten.

Speke hatte sich mit seinen drei Expeditionen vor allem um die geographische Forschung verdient gemacht, aber er fand in Europa noch viel stärkeren Widerhall durch seine Berichte über den arabischen Sklavenhandel im noch unerforschten Zentralafrika und über das Königreich Buganda, dessen Institutionen den Europäern von einer bisher unvermutet hohen Kulturstufe zu zeugen schienen, wenn auch dort Mord und Menschenopfer an der Tagesordnung waren.

Weiter südlich hatte David Livingstone 1856 den Njassasee entdeckt und dort eine christliche Mission gegründet. Sie konnte sich aber nicht halten, vor allem, weil sie auf die Feindschaft der arabischen Sklavenhändler stieß, die die Region beherrschten.

Fünfzehn Jahre später gründeten die Briten die *African Lakes Company*, die eine Routenverbindung bis nach Tanganjika anlegte und auf dem See einen kleinen Dampfer unterhielt. Die britischen Anstrengungen nach einer missionarischen, konsularischen und kommerziellen Ausdehnung stießen jedoch auf den Widerstand der portugiesischen Ansprüche und auf die Feindschaft der arabischen Scheiche, deren Handel durch die Engländer gestört wurde.

Die britischen Regierungen, vor allem die unter Lord Salisbury, gewährten der Seenkompanie politische, moralische und finanzielle Unterstützung. Lugard, Hauptmann der Indienarmee, und Harry Hamilton Johnston hatten die militärische Führung der Gesellschaft inne. In ihrer Eigenschaft als Angestellte der Kompanie führten sie nach 1888 die ›Befriedung und Einteilung Njassalands‹, d. h. die Kolonisierung, durch. Mit den Stammeshäuptlingen schlossen sie zahlreiche Protektoratsverträge ab,

was ihnen erlaubte, die portugiesischen Ansprüche wie auch die der Internationalen Kongogesellschaft abzuweisen, deren Vertreter, die Agenten Leopolds II., ihre Anwesenheit zu manifestieren suchten. Die britische Vormachtstellung in Nordrhodesien war damit gesichert, später wurde sie im englisch-portugiesischen Vertrag von 1891 bestätigt. Die Westküste des Njassasees und das Chiretal, das sich vom See bis zum Zambesi hinab erstreckt, wurde zum Britisch-Zentralafrikanischen Protektorat (*British Central African Protectorate*) erklärt.
Die Seenkompanie, deren wirtschaftliche Operationen und Gewinne in Wirklichkeit gering waren, wurde unter Wahrung ihrer eigenen Verantwortlichkeiten zu einer Filiale von Cecil Rhodes' *South Africa Company*. 1891 wurde Johnston Kommissar des Protektorates. Das Protektoratsgebiet war aber nicht mit dem des späteren Nordrhodesien identisch, es umfaßte dagegen nach 1893 das Gebiet der christlichen Missionen.
Trotz der Unterstützung durch Truppen, die Johnston aus Indien angefordert hatte, machte die Befriedung nur langsam Fortschritte. Erst 1895 konnten die arabischen Kaufleute und ihre lokalen Verbündeten, die Yao, endgültig in Schach gehalten werden; nicht vor 1904 erkannten sämtliche Stämme die Autorität der Protektoratsbehörden an. 1907 erhielt das Protektorat den Namen Njassaland, wo sich nun neben den christlichen Missionen auch europäische Pflanzer niederließen, die auf den Hochebenen südlich des Sees Tee und Tabak anbauten.

Weiter nördlich stellte in den Jahren von 1875 bis 1895 neben dem König oder *Kabaka* von Buganda die britische Kompanie IBEA (*Imperial British East Africa Company*) den entscheidenden politischen Faktor dar. Die IBEA-Gesellschaft war eine Chartakompanie mit dem Auftrag, die britischen Interessen in Ostafrika wahrzunehmen, so wie sie auf der Berliner Konferenz und in den deutsch-britischen Verträgen von 1886 definiert worden waren. Der Landstrich zwischen Indischem Ozean und Viktoriasee, das Gebiet des späteren Tanganjika und Kenia, machte keinen sehr anziehenden Eindruck. Entlang der Küste erstreckten sich Sümpfe, während das Hinterland von fast unbekannten Hochebenen und Gebirgszügen gebildet wurde, die in der Hand von allen Eindringlingen übelgesinnten Stämmen waren. Das einzig Interessante an dieser Region schien ihr Zugang zum Viktoriasee und das Gebiet von Uganda zu sein, wohin 1875, zwölf Jahre nach Speke, Stanley, vom Journalisten zum Forschungsreisenden avanciert, eine aufsehenerregende Expedition durchgeführt und nach seiner Rückkehr erklärt hatte, der Kabaka Mutesa, König von Buganda, wünsche die Entsendung von Missionaren.

Sogleich, im Jahr 1877, entsandte die *Church Missionary Society* eine anglikanische Mission, während in Frankreich eine Mission der *Pères Blancs* aufbrach, die einem Orden angehörte, der in Algerien vor allem im Hinblick auf afrikanische Missionstätigkeit gegründet worden war. Der Kabaka Mutesa bereitete den beiden Missionen zwar einen herzlichen Empfang, gewährte ihnen aber keine volle Aktionsfreiheit, denn er gedachte nicht, sich in ihren Dienst zu stellen, sondern vielmehr, sich ihrer zu bedienen, um den mohammedanischen Einfluß einzudämmen. Ein doppelter arabischer Druck, aus Richtung des östlichen Küstengebietes und vom oberen Nil her, begann auf Uganda einzuwirken und es zu bedrohen. Mutesa forderte die Missionare daher auf, ihre Tätigkeit auf die Hauptstadt zu beschränken.

Er ließ sich und einen großen Teil seiner Familie, seines Hofes und des Rates, des *Lukiko*, taufen. Die einen bekehrten sich zum Katholizismus, die anderen zum Protestantismus. Die Neubekehrten des Hofes bildeten zwei rivalisierende politische Parteien, die katholische *Franza* und die protestantische *Ingleza*. In den Nordprovinzen von Uganda machte allerdings der Islam weitere Fortschritte. Als Mutesa 1885 starb, bekehrte sich sein Nachfolger Mwanga zum Islam und begann, die Christen zu verfolgen. Ein neugewählter anglikanischer Bischof, der seinen Amtssitz einnehmen wollte, Reverend James Hannington, wurde beim Betreten des Bodens von Uganda ermordet. Die christlichen Parteien erhoben sich gegen den *Kabaka* und seine mohammedanischen Ratgeber und stürzten das Land in einen Bürgerkrieg. Durch die deutsch-britischen Abkommen von 1886 war Uganda der britischen Interessenzone zugeteilt worden. Die mit der Wahrung der britischen Interessen beauftragte IBEA-Kompanie warb Lugard an, der Njassaland Johnston überließ und den Auftrag erhielt, nun Uganda zu befrieden. Nachdem Lugard Kenia durchquert hatte, traf er mit seinen Leuten in der Residenz des Kabaka ein. Er lieh der christlichen Parteigruppe seine Unterstützung, verjagte die Muselmanen und schloß mit Mwanga einen Vertrag ab, durch den das Königreich unter den Schutz der *Imperial British East Africa Company* gestellt wurde. Aber die inneren Kämpfe flammten von neuem auf, diesmal zwischen der katholischen und der protestantischen Partei, die von Lugard und seinen Truppen unterstützt wurde. Die Kämpfe nahmen schließlich wieder die Ausmaße eines Bürgerkrieges an, was die Zuständigkeit einer privaten Gesellschaft bei weitem überstieg.

Ende 1893 beschloß die britische Regierung, ihr Protektorat über Uganda zu verkünden. 1895 dehnte sie ihre Kontrolle auch über das restliche Gebiet der Gesellschaft, das spätere Kenia, aus, da sie sich zum Bau einer Eisenbahnlinie entschlossen hatte, die Uganda über den Viktoriasee mit der Küste verbinden sollte. Die 1901 vollendete Strecke verband den Hafen von Mombasa mit Kisumu am Ostufer des Viktoriasees. Von dort aus brachte ein Dampfer Passagiere und Waren nach einer Überfahrt von 300 km an das Westufer des Sees, nach Buganda. Die Eisenbahn verminderte die Transportkosten für Waren aus dem Landesinnern an die Küste um 97 %. Der Bahnbau hatte fünfeinhalb Millionen Pfund gekostet, was damals 26 Millionen Dollar entsprach. Dieser Bau stellte nach dem Suezkanal das größte Unternehmen in Afrika dar. Da es an lokalen Arbeitskräften mangelte, hatte man für die Bauarbeiten Inder angeworben, von denen viele in Afrika blieben. Man hatte Wüsten durchqueren und Hochebenen überwinden müssen. Die Arbeiter waren von Löwen angefallen worden, und die Stämme, durch deren Gebiet die Bahnlinie führte, hatten Schienen und Telegraphendrähte gestohlen. Da die eingewanderten Arbeiter die Pocken eingeschleppt hatten, breitete sich eine Epidemie über den diese Region bewohnenden Bantustamm der Kikuyu aus. Die Rinderpest, eine außergewöhnliche Dürre und Heuschreckeneinfälle verwüsteten die Plateaus. Man schätzt, daß 20 bis 50 Prozent aller Kikuyu bei dieser Katastrophe umkamen oder das Land verließen, so daß den neuen Kolonisten riesige, öde Räume entlang der Bahnlinie verlassen und verfügbar schienen. Man entdeckte bald, daß das Klima erträglich und der Boden fruchtbar war. Entlang der Eisenbahnstrecke ließen sich Pflanzer, zuerst Inder, und nach 1902 auch Europäer nieder, die die Stadt Nairobi gründeten.

Das britische Protektorat sicherte langsam den Frieden in Buganda und den übrigen Staaten Ugandas, vor allem in Bunyoro und Toro. In Buganda hatte der von Lugard unter Druck gesetzte Kabaka Mwanga zwar offiziell den Islam abgeschworen, im Grund seines Herzens das britische Protektorat aber stets abgelehnt. 1897 floh er und versuchte, einen Aufstand anzuzetteln. Nachdem die Erhebung niedergeschlagen worden war, wurde er abgesetzt. Da sein legitimer Erbe erst ein Jahr alt war, setzten die Briten drei Minister, zwei protestantische und einen katholischen, als Regentschaftstriumvirat für den minderjährigen Kabaka ein.

Im Dezember 1899 wurde der in den Adelsstand erhobene Sir Harry Johnston nach Uganda gerufen, um dort jene Operation zu wiederholen, die er in Njassaland so erfolgreich durchgeführt hatte. Durch eine Währungsstandardisierung, die Kodifizierung der Gesetze, eine verbesserte Steuerpolitik, die Verminderung der Ausgaben und die Abschaffung des Sklavenhandels sollte er das neue Protektorat organisieren, dies alles mit der größtmöglichen Achtung vor den lokalen Institutionen. Seine Autorität und seine Durchschlagskraft bei dieser Aufgabe gründeten sich auf das Ansehen seines Amtes, in stärkerem Maß aber noch auf den Umstand, daß er ein kostbares Geschenk anzubieten hatte: die Eisenbahn von Mombasa.

Er unterbreitete dem Regentschaftsrat ein tiefgreifendes Reformobjekt, das vor allem die Ordnung des Grundbesitzes betraf. Jedenfalls führte es in diesem Bereich zu den radikalsten Veränderungen.

Nach der Tradition des Bugandareiches war der Kabaka in seiner Eigenschaft als Herrscher nomineller Besitzer von Grund und Boden. Die Fürsten, die er an die Spitze der sogenannten *Saza*, oder Distrikte, stellte, verfügten ausschließlich durch königliche Delegation über ihre Rechte. Es kam wohl selten vor, daß er einen dieser Fürsten seiner Funktion enthob, aber rechtens stand ihm diese Möglichkeit zu. Der vom Kabaka abgesetzte Fürst wurde gleichzeitig seiner administrativen Macht entkleidet und seines ›Grundbesitzes‹ beraubt. Er war für die Aufrechterhaltung der Ordnung in seinem Distrikt verantwortlich, zog die Steuern ein, sprach Recht, teilte den Bauern Grund und Boden zu und trat einen Teil seiner Rechte an rangniedrigere Herren ab. Diese Saza- oder Distriktverwalter gehörten dem hohen Adel (*Bakungu*), die übrigen Verwalter einem niederen Adel (*Batongole*) an. Es handelte sich dabei aber um eine Art ›Verwaltungsadel‹ und nicht um einen Feudaladel, dessen Vertreter Erblehen innehatten.

Auch der Kabaka war in keiner Hinsicht ein absoluter Herrscher. Ihm stand als Rat der Lukiko zur Seite, der die führende Aristokratie vertrat. Wohl äußerte sich die Ansicht dieses Rates nicht in der europäischen Form des Votums, aber der Herrscher wäre schlecht beraten gewesen, hätte er die Empfehlung des Lukiko nicht beachtet.

Dieses System, das den Zusammenhalt des Reiches, die Kontinuität der Macht und die effektive Kontrolle über die Verwaltung gewährleistete, entsprang einer Verschmelzung von Bantuüberlieferungen und Traditionen aus der Nilregion. Tatsächlich scheint es im Laufe der Jahrhunderte zu einer Überschichtung bäuerlicher Bantu- und nomadischer, nilotischer Hirtenkulturen gekommen zu sein. Zu verschiedenen Zeiten waren Bantubauern von den aus dem oberen Niltal stammenden Hirtenvölkern der Hima unterworfen worden, die mit ihren Herden an den Großen Seen entlang nach Süden durch Gebiete zogen, wo die Tse-Tse-Fliege nicht existierte. Vor allem in Uganda waren aus dieser Verbindung der Niloten- und der Bantustämme die Königreiche von Buganda, Bunyoro, Toro, Acoli (oder Ankole) und tiefer im Süden Ruanda und Urundi entstanden. Das Bugandareich hatte durch das Gleichgewicht, das es im 19. Jahrhundert erreicht hatte, die europäischen Forscher am stärksten zu beeindrucken vermocht. Die Viehzucht der Niloten und der Hirseanbau der Bantu an den Seeufern ergänzten sich vorteilhaft. Die beiden Gemeinschaften schienen in glücklicher Weise zusammenzuwachsen. Mit Vorliebe schienen die Himafürsten Frauen aus der Bauernrasse zu heiraten, auch kannte Buganda weder religiöse noch soziale oder politische Konflikte. Der Kabaka war ein friedlicher Herrscher, obwohl er über eine disziplinierte Armee und eine Flotte von einigen hundert Kriegsbooten verfügte. Eine Anzahl Nachbarstämme bat ihn um die Gewährung seines Schutzes, wofür sie gerne Tribut entrichteten.

Das Bunyororeich (mit dem früheren Reich Kitwara wesentlich identisch) wies eine etwas andere Struktur auf. Als größeres Königreich hatte Bunyoro seine Herrschaft im Lauf des 19. Jahrhunderts durch Eroberungsfeldzüge ausgedehnt. Seine Herrscher hatten sich nicht, wie die Bugandas, in einer festen Hauptstadt niedergelassen. Aber Bunyoro hatte seine Einheit gerade wegen seiner großen Ausdehnung nicht erhalten können. Die Provinz Toro hatte sich Mitte des 19. Jahrhunderts gegen Bunyoro erhoben, und als die Europäer eintrafen, gewannen sie den Eindruck, daß sich Buganda besser für ein Experiment der Zusammenarbeit zwischen Schwarzen und Weißen in der Form eines britischen Protektorates eigne. In diesem Sinn hatte Sir Harry Hamilton Johnston Buganda den Abschluß der Konvention von 1900 vorgeschlagen und durchgeführt.

Die Bestimmungen dieser Konvention wurden in sehr extensiver Weise ausgelegt, das heißt, das Protektorat wurde nicht nur über den eigentlichen Vertragspartner Buganda, sondern auch über die restlichen Teile Ugandas, nämlich Bunyoro, Toro und Acoli, proklamiert. Bunyoro, das diesem Protektorat einigen Widerstand geleistet hatte, war im Auftrag der Protektoratsbehörden durch Bugandatruppen militärisch ausgeschaltet worden. Es wurde als erobertes Land betrachtet und ein Teil seines Bodens protestantischen und katholischen Adligen aus Buganda zugeteilt.

In der politischen Struktur Bugandas nahm der Kabaka noch immer die Stellung eines autonomen, wenn auch ›protegierten‹ Herrschers ein. Der beratende Lukiko wurde grundsätzlich durch die vom Kabaka berufenen Sazafürsten gebildet, ihre Ernennung war aber künftig von der Zustimmung der britischen Behörden abhängig. Die Absetzung von Mitgliedern des Lukiko oder der Saza-Verwalter konnte vom Kabaka nur mit britischem Einverständnis ausgesprochen werden, dagegen konnten die britischen Behörden jedermann direkt und ohne Zustimmung des

Kabaka aus diesen Funktionen entfernen. Der Kabaka mußte vor jedem Schritt, den er zu tun beabsichtigte, die Zustimmung der Briten einholen. Auch sicherten sich die Briten das Recht, ihn absetzen zu dürfen, wenn sein Vorgehen gegenüber der britischen Krone als ›offensichtlich unloyal‹ zu bezeichnen war.
Dieser sonst normale Protektoratsvertrag enthielt aber zusätzlich eine außergewöhnliche Bestimmung, die schwerwiegende Konsequenzen nach sich ziehen sollte. Sie leitete eine tiefgreifende Reform des Bodenrechtes in Uganda ein. Zu Beginn der Verhandlungen hatte Sir Harry, der europäischen Vorstellung des Besitzes, eigentlich der britischen Konzeption des ›latifundiums‹, verhaftet, dem Kabaka vorgeschlagen, den Boden des Königreiches unter den Kabaka selbst, die königliche Familie, die Saza-Fürsten, die übrige Bevölkerung und die britische Krone aufzuteilen, wobei die Domäne der britischen Krone vor allem die Wälder und die unbebauten Flächen umfassen sollte. Im Verlauf der Unterhandlungen hatte es Sir Harry aber schnell aufgegeben, die Interessen der beiden letzten Empfänger, des Volkes von Uganda und der britischen Krone, weiter zu vertreten. So blieb von der Reform des Grundbesitzes, des sogenannten *Mailo*, nur noch die Aufteilung des Bodens unter Kabaka und Aristokratie übrig, genauer gesagt, unter jene Mitglieder der Aristokratie, die sich zu diesem Zeitpunkt der Huld des Hofes erfreuten. Etwa 3700 Adlige erhielten vom Lukiko Land zugeteilt. In der Terminologie des Feudalrechtes wurden damit ihre ›Benefizien‹ oder ›Lehen‹ in ›Allode‹ umgewandelt. Sie waren nun nicht mehr die zufälligen Inhaber einer Verwaltungsfunktion, sondern wurden (im europäischen Wortsinn) zu Besitzern unermeßlicher Ländereien. Dadurch wurden sie relativ unabhängig vom Kabaka. Die Bauern wurden zu einfachen Pächtern degradiert, ohne daß man sich um ihre alten Rechte oder ihre überlieferte Stellung gekümmert hätte.
Es ist schwer abzuschätzen, wie groß der Anteil an Verschlagenheit, gutem Glauben und Interessen war, der sowohl Briten wie Afrikaner bei den Verhandlungen geleitet haben mag. Indem die Briten in diesem Teil Afrikas ein Bodenrecht einführten, das stärker jenem des mittelalterlichen England als irgendeinem afrikanischen System ähnelte, glaubten sie mit Bestimmtheit, daß Uganda dadurch politisch wie sozial vorwärtskomme. Sie waren überzeugt, daß dieses Bodenrecht eine neue Oligarchie afrikanischer *landlords* heranbilden werde, aus der sich schließlich eine durch britisches Verantwortungsgefühl ausgezeichnete Elite herausschälen würde. Wohl mit mehr Grund hielten sie es auch für wahrscheinlich, daß diese Aristokratie, der als persönlicher und erblicher Besitz riesige Domänen – als Grundlage der Landverteilung diente die Quadratmeile, das sind 250 Hek-

tar – zugefallen waren, der britischen Macht, die sie so überreich beschenkt hatte, zugetan bleiben würde.
1900 wurde das Experiment einer indirekten Regierung durch Vereinigung von britischer und eingeborener Autorität zur Schaffung stabiler politischer Strukturen eingeleitet. In doppeltem Sinn stellte dieses Experiment eine Neuerung dar. Einerseits führte es mit seiner Reform des Bodenrechtes zu einer Veränderung der Sozialstruktur in einem quasi-feudalen Sinn, da die Briten damals die Feudalordnung als eine zu durchlaufende Etappe und eine lehrreiche Schule in der Geschichte der Nationen ansahen. Andererseits fiel diese Reform mit der Eröffnung der Eisenbahnlinie an die Küste und der Entwicklung industrieller Anlagen zum Anbau und zur Verarbeitung von Baumwolle und Zucker zusammen. In einem späteren Kapitel (S. 290 f.) soll auf die Folgen dieses Experimentes eingegangen werden.

14. Die belgische Kolonisation

Die Absichten und Ansprüche nicht des Königs der Belgier, sondern des Privatmannes Leopold II. auf das Kongobecken hatten indirekt zur Berliner Konferenz von 1884/85 geführt und den Wettlauf der europäischen Mächte um die Aufteilung Afrikas wenn nicht ausgelöst, so doch angetrieben. Nachdem sich Leopold 1879 die Dienste des Forschungsreisenden Stanley gesichert, hatte er ihn beauftragt, einen Vormarschweg entlang dem Kongo von seiner Mündung bis zu den Stanleyfällen anzulegen, da wo später Stanleyville liegen sollte und wo sich der Fluß der Grenze Ugandas nähert. Der ungestörte Lauf des Kongo, des mächtigsten Flusses Afrikas, wird 150 km oberhalb seiner Mündung durch Stromschnellen unterbrochen, nach deren Überwindung der Fluß auf einer Strecke von 1500 km ohne Unterbrechung schiffbar ist. Dann schließen sich drei Stromschnellenserien an, die den Kongo in schiffbare Teilstrecken gliedern. Die Benützung des Kongos als Wasserstraße warf viele Probleme auf und verlangte zuerst den Bau einer Eisenbahnlinie von Matadi bis zur Stelle, wo Leopoldville errichtet werden sollte. Leopold II. hatte Stanley überdies den Auftrag erteilt, mit den lokalen Machthabern Abkommen zu schließen. Er hatte auch die in fremden – belgischen oder ausländischen – Händen befindlichen Anteile an der *Association Internationale du Congo* aufgekauft und war so zu ihrem alleinigen Inhaber geworden.

Die Berliner Konferenz erkannte 1885 den Kongo-Freistaat als Besitz der Internationalen Kongovereinigung an, also praktisch als Leopolds persönliches Eigentum. Der Freistaat mußte unabhängig und neutral bleiben und sollte Teil einer Schiffahrt und Handel geöffneten Freihandelszone werden, die sich bis an den Indischen Ozean erstreckte. Leopold hatte durch den Ankauf der Anteilscheine und die Finanzierung der ersten Expeditionen fast sein gesamtes persönliches Vermögen verbraucht. Der Besitz sollte nun in ein gewinnbringendes Unternehmen umgewandelt werden. Leopold verfügte aber dazu nicht mehr über ausreichende persönliche Finanzreserven, und die Berliner Konferenz, die den Kongo-Freistaat zur Freihandelszone erklärt hatte, verwehrte ihm grundsätzlich die Forderung von Zollabgaben (1891 wurde diese einschränkende Bestimmung aufgehoben). Steuererhebungen waren ihm angesichts des fehlenden Kapitalverkehrs und ohne eine Finanzverwaltung ebenfalls nicht möglich. Der belgische Staat schließlich sah keinen Grund, Kredite zur Aktivierung des persönlichen Eigentums seines Herrschers zu bewilligen.

Um die Entwicklung des Kongo zu finanzieren, verblieb Leopold als einzige Möglichkeit die Gewährung von Monopolen und Konzessionen an private Gesellschaften. So trat er Monopole für den Bau und Betrieb von Eisenbahnen ab, vor allem für jene, die den Hafen von Matadi mit dem Fluß jenseits der ersten Stromschnellen auf der Höhe von Leopoldville verbinden sollte. Gleichzeitig wurden den Eisenbahnkonzessionären Landkonzessionen von ungeheuren Ausmaßen gewährt.

Leopold verkaufte auch Landkonzessionen, die sämtliche Ausbeutungsrechte im Konzessionsgebiet umfaßten. Die wichtigste Konzession trat er an die *Compagnie du Katanga* ab, die ungefähr ein Fünftel der Gesamtfläche des Kongo ausmachte.

Normalerweise sicherte sich Leopold an diesen Gesellschaften einen wichtigen persönlichen Anteil von 50 %. Überdies hatte er sich ungefähr ein Zehntel des Territoriums, ein zusammenhängendes Gebiet im Herzen des Freistaates, als persönliche Besitzung gesichert. Dieser Privatbesitz hatte die Ausmaße der britischen Inseln. Darüber hinaus war Leopold auch der größte Elfenbein- und Kautschukhändler der Welt.

1890 gab Leopold II. bekannt, daß er den Kongo testamentarisch der belgischen Nation zu hinterlassen gedenke. Er versuchte, das belgische Parlament zu bewegen, ihm ein Darlehen zur wirtschaftlichen Entwicklung des Kongo zu gewähren, was von der liberalen Regierung aber abgelehnt wurde.

König Leopold entwickelte sich zu einem Geschäftsmann großen Stils, dessen Appetit jenem Cecil Rhodes' keineswegs nachstand. Der Kongo war übrigens nur ein Teil seiner umfangreichen Geschäftsoperationen, denn er war auch an Bodenspekulationen an der Côte d'Azur und den belgischen Seebädern beteiligt.

Aber die Entwicklung des Kongo durch private und an sofortigen Gewinnen interessierte Unternehmungen artete in eine Ausbeutung von Boden und Menschen aus, die, unbekümmert um politische und soziale Probleme, langfristige Entwicklungsmöglichkeiten vernachlässigte. In den traditionellen Häuptlingschaften sahen die Kolonialbehörden feindlich gesinnte Widerstandszellen, die – wenn immer es möglich war – von den Agenten der Kompanie im Konzessionsgebiet aufgelöst wurden. Die vertriebenen Häuptlinge wurden durch Afrikaner ersetzt, die sich die Gunst der Weißen durch ihre Bereitschaft erkauft hatten, den europäischen Interessen zu dienen. Die Kolonisten über-

ließen diesen neuen Herren die Auswahl der Mittel, um ihre Macht auszuüben, sofern dadurch der Ertrag gesichert wurde. Die Dörfer wurden zu Arbeits- oder Naturalleistungen verpflichtet, die Kautschuk, Elfenbein, Nahrungsmittel, Hühner oder Schafe umfaßten, ohne daß die Weißen vorher geklärt hätten, ob die Dörfer zur Erfüllung dieser Forderungen überhaupt imstande waren.
Der erste Gouverneur des Kongo war Stanley, der aber schon sehr bald, im Jahr 1887, von seinem Posten zurücktrat. Am schwer zugänglichen oberen Kongo wurde die Macht während einiger Zeit dem Sklavenhändler Tippu Tip überlassen, der die arabischen Sklavenhändler belieferte. Die Mißbräuche der Kompanien und die Gewalttaten Tippu Tips wurden schließlich in Europa bekannt, obwohl Leopold Nachforschungen zu verhindern suchte und den Zugang zum Kongo insbesondere einer britischen humanitären Gesellschaft, der *Aborigines Protection Society*, verwehrte, die in Europa eine Protestkampagne gegen diese Art der Verwaltung im Kongofreistaat entfesselte. Der britische Konsul Roger Casement verfaßte 1903 einen unnachsichtigen Rapport über die Zustände im Kongo, der im britischen Parlament zur Annahme einer tiefgreifende Reformen fordernden Resolution führte. Durch das Gesetz vom 18. Oktober 1908 beschloß das belgische Parlament, Leopold II. seiner Rechte im Kongo zu entkleiden und die belgische Regierung mit der Verwaltung des Freistaates zu betrauen, der nun den Namen Belgisch-Kongo annahm.
Diese neue Verantwortung traf den belgischen Staat völlig unvorbereitet. Er besaß weder eine Kolonialdoktrin noch die nötigen Kader oder die Geldmittel, um die Verwaltung eines Gebietes gewährleisten zu können, dessen Fläche, das Neunzigfache des Mutterlandes, fast derjenigen Indiens entsprach, wenn es auch sehr viel dünner besiedelt war. Den Gesellschaften wurden die Privilegien, zumindest im administrativen Bereich, eingeschränkt, während ihre wirtschaftlichen Rechte bestätigt wurden, um private Kapitalgeber zu Investitionen zu ermuntern. Die Katangakompanie, die sich anschickte, märchenhaft reiche Kupfervorkommen abzubauen, gelangte unter belgische Staatskontrolle. Mehrere Städte, darunter Elisabethville, wurden gegründet. Eisenbahn- und Flußverbindungen wurden von einem Ende des Kongo zum anderen und bis in die Nachbargebiete von Tanganjika und Nordrhodesien angelegt. Die Afrikaner aber wurden in keinen anderen Funktionen als denjenigen von Lohnarbeitern an der Entwicklung des Landes beteiligt. Die offizielle Doktrin verkündete, daß schließlich jedermann automatisch vom allgemeinen Wohlstand, dem allein zu verfolgenden Ziel, profitieren würde.

15. Die deutsche Kolonisation

In früheren Kapiteln ist auf die wichtige Rolle hingewiesen worden, die deutsche Forscher (vor allem Barth und Rohlfs) bei der Entschleierung Innerafrikas gespielt haben. Wir haben auch erwähnt, daß einer von ihnen, Dr. Gustav Nachtigal, fünf Tage vor der Ankunft des britischen Konsuls einen Protektoratsvertrag mit König Bell, dem Herrscher des an der Kamerunküste ansässigen Dualastammes, abgeschlossen hatte. Während der gleichen Expedition, zwischen Mai und Juli 1884, hatte er auch an der Küste von Togo ein ähnliches Abkommen geschlossen. Das Vorherrschen deutscher Interessen in dieser Zone wurde von der Berliner Konferenz anerkannt und das Gebiet zu einem deutschen Protektorat erklärt.

Die deutsche Regierung hatte aber, zumindest zu der Zeit, keineswegs die Absicht, sich kolonialpolitisch zu engagieren. Die deutschen Gebietsansprüche in Afrika waren eher Bauern auf dem diplomatischen Schachbrett zu vergleichen, die eine Art Option für die Zukunft darstellen sollten. Die deutsche Regierung betrachtete die Schutzgebiete (Protektorate) als Betätigungsfeld privater Gesellschaften, nicht als Investitionsbereich für öffentliche Mittel.

Es zeigte sich indessen schon sehr bald, daß die übernommene Aufgabe, wie es in Afrika meistens der Fall war, die Mittel gewöhnlicher Privatunternehmen überstieg und nur durch staatliches Eingreifen gelöst werden konnte. Beispielsweise hatte man nach 1891 einheimische, zuweilen sehr unsichere Polizeiformationen bilden müssen, deren Aufgabenbereich bald die Grenzen der Aufrechterhaltung von Ruhe und Ordnung sprengte. Als die deutschen Kaufleute, gestützt auf das ihnen gewährte Monopol, die Kontrolle über den Handelsverkehr zwischen der Kamerunküste und dem Landesinnern, vor allem dem Handelsplatz von Jaunde, der die Verbindung zu den Hochebenen von Adamaua herstellte, übernehmen wollten, stießen sie auf den Widerstand der Interessen gerade ihres Vertragspartners, des Dualastammes, der im Augenblick der Unterzeichnung des Protektoratsvertrages das tatsächliche Monopol über den Handelsverkehr zwischen der Küste und dem Innern gehabt hatte. Erst nach einem vierjährigen regelrechten Krieg gelang es den Deutschen, die Duala fügsam zu machen und ihren eigenen Händlern die Straße nach Jaunde zu öffnen. Es waren aber noch weitere zwanzig Jahre nötig, um eine 200 km lange und für Fahrzeuge benützbare Straße anzulegen. Bis zu diesem Zeitpunkt wurden alle Waren auf Menschenrücken transportiert. Weiße Pflanzer begannen, sich vor allem an den Abhängen des Kamerunberges niederzulassen, wo sie fruchtbaren Boden zu finden hofften. Aber Krankheiten vernichteten die Kaffeeplantagen. Wie überall in Afrika stellten sich den Pflanzern auch hier zwei Hauptprobleme. Zuerst galt es, billige Arbeitskräfte zu finden, was kaum anders als auf dem Weg von Zwangs- und Fronarbeit möglich war. Es stellte sich aber auch die Frage, ob die europäische Auffassung des Besitzes auch hier anwendbar war. Wenn ja, sollte dann das Recht zum Erwerb von Grund und Boden ausschließlich den Weißen oder auch den Eingeborenen zustehen? Die deutsche Verwaltung löste diese Frage im Jahre 1907, indem sie ein den Besitz betreffendes Kolonialrecht einführte, das Grunderwerb jedermann, unabhängig von seiner Abstammung, ermöglichte.

Die deutsche Militärverwaltung hatte schon sehr bald die in Konkurs geratenen Konzessionsgesellschaften ablösen müssen. 1903 wurde dem Gouverneur ein beratender Gouvernementsrat zugeteilt und noch im selben Jahr die Kolonialverwaltung in eine zivile umgewandelt. Aber ob Zivil- oder Militärverwaltung, das Deutsche Reich wurde in Afrika durch eine direkte Verwaltung vertreten, und der Begriff ›Schutzgebiete‹ war kaum mehr als ein Wort. 1910 war die Befriedung abgeschlossen.

1894 war dem Deutschen Reich durch die Berliner Konvention die Region von Adamaua zugefallen, die bis dahin von Fulbeemiren beherrscht worden war.

Die deutsche Kolonialverwaltung war sehr wirksam. Zuweilen wenig zimperlich und speditiv, war sie aber auf das Allgemeinwohl ausgerichtet, dem als höchstes Ziel alles andere unterzuordnen war. So hielt sie es für notwendig, die Ausbildungsmöglichkeiten auszubauen, um die Leistungen der afrikanischen Arbeiter durch erweiterte Kenntnisse zu verbessern. 1910 wurde in Kamerun zum erstenmal auf einem afrikanischen Territorium der Unterricht obligatorisch. Landwirtschaftsschulen zum Studium der Kolonialagronomie wurden eröffnet und eine gewaltige Anstrengung zur Verbesserung der Transportmöglichkeiten unternommen. Die deutschen Kolonialbeamten, die Bezirksleiter, blieben lange Zeit dem gleichen Gebiet zugeteilt, um es eingehend kennenzulernen und so eine kontinuierliche Verwaltung zu gewährleisten.

Noch an zwei anderen Stellen des Kontinents faßten die Deutschen Fuß. Zwischen Angola und der Kapkolonie, dem Atlantik und der Kalahariwüste, erstreckte sich ein ausgedehntes, wenig fruchtbares und dünn bevölkertes sowie damals kaum erforschtes Küstengebiet. 1847 hatte sich dort eine deutsche religiöse Mission, die Rheinische Mission, niedergelassen. 1883 war es der deutsche Kaufmann Lüderitz, der in Angra Pequena landete, um hier die Niederlassung Lüderitz-Bucht zu gründen. 1884 wurde das deutsche Protektorat über Damara- und Namakwaland verkündet, das die Bezeichnung ›Deutsch-Südwestafrika‹ annahm. In diesem fast wüstenhaften Land der Steppe und der Savanne, das 1913, nach Abschluß der Befriedungsaktion, nicht mehr als 80 000 Einwohner bei einer Ausdehnung von 800 000 qkm zählte, waren die natürlichen Ressourcen spärlich. Vor allem wurde Schafzucht betrieben, außerdem fanden sich geringe Kupfer- und Diamantvorkommen.
Die Deutschen waren bei ihrem Vordringen auf heftigen Widerstand gestoßen, zuerst auf den der 1894 besiegten Namakwa-Hottentotten, dann auf den der Herero, die im Jahr 1904 am Waterberg eingekreist, besiegt, vertrieben und zum großen Teil vernichtet wurden. Die deutsche Verwaltung legte Eisenbahnlinien, allerdings eher von strategischem als wirtschaftlichem Wert an, erschloß einige Wasserstellen und siedelte deutsche Kolonisten an.

Auch in Ostafrika konnten die Deutschen das ihnen zuerkannte Kolonialgebiet nur unter großen Anstrengungen in Besitz nehmen. Der Kolonialpolitiker Karl Peters war im Auftrag einer auf eigene Rechnung handelnden, privaten Gesellschaft nach Ostafrika entsandt worden. In der Gegend zwischen dem Indischen Ozean und dem Viktoria-, Tanganjika- und Njassasee bemühte er sich um den Abschluß von Protektoratsverträgen. Im Februar 1884 gründete er die ›Deutsch-Ostafrikanische Gesellschaft‹, die von Bismarck sogleich eine kaiserliche Charta erhielt. Diese Gesellschaft schloß mit dem Sultan von Sansibar einen fünfzigjährigen Pachtvertrag, welcher der Gesellschaft einen Teil der Küstenzone sicherte, während der Rest an die britische IBEA-Kompanie ging. Peters erforschte mit seinen Leuten das Landesinnere in Richtung der Seen, aber er stieß dabei auf den Widerstand der in dieser Region ansässigen arabischen Sklavenhändler. Der Zusammenprall war sehr heftig und kostete einige Deutsche das Leben, so daß sich die Gesellschaft mit ihren Leuten aus dem Innern an die Küste zurückziehen mußte. 1889 entsandte Bismarck eine Militärexpedition, die hart durchgriff. Nachdem der Widerstand gebrochen worden war, übernahm die deutsche Regierung die

Kolonie, ein doppelt so großes Gebiet wie das Deutsche Reich, in eigene Regie.
Eine deutsch-britische Konvention bestimmte den Grenzverlauf zwischen den britischen Territorien (Kenia, Uganda, Nordrhodesien) und dem deutschen Schutzgebiet in Ostafrika (nach 1918 Tanganjika genannt, heute ein Teil Tansanias). In diesem 1890 unterzeichneten Vertrag, dem sogenannten Helgoland-Abkommen, erhielt Großbritannien Sansibar, trat dafür die Insel Helgoland in der Nordsee an Deutschland ab.

C. Afrikas Weg zur Unabhängigkeit

16. Afrika und die Weltkriege

I. AFRIKA IM ERSTEN WELTKRIEG

Als der Erste Weltkrieg ausbrach, war die Aufteilung Afrikas seit mehreren Jahrzehnten abgeschlossen, die Buschkriege ausgekämpft, und alle Kolonialmächte waren dabei, ihre überseeischen Gebiete in aller Ruhe zu entwickeln. In den Krieg wurden ausnahmslos alle Kolonialmächte und damit auch ihre afrikanischen Territorien verwickelt.

In Afrika selbst allerdings waren die Kriegshandlungen beschränkt. Auf der einen Seite standen die vier deutschen Besitzungen, auf der anderen das übrige Afrika.

In Togo schlug der kommandierende Major von Doering den Alliierten die Neutralisierung der Kolonie vor. Aber eine in Dahome aufgebrochene französische Kolonne und eine aus Richtung Goldküste marschierende britische Truppe zwangen von Doering nach einem dreiwöchigen Widerstand am 26. August 1914 zur Kapitulation. Frankreich besetzte den östlichen Teil der Kolonie, die Küste bis Anecho und das Landesinnere bis zur Linie Atakpame-Sokode-Mango, während die Briten den westlichen Teil, das heißt Lome, in Besitz nahmen.

Im wesentlich ausgedehnteren und schwierigeren Gelände von Kamerun dauerten die militärischen Operationen länger. An der den Angreifern leichter zugänglichen Küste fiel Duala bereits am 28. September 1914. Aber im Norden zogen sich die Kämpfe in die Länge. Französische Truppen aus dem Tschad und britische Kolonnen aus Nigeria vereinigten sich. Marua wurde am 14. September 1914, Garua im Juni 1915 und Ngaundere einen Monat später eingenommen. Im Januar 1916 fiel Jaunde in die Hände der Alliierten. Die deutschen Truppen zogen sich nach Spanisch-Guinea zurück, wo sie interniert wurden. Es muß hier darauf hingewiesen werden, daß Franzosen, Briten und Deutsche afrikanische, von Europäern befehligte Schützenformationen aufgestellt und auch gegeneinander eingesetzt haben.

Südwestafrika warf andersgeartete Probleme auf. Die Wunden des Burenkrieges waren 1914 noch nicht verheilt. Als im August der Erste Weltkrieg ausbrach, stellte sich Südafrika entschlossen auf die Seite Großbritanniens. Aber General de Wet, ein Veteran

Karte 16: Afrika 1914

aus dem Burenkrieg und unveränderter extremistischer Nationalist, hatte sich 1913 von Botha und dessen Partei gelöst, die eine Aussöhnung zwischen den beiden weißen Volksgruppen, den Briten und den Afrikaanders (wie sich die Abkömmlinge der Buren künftig nannten) anstrebte. Bei Kriegsausbruch erinnerte sich de Wet der Sympathie des Wilhelminischen Deutschland für die Sache der Buren, so daß er zuerst für die Südafrikanische Union eine neutrale Position in diesem Krieg verlangte. Bald aber begnügte er sich mit dieser Forderung nicht mehr und ließ sich dazu bewegen, das Kommando über einige tausend Afrikaanders zu übernehmen, die sich den Deutschen zur Seite stellten. Ministerpräsident Botha sandte General Smuts aus, die Rebellion niederzuschlagen und Südwestafrika zu besetzen, wo die Deutschen nur über geringe Kräfte verfügten. Im Mai 1915 wurde Windhoek eingenommen und am 9. Juli kapitulierte die Kolonie.

In Ostafrika zogen sich die Kämpfe bis zum Waffenstillstand von 1918 hin. Auf deutscher Seite wurden die Kämpfe von dem

außergewöhnlich begabten Offizier von Lettow-Vorbeck geführt, der schon in Südwestafrika am Feldzug von 1904 gegen die Herero teilgenommen hatte.
Von Lettows erster Erfolg war die Verhinderung der Landung eines britischen Expeditionskorps aus Sansibar und der Insel Pemba, das an der Küste bei Tanga Fuß zu fassen suchte. Aber die Belgier, in deren Land die Deutschen schon zu Beginn des Krieges eingefallen waren, griffen die deutsche Kolonie vom Landesinnern her an und vernichteten 1915 die kleinen deutschen Flotten auf den Seen. Auch die Portugiesen beteiligten sich am Feldzug gegen die Deutschen.
Vor allem aber war es General Smuts, der von Lettow mit einem vorwiegend in der Südafrikanischen Union, den beiden Rhodesien, Uganda und British East Africa (dem späteren Kenia) ausgehobenen Expeditionskorps angriff. Von Lettow sah sich gezwungen, die deutsche Kolonie zu verlassen und sich im November 1917 nach Mozambique zurückzuziehen, wo er sich bis September 1918 halten konnte. Dann brach er, da er von der Nahrungsmittelversorgung abgeschnitten worden war, nach Rhodesien aus, wo er sich der britischen Depots bemächtigte. Am Ende dieses außerordentlichen Feldzuges, bei Verkündung des Waffenstillstandsabkommens, zählte die Truppe des Obersten von Lettow noch immer dreißig deutsche Offiziere und Beamte, an die hundert europäische Unteroffiziere und Soldaten sowie gegen tausend afrikanische Askari.

II. DIE AUFTEILUNG DER DEUTSCHEN KOLONIEN

Durch den Versailler Friedensvertrag vom 28. Juni 1919 verlor Deutschland alle Kolonien, welche seinen ehemaligen Gegnern, den Alliierten, zugesprochen wurden.
Großbritannien erhielt Deutsch-Ostafrika (mit Ausnahme der an Belgien fallenden Ruanda und Urundi), das zu Tanganjika wurde. Deutsch-Südwestafrika, das der Südafrikanischen Union zugeteilt wurde, das an Nigeria grenzende Fünftel Kameruns, welches Pflanzungen und Minen aufwies, sowie jener Teil Togos, der die Goldküste berührt, kamen ebenfalls unter britische Kontrolle. Die britische Macht erstreckte sich nun ohne Unterbrechung von Kairo bis zum Kap, aber die Epoche imperialer Träume und globaler Aspiration ging ihrem Ende entgegen.
Frankreich wurde der an Dahome grenzende Teil Togos und der größte Teil von Kamerun zugesprochen. Belgien erhielt Ruanda und Urundi, Portugal schließlich das Territorium von Kionga.

Aber – und dies war zumindest als Prinzip eine grundlegende Neuerung, die eine Wende in der afrikanischen Geschichte anzeigte – bei diesen Abtretungen handelte es sich nicht einfach um eine Annexion oder einen gewöhnlichen Austausch der Kolonialmacht. Die ehemals deutschen Kolonien wurden ihren neuen Inhabern nur aufgrund des ›Mandates‹ einer übernationalen Organisation, des Völkerbundes, übertragen. Der Völkerbund stellte fest, daß diese Gebiete, »deren Völker noch nicht fähig sind, sich unter den besonders schwierigen Voraussetzungen der modernen Welt selbst zu regieren«, der Vormundschaft europäischer Mächte anvertraut würden. Diese waren also keine Kolonialmächte im klassischen Sinne mehr, sondern erhielten als Mandatsempfänger des Völkerbundes den Auftrag, diese Vormundschaft zum Nutzen der afrikanischen Völker auszuüben. Im Prinzip mußten sie dem Völkerbund über die näheren Umstände ihrer Mandatsausübung Bericht erstatten. Die Wirksamkeit dieser Vormundschaft sollte am Fortschritt der bevormundeten Völker in bezug auf das als normal und wünschbar angesehene Ziel gemessen werden, das den Mandatsgebieten die Autonomie, später die Unabhängigkeit bringen sollte. Die politische, moralische und erzieherische Aufgabe der Kolonialmächte den noch ›minderjährigen‹ Völkern gegenüber wurde zur obersten Pflicht erklärt.
Gewiß, die 1919 zum Grundsatz erhobenen Forderungen sollten erst nach dem Zweiten Weltkrieg alle ihre Folgen zeitigen. Aber es ist von entscheidender Bedeutung, daß dieser Grundsatz bereits am Ende des Ersten Weltkrieges ausgesprochen worden war, daß die Kolonialmächte also eine Erklärung unterzeichneten, welche das Verhältnis des Kolonisators zum Kolonisierten weder als ein Ideal noch als einen Selbstzweck auffaßte, sondern als eine Art von Schule, nach deren Absolvierung Freiheit und Unabhängigkeit bevorstanden. In der Praxis beschränkte sich das erwähnte Prinzip allerdings auf zwei Forderungen. Einerseits wurde die Mandatsmacht verpflichtet, von Zeit zu Zeit einen Bericht über ihr Mandatsgebiet abzufassen, ohne daß der Völkerbund indessen die Möglichkeit besessen hätte, ihn auf seinen Wahrheitsgehalt hin zu überprüfen. Andererseits war den Mandatsmächten in den von ihnen verwalteten Gebieten die Gewährung von Privilegien oder Monopolen an private Gesellschaften untersagt. Aber es regelte keinerlei Vorschrift den Verlauf des Emanzipationsprozesses, kein Projekt zeichnete die künftige Entwicklung vor, und die Mandatsmächte waren ebensowenig an einen Zeitplan gebunden. Weder die Frage nach den afrikanischen Vertretungen in den beratenden Körperschaften noch die der Beteiligung von Afrikanern an ihrer eigenen Regierung war je aufgeworfen worden.

Die Briten schlugen einfach ihren Anteil von Kamerun zu Nigeria und integrierten den von Togo in ihre Kolonie Goldküste. Die Franzosen verwalteten ihre Mandatsgebiete, also die restlichen Teile Togos und Kameruns, als in sich abgeschlossene Einheiten.
Tanganjika hatte am stärksten unter dem Krieg gelitten. Hier mußte zuerst der durch Grippe dezimierten Bevölkerung Hilfe gebracht werden. Auch mußten zerstörte Gebäude und Eisenbahnlinien neu aufgebaut werden. Die beiden britischen Gouverneure Sir Horace Byatt und Sir Donald Cameron richteten Tanganjika in wenigen Jahren wieder auf und machten es zu einem vorbildlichen Mandatsgebiet. Nach Kriegsende waren die deutschen Siedler ausgewiesen und ihr Besitz Afrikanern oder Neueinwanderern zugeteilt worden. Große gewinnbringende Sisalkulturen – die Grundlage für die Jutefabrikation – wurden angelegt. Auch begann man, in Plantagen Kaffee anzubauen. Als Sir Donald 1925 die Nachfolge von Sir Horace antrat, produzierte Tanganjika bereits doppelt soviel wie vor dem Krieg. Die von den Deutschen vor 1914 angelegte Eisenbahnlinie von Daressalam durch die Zentralsteppen bis an den Viktoriasee wurde in Betrieb genommen. Cameron bemühte sich auch um die Entwicklung einer Eingeborenenverwaltung. Die Stammesfürsten, die für ihn die unbestrittene Autorität verkörperten, betraute er mit dem Steuereinzug sowie mit einer beschränkten Gerichtsbarkeit. 1926 schuf er einen Legislativrat, dessen Mitglieder ernannt wurden und in dem 1945 alle drei Rassen – Europäer, Inder und Afrikaner – zu je einem Drittel vertreten waren.
Tatsächlich gab es bei den wenigen Europäern in Tanganjika kaum ein Rassenproblem zwischen Weißen und Schwarzen. Britische Siedler gab es nur in geringer Zahl, und die Deutschen waren ausgewiesen worden. (1925 war zwar einigen deutschen Siedlern die Rückkehr gestattet worden, aber nach der Machtergreifung der Nationalsozialisten waren sie endgültig des Landes verwiesen worden.) Ein anderes Rassenproblem, das der Inder, existierte jedoch. Es waren die Inder gewesen, welche die ihnen schon vorher bekannte Sisalkultur in Tanganjika eingeführt hatten; es waren ebenfalls die Inder, die praktisch über das Monopol des Kleinhandels verfügten.
Nach dem Zweiten Weltkrieg setzte ein sehr ehrgeiziger, aber ungenügend durchdachter Plan (*Ground-Nut scheme*) Tanganjika das Ziel, innerhalb von fünf Jahren jährlich 60 000 Tonnen Erdnüsse zu produzieren. Ungeheure Summen wurden in Südost-Tanganjika investiert, ein künstlicher Hafen und eine 200 km lange Eisenbahnlinie wurden angelegt und landwirtschaftliches Material von beträchtlichem Wert eingeführt. Aber das Projekt

endete mit einem totalen Mißerfolg und wurde 1951 aufgegeben. Diese Erfahrung war indessen um so nützlicher gewesen, als einem anderen Landerschließungsprojekt (*Gezirah-scheme*) der Region von Gezirah im östlichen Sudan ein bemerkenswerter Erfolg beschieden war und es gelang, Baumwollkulturen in bisher öden Gebieten anzupflanzen. Diese beiden Projekte zeigten deutlich, daß die erfolgreiche Verwirklichung eines Planes in Afrika weitgehende Vorstudien bedingte und nur über eine Zwischenstufe erreicht werden konnte; eine zuerst beschränkte und experimentelle Durchführung ließ oft Schwierigkeiten auftauchen, die im theoretischen Stadium nicht vorauszusehen waren.
In den französischen Mandatsgebieten von Togo und Kamerun bemühten sich die Franzosen, dem Völkerbund eine positive Bilanz vorweisen zu können und nicht hinter ihren deutschen Vorgängern zurückzubleiben. Im Bereich der Krankheitsbekämpfung wurde die Verbreitung der Impfung und prophylaktischer Maßnahmen intensiviert, im Schulwesen wurde die deutsche Sprache durch Französisch ersetzt, in Togo wurden bisher unbebaute Savannen der Bewirtschaftung erschlossen, und in Kamerun stellten die Franzosen die Eisenbahnlinie nach Jaunde fertig.

III. DER KRIEG ZWISCHEN ITALIEN UND ÄTHIOPIEN

Italien, das sich ebenfalls als Kolonialmacht betrachtete und zu den siegreichen Alliierten von 1918 gehörte, fühlte sich durch den Versailler Vertrag übergangen, da es aus den Überresten des deutschen Kolonialreiches keinen Anteil erhalten hatte. Demgegenüber gab es mit Äthiopien einen Staat Afrikas, der sich die totale Unabhängigkeit gerade durch seinen Sieg von Adua (1896) über die Italiener gesichert hatte.
Als die in Libyen stationierten italienischen Truppen um 1928 die Eroberung Tripolitaniens abgeschlossen und die Niederlassung der italienischen Siedler am Südufer des Mittelmeeres gesichert hatten, faßte Mussolini einen ehrgeizigeren Plan ins Auge, der mit der Eroberung Äthiopiens gleichzeitig die Niederlage von Adua rächen sollte.
Nach diplomatischen und militärischen Vorbereitungen entfesselte er im Oktober 1935 unter einem fadenscheinigen Vorwand den Krieg gegen diesen afrikanischen Staat. Äthiopien wurde zu dieser Zeit vom Urenkel Meneliks II., dem 1892 geborenen Haile Selassie I. regiert, der 1906 Provinzgouverneur, 1928 König (*Negus*) und 1930 Kaiser (*Negus Negasta*) geworden war. Obwohl er seine Armee modernisiert hatte, konnte

er den raschen Vormarsch des mit schlagkräftigen Waffen ausgerüsteten italienischen Expeditionskorps nicht aufhalten. Die italienischen Truppen wurden von der Luftwaffe unterstützt, die nicht nur militärische Ziele, sondern auch die Städte bombardierte. Noch vor Jahresende fielen Adua, Axum und Makale.
Der Negus erbat die Intervention des Völkerbundes, dem Äthiopien 1923 als Mitglied beigetreten war. Aber der Völkerbund konnte in seiner Machtlosigkeit nur theoretische Sanktionen verhängen, die hauptsächlich darin bestanden, daß die Mitgliedstaaten ihre Rohstofflieferungen an Italien einstellten. Das nationalsozialistische Deutschland lieferte Mussolini jedoch alles Nötige, so daß sich der Boykott als wirkungslos erwies.
1936 wurde Gondar eingenommen, und die italienischen Truppen marschierten in Addis Abeba ein. Am 9. Mai verkündete Mussolini in Rom die Eingliederung Äthiopiens ins italienische Kolonialreich. Abessinien, Eritrea und Italienisch-Somaliland bildeten das einem Vizekönig unterstellte Generalgouvernement Italienisch-Ostafrika, das in sechs Provinzen unterteilt war. Während seiner sechsjährigen Besatzungszeit versuchte Italien unter beträchtlichem Einsatz und durch bedeutende Investitionen, Äthiopien zu modernisieren. Während des Zweiten Weltkrieges mußte Italien immer mehr Positionen seines Kolonialreiches räumen. 1941 kehrte Haile Selassie aus seinem fünfjährigen Londoner Exil nach Äthiopien zurück, wo er seinen Thron wieder besteigen konnte.
Das nach dem Zweiten Weltkrieg vorübergehend von Großbritannien verwaltete Eritrea wurde schließlich an Äthiopien abgetreten, vorerst in der Form eines autonomen Teilstaates der Föderation, im Jahr 1960 als autonome Provinz. Damit erhielt Äthiopien einen Zugang zum Meer.
Man wird die vorübergehende Eroberung Äthiopiens und seine Kolonisierung durch Italien als eine verspätete und anachronistische, blutige, aber wenig dauerhafte Episode bei der Aufteilung Afrikas unter die Kolonialmächte betrachten müssen.

IV. Südafrika bis zum Zweiten Weltkrieg

Wir haben gesehen, daß der Erste Weltkrieg die Loyalität der Südafrikanischen Union gegenüber England auf eine harte Probe gestellt hatte. Abgesehen von einer unbedeutenden und von Botha selbst rasch niedergeschlagenen Abfallbewegung war diese Loyalität schließlich vollkommen gewesen. Gerade ein Burengeneral, Smuts, hatte die südafrikanische Armee während des Ersten Weltkrieges gegen deutsche Truppen in Südwest- und Ostafrika geführt. 1939 war es der gleiche, nun zum Marschall

beförderte Smuts, der die aktive Unterstützung der Briten und Alliierten in ihrem Krieg gegen Deutschland und Italien durch Südafrika herbeiführte. Es waren seine Truppen, welche die italienische Front in Äthiopien von hinten aufrollten und Haile Selassie 1941 die Rückkehr in sein Kaiserreich ermöglichten.
Ein Idealist aus Berufung und Jurist von Beruf, war der 1870 geborene Jan Christian Smuts beim Einfall Jamesons sechsundzwanzig Jahre alt gewesen. Als Protest gegen diesen Einfall und die imperialistischen Gelüste Cecil Rhodes' hatte er das Kap verlassen und war nach Transvaal emigriert, wo er enger Mitarbeiter Präsident Krügers geworden war. Als General und Diplomat hatte er wohl während des Burenkrieges wie auch in den folgenden Friedensverhandlungen eine bedeutende Rolle gespielt. In Gedanken entwarf Smuts schon damals eine neue weiße Kultur Südafrikas, die zwar das europäische Erbe bewahren, aber auch eigenständige, neue Züge aufweisen und das Beste der afrikaansen und britischen Tradition verschmelzen würde – eine Kultur, die zwar Vormund, aber auch Beschützerin der weniger entwickelten Kulturen sein sollte. Jede Nation und jede Rasse sollte dabei ihren eigenen Charakter und ihr Eigenleben bewahren, ohne sich mit den anderen vermischen zu wollen.
Während des Ersten Weltkrieges hatte Smuts an Sitzungen des britischen Kriegskabinetts teilgenommen und 1918, nach Kriegsende, durch ein bedeutendes Memorandum zur Gründung des Völkerbundes beigetragen. Man schreibt ihm die Konzeption des auf die ehemals deutschen Kolonien angewandten Vormundschaftsmandates zu, eine Konzeption, die, wie wir gesehen haben, eine entscheidende Wende in der europäischen Kolonialpolitik bedeutete. Smuts hatte dieses Konzept ausgearbeitet, um den Völkerbund zu bewegen, Südafrika mit dem Mandat über das ehemalige Deutsch-Südwestafrika zu betrauen. Es ist eine Ironie der Geschichte, daß gerade dieses Mandat das einzige der durch den Völkerbund vergebenen war, das die Mandatsforderungen nicht erfüllte, indem im Jahr 1949, als die Vereinten Nationen mit dem Erbe des Völkerbundes auch die Mandatskontrolle übernahmen, das Mandatsgebiet ganz einfach in die Südafrikanische Union einverleibt wurde.
Nach dem Tod Bothas 1919 folgte ihm Smuts als Premierminister der Südafrikanischen Union nach. Aber Smuts stieß auf den Widerstand eines ebenso aktiven wie extremistisch nationalistischen Flügels unter Führung Hertzogs, der die Verseuchung der afrikaansen Tradition durch britischen Liberalismus und britische Toleranz scharf ablehnte. 1924 gewann Hertzog die Wahlen in Koalition mit der, wenn auch aus anderen Beweggründen, ebenfalls rassistischen Labour Party; diese Partei der Linken strebte nämlich den Schutz der weißen Prole-

tarier, der *poor white*, vor der Konkurrenz des nichteuropäischen Arbeiters an, war doch die Hautfarbe das einzige Privileg der ärmeren Weißen. Smuts räumte der von Hertzog geführten Koalitionsregierung das Feld, um sich neun Jahre lang zurückgezogen philosophischen und biologischen Studien zu widmen.
Im Kielwasser der Weltwirtschaftskrise von 1929 blieb auch Südafrika von schweren inneren Problemen nicht verschont. Als das selbst unter der Krise leidende Großbritannien die Golddeckung seiner Währung aufgab, drohte den südafrikanischen Goldminen die Schließung. Unter dem Druck dieser Ereignisse schlossen sich die Parteien von Smuts und Hertzog 1934 zu einer neuen Zentrumspartei, der *United South African National Party*, zusammen, an deren rechtem Flügel sich eine neue extremistische afrikaanse Partei, die ›Gereinigte Nationale Partei‹, bildete, die von Reverend Dr. Daniel François Malan, einem Prediger der Doppersekte, gegründet worden war. Andere extremistische Gruppen bildeten Kampforganisationen, die sich am Beispiel der in Deutschland herrschenden rassistischen Nationalsozialisten inspirierten.
Als Hitler 1935 für das Dritte Reich Kolonien verlangte, unterstützten Malan und die Extremisten vorerst die deutschen Forderungen. Als er 1938 indessen ausdrücklich das ehemals deutsche Südwestafrika zurückverlangte, das von den deutschen Nationalisten zum Gegenstand ihrer Koloniallegende gemacht worden war, wurden die südafrikanischen Extremisten in ihrer Sympathie für Deutschland schwankend. Als Deutschland 1939 Polen überrannte, erhielt Smuts im Kapparlament eine Mehrheit von 80 gegen 67 Stimmen für den Eintritt Südafrikas in den Krieg an der Seite der Alliierten. Der neunundsechzigjährige Smuts übernahm die Funktionen des Premierministers, des Außen- und Kriegsministers bis 1948, um sich dann mit dem Titel eines Marschalls des britischen Empires aus der Politik zurückzuziehen.

V. MODERNE ZÜGE DER KOLONISATION

Ganz allgemein ist auf den bemerkenswerten Umstand hinzuweisen, daß es praktisch weder während des Ersten noch während des Zweiten Weltkrieges in den afrikanischen Kolonien zu Aufstandsbewegungen gekommen ist, obwohl die europäischen Truppen aus Afrika abgezogen worden waren oder sich gar untereinander schlugen. Es ist ebenfalls außerordentlich bemerkenswert, daß es im Afrika südlich der Sahara (abgesehen vom äthiopischen Zwischenspiel des faschistischen Italien) von der Aufteilung und Befriedung des Kontinentes bis

zur Periode der Autonomie und Unabhängigkeit (sagen wir: bis zu den kongolesischen Wirren) nur verhältnismäßig selten zu Gewaltakten gekommen ist. Jedenfalls kann die Epoche der Kolonialregierung unter diesem Gesichtswinkel vor der präkolonialen Aera durchaus bestehen. Im großen ganzen lassen sich die Beziehungen zwischen Kolonisten (vor allem Beamte oder Geschäftsleute), deren Zahl sich um 1935 zwischen Sahara und Limpopo auf kaum mehr als 60 000 belief, und Kolonisierten als loyal und vertrauensvoll, wenn auch nicht immer als problemlos bezeichnen. Die ›eruptiven‹ Phasen waren kurz und begrenzt, was im ganzen doch von gutem Willen und Vernunft beiderseits zeugt.
So läßt sich denn die koloniale Epoche der afrikanischen Geschichte als eine nicht immer ungestörte, im ganzen aber doch stetige Entwicklung bezeichnen, die die Sicherung des Friedens und die Erhöhung der Sicherheit, den wirtschaftlichen Aufschwung, die Mehrung der Bevölkerung, die Anhebung des Lebensstandards, aber auch die Akkulturation und eine progressive Emanzipation brachte. Wenn auch die Etappen dieses Emanzipationsprozesses den folgenden Kapiteln vorbehalten bleiben, so seien hier doch schon einige Entwicklungslinien aufgezeigt.

Zu Beginn der Kolonisation, nennen wir es ihre heroische Phase, wollte die öffentliche Meinung Europas das Kolonialunternehmen oder, wie es die Bourgeois der *Belle Epoque* nannten, das koloniale Abenteuer nicht aus ihren eigenen Taschen bestritten sehen. Wenn Abenteurer sich Chancen ausrechnen mochten, in Übersee reich zu werden, wenn etwas überspannte Menschen wie ein Arthur Rimbaud in Äthiopien Waffenhandel betrieben oder Mystiker wie Pater de Foucauld in die Wüste von Tamanrasset über Christus predigen gingen und sich von den Senussi niedermachen ließen, so sollte dies wenigstens das staatliche Budget und damit den Steuerzahler keinen Pfennig kosten.
Großbritannien stellte Johnston zur Gründung der Kolonie von Njassaland ganze 10 000 Pfund zur Verfügung (sein persönliches Gehalt nicht inbegriffen), was ihm den Unterhalt einer Truppe von 75, einem einzigen britischen Offizier unterstellten Sikhsoldaten erlaubte. Lugard verfügte über jährlich 100 000 Pfund, fünf Verwaltungsbeamte, 120 weiße Offiziere und Unteroffiziere sowie einige tausend schwarze Schützen, um Nordnigeria und die Haussaemirate, also eine Region mit ungefähr 10 Millionen Bewohnern, unter Kontrolle zu bringen. Auch in Frankreich standen dem Kolonialministerium nur sehr beschränkte Mittel zur Verfügung. Lange Zeit glaubte man, daß die in die afrikanischen Kolonien entsandten Beamten aus dem

Budget der jeweiligen Kolonie, die ihre Dienste benötigte, auch besoldet werden müßten. Die Schaffung der Föderationen von Französisch-Westafrika und Französisch-Äquatorialafrika war vom Bestreben geleitet, einen gewissen Ausgleich zwischen armen Gebieten, wie etwa Obervolta, und anderen, wenn auch nicht reichen, so doch über ausgiebigere natürliche Ressourcen verfügenden Territorien wie Senegal oder die Elfenbeinküste zu erreichen. Vor 1914 und sogar noch nach dem Ersten Weltkrieg lag dem französischen Kolonialsystem ein vornehmlich militärisches Element zugrunde, die Absicht nämlich, für den Kriegsfall Afrikas Menschenreserven mobilisieren zu können, jene Menschenmassen, die Afrikas Hauptreichtum verkörperten. Tapfer und diszipliniert stellten die ›Senegalesen‹, wie sie ungeachtet ihres Herkunftsortes genannt wurden, in beiden Weltkriegen ein nicht zu unterschätzendes Element der französischen Streitkräfte dar. Die Mobilisierung von Hunderttausenden schwarzer Afrikaner, die auf den Kriegsschauplätzen Europas und Nordafrikas eingesetzt wurden, um nach Kriegsende mit einer kleinen Pension, der Gloriole des ehemaligen französischen Frontkämpfers und dem Ansehen des Weitgereisten in ihre Heimat zurückzukehren, dies alles hat ebenfalls eine wichtige Rolle in der Entwicklung der Afrikaner gespielt.
In Südafrika, Rhodesien und im belgischen Kongo hatte die Förderung und Ausbeutung von Bodenschätzen ungeahnte Ausmaße angenommen und dadurch nicht nur die afrikanische Wirtschaft, sondern in mancher Hinsicht auch ihre Gesellschaftsstrukturen verändert. Man hat ausgerechnet, daß im Jahr 1935 mehr als zwei Drittel aller öffentlichen und privaten Investitionen im Afrika südlich der Sahara in den Ländern mit Bergbauindustrie vorgenommen worden waren, wovon ungefähr 47 % auf Südafrika, 12 % auf den belgischen Kongo und 8 % auf Rhodesien entfielen. Auch stellte die Südafrikanische Union zu diesem Zeitpunkt einen Anteil von mehr als der Hälfte am internationalen Handelsverkehr Afrikas. Zudem machte die Bergbauindustrie während der Wiederaufbauphase nach dem Zweiten Weltkrieg einen außerordentlichen Sprung nach vorn. 1953 erhöhte der belgische Kongo, der Uran ausführte, den Wert seiner Exporte um das Vierzehnfache, Nordrhodesien, das sein Kupfer abbaute, um das Zehnfache des Vorkriegsstandes. Die sozialen Folgen der Bergbauindustrie zeigten sich zuerst in der Einführung der Geldwirtschaft in Länder, die bis dahin kaum etwas anderes als Naturalwirtschaft gekannt hatten. Die Afrikaner erhielten Löhne, die ihnen die Möglichkeit zum Kauf von Manufakturwaren boten. Die neue Industrie führte aber auch zu einer Konzentration und Vermischung der Minenarbeiter in den Bergwerkszentren. Dabei gingen die Behörden

allerdings verschieden vor. Im Kongo ermunterten die Belgier die Minenarbeiter, sich für immer mit ihren Familien in städtischen Zentren niederzulassen, was zur Bildung einer festen städtischen Bevölkerung führte. In Südafrika und Rhodesien dagegen wollten die Direktoren, aber auch die weißen Arbeiter und Techniker die Bildung einer Klasse berufsmäßiger Bergwerksarbeiter verhindern. Sie zogen unqualifizierte, nur teilweise beschäftigte und auf dem umliegenden flachen Land angeworbene Arbeitskräfte vor, die oft nach Ablauf eines einjährigen Arbeitskontraktes wieder zu ihren Familien und ihren alten Lebensgewohnheiten zurückkehrten. Diese Arbeitskräfte hatten weder die Zeit noch die Möglichkeit, sich technisch zu qualifizieren, und ihre Leistungen waren entsprechend gering. Auf der anderen Seite aber wurden diese Arbeiter weniger ihrem Stammesgefüge entwurzelt und trugen doch dazu bei, daß sich die Kenntnis der städtischen und industriellen Kultur bis in die entferntesten Winkel Afrikas verbreitete. Auch in entlegenen Gebieten gab es kaum eine Familie, die nicht irgendwann einmal einen Bergwerksarbeiter gestellt hätte. Die Löhne für die schwarzen Arbeitskräfte blieben sehr niedrig. Die Gesellschaften vertraten die Ansicht, daß höhere Löhne zur Schließung der Minen führen und damit die Bantubevölkerung, die zahlenmäßig stark zugenommen hatte, schrecklichen Hungersnöten aussetzen müßten. Die Zunahme der Bantubevölkerung geht aus der südafrikanischen Volkszählung von 1960 hervor (abgerundete Zahlen): 11 Millionen Bantu standen 3 Millionen Weißen, darunter 40 % englischsprechenden und 60 % afrikaanssprechenden, sowie 1,5 Millionen Mischlingen und 0,5 Millionen Indern gegenüber.
Die Europäer entwickelten auch die Landwirtschaft, allerdings weniger unter dem Gesichtswinkel lebensmittelerzeugender, als vielmehr industrieller Kulturen, die dem Afrikaner ein Einkommen in Geld sichern und ihn so auf lange Sicht zu einem Konsumenten industrieller Güter, nebenbei auch zum Steuerpflichtigen machen sollten. In Senegal und Nigeria wurde die Erdnußproduktion gefördert. An der Goldküste, in Nigeria und an der Elfenbeinküste wurde Kakao und Kaffee angebaut, in Nigeria überdies Palmöl gewonnen. Tanganjika produzierte Sisal, Njassaland Tee, Südrhodesien Tabak und Liberia Kautschuk. Im französischen Sudan leitete 1929 das *Office du Niger* ein ehrgeiziges Bewässerungsprogramm im ›inneren Nigerdelta‹ ein, das den Anbau von Reis und Baumwolle ermöglichte. Etwa 20 000 afrikanische Kolonisten konnten durch dieses Unternehmen angesiedelt und ausgerüstet sowie 25 000 Hektar Savanne einer intensiven Bewirtschaftung erschlossen werden. Das ursprünglich außerordentlich geringe Einkommen

der Afrikaner stieg langsam an. Jedenfalls erreichte es in einigen Gebieten allmählich einen Wert, der statistisch ausdrückbar wurde. Zwischen 1950 und 1960 wurde das Jahreseinkommen pro Kopf der Bevölkerung in Njassaland auf 7 Pfund, in Tanganjika auf 17 Pfund und an der Gold Coast auf 75 Pfund geschätzt (zur gleichen Zeit erreichte es in Westeuropa eine Größenordnung von 300 Pfund).

Die von den Kolonialmächten, insbesondere Großbritannien und Frankreich, unternommenen Anstrengungen auf dem Gebiet der Krankheitsbekämpfung waren beträchtlich. Die tropischen Krankheiten, vor allem die Schlafkrankheit, wurden studiert, ihre Erreger eruiert und Methoden zu ihrer Bekämpfung entwickelt. Impfungen wurden in großem Maß durchgeführt, die praktisch zum Verschwinden der Epidemien – wie des Gelbfiebers, das noch zwischen den beiden Weltkriegen wütete – führten. Auch die endemischen Krankheiten wie die Schlafkrankheit (*Trypanosomiasis*) wurden stark eingedämmt. Zahlreiche Spitäler entstanden in ganz Afrika.

Die Kolonialmächte, insbesondere die beiden wichtigsten, Großbritannien und Frankreich, ergänzten ihre administrativen und wirtschaftlichen Anstrengungen durch einen bedeutenden Beitrag auf dem Gebiet des Unterrichtswesens, hauptsächlich nach dem Ersten Weltkrieg und in noch verstärktem Maße nach 1945. Die Entwicklungspläne räumten dem Schulwesen einen immer wichtigen Platz ein, auch wenn Briten und Franzosen dabei nicht ganz den gleichen Weg einschlugen. Die Briten förderten den Bau afrikanischer Hochschulen und tendierten eher dazu, das Unterrichtsniveau dem afrikanischen Milieu anzupassen. In den französischen Territorien dagegen, vor allem seit das französische Kolonialreich den Namen ›Überseeisches Frankreich‹ (*France d'Outremer*) und etwas später ›Französische Union‹ (*Union Française*) angenommen hatte, war die Erziehung der Afrikaner auf die Vermittlung einer unverfälscht französischen Kultur ausgerichtet und schloß auch einen Studienaufenthalt an einer Universität des Mutterlandes ein. Übrigens ist die dem französischen Unterrichtswesen getreu nachgebildete Kolonialschule weniger den Franzosen als den Afrikanern selbst zuzuschreiben. Denn jedesmal, wenn ihnen die Franzosen von ihrem Modell abweichende und den lokalen Bedürfnissen wie den Voraussetzungen besser angepaßte Methoden vorschlugen, wurden diese von den Afrikanern als »zweitklassige Ausbildung« bezeichnet und abgelehnt.

Im belgischen Kongo lag der Akzent auf der elementaren und technischen Schulung. Sie ging vom Gedanken aus (der nicht nur Ausfluß eines paternalistischen Denkens, sondern in gewissem Sinne auch gerechtfertigt war), daß es wichtiger sei, den

Afrikaner lesen, schreiben und rechnen zu lehren, und dringender, ihm den Gebrauch des Hammers oder des Schraubenschlüssels beizubringen als ihn in das Denken Schopenhauers und Nietzsches einzuführen. Das Schulwesen lag im Kongo vor allem in den Händen der katholischen Missionen. 1954 gab es im Kongo keinen einzigen schwarzen Rechtsanwalt oder Ingenieur, auch studierten keine kongolesischen Studenten an belgischen Hochschulen.

Dem englischsprachigen, 1845 in Sierra Leone gegründeten College von Furah Bay, an dem zahlreiche Studenten der Goldküste und Nigerias ihre Ausbildung erhielten, sind wir bereits begegnet. In Nigeria war die Universität von Ibadan 1949, in Rhodesien die von Mount Pleasant 1945 eingeweiht worden.

1927 wurde an der Goldküste das College von Achimota gegründet, dessen stellvertretender Direktor, ein Fanti und Doktor der Universität Columbia, James E. Kwagir Aggrey, einer der geistigen Führer der jungen Generation der Gold Coast war. Er machte sich zum Fürsprecher der rassischen Zusammenarbeit und fand dafür eine berühmt gewordene Formel: »Die schönste Klaviermusik ist jene, die sowohl auf den weißen wie den schwarzen Tasten gespielt wird.« Auch der folgende Ausspruch stammt von Aggrey: »Ich wünsche, daß Afrika zivilisiert, aber nicht, daß es verwestlicht wird.«

In der Südafrikanischen Republik verläuft die Ausbildung der Schwarzen und Weißen getrennt. Den Nichteuropäern steht im Fort Hare College eine ausschließlich für Bantu und Mischlinge bestimmte Hochschule offen. Der Zugang zu weißen Universitäten wird ihnen ausdrücklich durch die *University Education Act* aus dem Jahr 1959 verwehrt.

In ihren afrikanischen Gebieten bemühten sich die Franzosen um die Ausbildung von Volksschullehrern nach Methoden, die sich in Frankreich seit dem Beginn der Dritten Republik bewährt hatten. Der gesamte Unterricht wurde in französischer Sprache erteilt. In jedem Territorium wurden Lehrerseminare geschaffen, deren Absolventen dann ihrerseits den elementaren Unterricht im Busch oder den anspruchsvolleren in Gymnasien, technischen Schulen oder landwirtschaftlichen Anstalten aufnahmen. Zahlreiche Lehrer des französischen Mutterlandes unterrichteten während einiger Jahre an afrikanischen Schulen. Aber von den afrikanischen Absolventen der Lehrerbildungsanstalten widmete sich eine viel zu geringe Zahl wirklich dem Schuldienst, während die meisten ehemaligen Schüler Verwaltungsbeamte oder Politiker wurden. Auch war ein zu kleiner Anteil der von Frankreich zwischen 1946 und 1960 in Afrika in der Form des ›Investitionsfonds für die wirtschaftliche und soziale Entwicklung‹ eingesetzten Milliarde Dollar für Schulbauten bestimmt.

Zwei Gründe sind dafür verantwortlich. Einerseits war dieser Fonds in erster Linie gewinnbringenden Investitionen vorbehalten, worunter die Ausbildung nicht figurierte; andererseits waren es aber auch die afrikanischen Lokalregierungen, die das Geschenk prachtvoller Schulen zurückweisen mußten, weil ihre viel zu kleinen Budgets nicht einmal den Unterhalt solcher Schulen erlaubten.
1945 begann Frankreich, in Dakar die ersten Fakultäten einer Universität zu schaffen, die vorerst das Studium der Medizin und der Rechte ermöglichten. Unter den afrikanischen Führern der Unabhängigkeitsbewegung gab es allerdings nur eine verschwindende Minderheit, die nicht eine europäische Schule durchlaufen hatte.

17. Ursprünge und Ursachen der Unabhängigkeitsbewegungen

Wie man auch immer den Begriff der ›Befriedung‹ deuten mag, womit die Kolonisatoren ihr Unternehmen in Afrika zu umschreiben pflegten, so dürfen die Tatsachen nicht übersehen werden. So setzte die Kolonisation nicht nur der Sklaverei und, in ihrem Kielwasser, einem ganzen System von Erpressungen ein Ende, sondern auch langen, blutigen Kämpfen zwischen afrikanischen Stämmen und Kriegsführern, welche Hunderttausende oder gar Millionen von Toten gekostet, weite Gebiete verwüstet und breite Unsicherheitszonen geschaffen hatten, wo keine spontane Entwicklung mehr möglich war. Vor dem Ende des 19. Jahrhunderts hatte die ›*pax romana*‹ der Kolonisatoren diesen Unsicherheitszustand beendet, der wohl nicht immer und nicht überall herrschte (wie es z. B. Livingstones Reisen in Zentralafrika bezeugen), der aber breite Landstriche während langer Zeitspannen auszeichnete. Davon zeugt einerseits ein Tatbestand demographischer Natur, die Tatsache nämlich, daß sich während der Kolonialperiode die afrikanische Bevölkerung stark vermehrt hat, sich in bisher öden oder verödeten Gebieten verbreitete und bedeutende Stadtgebilde im modernen Sinne des Wortes bildete.

Andererseits maßen auch die Afrikaner diesem Friedenszustand großen Wert bei. Denn während sich die europäischen Nationen in zwei große Kriege verstrickten, bewahrten die afrikanischen Völker nicht nur unter sich den Frieden, sondern auch gegenüber den Europäern.

Es lag in der Natur der Dinge, daß die Afrikaner eines Tages die europäische Vormundschaft – gleich der britischen Kolonie in Nordamerika während des 18. Jahrhunderts oder den spanischen Kolonien Südamerikas im 19. Jahrhundert – abschütteln wollten, um frei zu werden. So wurde denn auch die politische Unabhängigkeit Afrikas nach weniger als fünfundsiebzigjähriger Kolonialherrschaft zur Tatsache.

Der Historiker ist gewohnt, einen Vorgang, der sich im Zeitraum von nur zwei oder drei Generationen – drei Vierteln eines Jahrhunderts – abspielt, als eine äußerst beschleunigte Entwicklung zu betrachten, besonders wenn es sich dabei um eine doppelte Entwicklung handelt: vom Zustand ursprünglicher Freiheit zu dem der Kolonialherrschaft, dann von diesem zur Unabhängigkeit. Man darf aber nicht übersehen, daß es keineswegs Nationen in unserem Sinn gewesen waren, die kolonisiert worden waren, sondern häufig bereits vom Zerfall bedrohte Stammessysteme. Das politische Bewußtwerden der afrikanischen Nationen, die Gründung selbständiger Staaten innerhalb willkürlich gezogener Grenzen, die Ausbildung einheimischer Verwaltungsapparate — dieser Vorgang hat sich gleichsam im Zeitraffertempo abgespielt. Er zeugt von der Anpassungsfähigkeit der europäischen Kultur, aber auch der Afrikaner.

Eines der erstaunlichsten Zeugnisse dieser Anpassungsfähigkeit stellt das Beispiel der sogenannten ›äthiopischen‹ christlichen Sekten dar. Trotz all ihres Bekehrungseifers hatten die europäischen Missionare doch nicht verschleiern können, daß ihre Biblische Geschichte eine ›Geschichte der Weißen‹, daß Christus, der Sohn Gottes, ein Weißer und daß das Christentum eben doch eine Religion der Weißen sei. Dadurch wurde sie aber zwangsläufig zur Religion nicht nur einer fremden Rasse, sondern auch einer sozialen Klasse. Sie anzunehmen, sich zu ihr zu bekehren, konnte zwar von den Afrikanern gewiß als ein sozialer Aufstieg gewertet werden, mußte ihnen aber andererseits auch den Eindruck vermitteln, einer Religion beigetreten zu sein, die nicht die ihre, sondern diejenige der ›anderen‹ sei — eine Religion, die eben doch ›Angelegenheit der Weißen‹ blieb. Sie mochten sich als Abtrünnige, ja als Verräter an den Traditionen ihrer Ahnen fühlen, wenn sie einen neuen Glauben, andere Sitten und neue Lebensgewohnheiten annahmen. Es sei hier nur nebenbei bemerkt, daß der Islam erstaunlicherweise nicht die gleichen Reaktionen hervorgerufen hat, wenn auch die Gründe dafür schwierig zu ermitteln sind. Auch der Islam ist ja als eine Religion der Weißen, der Eroberer und der Herren eingeführt worden, ja sogar als die Religion der Sklavenjäger und Sklavenhändler — und doch ist er weniger als etwas Artfremdes empfunden worden. Der Islam schien (zumindest im Gebiet der Savanne, viel weniger im Urwald) auf die afrikanischen Voraussetzungen und Mentalitäten besser zugeschnitten, seine Annahme hat in einem weiteren Rahmen, als dies für das Christentum gilt, den Charakter eines sozialen Aufstiegs angenommen. Es sei hier allein auf diesen Tatbestand hingewiesen, ohne ihn erklären zu wollen. Man kann nur feststellen, daß im 19. Jahrhundert der Islam sich doppelt so schnell ausgebreitet und zweimal so viele Anhänger gewonnen hat wie alle christlichen Sekten zusammen.
Daß es nicht nur eine, sondern verschiedene, sich gegenseitig

konkurrierende Formen des Christentums gab, war den Afrikanern bald klar geworden. Wir sind den Rivalitäten zwischen katholischen und protestantischen Missionen in Uganda begegnet. Anglikanische Missionen und schottische Pastoren untergruben in Südafrika den Einfluß der holländisch-reformierten Kirche, der ›Nederlands Gerefoormeerde Kerk‹. Gegen diese richtete sich denn auch nach 1853 in Transvaal eine neue, radikal orientierte reformierte Kirche, die ›Nederlands Hervoormde Kerk‹, die, als unnachgiebige Vertreterin einer dogmatisch interpretierten Prädestinationslehre, die Bantu als die Söhne Hams und als rassisch eindeutig minderwertig betrachtete.

So war es verständlich, daß die ›Schwarzen‹ ihre eigenen christlichen Sekten gründeten, die ihren Vorstellungen besser entsprachen. Im Alten Testament fanden sie den ihrigen verwandte Glaubensbekenntnisse und Riten; sie entdeckten darin die Legitimation sogar für die Polygamie, die Sklaverei, die Stammesorganisation. Besser als ihre Missionare fanden sie sich im Alten Testament zurecht.

Wenn wir hier von den ›Schwarzen‹ und nicht etwa von den ›Afrikanern‹ gesprochen haben, so deshalb, weil die Neger Amerikas an dieser Entwicklung beteiligt gewesen sind. Aus den Vereinigten Staaten, diesem Treibhaus christlicher Sekten *par excellence,* waren nämlich schwarze Missionare gekommen, denen Belgien aber 1908 den Zutritt zum belgischen Kongo untersagte. Zu Beginn des Jahrhunderts sandte Bischof H. M. Turner, das Oberhaupt der amerikanischen Methodistenkirche in Afrika, seine bekehrten und als künftige Missionare ausersehenen Zulu zur Ausbildung in die USA. 1924 aber setzte die Regierung der Südafrikanischen Republik diesem Austausch, der subversive Züge angenommen hatte, ein Ende. Zwei Jahre später verurteilte eine internationale Konferenz der christlichen Missionen die separatistischen ›äthiopischen‹, d. h. afrikanischen Sekten, oder genauer, die als schismatisch gebrandmarkten Sekten der Neger.

Diese Sekten waren die Quellen bisweilen schwerer Zwischenfälle. So hatte sich im Jahr 1892 der australische Prediger Joseph Booth, ein Adventist des Siebten Tages, im Gebiet des Njassasees niedergelassen. Einer seiner Jünger, John Chilembwe, hatte in den Vereinigten Staaten, wo er sich studienhalber aufgehalten hatte, Kontakt zu einer schwarzen baptistischen Sekte von Philadelphia gefunden. Nachdem er nach Njassaland zurückgekehrt war, brach er mit Booth. Afrikas Söhne, so sagte er, benötigten niemanden, um im Evangelium die evangelische Erleuchtung und in der großen Völkerfamilie den ihnen zukommenden Platz zu finden. Im Jahr 1915, während des Ersten

Weltkrieges, entfesselte er eine revolutionäre Bewegung, die zwei europäische Pflanzer das Leben kostete. Seine Bewegung wurde aber rasch unterdrückt und Chilembwe ermordet. Seine Anhänger weigerten sich jedoch, an seinen Tod zu glauben. So verbreitete sich die Legende, daß er seinen Verfolgern entronnen sei, indem er sich in einen Vogel verwandelt habe. Er sei nach Amerika entflogen, von wo aus er bald als Befreier des Landes zurückkehren werde.

Eine ähnliche Rolle spielten die ›äthiopischen‹ Sekten (deren Name mit Äthiopien nichts zu tun hat) in den sporadisch aufflackernden Bewegungen nach dem Ersten Weltkrieg in Südafrika und Belgisch-Kongo. Dort begann 1921 der fünfundzwanzigjährige, von protestantischen Missionaren getaufte Simon Kimbangou zu predigen und Wunder zu wirken. Er gab vor, der Prophet der Bantu zu sein, ermutigte aber nicht zur Gewaltanwendung und wollte weder ein Messias noch ein Volksbefreier sein. »Nicht mir, sondern Gott allein sollt ihr folgen«, predigte er. Trotzdem ließen ihn die belgischen Behörden verhaften und zum Tod verurteilten. Zwar wurde er begnadigt, jedoch lebenslänglich eingekerkert. Gegen seinen Willen gründeten seine Jünger eine ›kimbangistische‹ Kirche und machten ihn noch zu seinen Lebzeiten zu einer Art schwarzen Christus. Nicht nur im Gebiet von Leopoldville, sondern auch in Katanga und Angola zählte diese Kirche zahlreiche Anhänger.

Auch in einer anderen, bei ihrer Gründung stark von den amerikanischen »Zeugen Jehovas« beeinflußten Sekte, den Kitawala, hat sich in ähnlicher Weise das antikolonialistische und europäerfeindliche Gefühl in Belgisch-Kongo in einer religiösen Bewegung kristallisiert. Im Unterschied zu den Kimbangisten verzichteten die Kitawala jedoch nicht auf Gewaltanwendung, Rebellion und Märtyrertum.

In Nigeria war nach dem Vorbild der anglikanischen Kirche eine ›Nationalkirche Nigerias‹ entstanden, die in einem Ibo namens Azikiwe ihren Propheten sah. Dieser hatte von 1925 bis 1934 in den Vereinigten Staaten studiert und dort auch seine Universitätsexamina abgelegt. In Lincoln hatte er sich den Titel eines B. A., an der Universität von Pennsylvanien den eines M. A. erworben und sich in Harvard schließlich den Doktorhut geholt. Azikiwe sollte in der Befreiungsbewegung Nigerias eine entscheidende Rolle spielen. Die nigerianische Nationalkirche verdankt ihre Gründung einem anderen Schwarzen, dem auf den britischen Antillen geborenen Edward Wilmot Blyden, der 1850 nach Liberia eingewandert war. In seinen Schriften verkündete er die Existenz einer über eigenen Wert verfügenden ›afrikanischen Persönlichkeit‹. Nach dem Modell der Monroe-Doktrin vertrat er die Forderung: »Afrika den Afrikanern!« Obwohl

Blyden durch seinen Kontakt mit amerikanischen Negern zu Beginn noch stark vom Kampf gegen die Rassentrennung in den Vereinigten Staaten beeinflußt war, gewann er in den letzten Jahren vor seinem Tod im Jahr 1912 im englischsprechenden Westafrika eine zahlreiche Zuhörerschaft. Unter seinem Einfluß wurden in Nigeria afrikanische Zeitungen gegründet. In Lagos gab der Liberianer John Payne Jackson von 1891 bis 1898 die Wochenzeitschrift *Lagos Weekly Record* heraus, die Blydens Forderung, Afrika den Afrikanern, zu ihrem Leitmotiv machte. Gleichzeitig erfuhren auch die afrikanischen christlichen Sekten in Nigeria starken Auftrieb.

Schon vor dem Ersten Weltkrieg war der aus Massachusetts stammende und für die Rechte seiner schwarzen Mitbürger kämpfende Mischling William Edward Burghardt Du Bois in den USA an der Gründung der *National Association for the Advancement of Colored People* beteiligt gewesen. Nach Kriegsende beschloß er, seine Bewegung auf die anderen Kontinente auszudehnen, insbesondere auf Afrika, wo die Schwarzen die überwiegende Mehrheit der Bevölkerung stellten.

Zusammen mit dem Senegalesen Blaise Diagne, einem französischen Afrikaner und Abgeordneten im französischen Parlament, organisierte Du Bois den ersten panafrikanischen Kongreß, der 1919 in Paris stattfand. Allerdings konnten nur Delegierte aus Afrika und den Antillen daran teilnehmen, da die amerikanische Regierung ihren schwarzen Staatsbürgern die Aushändigung der Pässe verweigert hatte. Nicht nur ein internationales Abkommen, das die Rechte der Eingeborenen Afrikas garantieren sollte, wurde auf diesem Kongreß gefordert, sondern auch die Ausarbeitung eines Planes zur Vorbereitung einer stufenweisen Erlangung der Unabhängigkeit der Kolonien. Ein zweiter panafrikanischer Kongreß wurde 1921 in London, Brüssel und Paris abgehalten. Er lenkte die Aufmerksamkeit des Völkerbundes auf die Rassenprobleme und verlangte von ihm die Aufnahme eines Schwarzen in die Mandatskommission. 1923 fand der dritte panafrikanische Kongreß in Lissabon statt, vier Jahre später der vierte in New York. Aber nur wenige Afrikaner nahmen daran teil. Bis zum Ende des Zweiten Weltkrieges sollte kein weiterer panafrikanischer Kongreß mehr abgehalten werden. Erst 1945 berief Du Bois nach achtzehnjähriger Unterbrechung den fünften panafrikanischen Kongreß nach London ein. Im Gegensatz zu den früheren Kongressen rückten diesmal die Rassenprobleme in den USA in den Hintergrund, dafür wurde die Emanzipation Afrikas auf die Tagesordnung gesetzt. Unter den Teilnehmern befanden sich George Padmore und Kwame Nkrumah von der Goldküste sowie Jomo Kenyatta aus Kenia.

Schon bald nach dem Londoner Kongreß splitterte aber die panafrikanische Bewegung auf: einerseits durch kommunistische Infiltration, die innerhalb der Bewegung Uneinigkeit zeitigte, vor allem aber durch das Aufkommen lokaler Unabhängigkeitsbewegungen. Besser als ein panafrikanischer Kongreß konnten sich diese mit ihren spezifischen Problemen kämpfenden Bewegungen den jeweiligen Voraussetzungen anpassen.
Die aggressive Bewegung des aus Jamaika stammenden Marcus Garvey verdammte Du Bois' ›Mulattenbewegung‹ jedoch als zu gemäßigt und zu konziliant. Besessen von seiner Sendung als Erlöser landete Garvey 1916 in New York. In Harlem predigte er, daß die schwarze Rasse die auserwählte und er der neue Moses sei. Als sehr begabter Agitator machte er sich 1920 selber zum provisorischen Präsidenten Afrikas. Als Ziel setzte er sich die Befreiung des Schwarzen Kontinents. Neben einer neuen Kirche, der ›orthodoxen afrikanischen Kirche‹, gründete er auch eine politische Liga und die Zeitung *The Negro World*. Er ernannte einen Erzbischof, verteilte Adelsprädikate und Orden und organisierte Massenkundgebungen in Harlem. In den USA fand seine mit umgekehrten Vorzeichen geführte Rassenkampagne ein beträchtliches Echo. Der Ruf seiner radikalen Haltung drang bis in die Städte Afrikas, wo sein Beispiel zumindest in den Köpfen einigen Aufruhr verursachte.
Schließlich verhandelte Garvey mit der Regierung Liberias über die Gewährung einer Konzession zur Errichtung einer Ausgangsbasis für sein geplantes schwarzes Imperium. In seinen Plänen traf er sich übrigens mit den weißen extremistischen Rassensegregationisten von Mississippi, die eine Massendeportation der amerikanischen Schwarzen in ihren Ursprungskontinent vorschlugen. 1925 verurteilte ein amerikanisches Gericht Garvey allerdings wegen eines gemeinen Verbrechens zu einer Gefängnisstrafe. Nach Verbüßung seiner Haft wurde er aus den Vereinigten Staaten ausgewiesen und mußte nach Jamaika zurückkehren. Von dort aus reiste er nach London, wo er bis zu seinem Tod im Jahr 1940 relativ unbeachtet lebte. Bisweilen soll er noch im Hyde Park gepredigt und sich vor seinen Zuhörern gebrüstet haben, er sei eigentlich der wahre Begründer des Faschismus gewesen, da Mussolini ja nur seine Propagandamethoden und politischen Praktiken kopiert hätte.
Der panafrikanische Geist hat also, wie wir gesehen haben, sein erstes fruchtbares Betätigungsfeld in den Vereinigten Staaten gefunden. Dieser Umstand ließ ihn zu Beginn den Charakter einer kämpferischen Bewegung für die Besserstellung der amerikanischen Schwarzen annehmen. Es muß auch darauf hingewiesen werden, daß neben der kleinen Zahl von Afrikanern wie Azikiwe, die in den USA ihre Ausbildung erhalten hatten,

nur sehr wenige amerikanische Neger, von einigen Missionaren abgesehen, die Berufung verspürten, als Begründer neuer Geschlechter ins Land ihrer Ahnen zurückzukehren. Sie scheinen Afrika kaum unter dem Gesichtswinkel des ›gelobten Landes‹ gesehen zu haben.
Andererseits studierte eine größere Anzahl junger Afrikaner an britischen und französischen Hochschulen. In Frankreich verkehrten sie mit schwarzen Franzosen von den Antillen, durch die sie ins Pariser Leben und in die Politik eingeführt wurden. Die Taktiken der Wahlkampagne und der parlamentarischen Politik wurden ihnen schnell vertraut. In London gründeten sie die *West African Student's Union*, ein Studentenheim, das eine Mitgliederzeitung herausgab und die Neuankömmlinge betreute. Viele der englischsprechenden nationalistischen Führer Afrikas haben in diesem Studentenheim gewohnt. Von Jurastudenten gegründet, stand die WASU im Zeichen der britischen Rechts- und Hochschultradition. Sie achtete die Freiheit, schätzte den Parlamentarismus und setzte sich für eine reformistische Entkolonisierung ein, deren Tempo nicht unbedingt beschleunigt werden sollte. 1920 hatte ein Fanti, der Anwalt Joseph E. Casely Hayford, ein ernanntes Mitglied des Legislativrates der Goldküste, den Nationalkongreß von Britisch-Westafrika (*National Congress of British West Africa*) gegründet. Dieser Kongreß verlangte die etappenweise Umwandlung des Kolonial- und Protektoratsstatus in politische Autonomie, die Bildung beratender Versammlungen, deren Mitglieder zumindest teilweise aus öffentlichen Wahlen hervorzugehen hätten, und die allmähliche Übertragung der Exekutivgewalt an Afrikaner. Als Dominion sollten diese Staaten aber weiterhin Mitglieder des Commonwealth bleiben. Dieser Kongreß, der seine Impulse weitgehend von dem Kongreß Gandhis in Indien empfing, vermochte in Nigeria kaum Wurzeln zu schlagen. Dennoch übte er einen starken Impuls auf Herbert Macauley aus, den ›Vater des nigerianischen Nationalismus‹, wie der 1946 verstorbene und besonders im Gebiet von Lagos einflußreiche Politiker gelegentlich genannt wird.

In den französischen Besitzungen Afrikas hatte in einer ersten Phase die Bewegung ihren Ursprung unter den senegalesischen Intellektuellen, von denen einige übrigens von den Antillen stammten. Nach Blaise Diagne, dem senegalesischen Abgeordneten im französischen Parlament, und Lamine Gueye, dem Oberbürgermeister von Saint Louis und später von Dakar, der in Frankreich sozialistischer Abgeordneter und Minister war, hat besonders Leopold Sédar Senghor der Unabhängigkeitsbewegung in Senegal den Stempel seiner geistigen Vornehmheit

aufgedrückt. Als Sohn einer katholischen Familie 1906 geboren, durchlief er die Missionsschulen, um als brillanter Akademiker und bedeutender Dichter französischer Sprache eine wichtige Rolle in der französischen Politik zu übernehmen. Als Mitglied der Konstituierenden Versammlung fiel ihm in der Redaktion der Verfassung der französischen Vierten Republik eine ausschlaggebende Bedeutung zu. Er war es, der den Begriff der ›*négritude*‹ prägte, diese Eigenart der schwarzen Rasse, die über ihre Berufung entscheidet und ihr eine eigene Aufgabe zuweist.
Der von den Antillen stammende Dichter und französische Abgeordnete Aimé Césaire nimmt das Thema der ›*négritude*‹ in Reden und Dichtungen wieder auf. Wie man sieht, sind die Keime einer afrikanischen Bewußtwerdung bei den schwarzen Intellektuellen in Europa und Amerika, bei den ›Verwestlichten‹ also, auf besonders fruchtbaren Nährboden gefallen. Andererseits aber beschränkte sich diese intellektuelle Gärung auf eine kleine Schicht und fand in den afrikanischen Massen zumindest bis 1945 keinerlei Widerhall.
Wenn man von Senegal absieht, tauchen erst nach dem Zweiten Weltkrieg Afrikaner als politische Führer im französischsprechenden Westafrika auf; erst sie haben Massenbewegungen und Parteien organisiert.

Parallel zu dieser Evolution in den Vorstellungen der Afrikaner – zumindest bei einer Minorität von Intellektuellen, die gleichsam als Sauerteig wirken konnte – vollzog sich eine Veränderung in den Auffassungen der Kolonialmächte.
Es sei bei dieser Gelegenheit deutlich darauf hingewiesen, daß es während des hier beschriebenen Zeitraumes, d. h. während der ersten Hälfte des 20. Jahrhunderts, drei kleinere Kolonialmächte gab: Belgien (mit seiner Besitzung im Kongo), Holland (mit Niederländisch-Indien) und Portugal (mit Angola und Mozambique). Vier Staaten dürfen als große Kolonialmächte bezeichnet werden, nämlich Großbritannien und Frankreich, aber auch die USA und die Sowjetunion. Die USA und die UdSSR haben es zwar vermeiden können, zumindest namentlich, als Kolonialmächte zu gelten. Dennoch stellt die wirtschaftliche Beherrschung der USA in Zentralamerika, im karibischen Raum und in Liberia eine Form wirtschaftlicher und technischer Kolonialherrschaft dar, die, wenn auch nicht in ihrer verwaltungstechnischen Erscheinungsform, so doch in ihrer Wirklichkeit die Züge einer kolonialen Niederlassung trägt. Die Sowjetunion ist ihrerseits ein russisches Kolonialreich, das seinen Anfang in zaristischer Zeit hat und das die Sowjets konsolidiert haben, indem sie ihre Kolonialpolitik mit dem Begriff der ›Nationali-

tätenpolitik‹ verschleierten. Das russische Kolonialreich hat sich seit seiner Gründung im 16. Jahrhundert und seiner ersten Ausdehnung im 17. und 18. Jahrhundert unaufhaltsam bis ins Gebiet der Wolga, des Ural und des Kaukasus ausgebreitet, um im 19. Jahrhundert effektiv Sibirien zu gewinnen. Die zentralistische Politik unter Stalin hat die Einflußnahme der unter russischer Führung stehenden Kommunistischen Partei auf die einzelnen ›Nationalitäten‹ noch verschärft. Das 1939 gewählte Zentralkomitee zählte unter 70 Mitgliedern nur eine verschwindende Minderheit von Nicht-Russen, einen einzigen Türken und einen einzigen Mohammedaner.

Die beiden auch namentlich als solche bezeichneten großen Kolonialreiche waren das britische und das französische. Diese beiden weltumspannenden Mächte, die ihr Zentrum beide in Europa, diesseits und jenseits des Kanals, besaßen, hatten ihren Ruhm und ihren politischen Erfolg auf die Idee der Freiheit gegründet. Die Vorstellung der individuellen Freiheit war ihnen genauso eigen wie die des Selbstbestimmungsrechts der Völker (wobei unter Freiheit immer diejenige der anderen verstanden wird, da der Kampf um seine eigene kaum als großes Verdienst gelten kann). Waren aber die Magna Charta von 1215 und die Erklärung der Menschen- und Bürgerrechte von 1789 auf die Ebene des Kolonialsystems übertragbar? Zufälligerweise (wenn man in der Geschichte überhaupt von Zufall sprechen kann) kannten die anderen Kolonialmächte in Afrika keine auch nur vergleichbare Tradition in der Verteidigung der Freiheitsidee. Es war aber auch keiner gelungen, ihre Position in Afrika wirklich zu festigen. Das portugiesische Kolonialreich – wenn es überhaupt bestanden hatte – war vom Verfall bedroht. Spanien konnte im schwarzen Afrika kaum je Fuß fassen. Deutschland verlor sein Kolonialreich nach dem Ersten Weltkrieg, Italien seine spät erworbenen Besitzungen nach dem Zweiten. Man kann sich fragen, welche Entwicklung Afrika wohl genommen hätte, wenn sich die großen Kolonialmächte nicht durch ihre liberale Tradition gleichsam verpflichtet gefühlt hätten, oder wenn sie im Zweiten Weltkrieg nicht gesiegt hätten. Die Tatsache, daß die Portugiesen ihre Besitzungen (wenigstens vorläufig) weiter behaupten, scheint zu beweisen, daß Machtstellungen zumindest eine Zeitlang aufrechterhalten werden können, wenn nur die Kolonialmacht dazu fest entschlossen ist. Um ihres reinen Gewissens willen mußten sich sowohl Briten als auch Franzosen ehrlich um eine Übereinstimmung ihres imperialen Ehrgeizes und ihres Bekenntnisses zur Idee der Freiheit bemühen. Dieser Gewissenskonflikt hat denn auch die Kolonialpolitik der beiden Mächte nach dem Ersten Weltkrieg bestimmt. Eine Lösung dieses

Widerspruches war nur möglich, wenn man das ganze Problem unter dem Gesichtswinkel einer Evolution betrachtete: Die Kolonialmacht durfte sich als rechtmäßiger Vormund minderjähriger Völker betrachten, die es ihrer Volljährigkeit zuzuführen galt. Nach der Übereinstimmung über das einzuschlagende Prinzip schälten sich in der Praxis sehr schnell unterschiedliche Vorstellungen heraus. Die Briten sahen in einer sehr weiten, ja totalen Autonomiegewährung an die ihnen anvertrauten Völker die Lösung, wobei drei Bande nicht abreißen durften: die wirtschaftliche und währungstechnische Beziehung, die Treue zur britischen Krone und die englische Sprache. Ein viertes Band läßt sich hinzufügen: das britische Maß- und Gewichtssystem.

Die Franzosen träumten von einem ›*Empire*‹ oder einer ›*Union*‹ freier und gleichberechtigter Bürger, die, in einer weltumspannenden Föderation vereinigt, dieselbe Sprache sprechen und dieselben Rechte genießen sollten, wo immer sie auch wären und woher sie auch stammten. (Man darf in diesem Zusammenhang nicht vergessen, daß der große Feiertag der Französischen Revolution das Föderationsfest ist, das am 14. Juli 1790 die Einheit des republikanischen Frankreichs begründete.)

Der Übergang zur Praxis und die Aufgabe, einen Zeitplan zur etappenweisen Verwirklichung dieser Pläne festzulegen, ließen die Ansichten bald auseinanderklaffen. Die einen glaubten, daß die ›Eingeborenen‹ erst nach Jahrhunderten reif wären, sich selbst zu regieren, anderen schien es eine Frage von Generationen, vielleicht vieler Generationen, zu sein. Nur einer kleinen Minderheit schien es denkbar, daß sie noch zu ihren Lebzeiten ein unabhängiges Afrika sehen würde. Wie üblich hatten es die Vormünder weniger eilig als ihre Mündel. Die außergewöhnlich kurze Zeitspanne, in der die Afrikaner ihre Gleichstellung erlangt haben, war für die meisten überraschend, doch hat man mit Erleichterung festgestellt, daß dieser Prozeß relativ friedlich vonstatten ging.

Parallel zu dieser Entwicklung, die man auch als die dialektische Lösung eines dem britischen und französischen Empire innewohnenden Widerspruches bezeichnen könnte, vollzog sich ein anderer Vorgang: Die angelsächsische und lateinische Welt entdeckte Afrika. Unter ›Entdecken‹ wollen wir verstehen, daß man gewisse künstlerische Werte der schwarzen afrikanischen und amerikanischen Kultur schätzen lernte, so auf dem Gebiet der Musik und der Plastik. Der Jazz und der Negro Spiritual der amerikanischen Neger tauchten als die bedeutendste künstlerische Revolution der Zwischenkriegszeit auf. Gelehrte wie der Deutsche Frobenius, Maler wie Picasso entdeckten die afrikanische Bildhauerei.

In Europa erfuhr man, daß es auf der Welt noch andere Kulturen gab als nur die westliche. Die Zahl der völkerkundlichen Museen nahm beträchtlich zu, auch wenn Snobismus und Spekulation daran keinen geringen Anteil hatten. Andererseits ermutigte diese Entwicklung aber auch die Ethnographen und inspirierte die Malerei. Die Begeisterung reichte jedoch nicht aus, gründliche historische Forschungen auszulösen. Es ist bemerkenswert, daß vor den fünfziger Jahren des 20. Jahrhunderts praktisch kein Gesamtwerk und nur verhältnismäßig wenige Einzelstudien über die Geschichte des schwarzen Afrika existierten. Humanitäre Anliegen verbanden sich mit Reisen nach Afrika. So entfesselte André Gide bei seiner Rückkehr aus dem Kongo, Kamerun und Tschad 1927 einen kleinen Skandal in Paris, indem er einige Ausschreitungen und zahlreiche Unzulänglichkeiten der Kolonialverwaltung aufdeckte. Dennoch stellte er das Prinzip der Vormundschaft der Kolonialmacht niemals in Frage. Er begnügte sich, die Träger dieser Kolonialmacht daran zu erinnern: »Je unintelligenter der Weiße, um so dümmer scheint ihm der Schwarze«, oder: »In der Berührung mit dem Islam erhebt sich dieses Volk und vergeistigt sich. Das Christentum, wovon sie nur zu oft allein die Furcht vor der Hölle und den Aberglauben übernehmen, macht aus ihnen häufig (wenigstens gilt dies für einige Rassen) Hasenfüße und Duckmäuser.«
So finden die afrikanischen Intellektuellen, die eine rasche Emanzipation ihrer Völker herbeisehnen, die gewünschte Unterstützung zuerst bei den europäischen Intellektuellen, dann in den politischen Kreisen: in den Linksparteien.

18. Die Unabhängigkeit der britischen Kolonien

I. GRUNDSÄTZE

Die britische Kolonialpolitik wurde vor allem vom Grundsatz der indirekten Verwaltung geprägt. Diese Methode besaß der direkten Verwaltung gegenüber den Vorteil, weniger kostspielig und somit rentabler zu sein. Für den Kolonisator konnte es nur von Vorteil sein, so weit wie möglich die lokalen Institutionen und Autoritäten bestehen zu lassen und die überlieferte Organisation zu achten. Es genügte – in der Theorie –, die Häuptlinge zu ›beraten‹ und jenen Nutzen aus dem Kolonialsystem zu ziehen, den der Kolonisator zu Recht erwarten durfte, nämlich seinen Gewinnanteil aus Handel und Wirtschaft.

Nach angelsächsischer Tradition mußte die ›Lehrzeit der Freiheit‹ von Grund auf erfolgen: Man hatte zu lernen, die Freiheit des Nachbarn, des Freundes, des Untergebenen zu achten, vorausgesetzt allerdings, daß jener sich dafür einer Disziplin, einer wie auch immer gearteten ›Spielregel‹ unterwarf. Von Stufe zu Stufe gehend – von der kommunalen zur regionalen, nationalen und internationalen – erschloß der Verlauf dieser von Freiheit und Disziplin zugleich geprägten Lehrzeit dem Lernenden ein immer weiteres Betätigungsfeld: bis zur verwaltungstechnischen und schließlich politischen Unabhängigkeit.

Auf der Ebene der kolonialen Emanzipation spiegelt sich dieser Vorgang in den theoretischen Entwicklungsstufen von *local government, self government* und Dominionstatus wider.

Die gesetzgebenden Versammlungen mit relativ beschränkten Kompetenzen leiteten diese Schule der Demokratie ein. Wenn auch manche Kompetenzbereiche noch der Kolonialmacht vorbehalten blieben, so trat sie mit der Zeit auch diese ab, um schließlich nur noch das Vetorecht zu behalten, wovon sie aber nur in Ausnahmefällen Gebrauch machte. Die Mitglieder dieser Versammlungen wurden meist aus den gebildeten Kreisen ernannt, dann gewählt, und dies erst in beschränkten, dann allgemeinen Wahlen.

Den Abschluß dieser Entwicklung bildete der Dominionstatus. Nach der Definition von 1926 bildeten die Dominions »autonome Gebilde im Rahmen des britischen Empire, die, einander gleichgestellt und keines den anderen untergeordnet, durch ihre ge-

Karte 17: Afrika 1939

Die unabhängigen Staaten und europäischen Überseeprovinzen Afrikas südlich der Sahara sind 1965 folgende: Angola (portugiesische Überseeprovinz); Äthiopien (Yaityopya Nigusa Nagast Manguist); Basutoland (britisches Protektorat mit einem gewissen Grad von Selbstverwaltung; 1966 unabhängig: Lesotho); Betschuanaland (Bechuanaland Protectorate, britisches Protektorat mit einem gewissen Grad von Selbstverwaltung; 1966 unabhängig: Botswana); Burundi (Royaume du Burundi); Cabinda (portugiesische Überseeprovinz); Dahome (République du Dahomey); Elfenbeinküste (République de la Côte d'Ivoire); Französisch-Somaliland (Côte française des Somalis, französisches Überseeterritorium); Gabun (République Gabonaise); Gambia (Republic of Gambia 1966); Ghana (Republic of Ghana); Guinea (République de Guinée; Kamerun (République Fédérale du Cameroun); Kenia (Republic of Kenya); Kongo-Brazzaville (République du Congo); Kongo-Leopoldville (République Démocratique du Congo; Congo-Kinshasa); Liberia (Republic of Liberia); Madegassische Republik (République Malgache); Malawi (Republic of Malawi); Mali (République du

Karte 18: Afrika 1965

Mali); Mauretanien (République Islamique de la Mauritanie); Niger (République du Niger); Nigeria (Federation of Nigeria); Obervolta (République de la Haute Volta); Portugiesisch-Guinea (Guiné Portuguesa, portugiesische Überseeprovinz); Portugiesisch-Ostafrika (Moçambique, portugiesische Überseeprovinz); Rwanda (République Rwandaise); Sambia (Republic of Zambia); Senegal (République du Sénégal); Sierra Leone (Republic of Sierra Leone); Somalia (Al Jumhuriya As Somaliya); Spanisch-Guinea (Guinea Española, spanische Überseeprovinz); Südafrika (Republic of South Africa); Sudan (Jamhuryat Es Sudan); Rhodesien (Rhodesia, dominionartiges Glied des Commonwealth mit voller innerer Selbstverwaltung); Südwestafrika (South-West Africa, Suidwes Afrika, UNO-Treuhandgebiet als Teil der Republik Südafrika verwaltet); Swaziland (britisches Protektorat mit einem gewissen Grad von Selbstverwaltung); Tansania (United Republic of Tanzania); Togo (République du Togo); Tschad (République du Tchad); Uganda (Republic of Uganda); Zentralafrikanische Republik (République Centrafricaine).

meinsame Treue zur britischen Krone verbunden sind«. Mit den Kolonien und Großbritannien bilden die Dominions das *Commonwealth,* dessen zentrales Symbol die Krone ist. Nach britischer Vorstellung erreicht die Entwicklung ihr Ziel in der Gewährung des Dominionstatus, der Stellung des volljährig gewordenen Kindes einer Familie vergleichbar, das sich dieser noch immer verbunden fühlt. Dennoch hat die weitere Entwicklung gezeigt, daß, zumindest einmal, im Fall der Südafrikanischen Republik, dieses Ziel noch überschritten worden ist, indem sie sich vom Dominionstatus und den Verpflichtungen, die er noch in sich schloß, loslöste. Diesem Schritt der Südafrikanischen Republik lag die Absicht zugrunde, den Verpflichtungen einer liberalen Evolution zu entgehen und bei der ›Apartheid‹ zu bleiben.
Im vorgesehenen System der Emanzipierung bestand ein innerer Widerspruch. Das Zugeständnis des Selbstbestimmungsrechts an ein Volk ließ die Frage offen, wem eigentlich dieses Bestimmungsrecht, also die Aufgabe der Führung, zufallen sollte. Welche Vertreter des Volkes sollten dessen Führung übernehmen, zu wessen Nutzen, und wer sollte die Achtung der fundamentalen Freiheiten garantieren? Es war durchaus nicht unvorstellbar und sollte durch den Gang der Ereignisse deutlich bestätigt werden, daß die Gewährung politischer Autonomie in gewissen Fällen zur Einschränkung der persönlichen Freiheiten führen konnte, die unter der Kolonialherrschaft umfassender garantiert worden waren.
Die Regierungen der neuen, unabhängigen Staaten aber sahen sich ihrerseits einem Dilemma gegenüber. Welches Ziel hatten sie sich in der Ausübung ihrer Macht zu setzen: die Freiheit der Bürger oder ihren Wohlstand? Viele von ihnen standen vor der problematischen Wahl zwischen Anarchie und Einparteiensystem. Dies entsprach gewiß nicht den Vorstellungen, die sich die liberalen Europäer von der politischen Emanzipation der Kolonien gemacht hatten.
Nur eine regionale Analyse kann eine Vorstellung dieser Entwicklung vermitteln, die zur Unabhängigkeit der ehemaligen Kolonien geführt hat.

II. SÜDAFRIKANISCHE REPUBLIK: APARTHEID. BANTUSTAN

1910 erlangte die Südafrikanische Republik den Status eines Dominions. Sie nahm auf seiten der Alliierten an den Weltkriegen teil. In der Rassenfrage jedoch wurde ihre Haltung immer unnachgiebiger.
Zu Beginn unseres Jahrhunderts entsprach die Zahl der englisch-

sprechenden Weißen ungefähr der Zahl der afrikaanssprechenden. Durch die höhere Geburtenziffer der letzteren entstand aber um die Jahrhundertmitte ein Bevölkerungsverhältnis von 2:3. Überdies konzentrierte sich die englischsprechende Bevölkerung auf die Städte, während die Afrikaander vorwiegend das Land bewohnten. Das stärkere Anwachsen der afrikaanschen Bevölkerung und ein die ländlichen Bezirke begünstigendes Wahlsystem trugen seit dem Wahlerfolg Dr. Malans im Jahr 1948 zur steten Festigung der Machtstellung der nationalistischen Afrikaander bei. Nachem sich Malan 1954 von der Politik zurückgezogen hatte, trat Johannes Strijdom seine Nachfolge an, starb aber nach nur dreijähriger Regierungszeit und wurde 1958 durch Verwoerd ersetzt. Jeder der drei Politiker verfolgte in zunehmendem Maße dieselbe Rassenpolitik, die *Apartheid*. Es sei hier darauf hingewiesen, daß der 1901 in den Niederlanden geborene Verwoerd (1966 ermordet) als Einjähriger mit seinen Eltern nach Südafrika kam und daher kein gebürtiger Afrikaander, sondern ein Einwanderer war. Als ehemaliger Professor für angewandte Psychologie an der Universität von Stellenbosch und maßgebender Theoretiker der Apartheidpolitik setzte er diese mit all ihren logischen Konsequenzen in die Tat um. 1961 gab ein Referendum den Nationalisten erstmals die absolute Mehrheit: 52 % aller Stimmen. Am 31. Mai 1961 wurde die unabhängige Südafrikanische Republik ausgerufen. Der neue Staat – denn um einen solchen handelte es sich – verwarf jede Abhängigkeit von der britischen Krone, brach seine Beziehungen zum Commonwealth ab und untersagte jedermann, besonders aber den Mitgliedern des Commonwealth, jede Art von Einmischung in seine inneren Angelegenheiten. Mit dem Abkömmling einer alten Burenfamilie, Charles Swart, wählte Südafrika seinen ersten Staatspräsidenten, der künftig der Republik vorstehen sollte.

Die Apartheidpolitik setzt sich die gesonderte Entwicklung aller Rassen unter Führung der als überlegen angesehenen Weißen zum Ziel. Der Akzent liegt dabei auf der *gesonderten* Entwicklung. Seit 1949 sind nicht nur die Ehen, sondern jeglicher Geschlechtsverkehr zwischen den Rassen gesetzlich verboten. Jedermann ist durch Gesetz gezwungen, sich über seine Rassenzugehörigkeit mittels einer Identitätskarte auszuweisen. In Fällen von zweifelhafter Rassenzugehörigkeit eines Bürgers ist eine spezielle Kommission des Innenministeriums befugt, aufgrund seiner äußeren Erscheinung und unter Berücksichtigung seines allgemeinen Rufes und seines Privatlebens über seinen Status zu entscheiden. 1950 wurde ein Gesetz, die *Group Areas Act*, zur Schaffung verschiedener Zonen verabschiedet; jede sollte einer der vier Gruppen von Weißen, Schwarzen, Indern und Mischlingen zugewiesen werden. Dieses Gesetz und besonders

ein aus dem Jahr 1954 stammender Zusatz legitimieren beispielsweise die Zwangsaussiedlung von Schwarzen, die in der weißen Zone ansässig sind. So wurden bei Johannesburg ungefähr 100 000 Afrikaner aus der weißen Wohnzone ausgewiesen und in einer peripheren Zone wieder angesiedelt.
Mit der *Bantustan Authorities Act* verkündete die Regierung Malan den Grundsatz einer, nach ihrer Auffassung, ›positiven Apartheidpolitik‹. Der Grundsatz der Gesetzgebung besteht in der Bildung von acht vorgesehenen Selbstverwaltungsgebieten, worin die Afrikaner, zu Beginn unter Aufsicht der Weißen, wieder in ihre alten Stammesgefüge eingegliedert werden sollen, um so ihre rassische Eigenständigkeit in einer eigenen, später autonomen Gemeinschaft wiederzufinden.
Die Transkei, als erster dieser vorgesehenen ›Bantustan‹ und ethnische Heimstätte der Xhosa, hatte erstmals im November 1963 die Gelegenheit, das Wahlrecht auszuüben und eine autonome Regierung zu bilden.
Um ihre Position zu stützen, hatte die Regierung Malan eine Ausnahmegesetzgebung eingeführt, die *Suppression of Communism Act*, die einem eigens hierfür eingesetzten hohen Regierungsbeamten (*State Liquidator*) die Macht verlieh, jede von ihm als kommunistisch oder von kommunistischer Tendenz eingeschätzte Veröffentlichung oder Vereinigung zu unterdrücken. Unter diesen Begriff konnten alle Versuche eingestuft werden, die durch Tat oder Unterlassung »irgendeine Veränderung auf politischem, industriellem, sozialem oder wirtschaftlichem Gebiet« anstrebten. Wie man sieht, sind die Anwendungsmöglichkeiten dieses Gesetzes außerordentlich weit gefaßt, die Tendenz eindeutig konservativ, die Willkür absolut.
Aufgrund dieses Gesetzes fanden 1956 große Schauprozesse *(Treason Trials)* statt, in die nicht nur Führer der Bantu wie Albert J. Luthuli, sondern auch Weiße verstrickt wurden: Abgeordnete, Priester, Persönlichkeiten, die für ihre liberalen Anschauungen bekannt waren. Der Prozeß endete zwar vier Jahre später mit einem Freispruch, aber das lange Untersuchungsverfahren hatte das angestrebte Ziel, einen dauernden Druck auf die oppositionellen Kreise auszuüben, erreicht.
Ein anderes Gesetz erlaubte die achtzigtägige, erneuerbare Inhaftierung ohne jeglichen Gerichtsentscheid. Damit war aber das wesentliche Entwicklungsproblem in einem Staat, dessen Bevölkerung sich aus 3 Millionen Weißen, 11 Millionen Bantu, 1 1/2 Millionen Mischlingen und 1/2 Million Asiaten zusammensetzt, nicht gelöst.
Am Beispiel der Südafrikanischen Republik erkennen wir am deutlichsten den erwähnten Widerspruch. Die Gewährung der Unabhängigkeit muß nicht unbedingt bedeuten, daß die Bürger

in den Genuß größerer Freiheiten kommen, ja sie kann sogar eine gegenteilige Entwicklung bedeuten. So hat Großbritannien im Interesse der Bantu denn auch das Protektorat über die drei Enklaven des südafrikanischen Territoriums, Betschuanaland, Swaziland und Basutoland, behalten. Die Stellung dieser Gebiete ist aber nicht nur eine komplexe, sondern auch eine sehr heikle. 1 200 000 Afrikaner leben dort mit 12 000 Weißen in Gebieten, deren Zugang von der Südafrikanischen Republik kontrolliert wird. Auch wirtschaftlich sind diese Gebiete für den Absatz ihrer Produkte wie Getreide, Rinder und Asbest auf Südafrika angewiesen. Theoretisch gehören sie zum Gebiet der Südafrikanischen Republik, auch hat Großbritannien einmal versprochen, daß sie später Südafrika wieder eingegliedert würden. Doch können sie nur bestehen, wenn Großbritannien sie weiter schützt. Die Republik würde nämlich sofort den Batustanstatus auf sie anwenden. Dazu kommt, daß die Hälfte des Bodens von Swaziland südafrikanischen Grundbesitzern gehört.

III. GHANA

An der Goldküste hatte der Gouverneur Sir Gordon Guggisberg im Jahr 1925 eine Verfassungsreform durchgeführt, die den Nordgebieten und dem Aschantiland die indirekte Verwaltung brachte. Die Häuptlinge waren allein vom (britischen) Gouverneur abhängig, der ihnen (ebenfalls britische) Berater zur Verfügung stellte. In der eigentlichen Kolonie, dem Küstenstreifen, wurde ein 29 Mitglieder zählender Legislativrat gebildet. Den 15 Kolonialbeamten und den 5 die wirtschaftlichen Interessen vertretenden Europäern standen 9 Afrikaner gegenüber, von denen 6 durch die Provinzräte und 3 durch die drei wichtigsten Städte ernannt wurden. Ein Zensuswahlrecht verschaffte weniger als einem Prozent der einheimischen Bevölkerung das Stimmrecht. Doch führte diese Reform in den afrikanischen Schichten sofort zu einer ausgeprägten Opposition zwischen den Häuptlingen und der neuen Elite. Dieser von der westlichen Kultur geprägten neuen Elite wurde von ihren Widersachern vorgeworfen, ihren Stämmen entfremdet zu sein. Die Reform von 1925 schmälerte den Einfluß der bisher von den kolonialen Behörden unverbindlich konsultierten afrikanischen Intellektuellen, indem sie die Stimme der Traditionalisten in den Legislativrat einführte. So konnte diese Liberalisierungsmaßnahme unter einem bestimmten Gesichtswinkel einen konservativen Aspekt haben.
Dennoch blieb die Gesamtsituation der Goldküste so lange befriedigend, als sie auf einer günstigen Wirtschaftslage beruhte.

Die Goldküste lieferte ein Drittel der gesamten Weltproduktion von Kakao. Der Wohlstand der afrikanischen Pflanzer, die als kleine oder mittlere Grundbesitzer seit dieser Zeit den Kakaoanbau betrieben, sicherte ihnen den höchsten Lebensstandard des Kontinents. Aber die Folgen der Weltwirtschaftskrise von 1929 bewirkten eine beträchtliche Baisse der Kakaopreise und einen noch größeren Verlust für die Pflanzer. Das Monopol des Kakaomarktes lag in Händen der von *Unilever* kontrollierten *United Africa Company.* Die Pflanzer vermuteten nun eine Preismanipulation der *United Africa Company* zu deren Profit und auf Kosten der Pflanzer. So entschloß sich die britische Regierung während des Zweiten Weltkrieges, den Pflanzern direkt die Produktion abzunehmen, um so den Zwischenhandel und das tatsächliche Monopol der *United Africa Company* auszuschalten. Nach dem Kriege wurde dieses Verteilersystem durch die 1947 erfolgte Gründung einer staatlichen Einkaufsstelle, des *Cacao Marketing Board,* beibehalten. Als Nachfolgerin des Zwischenhandels hatte diese Stelle nicht nur die Ernte aufzukaufen, sondern auch die saisonbedingten und jährlichen Preisschwankungen des Kakaos auszugleichen, um so den Produzenten zu einem relativ festen Einkommen zu verhelfen. Ein von den afrikanischen Produzentenvertretern geschaffener Ausgleichsfonds verwandte die Überschüsse günstiger Jahre zur Subvention in Jahren der Kakaobaisse.
Im Boom der Nachkriegsjahre warf jedes Jahr beträchtliche Gewinne ab und ließ die Mittel des Ausgleichsfonds ungeheuer anschwellen. Aber seit 1947 setzte eine hartnäckige Krankheit, die *swollen shoot,* den Pflanzungen stark zu. Die einzige Bekämpfungsmöglichkeit bestand in der Zerstörung aller Pflanzungen, selbst anscheinend gesunder Bäume in den befallenen Sektoren. Als diese Maßnahme auf Anordnung der Kolonialbehörde durchgeführt wurde, erblickten viele Pflanzer darin ein Manöver der Kolonialbehörde, sie zu schädigen.
Die im Jahr 1946 von Gouverneur Sir Alan Burns der Kolonie zugestandene Verfassung gewährte den Nordgebieten und dem Aschantiland Sitze im Legislativrat, was die Stellung der Traditionalisten und Häuptlinge weiter stärkte. Zur Unzufriedenheit der Kakaopflanzer gesellte sich nun die der Intellektuellen und der Stadtbevölkerung. In der Folge kristallisierte sich die Opposition in der Gestalt des Advokaten J. B. Danquah, des Gründers der *United Gold Coast Convention,* der mit der Leitung seiner Bewegung Kwame Nkrumah betraute.
Der 1909 geborene Nkrumah hatte zuerst eine katholische Missionsschule besucht und anschließend Soziologie und Theologie in Pennsylvanien und London studiert. In London hatte er denn auch 1945 am fünften panafrikanischen Kongreß teil-

genommen und in der *West African Student's Union* eine Rolle gespielt.
Danquahs und Nkrumahs Partei organisierte den Boykott europäischer Handelsgüter in Accra. Am 28. Februar 1948 näherte sich die Masse nach einer Periode organisierter Aufwiegelung dem Gouverneurspalast, wo sie allerdings mit Gewehrsalven empfangen wurde. Die Stadt geriet in Aufruhr. Danquah, Nkrumah und vier weitere Führer wurden verhaftet. Die britische Regierung entsandte jedoch eine Untersuchungskommission. Der Schlußbericht, der sogenannte *Watson Report*, verurteilte die durch mangelnden Kontakt zwischen Behörden und öffentlicher Meinung hervorgerufenen Fehler und erkannte so nicht nur die Existenz, sondern auch die Bedeutung der öffentlichen Meinung an. Der Gouverneur ernannte hierauf eine aus 36 Afrikanern bestehende und von dem afrikanischen Richter Sir J. Henley Coussey präsidierte Kommission, deren Aufgabe der Entwurf der künftigen Verfassung der Goldküste war. Die Kommission kam zum Schluß, der Kolonie eine Verfassung nach englischem Muster mit einer dem Parlament verantwortlichen Exekutive zu geben, was die Gewährung politischer Autonomie voraussetzte.
Das Kolonialministerium in London erachtete jedoch eine befristete Kontrolle der Exekutive als weiterhin notwendig. Kwame Nkrumah, der sich von Danquah getrennt hatte, forderte aber die sofortige Gewährung der Autonomie *(self government now)*. Er gründete seine eigene Partei, die *Convention People's Party*, entfachte eine Agitationskampagne und organisierte Boykotte, Streiks und Massenkundgebungen, was ihm schließlich eine zweijährige Gefängnisstrafe einbrachte.
Die britische Regierung, die sich inzwischen die Schlüsse des Coussey-Reports zu eigen gemacht hatte, zögerte indessen nicht mehr lange mit der Inkraftsetzung der neuen Verfassung. Ein aus einer Kammer bestehendes Parlament wurde gebildet. 37 Mitglieder wurden in direkter Volkswahl, 37 in den Räten der Stammesführer gewählt, 9 Mitglieder wurden durch den Gouverneur ernannt. Die Ministerien wurden zwar den Afrikanern anvertraut, aber der Gouverneur stand weiterhin der Exekutive vor und blieb allein der britischen Regierung verantwortlich.
Die Wahlen fanden im Februar 1951 statt. Von den 37 Sitzen der Volkswahl errang Nkrumahs Partei 34, Danquahs gemäßigtere Partei nur 3 Sitze. Nkrumah wurde zwar gewählt, war aber noch immer im Gefängnis. Aufgrund der deutlich zum Ausdruck gebrachten öffentlichen Meinung entließ der britische Gouverneur Sir Charles Arden Clarke Nkrumah aus dem Gefängnis von Fort James, ernannte ihn, als Führer der stärksten

parlamentarischen Fraktion, im März 1952 zum Premierminister und beauftragte ihn, eine Regierung zu bilden.
1954 verabschiedete das Parlament eine neue Verfassung, welche die direkte Wahl aller Abgeordneten und das Ausscheiden der Europäer aus der Regierung vorsah. Diese Verfassung wurde von London anerkannt und in Kraft gesetzt. In den folgenden Wahlen eroberte Nkrumahs Partei 71 der 104 Mandate. In den Nordgebieten wurde die Opposition im NPP, der *Northern People's Party*, in Aschantiland im NLM, dem *National Liberation Movement*, laut. Die Opposition forderte die Aufrechterhaltung der britischen Kontrolle über die Exekutive bis zum Zeitpunkt der Bildung einer Föderation, die den Nordgebieten und Aschantiland eine gewisse Autonomie gewähren sollte. Nur in einer solchen Maßnahme sahen sie die Garantie für das Weiterbestehen einer Opposition. Die parlamentarische Mehrheit verlangte jedoch die totale Unabhängigkeit, die von Großbritannien gewährt und am 6. März 1957 verkündet wurde.
Bei dieser Gelegenheit taufte Nkrumah die Goldküste um. In Erinnerung an das alte Reich Gana, dessen Herrschaftsgebiet sich zwar nie bis an die Goldküste erstreckt hatte, nannte er sie *Ghana*. Um dem neuen Staat das Prestige des versunkenen Reiches zu verleihen, wurde die sehr umstrittene These verkündet, daß einstmals Erben des alten Gana aus dem Innern an die Küste ausgewandert seien.
Die theoretische Verbundenheit des neuen Staates mit der britischen Krone blieb jedoch grundsätzlich bestehen. Eine neue und in einem Referendum gebilligte Verfassung machte Ghana am 1. Juli 1960 zur Republik. Der mit einer starken Mehrheit wiedergewählte Nkrumah wurde ihr Präsident und stand als solcher der Exekutive vor. In der neuen Republik übernahm er die Rolle, die bislang die englische Königin gespielt hatte, deren Bedeutung nun auf die symbolische Ebene als Haupt *(Head)* des Commonwealth herabsank. Ghana wurde zur ersten afrikanischen Republik innerhalb des Commonwealth.
Diese beschleunigte Entwicklung ließ aber zahlreiche Probleme ungelöst. Besonders im noch stark in alten Traditionen verankerten Aschantiland hatte sich gegen Nkrumah eine Opposition gebildet, die zum Teil auf der Tradition beruhte, daß sich die Einwohner nie den Leuten der Küste unterworfen hatten. Tatsächlich hatte sich eher der umgekehrte Vorgang abgespielt. Aber Nkrumahs autokratische Staatsführung erstickte die Opposition im Keim. Es kam zu Massenverhaftungen und Ausweisungen von Oppositionsführern. Zwar ahmte die junge ghanesische Republik äußerlich das Zeremoniell von Westminster bis zur weißen Perücke des *speaker* nach, nicht aber dessen Achtung

vor den Rechten und Freiheiten der Opposition, wobei aber eingeräumt werden muß, daß sich die fiebrige Erregung der Massen in Accra schneller steigert als an der Themse.
Ein Umstand kam Nkrumah zu Hilfe. Bei seinem Regierungsantritt fiel ihm nämlich die wohlgefüllte Kasse der Kakaoankaufsstelle *(marketing board)* in die Hände. Zwar wurde diese Stelle beibehalten, ihre Mittel aber nicht mehr ausschließlich zur Stabilisierung der Kakaopreise verwendet. Als eine seiner dringlichsten Aufgaben betrachtete Nkrumah schon 1952 die Durchführung eines Schulgesetzes *(Education Act)*, das innerhalb von 7 Jahren zu einer Senkung des Analphabetentums von 80 auf 20 Prozent führte.
Die Erlangung der Unabhängigkeit stellte Ghana noch vor ein anderes Problem. Aus verwaltungstechnischen Gründen hatten die Briten der Goldküste jenen Teil Togos angefügt, der ihnen vom Völkerbund als Mandatsgebiet anvertraut worden war. Was sollte mit diesem Mandatsgebiet geschehen? Würde man durch Zusammenschluß der britischen und französischen Mandatsgebiete wieder ein vereinigtes Togo schaffen und würden sich so die durch eine künstliche und zufällige Grenze gespaltenen Ewe-Stämme wieder vereinigen können?
In einem Referendum vom Mai 1956 sprach sich eine Mehrheit für die Angliederung des ehemals britischen Togo an Ghana aus und opferte so die Wiedervereinigung der Ewe-Stämme.
Ghanas — richtiger, Nkrumahs — Ambitionen beschränkten sich nicht allein auf die Unabhängigkeit des Landes. Dieser Staat hatte als erster die Unabhängigkeit erkämpft und ließ dadurch den 6. Mai 1957 zu einem historischen Datum für ganz Afrika werden. Ghanas Unabhängigkeit hat im gesamten schwarzen Afrika Unabhängigkeitsbewegungen wenn nicht entfesselt, so doch beschleunigt. Mit Recht konnten sich Ghana, und Nkrumah persönlich, rühmen, als leuchtendes Beispiel den einzuschlagenden Weg vorgezeichnet zu haben. Er durfte den Plan hegen, die jungen afrikanischen Staaten, zumindest diejenigen Westafrikas, unter der Führung Ghanas zu föderieren. Nkrumah berief im April 1958 eine Konferenz der acht unabhängigen Staaten, nämlich Ghana, Äthiopien, Liberia, Sudan und die vier nordafrikanischen Staaten Marokko, Tunesien, Libyen und Ägypten nach Accra ein. In der Folge wurde im Dezember 1958 eine panafrikanische Konferenz abgehalten, an der unter dem Vorsitz von Tom Mboya aus Kenia 62 ›nationale‹ afrikanische Organisationen teilnahmen. Die Konferenz von Accra markierte ein wichtiges Datum in der Geschichte der afrikanischen Unabhängigkeitsbewegung. Sie wurde gleichermaßen zum Ausdruck eines panafrikanischen Solidaritätsgefühls wie auch zahlreicher Divergenzen und schwelender Rivalitäten.

Eines der Streitobjekte bildete die Frage, in welcher Form die Gewaltanwendung zur Erlangung der Unabhängigkeit zu ermutigen und zu unterstützen sei. Die Delegierten des sich im Kriegszustand befindenden Algerien wünschten naturgemäß eine solche Unterstützung. Die Mehrzahl der schwarzen Delegierten befürwortete jedoch Zurückhaltung in der Gewaltanwendung, die sie in Anbetracht der liberalen Einstellung der britischen und französischen Politik in den meisten Fällen für überflüssig hielten. Jedoch wurde das Fehlen einer solchen liberalen Haltung im Falle Belgiens und Portugals und vor allen Dingen im Falle der Südafrikanischen Republik verurteilt. Einige, besonders nordafrikanische Delegierte argumentierten zwar, daß eine geschenkte Unabhängigkeit niemals denselben Wert wie eine unter Gewaltanwendung und blutigen Opfern erkämpfte haben könne. Allein das Blut vermöge, glaubten sie, eine einheitliche und dauerhafte Nation zu schmieden. Dennoch fand die Konferenz einen gemäßigten Abschluß. Sie sagte all jenen Bewegungen ihre Unterstützung zu, die, wo dies möglich sei, die Unabhängigkeit mit friedlichen Mitteln anstrebten, erklärte sich aber auch mit jenen solidarisch, die durch die Umstände und kolonialistische Unterdrückung zur Gewaltanwendung gezwungen würden.
Nicht alle Afrikaner waren jedoch bereit, Nkrumahs Vormundschaft oder Accra als schwarzes Mekka anzuerkennen. Bei der Konferenz von Accra fehlten die Delegierten Nord-Nigerias. Obwohl Nigeria in seiner Entwicklung einen leichten Rückstand aufwies, fühlte es sich Ghana keineswegs verpflichtet, das, seiner Ansicht nach, allein durch zufällige Umstände zuerst das Ziel erreicht hatte.

IV. NIGERIA

Nigeria ist viermal größer und zählt fünfmal mehr Einwohner (36 Millionen) als Ghana. Mehr als ein Merkmal hat es indessen mit Ghana gemeinsam: die englische Sprache als Verkehrs- und Verwaltungssprache, die klimatische Situation, die den Raum vom Savannengürtel südlich der Sahara bis zum tropischen Urwald an der Küste umfaßt, die Verschmelzung heterogener Stämme in ein komplexes System von Kolonien und Protektoraten, letztlich die Existenz eines bedeutenden städtischen und intellektuellen Lebens.
Dennoch bildete die nigerianische Föderation noch weniger als Ghana eine eigentliche Nation. Sie war das Produkt einer von Lord Lugard vor dem Ersten Weltkrieg vorgenommenen künstlichen Unterteilung und Abgrenzung, und kaum ein gemein-

samer Zug verband ihre drei Teile. Im Norden lebten die mohammedanischen Stämme der Haussa und Fulbe, deren Emiren noch ein starker Feudalcharakter anhaftete. Bis heute gibt es kein Frauenwahlrecht und anscheinend soll es dieses auch in naher Zukunft nicht geben. In diesem Teil lebte mehr als die Hälfte der nigerianischen Bevölkerung. Wie der Osten und der Norden verfügt auch der Westen über ein eigenes Parlament und eine eigene Regierung, deren Träger, die Yoruba, allerdings nur 3 Millionen des insgesamt 9 Millionen Einwohner zählenden Gebietes stellen. Der Wohlstand dieses Gebietes, das mehr Einwohner als Ghana zählt, kann sich mit demjenigen Ghanas dank ähnlicher klimatischer Voraussetzungen durchaus vergleichen. Azikiwe, Nigerias großer politischer Führer, kommt aus dem Osten, aus dem Gebiet des unternehmungsfreudigen und begabten Ibostammes.

Obwohl Benjamin Nnamdi Azikiwe, vom Volk einfach Zik genannt, 1904 im Norden Nigerias geboren wurde, gehört er abstammungsmäßig zum Stamme der Ibo. Wie Nkrumah hatte auch er, nur zehn Jahre früher, in Pennsylvanien studiert. Nachdem er 1934 nach Lagos zurückgekehrt war, gründete er eine Jugendbewegung, das *Nigerian Youth Movement,* und verschiedene Zeitungen.

Im Jahr 1941 verlor Azikiwe die Kontrolle über die Jugendbewegung an den Yoruba Obafemi Awolowo, der in London studiert hatte. Azikiwe kehrte 1944 ins Iboland zurück, um dort eine politische Partei, den *National Council of Nigeria and the Cameroons,* zu gründen, der die Unabhängigkeit Nigerias im Rahmen des Commonwealth forderte.

Die Nordgebiete wurden von dieser politischen Agitation noch nicht erfaßt, denn die Emire, die von einer totalen Unabhängigkeit, einer Demokratisierung der Massen und einer Verbreitung politischer Aktivität am wenigsten zu erhoffen hatten, unterstützten weiterhin die britische Vormundschaft.

1946 verkündete Gouverneur Sir Arthur Richards eine Verfassung, die einen föderalistischen Legislativrat schuf, dessen Mitglieder fast ausnahmslos ernannt wurden. Diese selbst von seinem Gründer nur als Übergangslösung betrachtete Verfassung vermochte niemanden zu befriedigen und führte zum Ausbruch politischer Unruhen, besonders in den Kreisen um Azikiwe.

1948 wurde ein neuer Gouverneur, Sir John Macpherson, nach Nigeria entsandt. Durch eine aufmerksame Beobachtung der Zustände, eine umfassende Orientierung und Verhandlungen gelang es ihm, die aufgewühlten Gemüter zu beschwichtigen. Er versprach eine neue Verfassung. 1949 weihte er das Universitätsinstitut von Ibadan ein, und 1951 verkündete er eine neue, ebenfalls föderalistisch strukturierte Verfassung. Aber auch sie

wurde von den gleichen Kreisen zurückgewiesen wie die vorhergehende. Überdies brachen nun auch im Norden Unruhen aus, und in Kano kam es zu Meutereien.
Um der aufgebrachten öffentlichen Meinung noch einmal Herr zu werden, ließ die britische Regierung ein neues Projekt ausarbeiten, das in Zusammenarbeit mit den Führern der nigerianischen Parteien diskutiert wurde. Die englische Königin stattete Nigeria persönlich einen erfolgreichen Staatsbesuch ab. Bis zur Proklamierung der Unabhängigkeit im Oktober 1960 wurde die Macht schrittweise an die Nigerianer übertragen. Im Oktober 1963 wurde Nigeria Republik.

V. SIERRA LEONE

Gänzlich ohne Schwierigkeiten war die Erlangung der Unabhängigkeit in Sierra Leone vor sich gegangen. 1958 wurde unter Premierminister Dr. Milton Margai die erste Regierung gebildet. Als Sir Milton zwei Jahre später an der Spitze einer Delegation in London eintraf, um über die Bedingungen für die Gewährung der totalen Unabhängigkeit zu verhandeln, wurde ihm vom britischen Kolonialministerium höflich bedeutet, er möge doch auf eine zeitraubende Erläuterung seiner Gründe verzichten. Ihrer Majestät Regierung sei mit der Unabhängigkeit restlos einverstanden. Es handelte sich nur noch darum, die technischen Modalitäten zu klären.
Wie Nigeria wurde auch Sierra Leone Mitglied des Commonwealth.

VI. UGANDA

In Uganda wurde die britische Kolonialbehörde sehr stark, vielleicht zu stark, von den gut funktionierenden Einrichtungen des Bugandakönigreiches beeinflußt. In den Institutionen von Kabaka und Lukiko sahen die Briten eine Art schwarzen Spiegelbildes ihrer eigenen staatlichen Einrichtungen von Thron und Parlament. So bemühten sich die Kolonialbehörden denn auch um die Heranbildung einer Aristokratie von Großgrundbesitzern nach dem Vorbild der englischen *landlords,* in der Hoffnung, daß dieses Beispiel auch in den andern Gebieten Ugandas Schule machen würde. Das zukünftige Uganda sahen sie in einer Föderation konstitutioneller parlamentarischer Monarchien unter der Oberherrschaft der britischen Krone. Bereits 1920 hatten die Kolonialbehörden dem Gouverneur einen Legislativrat zur Seite gestellt. Wenn seine Mitglieder auch vor-

erst ernannt wurden und ausschließlich konsultative Befugnisse hatten, sollte er doch den ersten Schritt zum Parlament einer künftigen Föderation darstellen.
Die Entwicklung nahm aber einen anderen Verlauf. Einerseits ließ sich in den anderen Provinzen das System von Buganda nicht einfach auf die Basis anderer Traditionen und verschiedener rassischer und sozialer Voraussetzungen aufpfropfen. Auch existierte hier keine Aristokratie von Großgrundbesitzern, und sie ließ sich auch nicht künstlich bilden. Außerdem neigte man hier viel eher zu einer demokratischen Entwicklung.
1922 wurde es offenbar, daß die Bodenreform von 1900 die Ansprüche der nach afrikanischer Tradition rechtmäßigen Besitzer, der Bataka, ignoriert hatte. Die Privilegien der Bataka stammten aus der Zeit vor der Einwanderung der durch Lukiko und Kabaka neugebildeten Aristokratie.
Die Briten setzten sich dafür ein, den Bataka eine Entschädigung zukommen zu lassen, stießen dabei aber auf den Widerstand der neuen Grundbesitzerschicht, so daß sie den Bataka nur noch ihr Bedauern aussprechen konnten.
Es gelang ihnen auch nicht, die neuen Herren von Buganda zum Verzicht auf einige Mißbräuche zu bewegen, die sie sich im Anschluß an die Bodenreform angewöhnt hatten. Ihren ursprünglichen Auftrag, gegen eine Provision die Steuern einzuziehen, hatten sie nämlich bald dahin abgeändert, daß sie die Steuern als ihnen persönlich zustehend betrachteten. Nach Gutdünken setzten sie die Steuerbeiträge und die Fronleistungen der Bauern fest, die ihnen bisweilen ein Drittel ihrer Ernte abzuliefern hatten. Den Briten gelang es nur, eine leichte Senkung der Abgaben zu erzwingen.
Indessen entstanden aber neue soziale Schichten in Uganda, das mehr Kaffee und Baumwolle als irgendein anderes Land des Commonwealth produzierte. Es bildete sich eine hauptsächlich von Indern getragene handeltreibende Schicht, auch entstanden Ansätze einer städtischen Bevölkerung. Afrikanische Pflanzer hatten eine genossenschaftliche Union für den Handel ihrer Produkte gegründet. 1922 war in Makerere ein Technikum eingeweiht worden, das sich gut entwickelte und 1938 in eine höhere Schule *(Higher College for East Africa)* umgewandelt wurde, die die Studenten auf den Besuch der Londoner Universität vorzubereiten hatte. 1950 erhielt die inzwischen zum Universitätszentrum von Britisch-Ostafrika aufgestiegene Hochschule von Makerere die Befugnis der akademischen Gradverleihung zugesprochen.
Durch die wechselvolle Entwicklung des Landes erschien die Aristokratie Bugandas immer mehr als eine partikularistische, reaktionäre und jedem im Föderalismus verkörperten Fortschritt

feindlich gesinnte Kaste. Dagegen stellte der von den Briten eingesetzte Legislativrat der Föderation von Uganda ein Instrument der Entwicklung und des Fortschrittes dar, obwohl seine Mitglieder ernannt und nicht gewählt wurden. Die Inder waren darin seit 1926, die Afrikaner seit 1946 vertreten. Aber die Gegnerschaft zwischen dem Rat der Föderation und dem Lukiko sollte nicht mehr beizulegen sein. 1945 brachen Unruhen aus, die zur Ermordung eines Ministers aus Buganda führten. Unter diesem Druck mußte der Lukiko der Wahl eines Teils seiner Mitglieder, wenn auch widerstrebend, zustimmen. Ein Drittel der Sitze, genauer 31 von 89, sollten in einem mehrstufigen Wahlsystem vergeben werden.

1958 nahmen die Bataka ihre Agitationskampagne wieder auf. Aber es handelte sich nun nicht mehr um die alten Bataka und ihre Forderungen nach eigenem Grund und Boden, sondern um eine neue Bewegung, die die Gesamtkonstitution des Lukiko durch Wahl und die Eliminierung der indischen Händler verlangte. Der Lukiko gab ihren Forderungen allerdings nicht statt. Dafür schenkten die britischen Behörden den wirtschaftlichen Begehren mehr Gehör. Durch den Ankauf von Baumwollentkernungsanlagen, die sie 1952 an die afrikanischen Genossenschaften abtraten, wagten sie das Experiment, die Eingeborenen eine kleine Industrie selbst verwalten zu lassen.

Was politische Reformen anbetraf, so setzten die Briten, außer in Buganda, in den einzelnen Gebieten Ugandas gewählte Provinzräte ein. Sie hofften, damit auf den Lukiko einen Druck ausüben zu können, um ihn schließlich in die Rolle eines einfachen Provinzrates von Buganda zu drängen.

1939 hatte ein neuer Kabaka, Edward Frederik Mutesa II., bereits als fünfzehnjähriger Jüngling den Thron bestiegen, später aber noch in Cambridge studiert und als Gardegrenadier seinen Militärdienst absolviert. In sein Königreich zurückgekehrt, schöpfte er bei einer halboffiziellen britischen Erklärung, welche die Schaffung einer ostafrikanischen Föderation vorschlug, Argwohn. Als eingefleischter Verteidiger der Autonomie seines Königreiches verlangte der Kabaka im August 1953 die totale Unabhängigkeit Bugandas, was zum Untergang der übrigen, weniger reichen Provinzen Ugandas, nämlich Bunyoro, Ankole und Toro, hätte führen müssen. Da es dem Gouverneur Sir Andrew Cohen nicht gelang, den Kabaka umzustimmen, betrachtete er dessen Vorgehen aufgrund der Konvention von 1900 als einen Mangel an Loyalität gegenüber der britischen Krone und ließ ihn nach England deportieren.

Aber erstaunlicherweise stellte dieser Akt die Einheit Ugandas wieder her. In Buganda verweigerte der Lukiko der Kolonialbehörde jegliche Zusammenarbeit während der Abwesenheit

ihres Herrschers. Selbst in den anderen, der separatistischen Politik von Kabaka und Lukiko gewöhnlich feindlich gesinnten Ländern Ugandas erklärte sich die öffentliche Meinung mit dem zwangsexilierten Fürsten solidarisch. Es gelang den Briten jedoch, diese Krise auf dem Verhandlungsweg und durch einen Kompromiß zu lösen, und so nahm im Oktober 1954 der Kabaka nach einem beinahe zweijährigen Exil in einem goldenen Käfig den Platz unter seinen Untertanen wieder ein.
Der Kompromiß von 1955 führte zu einer Revision der Konvention von 1900. Der Kabaka wurde jetzt konstitutioneller Herrscher Bugandas, das als Monarchie einem einheitlichen und demokratischen Staat Uganda einverleibt wurde. Staatschef blieb die durch den Gouverneur vertretene englische Königin. Uganda besaß eine Nationalversammlung von 91 Mitgliedern, wovon die aus Ankole, Bunyoro und Toro direkt gewählt wurden, während die 21 Buganda vertretenden Abgeordneten durch den Lukiko bestimmt wurden. Wenn diese Zwitterbildung auch nur als Übergangslösung betrachtet wurde, spiegelte sie dennoch eine außergewöhnliche Situation wider. Hier trat die Kolonialmacht als Verteidigerin des Fortschrittes, der Demokratie und der Freiheit auf und stellte sich so gegen eine herrschende Eingeborenenschicht, deren Grundzüge eindeutig konservativ und autokratisch waren.

VII. KENIA

Der Grund für die heftige Reaktion des Kabaka auf wenn auch noch vage britische Andeutungen über die Schaffung einer ostafrikanischen Föderation lag in der Befürchtung, Buganda würde dadurch enger an Kenia angegliedert, wo die Situation grundlegend anders war. Mit dem Bau der Eisenbahn durch Kenia hatten sich die weißen Kolonisten als Pflanzer auf den verhältnismäßig menschenleeren Hochebenen niedergelassen. Ein gesundes Klima, fruchtbarer Boden und eine allem Anschein nach sehr dünne Eingeborenenbesiedlung hatten sie in dieses Gebiet gelockt, das eines der seltenen Gebiete Afrikas war, wo dem Weißen eine zumindest dauerhafte, wenn nicht gar endgültige Niederlassung möglich schien.
Im Jahr 1902, dem Zeitpunkt der Fertigstellung der Eisenbahn von Uganda, zogen die ersten weißen Pflanzer nach Kenia. Damals wurde die britische Krone als Besitzerin aller als unbewohnt angesehenen Gebiete betrachtet. Aufgrund dieser Rechte vergab sie ihren Grund und Boden in 999jährige Pacht an die Pflanzer. Ungefähr 20 000 Weiße ließen sich hier nieder, investierten beträchtliche Kapitalien und bauten in großen Plan-

tagen Kaffee, Tabak, Getreide, Zucker und Baumwolle an; auf den weniger fruchtbaren Böden legten sie Schafweiden und Straußenzucht an. In der Urbarmachung und Melioration der Böden, im Kampf gegen Tierseuchen und Pflanzenkrankheiten sowie in der Züchtung von neuen, den Bodenverhältnissen angepaßten Getreidesorten vollbrachten die Siedler gewaltige Leistungen. Eine verarbeitende Industrie mit Sägewerken, Getreidemühlen und Molkereien entstand. Die Weißen fühlten sich in diesem Land, dessen Antlitz sie verwandelt hatten, heimisch.
1907 war ein Legislativrat eingesetzt worden. 1920 erhielt das bisher als ›Britisch-Ostafrikanisches Protektorat‹ bezeichnete Gebiet einen neuen Status. Die Küstenregion, die eigentlich den Arabern von Sansibar gehörte, die dort Zuckerrohrplantagen besaßen, wurde zum ›Protektorat von Kenia‹, während das Innere die Bezeichnung ›Kolonie von Kenia‹ erhielt. Protektorat und Kolonie wurden jedoch beide vom selben britischen Gouverneur verwaltet. Die Hälfte der 22 Mitglieder des Legislativrates wurde von den britischen Pflanzern gewählt. Den doppelt bis dreimal so zahlreichen Indern standen vorerst zwei, später fünf Sitze zur Verfügung. Gewisse Gesetzesbestimmungen strebten allerdings eine Begrenzung der indischen Einwanderung durch eine Höchstquote an. Seit 1944 nahm ein, zwar nicht gewählter, sondern ernannter, Afrikaner einen Sitz im Rat ein.
Die schwarze Bevölkerung entwickelte sich sehr schnell. Zwei Volksgruppen, die Kikuyu und die Luo, stellten die Mehrheit der schwarzen Bevölkerung. Ein dritter Stamm, das Hirtenvolk der Masai, lebte in den Steppengebieten am Fuß der Hochebnen. Es sind Überlebende nomadisierender Stämme, die um die Mitte des 19. Jahrhunderts einen Teil Ostafrikas beherrscht hatten. Der Rinderpest von 1891 war aber ein großer Teil ihrer Herden zum Opfer gefallen, was nicht nur ihre Herrscherstellung erschüttert, sondern auch ihrer Ausdehnung Grenzen gesetzt hatte. Es sind hier auch die im Nordosten Kenias lebenden Somali zu erwähnen, die sich aber stärker ihren Stammesgefährten von Somalia als ihren Mitbürgern von Kenia verbunden fühlten.
Die Kikuyu sind Bantu, die seit vier oder fünf Jahrhunderten an den Ufern des Viktoriasees lebten. Nach 1800 waren sie auf die Hochebenen vorgestoßen, wo sie sich niederließen.
Wer diese Ebenen vorher bewohnt hat, ist unbekannt. Zu Beginn des 20. Jahrhunderts hatten verschiedene Umstände, vor allem aber Naturkatastrophen und Epidemien, Heuschreckeneinfälle und Hungersnöte die Zahl der Kikuyu entweder durch Ausrottung oder durch das Zurückweichen der Überlebenden in weniger feindliche Regionen stark vermindert.

Mit der Entwicklung der europäischen Kolonisation vermehrten sich auch die Kikuyu auf den Hochebenen. Auch kehrten Ausgewanderte zurück. Ihre Arbeitskraft wurde von den weißen Siedlern sehr geschätzt. Die Kikuyu scheinen außer ihrem Stammessystem keine andere Form politischer Organisation gekannt zu haben. Ein Teil von ihnen blieb dem Stammessystem weiterhin stark verhaftet, während andere Kikuyu mit den Weißen in einer Art Symbiose lebten, indem sie auf den Plantagen der Weißen arbeiteten oder ihren eigenen, am Rande der Plantagen gelegenen Boden bebauten. Auch Nairobi, eine Stadt, die inzwischen auf mehr als 200 000 Einwohner angewachsen war, bot den Negern Arbeitsplätze. Unterrichtsmöglichkeiten konnten sie jedoch nur in den christlichen Missionsschulen finden.

Im Ersten Weltkrieg hatten die Kikuyu auf alliierter Seite am Feldzug gegen von Lettow-Vorbeck teilgenommen.

Jedoch führten unterschiedliche Gründe der Unzufriedenheit auch zu verschiedenen Kategorien von Unzufriedenen. Die ehemaligen Frontkämpfer waren sich ihrer Rechte bewußt geworden. Schwarze Bauern hatten sich auf eigene Faust am Rand der europäischen Plantagen angesiedelt; aber sie wurden von dort vertrieben, sobald die europäischen Plantagenbesitzer in der Lage waren, immer größere Teile des ihnen konzedierten Bodens zu bewirtschaften. Die noch stark in der Tradition verankerten Stämme verweigerten jenen Kikuyu die Wiedereingliederung in den Stamm, die mit den Weißen gearbeitet, sich bekehrt oder auch nur eine Missionsschule besucht hatten. Die Stämme lebten in den Reservaten, die ihnen als ihr Gebiet zugewiesen worden waren. Da sich aber ihre Bevölkerung stark vermehrte, wurden die Reservate allmählich überbevölkert. Die ihren Stämmen Entfremdeten konnten weder in den Reservaten, wo man ihnen den Zutritt verweigerte, noch im europäischen Kolonisationsgebiet heimisch werden, wo es ihnen außerdem noch seit 1923 verboten war, Land zu erwerben.

Unter den zum Christentum bekehrten Schwarzen bildeten sich ›afrikanische‹ Sekten, die die biblische Überlieferung mit einheimischen Bräuchen durchsetzten. Sie gründeten Schulen für Afrikaner, wie das später von Jomo Kenyatta geleitete *Kenya Teachers College*. Die politische Opposition fand 1922 in der *Kikuyu Central Association* ihr Sprachrohr. Diese forderte für die Afrikaner einerseits die Gewährung politischer Rechte, die ihnen bisher verweigert worden waren, andererseits die Rückgabe des Bodens, der ihnen, wie sie sich ausdrückte, von den Weißen gestohlen worden war.

1932 beschloß die Kolonialverwaltung, die Eingeborenenreservate beträchtlich zu erweitern und die Expansion der europäischen Kolonisation auf den Hochebenen einzustellen. Dennoch vermochte dieser Schritt nicht alle Forderungen zu erfüllen.

In der weiteren Entwicklung nach dem Zweiten Weltkrieg ist besonders auf die Einführung eines Wahlsystems durch den Legislativrat hinzuweisen, das 11 Sitze den Europäern, 3 den nichtmohammedanischen und 2 den mohammedanischen Indern, 1 Sitz den Arabern, aber keinen einzigen den Afrikanern zuwies.

Von 1952 bis 1955 brachen die Mau-Mau-Unruhen aus. Diese Untergrundbewegung war drei oder vier Jahre heimlich gewachsen. Sie ging nicht etwa von den Stämmen, sondern von den ihren Stämmen entfremdeten Elementen aus. Sie strebte zu Beginn keinerlei Gewaltanwendung an. Aus Gründen der Geheimhaltung verlangte sie allerdings ihren Anhängern einen Schwur ab, der dem überlieferten Eid der Kikuyu nachgeahmt war, sich in seiner Zielsetzung und seinem Wesen aber stark von ihm unterschied. Dem traditionellen Eid der Kikuyu haftete eher der Charakter eines mittelalterlichen Gottesurteiles an, der der Rechtsprechung in Privatfehden diente. Wer diesen Eid schwor, bestätigte damit, daß er die Wahrheit sprach. Der Mau-Mau-Eid hatte einen anderen Zweck: er verpflichtete, unter Androhung der Todesstrafe, zur absoluten Geheimhaltung der Organisation. Der erste Mau-Mau-Eid scheint nicht früher als 1949 abgelegt worden zu sein. Um dem Schwur seine volle Achtung zu verschaffen, schreckten die Mau-Mau auch vor Morden nicht zurück. Sehr bald herrschte nicht nur unter den Landarbeitern und Bauern der Kikuyu, sondern sogar in Nairobi der Terror. Auf die terroristische Welle, deren Wurzeln und Zielsetzung in mysteriöses Dunkel gehüllt blieben, reagierte die Regierung von Kenia äußerst heftig. Sie ließ sogar den Belagerungszustand verhängen. Die Mau-Mau-Bewegung richtete sich übrigens nicht direkt gegen die Weißen. Von den etwa 10 000 Toten, welche die Revolte und ihre Unterdrückung forderte, entfallen kaum 30 Opfer auf die europäischen Kolonisten. Bei der Unterdrückung der Mau-Mau-Bewegung konnte sich die Regierung auf die überwiegende Mehrheit der Kikuyu stützen, die loyal geblieben war. Die einen hatten als Angestellte der Europäer zu den ersten Opfern der Bewegung gehört, andere sahen als Stammesangehörige nur mit Unmut, wie ihre Riten in blutiger Weise karikiert wurden. Mit Unterstützung dieser letzteren wurde ein ›Gegen-Eid‹-Zeremoniell eingeführt, das 1954 und 1955 eine große Anzahl von Anhängern der Bewegung von ihrem Schwur entband. Unter großen Anstrengungen gelang es, nach drei bis vier Jahren die Bewegung schließlich aufzureiben.

Im Rahmen des antiterroristischen Feldzuges waren 90 000 Kikuyu aus Nairobi entfernt worden. Sie wurden zum Teil durch Angehörige der Luostämme ersetzt, in denen die Mau-Mau-Bewegung keine Wurzeln geschlagen hatte.
Nach dem Abklingen der Wirren wurde ein Reorganisations- und Wiedereingliederungsplan der Kikuyustämme beschlossen, der das Los von 1½ Millionen Afrikanern verbessern sollte. Dieses Projekt umfaßte die Erstellung ganzer Dörfer im Rahmen eines Systems von Märkten und Schulen sowie eines Verkehrsnetzes. Mit dieser Reform wurde die Grundlage für die soziale Entwicklung der Schwarzen gelegt.
Was die politische Evolution betrifft, so fanden im Jahr 1957 erstmals Wahlen unter Beteiligung einer beschränkten Anzahl von Afrikanern statt. Die Gewährung des Stimmrechts hing von einem Mindesteinkommen und einem gewissen Bildungsstand ab. 1959 wurden die Einschränkungen rassischer und stammesmäßiger Art für den Ankauf von Land auf dem fruchtbaren Plateau aufgehoben. Die Bodenpreise waren dort allerdings sehr hoch und für Afrikaner unerschwinglich, dennoch war das Prinzip mit diesem Schritt neu gesetzt worden.
Eine Gestalt der Kikuyu tritt in dieser Zeit immer stärker in den Vordergrund: Jomo, der sich später den Namen Kenyatta zulegte. Um 1893, zwei Jahre vor der Errichtung des britischen Protektorates von Kenia geboren, hatte er in einer Missionsschule der schottischen Kirche lesen gelernt. Als Jüngling verdiente er sich seinen Lebensunterhalt als kleiner Angestellter in Nairobi, wurde aber schnell in die Politik verstrickt und reiste 1929 nach London. Als Student der Anthropologie veröffentlichte er 1939 eine sehr beachtete Schrift über die Traditionen der Kikuyu. 1945 hielt er sich noch immer in London auf, wo er praktisch 15 Jahre seines Lebens verbracht hatte. Neben Nkrumah nahm er am fünften, von Du Bois einberufenen panafrikanischen Kongreß teil. Als Direktor des für seine oppositionelle und antikolonialistische Haltung bekannten *Kenya Teachers College* kehrte er anschließend nach Kenia zurück. Zur Zeit des Mau-Mau-Terrors wurde Kenyatta verhaftet, vor ein Gericht gestellt und verurteilt, ohne daß die Art seiner Verbindung mit der Bewegung jemals festgestellt worden wäre.
Die folgenden 8 Jahre verbrachte er entweder in Gefängnissen oder als Deportierter im Wüstengebiet von Nordostkenia.
Während seiner Gefangenschaft war es ein junger Gewerkschaftler aus dem Stamm der Luo, Tom Mboya (geb. 1930), der die antikolonialistische Opposition führte.
1957 wies die britische Kolonialbehörde den Vertretern der Europäer 14 Sitze im Legislativrat zu, den Afrikanern ebenfalls 14 Sitze, während die Asiaten Anrecht auf 8 Sitze erhielten. Aus

Zeitmangel konnte sich diese Reform allerdings nie einspielen. Die Afrikaner protestierten nämlich gegen dieses Projekt, das den 5 bis 8 Millionen Schwarzen keine bedeutendere Vertretung als den ungefähr 65 000 Europäern zusprach.
Eine 1960 unter Leitung des britischen Kolonialministers in London abgehaltene Konferenz führte ein neues Wahlsystem ein, das den Afrikanern diesmal 33 Sitze, den Europäern 10, den Asiaten 8 und den Arabern 2 Sitze einbrachte. Erstmals seit fünfzig Jahren sahen sich die Europäer von der Kontrolle über die Kolonie verdrängt. Die doppelte Sorge des britischen Kolonialministeriums und der Siedler wie auch einer Anzahl gebildeter Afrikaner lag einerseits in der Sicherung eines ausgeglichenen Zusammenlebens der zahlreichen Rassen, die alle Kenia als ihre Heimat betrachteten, andererseits in der Gewährung der nötigen Garantien für die Europäer, die den Wohlstand Kenias begründeten und ihn auch heute noch gewährleisten.
Aus den Wahlen vom Februar 1961 war die Partei der KANU, der *Kenya African National Union*, als Sieger hervorgegangen. Ihr Generalsekretär, Tom Mboya, weigerte sich, ohne Kenyatta eine Regierung zu bilden. Einige Monate später wurde dieser freigelassen und zum Mitglied des Gesetzgebenden Rates ernannt. 1963 wurde Kenyatta Premierminister, Mboya sein Justizminister. Im Dezember 1963 wurde schließlich Kenias Unabhängigkeit proklamiert.
Die Entwicklung war seit Kenyattas zweitem Lebensjahr außerordentlich rasch fortgeschritten. Damals hatten die britischen Siedler in einem Land Fuß gefaßt, das sie als menschenleer und ihnen zur Verfügung stehend betrachten durften. Damals waren die Pachten noch für 999 Jahre vergeben worden. Nur siebzig Jahre später, anläßlich der Unabhängigkeit, fiel die Macht an denselben Kenyatta, den die Europäer 8 Jahre in Haft oder Verbannung gehalten hatten und in dessen Hände sie nun, auf seine Weisheit bauend, die Entscheidung über ihr Schicksal legten. Besonders bemerkenswert aber ist, mit welcher Geschwindigkeit die Afrikaner, Kikuyu oder Luo, die von einem altafrikanischen Stammessystem ausgegangen waren, sich fast ohne westliche Hilfe und vornehmlich aus eigener Kraft dem modernen politischen Leben haben anpassen können.

VIII. TANSANIA

Wie in Kenia setzte sich die eingeborene Bevölkerung in der ehemals deutschen und nach dem Ersten Weltkrieg in britisches Mandatsgebiet umgewandelten Kolonie Tanganjika vorwiegend aus Bantu und Masaihirten zusammen. Neben 9 Millionen

Afrikanern zählte die Kolonie ungefähr 100 000 Inder und 20 000 Europäer, unter welchen sich ein hoher Prozentsatz Griechen befand. Weniger als 2 % des Bodens waren im Besitz der Siedler. 1948 wurden 4 afrikanische und 3 asiatische Mitglieder in den Legislativrat zugelassen. 1955 wurde ein Rat von 61 Mitgliedern eingesetzt, wovon allerdings 31 Beamte waren. Die übrigen 30 Mitglieder wurden gleichmäßig auf die drei großen Volksgruppen verteilt. Die Mitglieder wurden jedoch nicht gewählt, sondern ernannt. 1958 wurde ein neuartiges Wahlsystem eingeführt. Jeder Wähler verfügte über drei Wahlzettel, welcher Rasse er auch angehören mochte. Je ein Wahlzettel war für einen afrikanischen, europäischen oder asiatischen Kandidaten bestimmt. Man hoffte so, eine Zusammenarbeit zwischen den einzelnen Rassen erzielen zu können. Die bedeutendste politische Partei des Landes, die *Tanganyika African Nation Union,* schlug Kandidaten aller drei Rassen vor und errang dadurch in den ersten Wahlen alle verfügbaren Sitze, in den darauffolgenden 70 von 71 Sitzen. Ihr Führer, der Akademiker Julius Nyerere (geb. 1923), hatte in Edinburgh Geschichte und Wirtschaftswissenschaften studiert. Die Entwicklung Tanganjikas zur Unabhängigkeit ist schmerzlos, ohne allzu großes Aufsehen, ohne Haßausbrüche und Rassenkrawalle vor sich gegangen. Der Zeitpunkt der Unabhängigkeit wurde in einem Abkommen zwischen Nyerere und dem Colonial Office auf 1961 festgesetzt. Nachdem Tanganjika 1962 in eine Republik umgewandelt worden war, wurde Nyerere ohne jegliche Opposition deren Präsident.

Eine gemeinsame Hoffnung Nyereres und des Kolonialministeriums hatte sich jedoch nicht erfüllt. Beide hatten an die Möglichkeit einer ostafrikanischen Föderation geglaubt, die neben Tanganjika auch Kenia, Uganda, Sansibar und eventuell Njassaland umfassen sollte. Theoretisch lagen die Vorteile einer solchen Föderation auf der Hand, da keines dieser Gebiete einzeln wirtschaftlich völlig unabhängig sein konnte. Mit der Schaffung einer regelmäßig einberufenen Konferenz der drei Gouverneure und schließlich einer Hohen Kommission, in der Vertreter aller Gebiete diesen zur Seite standen, hatte die Kolonialverwaltung bereits den Grundstein zu einer solchen Föderation gelegt. Dieser Keim der geplanten Föderation hatte auch schon ein gemeinsames Transport- und Nachrichtensystem hervorgebracht, eine Zoll- und Steuerunion geschaffen und die wissenschaftliche Forschung koordiniert. Aber wie einleuchtend die Vorteile einer Föderation auch sein mochten, in Kenia (besonders bei den weißen Siedlern) überwog dennoch die Befürchtung, in einer allzu schwarzen Föderation aufzugehen. Ugandas Be-

denken richteten sich andererseits gegen eine Überlegenheit der Kolonisten aus Kenia. Nyerere, ein leidenschaftlicher Befürworter der Föderationsprojekte, hätte um des Gelingens dieses Planes willen sogar vorgeschlagen, die Unabhängigkeit Tanganjikas hinauszuschieben.
Trotzdem war es ihm 1964 noch nicht gelungen, das gegenseitige Mißtrauen und die feindlichen Gefühle zwischen den interessierten Staaten zu überwinden. Doch im selben Jahr hatte ein blutiger Staatsstreich das 1963 unabhängig gewordene Sansibar in eine ›Volksrepublik‹ umgewandelt. Dies gab Nyerere die Gelegenheit, seinen Traum einer Föderation zum Teil zu verwirklichen. Durch die Vereinigung Tanganjikas mit Sansibar entstand die Vereinigte Republik von Tansania.

IX. RHODESIEN. SAMBIA. MALAWI

Ein anderes britisches Föderationsprojekt schlug ebenfalls fehl. Die Formel, die in Nigeria zum Erfolg geführt hatte, schien offensichtlich nicht ohne weiteres auf andere Gebiete übertragbar. Dieses Projekt strebte die Vereinigung der beiden Rhodesien und eventuell Njassalands in einer Zentralafrikanischen Föderation an. Die drei Länder, die heute Rhodesien (früher Südrhodesien), Sambia und Malawi heißen, blieben getrennt.
Gewisse Grundvoraussetzungen waren allen drei Ländern gemeinsam: Topographisch sind alle drei Gebiete durch Hochebenen bestimmt. Überall bilden Savanne und Trockenwälder die Hauptvegetation, und alle drei Länder mit dünner Bantubesiedlung sind arm an landwirtschaftlichen Erzeugnissen. Alle drei waren überdies ursprünglich durch private britische Gesellschaften bevormundet worden. Rhodesien war von der *British South Africa Company* betreut worden; Njassaland durch eine Filiale dieser Gesellschaft, die *African Lakes Company*. Erst später hatte die britische Kolonialverwaltung die Nachfolge dieser Gesellschaften angetreten.
Es sei hier darauf hingewiesen, daß Njassaland in stärkerem Maße durch den Einfluß der schottischen presbyterianischen Kirche als etwa durch die *African Lakes Company* oder durch die Kolonialverwaltung geprägt worden ist.
Wie in Ostafrika waren auch hier verschiedene Strömungen vorhanden. Die einen hätten eine Föderation begrüßt. Sie hofften nämlich, ihren Standpunkt in einer Föderation geltend machen zu können. Allerdings stieß dieses Projekt auch auf unverhohlene Feindschaft, wenn auch hier wieder, wie bei den Befürwortern, aus entgegengesetzten Gründen. Die Gegner befürchteten nämlich, als Minderheit in der Föderation unterzugehen.

Neben den verbindenden Gemeinsamkeiten der drei Länder sind aber auch die trennenden Unterschiede zu erwähnen. Südrhodesien war seit 1923 autonome Kolonie, in welcher der Gouverneur die britische Krone vertrat. Sie wurde nicht vom Colonial Office, sondern vom *Commonwealth Relation Office* beaufsichtigt, und ihr Premierminister war vollberechtigtes Mitglied der Commonwealth-Premierminister-Konferenz. Nordrhodesien und Njassaland waren jedoch Protektorate, die als Treuhandschaftsgebiete *(trusteeship)* der britischen Krone anvertraut worden waren. In Südrhodesien, das 200 000 Weiße zählte, hielt eine Rassenpolitik die Afrikaner von jeglicher politischer Aktivität fern. In Njassaland hatten sich ein paar hundert europäische Pflanzer auf den verhältnimäßig öden Hochebenen von Schire niedergelassen und zogen dadurch mehr als 200 000 vom Njassasee oder aus Mozambique stammende Bantu an, die sich dort ebenfalls ansiedelten. Als Folge der Kolonisation wurde diese Hochebene, d. h. der Süden des Landes, zu einem der am dichtesten besiedelten Gebiete Zentralafrikas mit einer heterogenen und nicht mehr in ihren ursprünglichen Stammessystemen verankerten Bevölkerung. Aus diesem Grunde waren die Bantu gezwungen, als Saisonhilfskräfte außerhalb ihres Wohngebietes in den Minen von Katanga und Nordrhodesien und bei den südrhodesischen Pflanzern ihr Brot zu verdienen. Malawi (so heißt heute das frühere Njassaland, das 1963 aufhörte, britisches Protektorat zu sein, doch als unabhängige Republik dem Commonwealth angehört), zählt heute über 3 Millionen Einwohner. Premierminister wurde Dr. Hastings Banda.
Sambia (wie heute das frühere Nordrhodesien heißt, das 1964 unabhängig wurde und dem Commonwealth ebenfalls angehört) erstreckt sich mit einer geringeren Gesamtbevölkerung über ein siebenmal größeres Gebiet. Seine Bevölkerungsdichte liegt unter 5 Einwohner pro Quadratkilometer. Als man um 1930 die Kupferminen von Copper Belt auszubeuten begann, wanderte eine Anzahl Briten, vor allem Mineningenieure, nach Nordrhodesien ein. Den kaum 70 000 Weißen stehen 3 Millionen Bantu gegenüber.
Zusammenfassend läßt sich sagen, daß sich die afrikanische Bevölkerung in den drei Gebieten von 1920 bis 1960 verdreifacht hat und bei über 15 Millionen liegt, während die europäische Bevölkerung, vor allem durch die Einwanderung, von 40 000 auf 300 000 angewachsen ist. Da aber die afrikanischen Geburtenziffern höher liegen, muß noch mit einer Verschärfung dieses Verhältnisses gerechnet werden.
Die wirtschaftliche Entwicklung der drei Länder folgte verschiedenen Wegen. Rhodesien ist vornehmlich ein Land europäischer Plantagen geworden. Die Kolonisten, in deren Hand 1930 erst

30 % des Bodens lagen, besaßen 1960 bereits 50 %. Den Afrikanern wurden 20 % zugestanden. Die Restfläche ist entweder Wüste oder Naturschutzgebiet und als solches Besitz der britischen Krone. Die wirtschaftliche Tätigkeit der europäischen Kolonisten in Nordrhodesien (Sambia) ist hauptsächlich auf die Ausbeutung der Kupferminen ausgerichtet. In Njassaland (Malawi) haben die Europäer nie mehr als 5 % des Bodens auf den Hochebenen von Schire bewirtschaftet, wo sie etappenweise den Anbau von Kaffee, Tabak und Tee, der seit 1933 das Hauptausfuhrprodukt von Njassaland geworden ist, eingeführt haben. Die Vorteile einer Integration so komplementärer Wirtschaftsräume schienen auf der Hand zu liegen. Das Bergwerksgebiet von Sambia und die Arbeitskräfte von Malawi ergänzten sich gegenseitig, beide aber fanden das Absatzgebiet ihrer Produkte in Südrhodesien, von dessen Verwaltungserfahrung, Handelsbeziehungen, Bankwesen und Kapitalkraft auch sie hätten profitieren können.

Der Gedanke einer Föderation war schon vor dem Zweiten Weltkrieg aufgetaucht. 1938 waren seine Realisierungsmöglichkeiten von der Bledisloe-Kommission geprüft worden. Der Gedanke wurde jedoch vorerst nicht weiter verfolgt, da die Afrikaner aus Furcht vor dem Übergewicht der südrhodesischen Siedler dagegen opponiert hatten. Nach Kriegsende waren die Eisenbahnen der drei Gebiete zusammengelegt und das Bankwesen vereinheitlicht worden. 1951 schlug die britische Regierung die Schaffung einer Zentralafrikanischen Föderation vor. 1953 wurde das Projekt vom britischen Parlament angenommen und verwirklicht. Die Föderation erhielt ein Parlament von 35 Mitgliedern, wovon 26 die Europäer vertraten und die übrigen 9 Abgeordneten, darunter 3 Europäer, die Interessen von Millionen Afrikanern zu wahren hatten. Die Stellung der Europäer schien dadurch sehr verstärkt, um so mehr als das föderalistische System den Wohlstand aller drei Gebiete zu mehren versprach.

Die Opposition der Afrikaner kam dadurch jedoch nicht zum Schweigen, sondern verstärkte sich und forderte immer häufiger die Gewährung politischer Rechte für die Schwarzen. 1956 wurde der Gewerkschaftler (später Sir) Roy Welensky, ein Weißer und ehemaliger Boxer und Lokomotivführer, Regierungschef der Föderation. Während er jedoch äußerst energisch die Vormachtstellung der Weißen zu wahren wußte, bildete sich besonders in Njassaland eine afrikanische Opposition, wo 1950 die *Malawi Congress Party* gegründet worden war, deren Führung 1958 Hastings Banda übernahm. Dr. Hastings Kamuzu Banda wurde 1906 in Njassaland geboren. Nach dem Besuch der Missionsschule hatte er in den USA Medizin studiert und dann seinen Arztberuf in den nördlichen Vorstädten von

London ausgeübt. Nach einem dreijährigen Aufenthalt in Ghana war er in sein Land zurückgekehrt, wo er wie ein Messias empfangen worden war. Einige Monate später brachen die ersten Unruhen aus, die aber energisch unterdrückt wurden. Südrhodesien verkündete ein Ausnahmegesetz, das in der ganzen Föderation in Kraft trat und der Regierung Welensky die Inhaftierung jeder beliebigen Person für die Dauer von fünf Jahren erlaubte. Dr. Banda und etwa tausend seiner Anhänger wurden in Njassaland verhaftet, nach einiger Zeit jedoch wieder freigelassen, diesmal mit dem Prestige und der Gloriole von Märtyrern der Befreiung. 1961 wurde Banda Minister, 1963 Premierminister des nun autonomen *Malawi*, dessen Staatsoberhaupt bis zur Verkündung der Unabhängigkeit (Ende 1963) Elisabeth II. blieb. Die Zentralafrikanische Föderation brach mit dem Austritt Malawis auseinander.
Mit einigen Abweichungen beschritt Nordrhodesien den gleichen Weg. Auch hier wandten sich afrikanische Führer wie Harry Nkumbula (geb. 1916) und Kenneth Kaunda (geb. 1924), beide ehemalige Missionsschüler, gegen die Föderation. (Nkumbula hat in London Nationalökonomie studiert, Kaunda hat sich längere Zeit in Indien aufgehalten.)
Nach dem Grundsatz einer allmählichen Einführung der afrikanischen Politiker in die Regierungsgeschäfte ernannten die Engländer 1962 Nkumbula zum Minister für Erziehung und Kaunda zum Minister für Verwaltungs- und Sozialangelegenheiten von Sambia. Ende 1963, zur gleichen Zeit wie Malawi, trat Sambia aus dem sich auflösenden Zentralafrikanischen Bund aus und proklamierte die Unabhängigkeit. Premierminister wurde Kenneth Kaunda.
Die Vorgänge im Kongo haben bei den weißen Siedlern Südrhodesiens keine Zweifel über die Art ihres Loses offengelassen, wenn die Regierungsgewalt eines Tages ohne konkrete Garantien an die schwarzen Führer übergehen sollte.
Die Föderation war ihnen als ein Mittel zur Verzögerung der Entwicklung in den Nachbarstaaten Nordrhodesien und Njassaland erschienen. Aber gerade weil sie die Föderation zu diesem Zweck mißbrauchen wollten, ist sie zusammengebrochen. Sie hofften, auf die Solidarität der britischen Regierung mit den Interessen der Weißen zählen zu können. Die britische Regierung war jedoch nicht bereit, um der Wahrung dieser Interessen willen ihre Politik der guten Beziehungen zu den jungen afrikanischen Staaten kompromittieren zu wollen.
Einige technische Einrichtungen blieben nach der Auflösung der Föderation allerdings bestehen.
Seit der Auflösung des Zentralafrikanischen Bundes forderte ihr drittes Mitglied, Rhodesien (das seit 40 Jahren über volle

innere Selbstregierung verfügte), ebenfalls die Unabhängigkeit. Doch weigerte sich die britische Regierung, diese zu gewähren, solange die Gleichberechtigung aller Rassen nicht verbürgt war. Doch ließ sich die Regierung von Ian Smith, dem unnachgiebigen Nachfolger Welenskys, auf keine Konzessionen ein. So wird die Lage in Rhodesien schließlich mit derjenigen in der Südafrikanischen Republik vergleichbar.

19. Die Unabhängigkeit der französischen Kolonien

Der Emanzipationsprozeß der französischen Kolonien und Mandatsgebiete in Afrika ist nicht dem britischen Modell, sondern seinen Eigengesetzlichkeiten gefolgt. Alles in allem hat er sich ohne Gewaltanwendung vollzogen, ganz im Gegensatz zu Indochina und Algerien, die sich ihre Unabhängigkeit in langen und blutigen Kriegen erkämpfen mußten.
Diese unterschiedliche Entwicklung rührt daher, daß das ›schwarze Afrika‹ *(l'Afrique noire)* für Frankreich weder eine echte Siedlungskolonie wie Algerien, noch eine Quelle bedeutender öffentlicher und privater Einkünfte wie Indochina darstellte.
Wäre die Erstellung einer wirtschaftlichen Bilanz möglich, die einerseits die Zivil- und Verteidigungsausgaben, die vielfältigen Subventionen, die privaten und vornehmlich die öffentlichen Investitionen in Schwarzafrika und andererseits die Profite aufzeigen würde, welche die französische Wirtschaft aus der Kolonisation gezogen hat, so müßte eine solche Bilanz für Frankreich zweifellos sehr stark defizitär aussehen. Jedenfalls hat bisher noch niemand das Gegenteil beweisen können. Dennoch hätte kein Franzose – noch nach 1950 – die Prognose gewagt, daß die französischen Kolonien weniger als zehn Jahre später unabhängig sein würden. Wie ist diese beschleunigte und dennoch friedliche Entwicklung vor sich gegangen? Welches sind ihre entscheidenden Phasen gewesen?

I. DER ZWEITE WELTKRIEG

Der Zweite Weltkrieg hatte das französische Kolonialreich in seinen Grundfesten erschüttert. Die Föderation Französisch-Westafrika (*Afrique Occidentale Française; AOF*) war dem Regime Marschall Pétains treu geblieben, der, nach dem Waffenstillstand mit dem Dritten Reich vom Juni 1940, von Vichy aus jenen Teil Frankreichs regierte, den ihm das siegreiche Deutschland noch übriggelassen hatte. Mit Unterstützung all jener, die den von Vichy abgeschlossenen Waffenstillstandsvertrag ablehnten, versuchte General de Gaulle von London aus, die afrikanischen Besitzungen dem weiterkämpfenden Frankreich zu erhalten. Zwei Tage nach seiner Ankunft in London, am 18. Juni 1940, richtete de Gaulle seinen Aufruf an alle Franzosen, die, wo sie sich auch befänden, sich weigerten, den deutschen Sieg als endgültig zu betrachten. Schon einen Tag später bemühte er sich um den Anschluß von Französisch-Nordafrika, also Marokko, Algerien und Tunesien, an das von ihm geführte ›Freie Frankreich‹. General Noguès, der Oberkommandierende in Nordafrika und Generalresident in Marokko, hielt jedoch zur Vichyregierung. De Gaulle mußte seine Anstrengungen also auf den Raum südlich der Sahara, auf ›Schwarzafrika‹ konzentrieren. Da die belgische Regierung nach London ausgewandert war, blieb Belgisch-Kongo den Alliierten erhalten. In Tschad schloß sich ein ›Schwarzer‹, der von Cayenne in Französisch-Guayana stammende Gouverneur Felix Eboué, vorerst zwar noch in aller Heimlichkeit, de Gaulle an. In den anderen Gebieten Französisch-Äquatorialafrikas war die Lage verworrener. In Kamerun kam es zu Demonstrationen, die sich gegen eine mögliche Rückkehr deutscher Siedler richteten. Eine Gesandtschaft de Gaulles verkündete am 26. August, nach einem kurzen Aufenthalt in Lagos, der Hauptstadt Nigerias, feierlich den Anschluß Tschads an das Freie Frankreich. Einen Tag später besetzte Hauptmann Leclerc de Hautecloque, der spätere Marschall Leclerc, den Gouverneurspalast von Duala. Am 28. August wurde die gleiche Operation in Brazzaville wiederholt. Unmittelbar darauf telegraphierte der Gouverneur von Ubangi den Anschluß seiner Kolonie. Mit Ausnahme von Gabun hatte sich der ganze äquatorialafrikanische Block mit Kamerun ohne jegliches Blutvergießen dem Freien Frankreich angeschlossen.

In Dakar, der Hauptstadt Französisch-Westafrikas, hielt Generalgouverneur Boisson jedoch weiterhin Pétain die Treue. Der entscheidenden strategischen Lage Dakars in der atlantischen Seekriegsführung wegen schlug Churchill de Gaulle eine Expedition zur Eroberung der Stadt vor, an der de Gaulle dann persönlich teilnahm. Die Flotte landete am 17. September in Freetown, um am 23. September vor Dakar aufzukreuzen. Die zum Hafenkommandanten entsandten Parlamentäre wurden jedoch mit Maschinengewehrsalven empfangen, und die Batterien von Dakar eröffneten auf die britischen und freifranzösischen Schiffe das Feuer. Die Flotte, die keinen derartigen Widerstand erwartet hatte, ließ sich nicht auf das Risiko einer gewaltsamen Einnahme der Stadt ein und zog sich zurück.

De Gaulle begab sich nach Duala, von dort aus nach Fort Lamy, Brazzaville und Leopoldville. Eine kurze Militäroperation gegen

Lambarene, Libreville und Port Gentil erzwang auch Gabuns Anschluß an das Freie Frankreich.
De Gaulle erteilte Leclerc den Auftrag, in den an Libyen grenzenden Gebieten des Tschad eine Operationsbasis in der Sahara zu errichten, die eines Tages einer französischen Truppe als Ausgangsstation für einen Eroberungsfeldzug gegen den Fezzan, den Zugang zum Mittelmeer, dienen sollte. Dieser Auftrag stellte unvorstellbar schwierige Aufgaben, denn seine Realisierung setzte den Bau und den Unterhalt einer 6000 km langen Straßenverbindung mitten in einem Wüstengebiet ohne jegliche Hilfsquellen voraus. Dennoch wurde er verwirklicht. Schon Anfang 1942 durchquerten Leclercs Saharatruppen den Fezzan und zerstörten feindliche Stellungen.
Am 8. November 1942 landeten amerikanische Streitkräfte in Französisch-Nordafrika. Am 28. Dezember schloß sich Französisch-Somaliland dem Freien Frankreich an. Nun befahl de Gaulle Leclerc den Vormarsch gegen den Fezzan von der Tschadbasis aus. Schon am 13. Januar 1943 eroberten Leclercs Truppen die Saharaoase von Murzuk, was für Frankreich den ersten militärischen Erfolg bedeutete. Er bewirkte bei den vichytreuen Franzosen Westafrikas eine Neuüberprüfung ihrer Position. Sie mußten sich fragen, ob sie nicht aufs falsche Pferd gesetzt hatten, jedenfalls bereiteten sie von nun an den Gesandten des Freien Frankreichs einen freundlicheren Empfang. Leclercs Truppen beteiligten sich in der Folge an Montgomerys Feldzug, der am 12. Mai 1943 zur Kapitulation der deutschen Truppen in Tunesien führte.
Beeindruckt von der Landung der Amerikaner in Nordafrika, schloß sich in Westafrika nun auch Generalgouverneur Boisson den Alliierten an. Das im Sommer 1942 vorerst von südafrikanischen Truppen besetzte Madagaskar wurde ebenfalls dem Freien Frankreich einverleibt, welches damit Ende 1943 die Einheit Französisch-Afrikas wiederhergestellt hatte. General Leclercs Truppe, deren Kern sich im Tschad gebildet hatte, sollte als 2. Panzerdivision an der Befreiung von Paris und Straßburg teilnehmen.

II. DIE KONFERENZ VON BRAZZAVILLE

Noch zur Zeit der provisorischen Regierung von Algier plante de Gaulle Reformen für die Nachkriegszeit, die auch Afrika betrafen. Da er den Krieg mit den Menschen und Hilfsquellen des Kolonialreiches geführt hatte, sah er eine grundlegende Reform des Status der Überseegebiete und der Rechte ihrer Einwohner vor. »Wie hätte ich jemals daran zweifeln können«, schreibt er

in seinen Memoiren, »daß am Ende dieses Krieges, der unsere Welt erschütterte, der leidenschaftliche Wunsch nach Freiheit Wogen und Wallen bewirken würde? . . . Und da es in einer solchen Angelegenheit nie verfrüht ist, richtig zu handeln, beschloß meine Regierung, unverzüglich die Initiative zu ergreifen« (Band II, S. 182). Der von Gouverneur Eboué inspirierte Kolonialminister René Pleven berief Anfang 1944 eine Konferenz von zwanzig Gouverneuren nach Brazzaville ein, an der neben de Gaulle eine ganze Anzahl wichtiger Persönlichkeiten teilnahm. Der Zweck der Konferenz bestand in einer Gegenüberstellung der Ideen und Erfahrungen, »um festzustellen, auf welchen praktischen Grundlagen nach und nach die Gebiete des schwarzen Afrikas zu einer französischen Gemeinschaft verschmolzen werden könnten«, die an die Stelle der direkten Kolonialverwaltung treten würde. Brazzaville war als Konferenzstadt gewählt worden, weil es »während der schlimmsten Jahre der französischen Souveränität als Zufluchtsort gedient hat« (a. a. O., S. 184). In seiner Eröffnungsrede betonte de Gaulle, »daß es schon vor dem Krieg notwendig erschien, der Stellung Afrikas, dem Fortschritt seiner Bevölkerung und der Ausübung der französischen Souveränität neue Grundlagen zu geben«. Frankreich, so sagte er, hat sich entschlossen, »die 60 Millionen Menschen, die seinen 42 Millionen Landeskindern verbunden sind«, auf den Weg zur neuen Zeit zu führen. Warum? »In erster Linie, weil es Frankreich ist . . . Sodann, weil es in seinen überseeischen Gebieten und ihrer Treue seine Zuflucht und die Ausgangsstellung für seine Befreiung gefunden hat . . . Schließlich, weil es heute von einem glühenden Erneuerungswillen beseelt ist.« Diese Umwandlung des Kolonialreiches in eine Französische Union stelle »ein nationales Werk von Weltbedeutung« dar.
Die Konferenz von Brazzaville hatte jedoch nur die verwaltungstechnischen, sozialen, kulturellen (und stillschweigend: wirtschaftlichen) Aspekte des einmal abgesteckten Prinzips zu klären, ohne die politische Seite einzubeziehen.
Der Grundsatz der unanfechtbaren französischen Souveränität wurde überhaupt nicht angezweifelt. »Das zivilisatorische Werk Frankreichs in seinen Kolonien weist jeden Gedanken der Autonomie, jede Idee einer Entwicklung außerhalb der französischen Familie von sich; die mögliche Gewährung des *self government,* sollte es auch in noch so weiter Ferne liegen, ist abzulehnen.«
Wer in der Haltung General de Gaulles anläßlich der Konferenz von Brazzaville 1944 und jener des Staatspräsidenten zwischen 1958 und 1963 einen Widerspruch sehen möchte, sei daran erinnert, daß Charles de Gaulle 1944 allein über jenen Auftrag verfügte, den er sich selbst zuerkannt hatte, nämlich die seit dem Zusammenbruch Frankreichs herrenlos gewordene Legitimität

de facto zu verkörpern. Seiner Ansicht nach stand ihm damals nur zu, Frankreichs nationales Erbe bis zur Wiederherstellung eines Frankreichs zu verwalten, das in der Lage wäre, über sein eigenes Schicksal und das seines Kolonialreiches frei zu entscheiden. Sein Ehrgeiz ging nur dahin, sich das Epitaph *patriam restituit* zu verdienen.
Achtzehn Jahre später betrachtete er sich als Beauftragter der Nation, den ein formelles Mandat aufforderte, die notwendigen Veränderungen, nötigenfalls sogar unter Verzicht auf gewisse Positionen, vorzunehmen und zu den für Frankreichs Gesundheit unerläßlichen chirurgischen Amputationen zu schreiten.
In seiner Schrift *Neue Wege in der Eingeborenenpolitik Französisch-Äquatorialafrikas* vertrat Felix Eboué ein neues Prinzip der Entwicklung. Nach Eboué sollte die Evolution der Eingeborenen nicht auf dem Weg der Assimilation, also nicht durch eine einfache Aufnahme der französischen Kultur, erfolgen. Er unterstrich, daß der ›Eingeborene‹ eine Heimat besitze, »welche nicht die unsere ist«. ›Die unsere‹: Wie viele Antillesen und zahlreiche Senegalesen betrachtete sich der Guyanese Eboué als Franzose des Mutterlandes, mit dem er sich, berechtigterweise, vollständig identifizierte. Sowohl als Franzose wie auch als aufgeklärter und weitsichtiger Kolonialbeamter zeichnete Eboué der Entwicklung zumindest einiger, von ihm selbst verwalteter Gebiete Afrikas einen Weg vor, der sich von jenem der Assimilation deutlich unterschied.

III. DIE ›UNION FRANÇAISE‹

Im Oktober 1945 wählte das befreite Frankreich eine Verfassunggebende Versammlung. 63 ihrer 522 Mitglieder wurden von den überseeischen Gebieten gewählt, darunter 9 schwarze Afrikaner, die zu Beginn eine parlamentarische und den Sozialisten nahestehende Fraktion, den ›afrikanischen Block‹ bildeten. Der Sozialist Marius Moutet präsidierte die Überseekommission. Zwei Probleme stellten sich den Gesetzgebern in erster Linie. Über den Grundsatz der Vertretung der ehemaligen Kolonialbevölkerung in der künftigen Nationalversammlung herrschte grundsätzlich Übereinstimmung. Aber auf welchem Weg und in welchem Verhältnis sollte diese Vertretung erfolgen?
Auch die Schaffung von Territorialräten in den einzelnen Gebieten nach dem Vorbild der französischen Generalräte (*Conseils généraux*) in den Departements war unbestritten. Welches aber sollten ihre Befugnisse und wie ihre Stellung gegenüber dem Gouverneur, der Verkörperung der Zentralgewalt sein?

Kompromißlösungen wurden zu Papier gebracht, die die Probleme zwar nicht lösten, aber zumindest einer künftigen Entwicklung nichts in den Weg stellten. Der dem Volksreferendum unterbreitete Verfassungsentwurf wurde jedoch abgelehnt.

Eine Einrichtung überlebte allerdings die erste Verfassunggebende Versammlung. Im April 1946 hatte sie die Schaffung eines von Frankreich finanzierten Investitionsfonds für die wirtschaftliche und soziale Entwicklung (*Fonds d'Investissement pour le développement économique et social, FIDES*) beschlossen.

Gleichzeitig hatte sie das Gesetz Houphouet-Boigny verabschiedet, das den Namen seines Autors, des politischen Führers der Elfenbeinküste, trug. Mit diesem Gesetz wurde die Zwangsarbeit im französischsprechenden Afrika grundsätzlich abgeschafft.

Schließlich erhob sie mit dem Gesetz Lamine-Gueye vom Mai 1946 alle jene Eingeborenen zu französischen Staatsbürgern, die bisher französische Untertanen gewesen waren. Dieses Gesetz ist oft mit dem Edikt Caracallas aus dem Jahre 212 n. Chr. verglichen worden, das die römischen Bürgerrechte auf alle Einwohner des Imperiums ausgedehnt hatte. Dennoch führte diese Bürgerrechtsverleihung nicht *ipso facto* zur Rechtsgleichheit. Schon für die Wahl der Deputierten in die Verfassunggebende Versammlung hatte es zwei Wählerklassen gegeben, einerseits die Franzosen des Mutterlandes einschließlich der Alt-Senegalesen, andererseits die Afrikaner. Diese Trennung in zwei verschiedene Wahlkörper beraubte das Gesetz Lamine-Gueye teilweise seines Sinnes.

Der zweite und im Referendum vom 13. Oktober 1946 angenommene Verfassungsentwurf begründete die Vierte Französische Republik. Diese Verfassung sollte bis 1958 das Verhältnis Frankreichs zu seinen ehemaligen Kolonien bestimmen. Welches waren die Grundzüge dieses Verhältnisses? Sein komplexer Charakter enthüllte den unsichtbaren Hintergrund des Problems, welches sich Frankreich in seinem Bemühen um neue Institutionen in Afrika stellte.

Der schon in Brazzaville formulierte Grundsatz der Schaffung einer ›Französischen Union‹ wurde von der Verfassung übernommen: »Die ›*Union Française*‹ setzt sich aus Nationen und Völkern zusammen, welche ihre Mittel und Kräfte gemeinsam nutzen und sie koordinieren, um ihre Kulturen zu fördern, ihren Wohlstand zu mehren und ihre gemeinsame Sicherheit zu gewährleisten.« Abschnitt VIII der Verfassung umschreibt die ›Französische Union‹ folgendermaßen: »Die ›Union Française‹ setzt sich einerseits aus der Französischen Republik, die das Mutterland und die überseeischen Departements und Territorien umfaßt, und andererseits aus assoziierten Staaten und Terri-

torien zusammen.« Die indochinesischen Staaten galten also als vertraglich assoziierte Staaten; Togo und Kamerun, deren Vormundschaft Frankreich aufgrund eines internationalen Mandats übertragen worden war, erhielten den Status assoziierter Territorien. Die überseeischen Departements (Guadeloupe, Martinique, Guyana und Réunion) und die überseeischen Territorien (Französisch-Westafrika, Französisch-Äquatorialafrika, Madagaskar und Französisch-Somaliland) wurden als Mitglieder der Französischen Republik betrachtet, die als einig und unteilbar *(une et indivisible)* erklärt wurde.
Die Nationalversammlung wurde in allgemeiner und direkter Wahl gewählt, während der Staatsrat (der ehemalige Senat) aus allgemeinen indirekten Wahlen durch die lokalen Versammlungen hervorging. In jedem Territorium (vor allem in Afrika) wurde eine gewählte Versammlung eingesetzt. Ebenso wurde eine ›Versammlung der Französischen Union‹ geschaffen, deren Mitglieder je zur Hälfte aus Vertretern des Mutterlandes und der Überseegebiete bestanden. Diese Körperschaft hatte zwar keine gesetzgebenden Befugnisse, sie konnte aber ihre Ansicht bekannt machen und Vorschläge ausarbeiten. Artikel 80 präzisierte, »daß alle Franzosen und alle Einwohner der ›Union Française‹ Staatsbürger der ›Französischen Union‹ sind«. Diese ›Staatsbürgerschaft der Französischen Union‹, die etwas anderes war als die französische Staatsbürgerschaft, sicherte ihnen den Genuß der Rechte und Freiheiten, wie sie in der Präambel der Verfassung garantiert waren. Die Präambel sah vor, daß »Frankreich mit den überseeischen Völkern eine Union bildet, die sich auf die Gleichheit der Rechte und Pflichten gründet, ohne Unterschied der Rasse oder Religion. Seiner überlieferten Sendung treu, beabsichtigt Frankreich, die Völker, deren Führung es innehat, der Freiheit der Selbstverwaltung und der demokratischen Regelung ihrer eigenen Angelegenheiten zuzuführen. Indem es jedes auf Willkür beruhende Kolonialsystem ablehnt, garantiert es jedermann den gleichen Zugang zu öffentlichen Ämtern und die individuelle oder kollektive Ausübung der Rechte und Freiheiten, wie sie obenstehend verkündet oder bestätigt worden sind«.
Diese Gesetzestexte zeigen den komplexen Charakter der ganzen Problematik auf, zerstören aber auch gleichzeitig die Legende vom ›kartesianischen Franzosen‹. Das wirkliche Problem des französisch-afrikanischen Verhältnisses spiegelte sich nämlich in dieser Gesetzgebung nicht wider. Obwohl es bereits damals vielen Franzosen durchaus bewußt war, wagte niemand, es klar auszusprechen: Einerseits galt der Grundsatz, daß die afrikanischen Territorien unauflöslichen Bestandteil der Französischen Republik darstellten, andererseits, daß ihre Einwohner über die

gleichen Rechte wie die Franzosen des Mutterlandes verfügten. Dies mußte aber logischerweise bedeuten, daß letztere über ihr Schicksal nicht mehr allein bestimmen konnten. Wenn man allerdings wie General Mangin, einer der Baumeister des Kolonialreiches, von einem »größeren Frankreich mit mehr als 100 Millionen Einwohnern« träumte, mußte man auch in Kauf nehmen, daß die 40 Millionen Franzosen des europäischen Frankreichs, jenes Teils, den man das ›Hexagon‹ nennt, in die Minderheit verdrängt wurden. Dies hieß jedoch, die Früchte von Frankreichs Arbeit, seine Hilfsquellen, sein nationales Erbe den Vertretern weniger entwickelter Völker zur Verfügung zu stellen; anders ausgedrückt, sie der Plünderung preiszugeben. Um ein einziges Beispiel anzuführen: Wenn man das französische System des Kindergeldes auf das französische Afrika ausgedehnt hätte, wo die Kinder zahlreicher sind, die Polygamie verbreitet und das Standesamt unbekannt ist, so wären die französischen Kassen in wenigen Wochen leer gewesen.
Hätte eine solche Großzügigkeit wenigstens diesen Block von 100 Millionen Menschen zusammenschweißen können? Wohl kaum, denn wenn Frankreichs Mittel eines Tages erschöpft gewesen wären, hätten die Überseevölker anderswo Unterstützung gesucht, um ein mittelloses Frankreich ohne Ansehen sich selbst zu überlassen. Auf jeden Fall überstieg es Frankreichs Kräfte, gleichzeitig seine afrikanischen Gebiete auszustatten und die eigene durch den Krieg stark zerrüttete Wirtschaft wiederaufzubauen, seine Ruinen zu beseitigen, seine Industrien neu auszurüsten und neben einer Armee auch noch eine Atomstreitmacht aufzustellen, die für sein Prestige unter den europäischen Mächten erforderlich war. Schon 1953 umriß der senegalesische Abgeordnete Senghor die Alternative: »Wenn es unmöglich ist, die ›Französische Union‹ in die Europäische Gemeinschaft einzugliedern, ist Frankreich genötigt, sich für die ›Französische Union‹ und gegen Europa zu entscheiden. Wenn dies nicht der Fall sein sollte, würden wir dem Abfall der überseeischen Territorien entgegengehen.«
Wenn es aber zwischen Europa und Afrika zu wählen galt, so mußte, wenn nicht das Gefühl, so zumindest die Vernunft für Europa entscheiden. Diese Schlußfolgerung auszusprechen war allerdings kaum möglich, und allein ihre Erwägung erforderte schon Mut. Aus dieser Situation entstanden die Verwirrung und die unüberbrückbaren Gegensätze der Gesetzestexte.
Allein eine föderalistische Lösung wäre möglich gewesen. Aber nur ein kleiner Kreis von Intellektuellen, Mitglieder der ehemaligen Widerstandsbewegung ›Libérer et Fédérer‹, hatten mit einem Föderationsplan die — allein erfolgversprechende — Lösung für den doppelten Ehrgeiz der Franzosen, einerseits die

egalitäre Republik, andererseits eine weite euroafrikanische Union, ausdrücklich angestrebt. Der Vorschlag einer Föderation war in den Verfassunggebenden Versammlungen jedoch zurückgewiesen worden, mit dem Vorwurf, er sei ›kopflos und anarchisch‹, wie Eduard Herriot sagte und de Gaulle dachte. Diese Ablehnung sollte dafür zu jenen Zwitterlösungen und Illusionen wie dem doppelten Wahlkörper und der Doppelbürgerschaft führen. Die Afrikaner waren zwar ›Bürger der Französischen Union‹, nicht aber, mit Ausnahme einiger Senegalesen, französische Staatsbürger. In den Wahlen für die Nationalversammlung, aber nur in diesen, wählten sie alle zusammen und in allgemeiner Wahl ihre Abgeordneten.
Im Zeitraum von 1945 bis 1948 schritten die französischsprechenden Afrikaner fast ohne Unterbrechung zu den Urnen: Zwei Verfassunggebende Versammlungen waren zu wählen, eine Nationalversammlung, die Lokalversammlungen und, durch ein komplizierteres Wahlmännersystem, der Rat der Französischen Union und der Staatsrat. Diese Wahlen bedeuteten für den afrikanischen Wähler eine intensive Schulung.
Aber nicht nur er, auch der afrikanische Abgeordnete zog aus dieser Schule Nutzen. 1946 zählte man im Palais Bourbon 23 Deputierte aus ›Schwarzafrika‹. 1956, nachdem man die Wahlen für die dritte Nationalversammlung vereinheitlicht und den doppelten Wahlkörper abgeschafft hatte, waren es 38. Sie vertraten mehr als 10 Millionen afrikanische Wähler. Im Staatsrat *(Sénat)* entfielen von 315 Sitzen 32 auf afrikanische Senatoren. 40 Mitglieder des Rates der Französischen Union waren Afrikaner, und in den Territorialräten nahmen sie 550 Sitze ein. Es ist aufschlußreich, diese Zahlen mit den ungefähr 400 afrikanischen Studenten an den vier Fakultäten der Universität von Dakar im Jahr 1956 zu vergleichen. Man kann verstehen, daß nur wenige unter ihnen als Ärzte, Lehrer oder Beamte im Land blieben.
Seit 1946 saßen überdies immer einer oder mehrere Afrikaner als Minister in den sich folgenden französischen Regierungen; vor allem ist der von der Elfenbeinküste stammende Felix Houphouet-Boigny zu erwähnen, der sich großes Ansehen erwarb. Niemals aber war einem Afrikaner das in ›Französisch-Übersee-Ministerium‹ umgetaufte Kolonialministerium anvertraut worden.
Unter dieser neuen Bezeichnung fuhr die Kolonialbehörde fort, die Hauptpositionen der Verwaltung nach der überlieferten Hierarchie zu besetzen. An der Spitze standen weiterhin die Generalgouverneure und Gouverneure, die Kreis- und Distriktskommandanten (ausschließlich Europäer), die sich auf die durchwegs einheimischen Kantons- und Dorfvorsteher stützten. Der

ehemaligen Kolonialverwaltung fiel die oft undankbare Aufgabe zu, das Straßennetz zu unterhalten, die Lebensmittelversorgung zu garantieren, Recht zu sprechen, das Steuerwesen zu kontrollieren, die öffentliche Ordnung zu wahren und die allgemeine Sicherheit zu gewährleisten, während sich die afrikanischen Abgeordneten auf die Präambel der Verfassung beriefen und sich beklagten, alles sei beim alten geblieben.

Die Verwaltungsaufgaben erwiesen sich immer dann als besonders heikel, wenn es darum ging, die Investitionskredite zu verteilen, die Frankreich Afrika zufließen ließ. An den ungeheuren Bedürfnissen gemessen, konnten diese Kredite niemals genügen, obwohl sie von 1948 bis 1958 1,5 % des gesamten französischen Nationaleinkommens ausmachten, also einen Betrag erreichten, der die Unterstützung jedes anderen westlichen Landes an die Entwicklungsländer weit überstieg (Großbritannien: 0,6 %, USA: 0,5 %). Im Jahr 1953 errechnete man, daß Frankreich mehrere Generationen lang bis zu 25 % seines Nationaleinkommens hätte anlegen müssen, um die Überseegebiete einigermaßen zu bewirtschaften. Dieses Mißverhältnis zwischen Bedürfnissen und verfügbaren Mitteln sollte einige Jahre später in Guinea ein Vorkämpfer der afrikanischen Unabhängigkeit, Sekou Touré, in folgende Worte fassen, als man ihn darauf aufmerksam machte, daß er von allen Seiten, sowohl von Amerikanern wie Russen, Kredite verlange: »Glauben Sie denn wirklich, daß, selbst wenn uns die ganze Welt Hilfe gewährte, diese ausreichen würde?« Im Fall Frankreichs handelte es sich aber nicht nur um Guinea, das nur eines von vierzehn unter Frankreichs Führung stehenden afrikanischen Territorien war. Frankreich hatte daneben auch noch außerafrikanische Verpflichtungen wie beispielsweise in Madagaskar, von Nordafrika nicht zu sprechen.

Die Ausstattung Afrikas war mit oft unüberwindlichen Schwierigkeiten verbunden. So errichtete Frankreich in Togo für eine Milliarde französischer Franc ein Musterspital, wie es selbst in Frankreich nur wenige gab. Sein Unterhalt aber fraß den größten Teil der Mittel auf, die Togo für sein Gesundheitswesen zur Verfügung standen. Prächtige Schulen mußten – z. B. in Bamako – aus Mangel an Lehrkräften geschlossen bleiben. Dennoch wurde eine ungeheure Leistung vollbracht, deren Umfang sich an einem einzigen Beispiel ermessen läßt. Mit der Eröffnung des Hafens von Abidjan wurde der Küstenstreifen durchbrochen und ein Siedlungsgebiet geschaffen, das auf das künftige Afrika eine große Anziehungskraft ausübt. Abidjans Bevölkerung vervierfachte sich in einem Jahrzehnt, während sich die von Dakar verdoppelte und die von Duala sich von 1950 bis 1960 verdreifachte. Hier liegt denn wahrscheinlich auch die augen-

fälligste soziale Umwälzung. Zu Beginn des Jahrhunderts zählte Französisch-Westafrika nur 2 % Stadtbevölkerung, 1960 fast ein Drittel.
Natürlich leben die alten ethnischen und stammesmäßigen Strukturen weiter, und selbst in der verstädterten Bevölkerung besteht das alte Kastenwesen fort; aber es tauchen nun auch soziale Klassen auf. Es entsteht ein Proletariat, ein Bürgertum von Geschäftsleuten und sogar eine neue Kaste: die Berufspolitiker. Auf dieser Stufe der Entwicklung gleitet das schwarze Afrika, wie es der Soziologe Georges Balandier ausdrückt, »aus einer Epoche, in der der Mythos die Art der sozialen Beziehungen prägte und der Überlieferung ihre Autorität verlieh, in ein Zeitalter, dessen modernes Glaubensbekenntnis eine kämpferische Haltung und die Mobilisierung der Emotionen fördert«. »Diese Umwälzung«, so folgert er, »ist unübersehbar in all ihren Konsequenzen.«

Die politische Aktivität, die in ihrem Gärungsprozeß die ersten politischen Parteien hervorbringen und zur Ausübung des Wahlrechts führen sollte, erwachte zuerst in Westafrika, besonders in Senegal und an der Elfenbeinküste.
In Senegal trat Senghor 1948 aus der französischen sozialistischen Partei (SFIO) aus, um seine eigene Partei, den *Bloc Démocratique Sénégalais (BDS)* zu gründen, der seither das politische Leben Senegals völlig beherrschte.
An der Elfenbeinküste gründete 1944 der Arzt und reiche Pflanzer Felix Houphouet-Boigny ein afrikanisches landwirtschaftliches Syndikat. Ein Jahr später wurde er, der aus dem kleinen Dorf Yamoussoukro stammt, dem er bis heute die Treue gehalten und das er berühmt gemacht hat, in die erste Verfassunggebende Versammlung gewählt. Im September 1946 berief eine Gruppe afrikanischer Abgeordneter einen politischen Kongreß nach Bamako ein. Während aber die französischen Sozialisten ihre afrikanischen Freunde davon fernhielten, drängten die Kommunisten die ihren dazu. Der Kongreß führte zur Gründung einer neuen, großen afrikanischen Partei, des *Rassemblement Démocratique Africain (RDA)*, deren Präsidium Houphouet-Boigny übernahm. Von den Begeisterungswogen der afrikanischen Massen getragen, gewann die Bewegung schnell an Boden und drang bis in den französischen Sudan (heute Mali), den französischen Niger und nach Französisch-Guinea vor, wo Gabriel d'Arboussier den erst vierundzwanzigjährigen Postbeamten und Gewerkschaftler Sekou Touré an die Spitze der Bewegung stellte.
In den Wahlen der Elfenbeinküste errang das RDA 125 000 von 127 000 abgegebenen Stimmen.

Der Initiator des RDA, d'Arboussier, Sohn eines französischen Gouverneurs und einer afrikanischen Mutter, wurde des Kryptokommunismus verdächtigt. Man sah in ihm den Agenten, der die Verbindung zwischen Moskau und dem schwarzen Afrika herzustellen hatte. Die einzige nachweisbare Tatsache bestand allerdings in der Organisation des RDA, das nach dem Muster des ›demokratischen Zentralismus‹ der Kommunistischen Partei aufgebaut wurde: Zellenbildung an der Basis und strikte Unterordnung der Parlamentarier unter die höheren Parteiinstanzen. D'Arboussier erklärte zwar, die Kommunistische Partei sei die einzige gewesen, welche die kolonialistischen Interessen niemals unterstützt, sondern immer die unterdrückten Massen verteidigt hätte. Er betonte jedoch, daß das RDA eine rein afrikanische Bewegung im Dienst der afrikanischen Massen sei, für die Demokratie kämpfe, sich gegen den Imperialismus wende, aber keine Ideologie vertrete und keinem System hörig sei.

Während das RDA in Afrika seine ersten Erfolge errang, kämpfte in Frankreich die Regierung und die hinter ihr stehende Volksmehrheit gegen die Versuche der Kommunisten, sich entscheidender Positionen des öffentlichen Lebens zu bemächtigen. Vor diesem Hintergrund erschienen die Erfolge des RDA der Kolonialverwaltung als ernste Bedrohung. Sie mußte nämlich befürchten, ganz Schwarzafrika werde mit einemmal ins kommunistische Lager überschwenken. Die Verwaltung erhielt denn auch den Auftrag, mit allen Mitteln weitere Fortschritte des RDA zu verhindern. In verschiedenen Gebieten wurden in Opposition zum RDA stehende Gruppen offiziell unterstützt und ermutigt. Massenkundgebungen führten zu schweren Zwischenfällen, beispielsweise an der Elfenbeinküste am 6. Februar 1949 und am 30. Januar 1950. Daraufhin verbot die französische Regierung dem RDA jegliche Betätigung. Die Unterdrükkung kostete Dutzende das Leben, Hunderte, wenn nicht Tausende wurden verhaftet.

Die Parlamentarier des RDA blieben unangetastet. Houphouet-Boigny beschloß, dem RDA eine neue politische Orientierung zu geben und mit den Kommunisten zu brechen. Der Minister für die französischen Überseegebiete, François Mitterand, nahm die Gelegenheit wahr, mit Houphouet-Boigny im Interesse Französisch-Afrikas ein Abkommen loyaler Zusammenarbeit abzuschließen, das in der Folge von beiden Seiten streng eingehalten wurde. Im Februar 1951 weihten Mitterand und Houphouet-Boigny Seite an Seite den neuen Hafen von Abidjan und den Kanal ein, der ihn mit dem Meer verbindet. Durch diese politische Neuorientierung war die Existenz des RDA fortan gesichert, gleichzeitig aber auch die Zusammenarbeit mit Frankreich. Drei ehemalige französische Ministerpräsidenten, Mitterand, Mendès-France und Edgar Faure, wohnten 1957 dem dritten Kongreß des RDA in Bamako bei, der auch viele nicht dem RDA angeschlossene Afrikaner zu seinen Gästen zählte, wie die Senegalesen Lamine-Gueye und Mamadou Dia. Die Delegierten dieses Kongresses stammten aus dem Sudan (Mali), Guinea, der Elfenbeinküste, Niger, Senegal, Obervolta, Tschad, Dahome, aus dem mittleren Kongo und Gabun. Nach ihren eigenen Angaben zählten sie 181 Mohammedaner, 66 Christen, 5 Freidenker, einen Deisten und einen Animisten. Nach Berufsgruppen aufgeschlüsselt waren es 162 Beamte, 17 Landwirte, ebenso viele Kaufleute und Handwerker, 53 Angestellte und Arbeiter, aber nur 5 Stammeshäuptlinge.

Die afrikanischen Parlamentarier der verschiedenen französischen Versammlungen, die der ausgesprochenen Massenbewegung des RDA nicht angehörten, standen den Parteien des Mutterlandes nahe oder blieben unabhängig, bis sie 1953 in Bobo Dioulasso die ›Bewegung der überseeischen Unabhängigen‹ gründeten, in der Senghor eine föderalistische Entwicklungskonzeption der ›Union Française‹ entwarf. In seinem bemerkenswert klarsichtigen und subtilen Vortrag sprach er über die ›Interdependenz der Völker und Nationen‹. Er betonte, daß die Afrikaner die Freiheiten der Freiheit verzögen, und stellte die materielle und geistige Unabhängigkeit des einzelnen Individuums über diejenige des Staatsgebietes. Schließlich schlug er die Revision des Abschnittes VIII der französischen Verfassung vor, der die Möglichkeit einer föderalistischen Struktur für die ›Französische Union‹ ausschloß.

Für eine föderalistische Lösung war es jedoch 1953 aus Gründen, die sowohl Europa als auch Afrika betrafen, zu spät. In Europa war Frankreich gerade daran, sich der Gemeinschaft der Sechs anzuschließen und sich damit zwischen seiner Zugehörigkeit zu Europa und seiner afrikanischen Berufung zu entscheiden. Es ist begreiflich, daß sich seine europäischen Partner weigerten, die Verpflichtungen der ›Französischen Union‹ mitzutragen. Senghor, der Delegierte Frankreichs, beschwor seine Gesprächspartner in Straßburg, wo die Probleme der europäischen Gemeinschaft diskutiert wurden, Afrika im europäischen Gebäude einen Platz frei zu lassen. Denn, so sagte er voraus, wenn man Afrika diesen Platz nicht hier und jetzt, dieses Jahr noch, zugesteht, wird es niemals weder ein Eurafrika noch künftig mit Europa solidarische afrikanische Territorien geben.

Der zweite Grund für das Scheitern eines solchen Föderationsplanes lag in Afrika selbst begründet, wo an der Goldküste Nkrumah aus dem Gefängnis befreit und im März 1952 zum

Premierminister gemacht worden war. Ungestüm näherte sich das Land seiner Unabhängigkeit, die es 1957 errang. Aber bereits vor diesem Zeitpunkt warf das Ereignis seine Schatten in Afrika voraus und entfesselte Kettenreaktionen. Die afrikanischen Forderungen konnten nun nur noch durch die Gewährung der vollen Unabhängigkeit befriedigt werden. Wer immer sich als afrikanischer Staatsmann diesen Forderungen nicht anschloß, wurde nicht nur der Lauheit bezichtigt, sondern mußte damit rechnen, als Helfershelfer des Kolonialismus gebrandmarkt und bedroht zu werden.
Zwei weitere Vorgänge zwangen die französische Regierung, neue dringende Vorkehrungen zu treffen. Einerseits verkündete die afro-asiatische Konferenz von Bandung im April 1955 die Solidarität der kolonisierten und ehemals kolonisierten Völker sowie den Willen, die Unabhängigkeit für alle zu erlangen. Andererseits brach im November 1954 der Aufstand in Algerien aus, der schnell an Boden gewann und zur Unabhängigkeit Algeriens führen sollte.

IV. DIE ›COMMUNAUTÉ‹. DIE UNABHÄNGIGKEIT

Der sozialistische Überseeminister Gaston Deferre brachte im Parlament das Gesetz vom 23. Juni 1956, ein Rahmengesetz, durch, das die französische Regierung ermächtigte, durch einfachen Regierungserlaß alle die Evolution der Überseegebiete fordernden Maßnahmen zu treffen.
Das Notgesetz, dessen Verfassungsmäßigkeit allerdings fragwürdig war, schaffte das System des doppelten Wahlkörpers ab und verlieh allen Männern und Frauen über 21 Jahre das Stimmrecht. Den Territorialräten sprach es gewisse Finanzkompetenzen zu und machte sie so zu kleinen Parlamenten. Mit der Dezentralisation vieler Verwaltungszweige legte es schließlich die Grundlage zu territorialen Regierungen. Gleichzeitig sank die Bedeutung der Generalgouverneure West- und Äquatorialafrikas auf die Ebene von Hochkommissaren herab. Sie waren eigentlich damit beauftragt, die Entwicklung zur Autonomie und Unabhängigkeit in die Wege zu leiten.
Zwar erwähnten weder dieses Rahmengesetz noch die einzelnen Regierungsdekrete den Begriff der Autonomie, aber die ›Dezentralisation‹ der Befugnisse und die Elastizität der Gouverneure oder Hochkommissare, die in diesem Sinn Instruktionen erhalten hatten, erlaubte die schrittweise Übertragung immer weiterer Kompetenzen und Verantwortlichkeiten an die Lokalbehörden. Neben dem von Paris ernannten Gouverneur, der weiterhin dem Territorium vorstand, stand ein durch den Territorialstaat er-

nannter ›Vizepräsident‹ des Regierungsrates, der mit Unterstützung der Ratsmehrheit praktisch die Funktionen eines Premierministers des Territoriums ausüben konnte.
Auch beschleunigte die französische Verwaltung nun die sogenannte ›Afrikanisierung‹ der Kader, d. h. die Ablösung französischer Beamter durch Afrikaner.
Im März 1957 fanden in Französisch-Schwarzafrika Wahlen in die Territorialräte statt, die erstmals bei allgemeinem Wahlrecht und mit einem einzigen Wahlkörper durchgeführt wurden. Das RDA ging daraus als überlegener Sieger hervor, und das wiederhergestellte Vertrauen zu Frankreich bewirkte eine allgemeine Hochstimmung. So erklärte Sekou Touré in Guinea, daß sein Land stolz sei, der franko-afrikanischen Gemeinschaft anzugehören; Frankreich konnte sich auf Guinea verlassen.

Anläßlich eines Offiziersputsches in Algerien kehrte General de Gaulle am 13. Mai 1958 an die Macht zurück. Sein Verfassungsentwurf sollte die Fünfte Republik einleiten.
Dieser Verfassungstext wurde am 4. September veröffentlicht, und die französischen Wähler in Frankreich und Übersee wurden aufgefordert, ihn am 28. September durch Abgabe der Ja- oder Neinstimme anzunehmen oder abzulehnen. Noch vor Bekanntgabe dieses Textes hatte de Gaulle indessen Madagaskar und Schwarzafrika einen Besuch abgestattet. An die Stelle der ›Union Française‹ trat eine ›Gemeinschaft‹ (*Communauté*).
(Der Bezeichnung ›Communauté‹ wurde das Adjektiv ›französisch‹ allerdings ebensowenig vorangestellt wie dem ›Commonwealth‹ das Beiwort ›britisch‹.)
Dieses ›*Commonwealth à la française*‹, wie es von Senghor bezeichnet wurde, war aber strenggenommen weder eine Föderation noch ein Bundesstaat. Es vermittelte weder den Status der Autonomie noch den der Unabhängigkeit, sondern stellte vielmehr eine pragmatischere Konzeption dar, nämlich die Zusammenarbeit unter Staaten, die bereit waren, die Hauptzüge ihrer Politik untereinander abzustimmen. Dies bedeutete, daß Frankreich in der finanziellen Unterstützung seiner Communauté-Partner fortfahren würde, gleichzeitig aber ihre Existenz als Staaten anerkannte.
Mit diesem Verfassungsreferendum wollte de Gaulle anscheinend von den Afrikanern eine eindeutige Entscheidung erzwingen; wer die von ihm vorgeschlagene Verfassung ablehnen sollte, würde aus der ›Communauté‹ ausgeschlossen und, wie Senghor kommentierte, »in die Finsternis zurückgestoßen werden«. Im Verlauf seines afrikanischen Staatsbesuches — wahrscheinlich im Anschluß an eine Unterredung in Brazzaville mit Barthélémy Boganda, dem Präsidenten des Hohen

Rates Französisch-Äquatorialafrikas — schien de Gaulle indessen seine starre Haltung aufzugeben und dem Vorschlag beizustimmen, daß einem Mitgliedstaat unter veränderten Voraussetzungen auch nach einer anfänglich abgegebenen Zustimmung die Möglichkeit des Austrittes aus der ›Communauté‹ und die Erlangung der vollen Unabhängigikeit offenstehen sollte.

Abidjan, wo Houphouet-Boigny eng mit Frankreich verbunden bleiben wollte, bereitete de Gaulle keinerlei Schwierigkeiten.

Was aber in Conakry geschah, ist noch nicht völlig geklärt und scheint sich auf psychologischer Ebene abgespielt zu haben. Durch die Nachlässigkeit eines Ministers war de Gaulle nicht rechtzeitig über die Rede informiert worden, die Sekou Touré zu halten beabsichtigte. Der Ton dieser Rede war eher der eines Volksredners als eines Parlamentariers. Nach den Begriffen des afrikanischen Redestils lag aber nichts Ungehöriges in Worten wie »Guinea zieht die Armut in Freiheit dem Reichtum in Knechtschaft vor« oder »Es besteht auf dem Recht der Trennung«. Seine Ansprache schloß Sekou Touré übrigens mit den Worten: »Es lebe Guinea, es lebe Frankreich!«

Es bestand eigentlich kein Anlaß zu de Gaulles scharfer Antwort: »Es gibt keine Politik«, entgegnete de Gaulle, »die nicht gleichermaßen auf den Realitäten wie auf den Gefühlen aufbaut. Man hat hier das Wort Unabhängigkeit ausgesprochen. So versichere ich Sie denn hier, entschiedener als irgendwo, daß die Unabhängigkeit für Guinea bereit steht. Wenn es am 28. September mit einem Nein antwortet und das Referendum ablehnt, wird es die Unabhängigkeit sofort erlangen, und für diesen Fall garantiere ich, daß sich Frankreich der Gewährung nicht widersetzen wird. Selbstverständlich wird Frankreich aus einem solchen Entscheid die Konsequenzen ziehen, aber es wird Ihnen keine Hindernisse in den Weg stellen, und Ihr Territorium wird unter den von ihm gewählten Bedingungen den von ihm gewählten Weg einschlagen können.«

Einen Monat später, am 28. September, lehnte von allen Territorien Französisch-Afrikas allein Guinea das Referendum ab. Eine überwältigende Mehrheit von Neinstimmen (1 200 000 Nein gegen 57 000 Ja) hatte sich dagegen ausgesprochen. Telegraphisch versicherte Sekou Touré de Gaulle seines Wunsches, »die brüderliche Zusammenarbeit« fortzusetzen.

Noch am selben Tage beschloß Paris, innerhalb von drei Wochen alle seine Beamten zurückzuziehen, mit Ausnahme einiger Lehrer, die freiwillig im Land blieben. Die Banken unterbanden den Kreditzufluß nach Guinea. Offiziell wurden die Anfragen des guinesischen Präsidenten an die französische Regierung nicht mehr beantwortet. Vor der Abreise vernichtete die französische

Verwaltung ihre Archive. Auch mit der offiziellen Anerkennung des Landes ließ Frankreich auf sich warten. Es verhängte über Sekou Touré und Guinea die Quarantäne. Erst drei Monate später wurden in der Form von technischen und kulturellen Abkommen die Beziehungen wiederaufgenommen. In dieser Zeit hatten aber bereits 60 Staaten Guinea anerkannt und es war Mitglied der Vereinten Nationen geworden.
Dennoch hatte Sekou Touré in vielen Aufrufen wiederholt eine Versöhnung mit Frankreich angestrebt. Von anderer Seite nahm er jedoch Hilfe an. Bereits wenige Tage nach dem Referendum bot ihm Kwame Nkrumah seine Unterstützung an. Aber auch die Ostblockstaaten versicherten ihn ihrer Hilfe, wie auch die USA, England, die Bundesrepublik Deutschland und Rotchina. Im Oktober und November 1959 unternahm Sekou Touré eine Reise nach Washington, London, Bonn und Moskau, 1960 besuchte er vor allem die Ostblockländer. In aller Welt fragten sich die Beobachter, ob Guinea nicht ins kommunistische Lager überschwenken würde. Tatsächlich scheint aber Sekou Touré überall finanzielle und technische Unterstützung gesucht und angenommen zu haben, wo er sie zu den günstigsten Bedingungen und mit der geringsten Verpflichtung für die Zukunft erhalten konnte. Dieses Vorgehen entspricht seinem Bemühen, nach der Formel eines ›positiven Neutralismus‹ keiner Seite ein entscheidendes Übergewicht zuzugestehen.
In der Innenpolitik Guineas setzte er seine Reorganisationsarbeit fort, die er schon vor Verkündung der Unabhängigkeit eingeleitet hatte. Mit Zustimmung des französischen Gouverneurs hatte er schon Ende 1957 eine tiefgreifende Verwaltungsreform eingeleitet. Das Amt des Kantonsvorstehers *(chef de canton)* wurde abgeschafft, welches, obwohl mit Afrikanern besetzt und als Verkörperung eines traditionalistischen Führungssystems geltend, als ›kolonialistisches Überbleibsel‹ verurteilt und verworfen wurde. Sekou Tourés Wille, einen modernen afrikanischen Staat zu schaffen, wurde dadurch bekundet. Die Einrichtung der Dorfvorsteher und Dorfräte, die aus Wahlen hervorgingen, welche andernorts Gemeinderatswahlen vergleichbar sind, ließ er indessen bestehen. Tatsächlich hatte Sékou Touré bereits vor dem Referendum seine Parteibewegung, die ›Demokratische Partei Guineas‹, nach dem Vorbild der Einheitspartei in den Volksrepubliken aufgebaut, was ihm erlaubte, nicht nur das gesamte öffentliche Leben Guineas zu kontrollieren, sondern auch seinen ganzen Verwaltungsapparat zu überwachen. Der Grundsatz des ›demokratischen Zentralismus‹ wurde kompromißlos verwirklicht. Der Parteiapparat und derjenige des Staates sind praktisch identisch. Im Rahmen der durch die verschiedenen Parteikongresse auf-

gestellten Richtlinien bestimmt das politische Büro der Partei den einzuschlagenden Weg. Seine Verwirklichung wird auf allen Stufen von den Parteiinstanzen durchgeführt oder kontrolliert. Sekou Touré betont, daß sich Guinea aus Mangel an ausgebildeten Fachkräften den Luxus zweier paralleler Apparate, einer Verwaltung und einer Partei, nicht leisten könne. In der Partei sieht er ein unerläßliches Instrument zur Führung der Massen. Wenn er auch die politische Technik der Kommunistischen Parteien nachahmt, heißt dies nicht, daß er auch ihre Ideologie akzeptiert, der gegenüber er seine Unabhängigkeit unterstreicht. Allerdings sieht er allein im Einparteiensystem den Weg, der den afrikanischen Massen eine beschleunigte Entwicklung gestattet.

Das Beispiel Guineas hatte für Französisch-Afrika dieselbe ansteckende Wirkung wie das von Ghana auf die britisch-afrikanischen Territorien. Zwar hatte in einer ersten Phase die französische Regierung über Guinea die Quarantäne verhängt; dazu war es übrigens von den übrigen Staaten, die das Referendum angenommen hatten und die den Eindruck vermeiden wollten, daß die Ablehnung des Referendums mindestens so viele, wenn nicht mehr Vorteile verschaffte, veranlaßt worden. In einer zweiten Phase verlangten diese Staaten doch ebenfalls die Gewährung der vollen Unabhängigkeit, die ihnen auch auf dem Weg freundschaftlicher Verhandlungen mit der französischen Regierung zugestanden wurde.

Tatsächlich sprachen sich nach dem Referendum, zwischen dem 24. November und dem 4. Dezember 1958, die elf übrigen afrikanischen Territorien sowie Madagaskar für das in Artikel 76 der Verfassung von 1958 vorgesehene Statut als Mitgliedstaat der ›Communauté‹ aus. Alle Staaten erklärten sich zu Republiken und gaben sich eine Verfassung. So trennten sie sich von Frankreich, dem sie zwölf Jahre als integrierender Bestandteil der Republik verbunden gewesen waren. Gleichzeitig verschwanden die afrikanischen Deputierten und Senatoren aus dem Palais Bourbon und dem Palais du Luxembourg. Dennoch behielt de Gaulle vier ministerielle Berater im französischen Kabinett bei: Félix Houphouet-Boigny, Léopold Senghor, Gabriel Lisette und Philibert Tsiranana, Premierminister von Madagaskar.

Die nun selbständigen Staaten waren Kleinstaaten und sich ihrer Kleinheit durchaus bewußt. So versuchten sie, sich zusammenzuschließen. Gerade die Zerstörung der bestehenden Föderationen Französisch-Westafrika und Französisch-Äquatorialafrika durch das Rahmengesetz und die dadurch erfolgte ›Balkanisierung‹ Afrikas bildete ja einen ihrer letzten Vorwürfe gegenüber der Kolonialverwaltung.

Ende Dezember 1958 kamen die Vertreter von vier französisch-westafrikanischen Staaten – Senegal, Sudan, Obervolta und Dahome – in Bamako zusammen, um über das Projekt einer Föderation zu diskutieren. Mit der am 17. Januar in Dakar erfolgten Proklamation der ›Föderation von Mali‹ griffen sie auf den Namen des alten Imperiums von Sundjata und Kankan Mussa zurück. Sehr schnell wurde sich Obervolta jedoch darüber klar, daß seine wirtschaftliche Orientierung sich weit mehr nach Abidjan als nach Dakar auszurichten hatte. Auch in Dahome erwachten starke Widerstände gegen die Föderation. Schließlich verblieben nur noch Senegal und der Sudan in der Maliföderation, die im September 1959 bei der Regierung de Gaulles um die Gewährung der Unabhängigkeit nachsuchte. Mit ihrem Austritt aus der ›Communauté‹ strebte sie nicht den Bruch mit der Gemeinschaft an, sondern beabsichtigte, sich ihr gleich nach erlangter Unabhängigkeit in aller Freiheit und in Form eines Staatsvertrags wieder anzuschließen. Nach einigem Zögern und Verhandlungen wurde die Unabhängigkeit gewährt, allerdings weder Senegal noch dem Sudan, sondern der Maliföderation. Nach der Verkündung der Unabhängigkeit am 20. Juni 1960 wurden neue Wahlen durchgeführt und die Präsidentschaftswahlen auf den 27. August festgesetzt. Aber in der Nacht vom 19. auf den 20. August, also noch vor dieser Wahl, versuchte der Chef der Föderationsregierung, der Sudanese Modibo Keita, in Dakar einen Staatsstreich zur Ausschaltung Mamadou Dias und damit Senghors und seiner Leute durchzuführen. Die senegalesischen Minister reagierten jedoch prompt. Mit Hilfe der unter ihrem Befehl stehenden französischen Gendarmerie stellten sie ihre Autorität wieder her, setzten Modibo Keita und zwanzig seiner sudanesischen Mitarbeiter in einen Eisenbahnwagen Richtung Bamako und verwiesen ihn des Landes. Die Föderation hatte damit aufgehört zu existieren.
In den Sudan zurückgekehrt, verkündete Modibo Keita in Bamako die Republik Mali, welche das Gebiet des ehemaligen französischen Sudan umfaßt. In Senegal wurde Léopold Senghor zum Präsidenten der Republik Senegal gewählt. Zwischen den beiden Staaten entwickelten sich in der Folge wenn auch nicht freundschaftliche, so doch zufriedenstellende Beziehungen. Unter Frankreichs Patenschaft traten beide im September 1960 den Vereinten Nationen bei.

Houphouet-Boigny war seinerseits einer Föderation feindlich gesinnt, welche die Wirtschaft der Elfenbeinküste, eines verhältnismäßig wohlhabenden Landes, der stets defizitären Wirtschaft anderer Staaten integriert hätte. Als grundsätzlicher Gegner des Föderalismus und Feind der Maliföderation strebte er dennoch eine politische Koordination mit seinen Nachbarstaaten an. Aus dieser Überlegung heraus gründete er einen ›Rat der Entente‹ zwischen der Elfenbeinküste, Obervolta, Niger und Dahome. Obwohl er eine Intensivierung und keine Abschwächung der Beziehungen zwischen Afrika und Frankreich wünschte, konnte er seinen Rivalen dennoch weder das Monopol noch das Prestige der Unabhängigkeit allein zugestehen. Nach freundschaftlichen Verhandlungen und in vollem Einvernehmen mit Frankreich verkündeten die vier Staaten der Entente im August 1960 ihre Unabhängigkeit. Ende September wurden sie unter der Patenschaft Frankreichs in die UNO aufgenommen. Anläßlich der Unabhängigkeitsfeier erinnerte Houphouet-Boigny an alles Vereinende zwischen Frankreich und Afrika, um seine Ansprache mit den Worten zu schließen: »Wir sagen Frankreich nicht Adieu, sondern auf Wiedersehen!«

Im kulturell und politisch rückständigen Äquatorialafrika waren die politischen Führerpersönlichkeiten seltener. Der ehemalige Priester Barthélémy Boganda verkündete am 1. Dezember 1958 die Mitgliedschaft seines Landes, des in ›Zentralafrikanische Republik‹ umgetauften Territoriums Ubangi-Chari, in der ›Communauté‹. Dieser Politiker, der allein beinahe das gesamte politische Leben seines Landes repräsentierte, kam drei Monate später bei einem Flugzeugunfall ums Leben.

Im Mittleren Kongo war es ein anderer ehemaliger Geistlicher, Fulbert Youlou, der am 22. November 1958 in Pointe Noire die Republik Kongo ausrief. Auch der Kongo wurde Mitglied der ›Communauté‹. Sogleich bestimmte Youlou Brazzaville als Hauptstadt. Wie an der Elfenbeinküste und an anderen Orten kam es auch hier zu heftigen und blutigen Straßenkämpfen zwischen verschiedenen ethnischen Gruppen. Die Zwischenfälle mehrten sich, als Fulbert Youlou die matsuanistische Sekte der staatlichen Autorität unterwerfen wollte. Dennoch war sein Land, in starkem Kontrast zu den Vorgängen jenseits des Kongoflusses, in der ehemals belgischen Kolonie, ein Bild der Ruhe und Ordnung.

Im Frühjahr 1959 teilte Frankreich den Vereinten Nationen mit, daß es auf sein Mandat in Kamerun verzichten werde, um dem Land, nach einer kurzen Periode der Autonomie, am 1. Januar 1960 die Unabhängigkeit zu gewähren. Auch in Kamerun äußerte sich die Opposition in Form von Mord und Gewalttaten. Es gelang dem starken Mann Kameruns, Ahmadou Ahidjo, jedoch nicht nur, der Opposition Herr zu werden, sondern auch Ruhe und Legalität in seinem Land wiederherzustellen. Darüber hinaus tolerierte er die Existenz einer Opposition, unter der Bedingung, daß sie sich ausschließlich auf

parlamentarischer und wahltechnischer Ebene betätige und sich vom Terror lossage. Ahidjo mußte indessen eine Anzahl Widerstandsnester im Busch vernichten.
In Togo war seit Mai 1958 Sylvanus Olympio Premierminister, der als Verfechter der Unabhängigkeitsforderungen siegreich aus den Wahlen hervorgegangen war. Er überstürzte die Realisierung seines Programms jedoch keineswegs. Im November desselben Jahres schlugen Frankreich und Togo den Vereinten Nationen gemeinsam die Beendigung des Mandats und die Verkündung der Unabhängigkeit im April 1960 vor. Der für seine Mäßigung und seinen Realismus bekannte Olympio hatte sich auf internationaler Ebene großes Ansehen erworben, als er unter Begleitumständen ermordet wurde, die bis heute im dunkel geblieben sind. Wie es in Afrika – doch nicht nur in Afrika – üblich ist, wo Persönlichkeiten stärker als Ideen ins Gewicht fallen, ging die Opposition als Sieger aus den folgenden Wahlen hervor, und Olympios Gegenspieler (und Schwager) Nicolas Grunitzky, der Sohn eines deutschen Missionars und einer Afrikanerin, gelangte im Januar 1963 an die Macht.
Selbstverständlich wurden sowohl Kamerun als auch Togo Mitglieder der Vereinten Nationen, wo die afrikanischen Staaten südlich der Sahara (eingeschlossen der Sudan und Äthiopien) einen Block von 27 Stimmen darstellen, während Europa (unter Einschluß der Sowjetunion, der Ukraine, Weißrußlands, Albaniens und Osteuropas) nur 23 Vertreter stellt.

20. Der Kongo

Belgisch-Kongo machte den Eindruck eines vollkommen stabilen Gebildes, und die europäischen Kolonisten, sowohl die Franzosen West- und Äquatorialafrikas als auch die Briten Rhodesiens, stellten mit Vorliebe den belgischen Kolonialismus als Musterbeispiel hin. Eine paternalistische Verwaltung sorgte dafür, daß nach Möglichkeit niemand Hunger zu leiden hatte, aber auch, daß sich niemand um Politik kümmerte. Der belgische Kongo war wohlhabend und erfreute sich der Ruhe und Ordnung. Kaum 80 000 Europäer, hauptsächlich Beamte und Angestellte, bewohnten neben 14 Millionen Bantu eine Fläche von nicht ganz 2½ Millionen qkm. Die vor allem in Katanga konzentrierte Bergwerksindustrie exportierte Metalle, Uran (die Hälfte der Weltproduktion) und Diamanten für jährlich fast eine Milliarde Pfund Sterling. Die Verwaltung zählte auf ungefähr 10 000 Beamte nur ein paar hundert Afrikaner. In der gesamten Armee, der sogenannten *Force Publique*, gab es keinen einzigen afrikanischen Offizier. Die drei Machtträger des Kongo, die belgische Verwaltung, die fünf großen Trusts und die katholische Kirche, schienen das öffentliche Leben völlig zu beherrschen.

1952 hatte das belgische Kolonialministerium das Immatrikulationsprinzip eingeführt, das einem gebildeten Afrikaner ermöglichte, nachdem er den Beweis seiner Fähigkeiten und seines Bildungsgrades abgelegt hatte, die Rechte eines belgischen Bürgers zu erlangen und den Segregationsbestimmungen zu entgehen. Aber nur wenige Afrikaner nutzten diese Möglichkeit, nicht nur, weil sie darin einen Verrat an ihrer Rasse sahen, sondern auch wegen der Weigerung der belgischen Kolonisten, die immatrikulierten Afrikaner als ihresgleichen zu betrachten. 1954 führte die belgische Regierung nicht-konfessionelle Schulen für Afrikaner ein. Ein Professor der Universität Antwerpen, der liberale Katholik A. A. J. van Bilsen, rief 1956 eine Sensation hervor, als er einen ›Dreißigjahresplan für die politische Emanzipation Belgisch-Afrikas‹ veröffentlichte.

Am unteren Flußlauf des Kongo war inzwischen eine politische Bewegung entstanden, die *Abako* oder ›*Association des Bakongo*‹.

Ihr Führer war Joseph Kasavubu, der Sohn eines chinesischen Arbeiters und einer Bakongofrau, der in katholischen Schulen erzogen worden und in einem Stadtteil von Leopoldville Bürgermeister geworden war. Bakongo lebten allerdings auch jenseits des Flusses, im französischen Mittleren Kongo, und diese erhielten gerade die Autonomie als Zwischenstufe zur Unabhängigkeit. Als Kasavubu an der ersten panafrikanischen Konferenz von Accra im Dezember 1958 teilnehmen wollte, erhielten noch drei andere Kongolesen, darunter der junge Postbeamte Patrice Lumumba, die Erlaubnis zur Teilnahme. Im letzten Augenblick wurde Kasavubu indessen an der Abreise gehindert. So übernahm Lumumba die Delegationsleitung. Eine Woche nach seiner Rückkehr aus Accra brachen in Leopoldville (heute: Kinshasa) Unruhen aus, wobei einige Europäer und eine Anzahl Afrikaner getötet wurden. Kasavubu wurde verhaftet und nach Belgien deportiert. Kurz darauf kündigte König Baudouin eine Änderung der belgischen Politik an. Die Unabhängigkeit – es war das erste Mal, daß eine offizielle Persönlichkeit dieses Wort aussprach – wurde dem Kongo mit einigen Zwischenstufen versprochen. Diese Etappen sollten für 1959 in den Wahlen, 1960 in der Bildung eines Parlamentes und in der Berufung von Afrikanern auf hohe Verwaltungsposten bestehen. Da die Reformen diesem Versprechen nur zögernd folgten, erhitzte sich das politische Klima stark und führte zu einem neuen Aufflackern politischer Agitation. Kasavubu wurde nach einem dreimonatigen Zwangsaufenthalt in Belgien wieder in den Kongo zurückgeschickt. Die afrikanische Opposition war in sich selbst jedoch stark gespalten. Lumumba wünschte, die Einheit des Kongo beizubehalten, während Kasavubu eine der nigerianischen Föderation analoge Lösung vorzog. In Katanga vertrat Moise Tschombe die städtische Bevölkerung und die *›Evolués‹*. In Süd-Kasai repräsentierte Albert Kalonji die Baluba, und in der Äquatorialprovinz vertrat Ileo die Bangala. Man darf nicht vergessen, daß das unermeßliche Gebiet des Kongo über 70 wichtige ethnische Gruppen aufweist, die mehr als 400 Dialekte sprechen. Da sich im Kongo die Gemüter immer mehr erhitzten, lud die belgische Regierung im Januar 1960 die afrikanischen Führer nach Brüssel ein und entschloß sich, dem Kongo zum 30. Juni die Unabhängigkeit zu gewähren. In dem noch zur Verfügung stehenden halben Jahr sollten die notwendigen Vorbereitungen für den Übergang zur Unabhängigkeit getroffen werden. Im Mai wurden Wahlen durchgeführt, ein Parlament und eine Regierung gebildet und am 30. Juni die Republik Kongo proklamiert. Als Führer der Regierung bestimmte Lumumba mit Unterstützung von Kasavubu und Ileo die Mitglieder seines Kabinetts. Tschombe erhielt allerdings nur ein Ministerium, Kalonji keines.

Schon sechs Tage nach der Unabhängigkeitsfeier kam es zur Explosion. Die afrikanischen Soldaten der *Force Publique* rebellierten gegen ihre europäischen Offiziere. Diese Meuterei war das Signal nicht nur für eine Panik unter den Europäern, sondern auch für die Entfesselung von Gewalt und Anarchie.
Um ihre Landsleute zu schützen, entsandten die Belgier Fallschirmjägertruppen aus dem Mutterland in den Kongo. Lumumba bezichtigte sie der kolonialistischen Aggression und brach die diplomatischen Beziehungen zu Belgien ab. Auf Nkrumahs Rat appellierte er an die UNO. Tschombe profitierte seinerseits von den Unruhen und verkündete die Unabhängigkeit Katangas. Die Stammesfehden flammten erneut auf.
Die Streitkräfte der Vereinten Nationen hatten den Auftrag, die Ordnung soweit wie möglich aufrechtzuerhalten, um vor allem den Belgiern keinen Vorwand zu liefern, im Kongo wieder militärisch einzugreifen. Lumumba erwartete von den UNO-Truppen allerdings mehr. Er forderte sie auf, die Sezession Katangas niederzuschlagen. Es war offensichtlich, daß der Kongo ohne die Stütze der katangischen Wirtschaft immer ein armes Land bleiben würde. Ebenso augenscheinlich war es, daß die immer noch in Katanga ansässigen belgischen Minengesellschaften die Sezession unterstützten.
Da Lumumba überall nach Unterstützung Umschau hielt, nahm er auch sowjetische Hilfe an. Eine Zeitlang befürchteten die Westmächte, die Russen könnten sich im ehemals belgischen Kongo niederlassen, wie man zur selben Zeit befürchtete, sie würden sich auf Kuba festsetzen.
In seiner Eigenschaft als Staatspräsident berief Kasavubu Lumumba von seinem Amt ab. Dieser aber parierte den Streich, indem er seinerseits Kasavubu absetzte. Darauf entschloß sich die nun ausschließlich aus Afrikanern bestehende *Force Publique*, der allgemeinen Verwirrung ein Ende zu setzen und alle Beteiligten — Kasavubu, Lumumba und andere Politiker — zu verhaften.
Oberst Mobutu setzte ein Kollegium von Hochkommissaren ein, das alle Kongolesen mit abgeschlossener Hochschulbildung umfaßte. Es gab ihrer fünfzehn. Die sowjetische und tschechische Mission verwies er des Landes. Der aus seiner Haft entlassene Kasavubu verbündete sich mit Mobutu, während der immer noch eingesperrte Lumumba an Katanga ausgeliefert und ermordet wurde.
Die im Kongo entfesselte Hysterie verbreitete sich bald über die ganze Welt. In einem halben Dutzend Hauptstädten wurden die belgischen Botschaften von der Masse angegriffen. Chruschtschow beschuldigte den Generalsekretär der UNO, Dag Hammarskjöld, der Ermordung Lumumbas. Im Frühjahr 1961

zerschellte Dag Hammarskjölds Flugzeug in Nordrhodesien, gerade als er mit Tschombe über die Rückkehr Katangas in einen föderalistischen Kongo verhandelte.
Eine Zeitlang hätte man befürchten können, daß der Kongo zu einem Schlachtfeld der Auseinandersetzung zwischen Ost und West werden könne. Man mußte auch befürchten, und nur zu oft hatte man Anlaß dazu, daß im Kongo – und nicht nur da, sondern an manchen Stellen Afrikas, so z. B. im Sudan, in Uganda, selbst in Nigeria – alte Stammesfehden wieder aufflackern würden und die politische Freiheit die Tür zu Massenmorden und Anarchie öffne. Damit wird aber eine neue Phase der Geschichte Afrikas eingeleitet.

D. Madagaskar

Die Geschichte der ›Großen Insel‹ vollzog sich lange Zeit, eigentlich bis ins 19. Jahrhundert, abseits der übrigen Welt. Der Kanal von Mozambique, der die Insel von Afrika trennt, ist ungefähr 400 km breit, während die Entfernung bis zur Küste Südostasiens Tausende von Kilometern beträgt (6000 km bis Indonesien, fast ebensoviel bis Ceylon oder Arabien).

I. URGESCHICHTE

In der Mitte des Tertiärs, vor dem Auftreten des Menschen und sogar noch vor jenem der Affen, wurde Madagaskar vom Kontinent abgetrennt, so daß die Fauna in Madagaskar besondere Züge aufweist.
Vor allem aber fand man in Madagaskar bis heute keinerlei fossile menschliche Überreste, während man auf Java und in Ostafrika auf die Knochenreste der ältesten Vorfahren des Menschen gestoßen ist. Die Insel weist auch keine menschliche Spuren aus der Stein- oder Bronzezeit auf. Es scheint, daß den Menschen, die zum erstenmal auf Madagaskar Fuß faßten, das Eisen bereits bekannt war.
Woher kamen diese Menschen, und wer waren sie? Vorläufig stehen für alle darüber angestellten Hypothesen die entscheidenden Beweise noch aus. Wenn man aber die Menschentypen Madagaskars studiert, dann scheinen sie aus einer zu verschiedenen Anteilen erfolgten Verschmelzung von Asiaten und schwarzen Afrikanern hervorgegangen zu sein. In der Aristokratie des Merinavolkes ist der dominierende Typus von hellbrauner Hautfarbe, eher kleiner Statur und sehr feinen Gesichtszügen. Seine Ähnlichkeit mit dem Javaner ist sehr groß. Aber selbst in dieser Gruppe weisen zahlreiche Individuen negride Züge auf, wie krauses Haar, dunklen Teint und dicke Lippen. Soweit sie wissenschaftlich untersucht wurden, weisen alle ethnischen Gruppen Madagaskars die charakteristischen Merkmale einer solchen afro-asiatischen Verschmelzung auf, wenn auch nicht immer im gleichen Grad sowie in unterschiedlichen

Karte 19: Madagaskar

Proportionen und verschiedenen Formen. Wahrscheinlich sind in dem Genbestand der Madagassen die afrikanischen Elemente dominant. Aber die Verschmelzung reicht meistens zeitlich so weit zurück, daß sich in der insularen Abgeschiedenheit allmählich je nach der Lebensweise und unter dem Einfluß der neu hinzugekommenen Elemente eigenständige Züge entwickeln konnten, was wiederum den ethnischen Gruppen Madagaskars eine reiche Vielfalt verlieh.

Dagegen ist eine sprachliche Einheit unverkennbar. Die verschiedenen Dialekte weisen untereinander nur geringe Abweichungen auf und lassen sich alle auf den indonesischen Zweig der malaio-polynesischen Sprachen zurückführen.
Auch die überlieferten Techniken Madagaskars weisen einen einheitlichen Charakter auf und stammen offensichtlich von indonesischen Techniken her. Die Rinderzucht mit ihrem gesellschaftlichen und fast religiösen Charakter, der Hirseanbau, die Beschneidung und das Weben von Baumwolle scheinen indessen aus Afrika zu stammen. Die einen Musikinstrumente sind indonesischen, die anderen afrikanischen Ursprungs, aber sowohl die einen als auch die anderen gehören zur Gruppe der ältesten Instrumente in ihrem Ursprungsland, was den Schluß zuläßt, daß diese Anleihen zeitlich sehr weit zurückreichen.
Auch die Untersuchung der ethnologischen Strukturen — Gesellschaft, Religion, Bräuche, Überlieferungen — deckt Züge auf, die sich sowohl auf den einen wie den anderen Ursprungsort beziehen.

Auch die geographische Situation der Insel kann nichts zur Klärung der ungelösten Fragen beitragen. Madagaskar liegt zwar der afrikanischen Küste sehr viel näher als der Indonesiens, aber wie wir aus den Zeugnissen arabischer Geographen wissen, waren die Stämme an der afrikanischen Küste keine Seefahrer. Nach dem im 12. Jahrhundert lebenden El Edrisi »besitzen sie keine seetüchtigen Schiffe«. Es waren die Araber, die mit ihren Schiffen an der Sandschküste, wie sie die ostafrikanische Küste nannten, entlangfuhren.
Die Indonesier dagegen waren erfahrene und kühne Seefahrer. In ihren Auslegerbooten legten sie auf dem Ozean ungeheure Strecken zurück. Sie verstanden es hervorragend, mit dem Meer, seinen Inseln und Ufern in Symbiose zu leben. Die Meeresströmungen und die herrschenden Windverhältnisse erlauben die verschiedensten Hypothesen; die heute jedoch wahrscheinlichste ist die, daß die aus Indonesien stammenden ›Meeresnomaden‹ sich mit Hilfe der Monsunwinde über Südindien oder Ceylon an die afrikanische Küste tragen ließen und dorthin nicht nur die Kokosnuß und das Auslegerkanu, sondern auch gewisse indonesische Techniken brachten, auf deren Spuren man an einigen Stellen der afrikanischen Küste noch stößt.
Es ist wahrscheinlich, daß einige dieser Meeresnomaden oder ihre schon etwas afrikanisierten Nachkommen nach einem Aufenthalt an der afrikanischen Küste erneut in See stachen, um den Kanal von Mozambique zu überqueren, wobei sie vielleicht auf den Komoren einen Zwischenhalt einlegten.

So wäre eine Verschmelzung von indonesischen und afrikanischen Rasse- und Kulturelementen schon vor ihrem Eintreffen in Madagaskar möglich gewesen. Da in der Folge die Verbindungen zum nahen Afrika enger gewesen sind als mit dem fernen Indonesien, muß man annehmen, daß sich das afrikanische Element im Lauf der Jahrhunderte eher verstärkt hat, vor allem durch die Einführung schwarzer Sklaven.
In welcher Zeit hat man die erste Ankunft dieser hypothetischen ›Protomadagassen‹ auf der Großen Insel einzustufen? Wohl in die Periode nach dem Beginn der Eisenzeit (das heißt um den Anfang der christlichen Ära, wenn man eine Wanderung von Indonesien aus annimmt), aber noch vor der langsam fortschreitenden Hinduisierung Indonesiens, welche in die Zeit zwischen dem 2. und 8. Jahrhundert fällt. In diesen Zeitabschnitt, und eher an seinen Anfang, könnte man die proto-madagassische Wanderbewegung stellen, wobei man aber nicht vergessen darf, daß diese zweifellos weder einen einmaligen Vorgang darstellte, noch im Verlauf einer einzigen Generation abgeschlossen wurde. Vielmehr muß man sich diese Wanderung als eine langsame Infiltration vorstellen, die sich über ein Jahrtausend erstreckte. Noch immer läßt sich die Ankunft der ersten Menschen in Madagaskar nicht auf fünf Jahrhunderte genau datieren, und auch über jene Menschen kann man nichts anderes als gewagte Hypothesen anstellen.

Welches ist der geographische und klimatologische Aspekt der Großen Insel, die, zwischen dem 12. und dem 25. Breitengrad gelegen, von Norden nach Süden 2300 km und von Osten nach Westen 900 km mißt? Der Subkontinent mit einer Fläche von 600 000 qkm stellte einer Durchdringung große Hindernisse in den Weg, und erst nach 1870 konnten Forschungsreisende einen Gesamteindruck von der Insel vermitteln. Sie wird durch ein zentrales Massiv von über 800 m Höhe ü. M. gebildet, das stufenweise zur Westküste absinkt, während es an der Ostküste sehr steil in zwei Felsbändern abfällt. Die trockene und heiße Westküste weist ein Savannenklima auf, die feuchte und heiße Ostküste ein tropisches Klima, während sich das Plateau durch niedrigere Temperaturen auszeichnet. Als das Plateau noch bewaldet war, hatte der Urwald heute ausgestorbene Tierarten beheimatet, so Riesenschildkröten, Zwergnilpferde, besonders große Halbaffen und Riesenvögel wie den Aepyornis. Die Menschen brannten den Urwald nieder, so daß das Plateau heute nackt ist, bedeckt nur mit mageren Weiden, die in der Regenzeit aus einem Boden hervorsprießen, dessen Lateritgehalt ständig zunimmt.

In einer ersten Phase hatten die vom Fischfang lebenden Ureinwanderer, die den Einbaum benutzten, nur wenige Stellen an der Küste in Besitz genommen. Aus Indonesien hatten sie die Kokosnuß und den Taro *(Colocasia esculenta)*, vielleicht auch die Banane eingeführt, während sie in Indien wohl den Reis, das Zuckerrohr und die Baumwolle, in Afrika dagegen die Hirse und die Bohne sowie die Haustiere kennengelernt hatten: so das Huhn, das Perlhuhn, die Ziege, das Schaf und das Hökkerrind, dessen Zucht eine beträchtliche Ausdehnung erfahren sollte.

Die extrem dünne Besiedlung inmitten riesiger jungfräulicher Räume ließ lange Zeit nur die Familie oder höchstens die Großfamilie als gesellschaftliche Organisationsform entstehen. Die wenigen Kontakt- oder Austauschmöglichkeiten rechtfertigten in diesem Land mit seinen außerordentlich schwierigen Verkehrsbedingungen die Entstehung politischer Organisationen lange Zeit nicht. Dennoch waren die Inselbewohner genügend zahlreich, ihre Überlieferungen waren ausreichend gesichert und ihre Eigenständigkeit so stark ausgebildet, daß sie die neu hinzukommenden Elemente (indonesische Seefahrer, afrikanische Sklaven, indische Matrosen und arabische Händler) assimilieren konnten, zu denen sich Menschen unbestimmter Herkunft gesellten, die je nach den Umständen friedliche Händler, Seeräuber oder Schiffbrüchige waren.

An der Ostküste Madagaskars ansässige Volksgruppen, genauer gesagt, gewisse Kasten der Volksgruppe der Antanosi und Antemoro, berufen sich auf die islamische Tradition und sehen in Mekka ihren Ursprungsort. Tatsächlich aber ist diese islamische Tradition stark degeneriert. Zwischen dem 14. und dem 16. Jahrhundert sind sie nach Madagaskar gekommen, und zwar von den Komoren her, wo sich im 12. Jahrhundert eine eigenständige Kultur entwickelt hatte, deren Gründer von der afrikanischen Küste und wohl aus Kilwa stammten. Die Bewohner der Komoren hatten an der Nordwestküste Madagaskars einige befestigte Faktoreien gegründet, wo die von der afrikanischen Küste stammenden Araber indische Stoffe und Glasperlen gegen Sklaven, Bienenwachs und einige lokale Produkte wie Honig, Reis und Vieh tauschten. Jede dieser Faktoreien unterstand dem Befehl eines Scheichs. Sie wurden noch immer betrieben, als die Portugiesen Madagaskar entdeckten. Der Beweis dafür ist die Plünderung und Zerstörung von Nosy Manja, der wichtigsten Station, durch Tristan da Cunha im Jahre 1506. Später blühte die Faktorei allerdings wieder auf.

Im 17. Jahrhundert (1613–1619) stellte Pater Luis Mariano fest, daß der mittlere Teil der Westküste (im Mündungsgebiet des Manambolo und in der Umgebung der Stadt Sahadia) von Afri-

kanern bevölkert war, die sich in der ›Kaffernsprache‹ ausdrückten. In der Folge nahmen aber auch diese Völker die madagassische Sprache an.
Die Bindungen Madagaskars zur arabischen Welt waren immerhin so eng, daß die Europäer ihre ersten Kenntnisse über die Große Insel den Arabern verdankten. Als Marco Polo im 14. Jahrhundert die Insel *Madeigaskar* erwähnte, deren Bewohner Mohammedaner und Kaufleute wären, meinte er damit jedoch Mogadischu an der Somaliküste. Die Araber jedoch gaben der Großen Insel den Namen Komr.
Als im Jahr 1492 Martin Behaim aus Nürnberg, der, wie wir oben (S. 128) gesehen haben, als erster europäischer Geograph den Äquator überquert hatte, seinen berühmten Globus entwarf, übernahm er den Irrtum Marco Polos und zeichnete westlich der Insel Sansibar, auf der Breite des südlichen Wendekreises, eine andere Insel ein, die er, wie der venezianische Entdeckungsreisende, in einer Verstümmelung von Mogadischu als *Madagaskar* bezeichnete.

II. DIE ENTDECKUNG MADAGASKARS

Im Jahr 1500 wurde ein portugiesisches Geschwader unter Alvarez Cabral, das der kurz zuvor von Vasco da Gama erstmals befahrenen Route folgte, im Indischen Ozean durch einen Sturm zerstreut. Der Befehlshaber eines dieser Schiffe, Diego Dias, erklärte später, er sei einer Küste entlanggesegelt, die nicht zu Afrika gehörte. Ein Segelhandbuch aus dem Jahr 1502 gibt eine Afrika vorgelagerte Insel an, die, langgestreckt, mit ›Madagaskar‹ bezeichnet ist. Wir haben gesehen, wie in den Jahren 1506 und 1507 die Portugiesen in die Insel einfielen und die arabischen Kontore zerstörten. Es gelang ihnen, unregelmäßige Handelsbeziehungen zu Madagaskar anzuknüpfen (Diego Suarez brachte nicht nur madagassische Sklaven nach Indien, sondern gab auch einer Station an der Küste Madagaskars seinen Namen).
Aber erst ein Jahrhundert später, von 1613 bis 1619, nahmen die Portugiesen von Goa aus die methodische Erforschung der Küsten Madagaskars vor. Da sie zuerst im Gebiet der Matacassi gelandet waren, erhielten in der Folge auch die anderen Inselbewohner den Namen Madicassen oder Madagassen. Dieser Bezeichnung entstammt auch der heute gebräuchliche Begriff ›Malagasy‹.
Die Portugiesen schlossen mit den einheimischen Machthabern Freundschaftsverträge und unternahmen die ersten Versuche einer Christianisierung. Wie im Kongo nahmen sie auch hier

einen jungen Prinzen mit, um ihn im katholischen Glauben zu erziehen. Aber nach einigen Anläufen mußten sie feststellen, daß sie den Eingeborenen die Furcht vor der Hölle nicht beibringen konnten. Schließlich wurden die Missionare ausgewiesen. Die Portugiesen verzichteten daraufhin auf jeden weiteren Versuch politischer Einflußnahme und unterhielten nur noch unregelmäßige Handelsverbindungen zwischen Mozambique und der Nordwestküste Madagaskars.

Nach den Portugiesen landeten im 17. Jahrhundert auch die Holländer an der madagassischen Küste (hauptsächlich in Ste. Marie). Aber als nach der Gründung von Kapstadt (1652) eine Zwischenlandung in Madagaskar überflüssig wurde, legten dort nur noch selten holländische Schiffe an.

Im Jahr 1644 besang in England ein gewisser Richard Boothby Madagaskar in einem dithyrambischen Loblied als »wahrhaftes Paradies auf Erden«. Eine Gruppe von 140 englischen Männern und Frauen verließ Großbritannien, um an der südlichen Westküste Madagaskars, in der Bucht von St. Augustin, eine Kolonie zu gründen. Nach einem Jahr kehrten zwölf Überlebende zurück. Späteren Niederlassungsversuchen war kein größerer Erfolg beschieden. Die einen Siedler wurden niedergemacht, die anderen verschwanden spurlos. Die Franzosen gaben allerdings nicht so schnell auf. Schon 1527 legten Schiffe aus Dieppe in Madagaskar an. Im Jahr 1642 hatte Hauptmann Rigault von Kardinal Richelieu ein zehnjähriges Privileg zum Handel mit der Insel und zur Gründung einer Niederlassung erhalten. Er rief eine ›Kompanie Ostindiens‹ ins Leben, an der auch der berühmte Superintendant Fouquet beteiligt war. Der Chef der ersten Expedition legte 1643 nach einem fehlgeschlagenen Versuch eine außerhalb der Fieberzone liegende Reede in der Nähe der Wälder an. Zu Ehren des späteren Ludwigs XIV. nannte er die Niederlassung Fort Dauphin.

Die wenigen (ungefähr hundert) Franzosen wurden in die lokale Politik und in die Konflikte zwischen den einheimischen Fürsten verstrickt. Der bescheidene Ertrag aus dem Handel, der ein wenig Ebenholz, Wachs und Leder umfaßte, konnte die Leiden der Siedler nicht aufwiegen, die niedergemetzelt wurden, dem Fieber erlagen und gegeneinander aufgebracht wurden. Etienne de Flacourt, einer der Führer der Kolonie, veröffentlichte nach seiner Rückkehr nach Frankreich im Jahr 1658 eine *Geschichte der Großen Insel Madagaskar* und einen Band *Berichte*, die bis ins 19. Jahrhundert die Hauptquellen über Madagaskar blieben.

Auch anderen Kolonisationsbemühungen, die sich über einen Zeitraum von dreißig Jahren erstreckten, blieb der Erfolg versagt. 1674 schifften sich die Überlebenden der letzten Expedition zur Rückfahrt ein. Ihr Versuch, sich niederzulassen und feste Handelsbeziehungen aufzunehmen, war mißlungen. Ohne Unterstützung durch das Mutterland hatten sie sich ihre Existenz durch Gewaltanwendung sichern müssen, sich so die Eingeborenen entfremdet und zu heftigen und ebenso gewalttätigen Reaktionen provoziert. Zwei Tatsachen dieser französischen Versuche des 17. Jahrhunderts müssen aber festgehalten werden. Erstens unternahmen 1667 19 Franzosen unter François Martin mit 4000 madagassischen Küstenbewohnern den ersten Vorstoß ins Zentralplateau, der bis zum Alotrasee führte; zweitens wurde 1665 theoretisch die Annexion der Großen Insel durch Frankreich vorgenommen, das ihr den Namen Ile Dauphine gab. Während des 18. Jahrhunderts bekräftigte die französische Monarchie diesen theoretischen Anspruch in drei Erlassen. Seit dem Ende des 17. Jahrhunderts wurde die Küste Madagaskars nur noch unregelmäßig von Europäern und Arabern befahren, die auf der Insel keine festen Niederlassungen mehr zu errichten gedachten. Die Piraterie und der Sklavenhandel waren es vielmehr, die sie noch nach Madagaskar trieben. 1667 schätzte man, daß die Araber jährlich mehr als tausend Sklaven, vorwiegend Kinder, aus Madagaskar entführten und in Anjouan auf den Komoren oder am Roten Meer verkauften. Auch Holländer, Portugiesen, Engländer und Franzosen beteiligten sich am Sklavenhandel. Im Jahr 1826 zählte man auf der Insel Réunion 14 000 madagassische Sklaven. Gewöhnlich wurden die Sklaven durch die an der Küste ansässigen Sakalave zusammengetrieben, welche Überfälle auf ihre Nachbarn verübten und die Gefangenen gegen Stoffe, Musketen, Pulver und Alkohol tauschten. Zur selben Zeit führte Madagaskar weiterhin Negersklaven von der afrikanischen Küste ein, die von arabischen Händlern geliefert wurden.

III. DIE SAKALAVEN

Zwischen dem 16. und 18. Jahrhundert entstanden an verschiedenen Stellen der Großen Insel politische Gruppen, die den Rahmen der elementaren Organisationsform — Anarchie, Familie oder Stamm — deutlich sprengten und als ›Königreiche‹ bezeichnet werden können. Es ist im allgemeinen nicht leicht herauszulesen, ob die ersten politischen Organisationsformen dem Ehrgeiz und dem Organisationstalent eines einzelnen entsprangen oder ob eine Volksgruppe, eine Familie, ihre Macht den anderen aufzwang und so ein System über- und untergeordneter Clans oder Kasten begründete, worin der ›König‹ gleichsam als Delegierter des dominierenden Clans oder der herrschenden

Kaste ihre Macht verkörperte. Tatsächlich ergänzten sich die beiden Phänomene bei diesem Vorgang je nach den Voraussetzungen auf verschiedene Weise und in unterschiedlichen Proportionen. In jedem Fall aber diente das Monopol einer technischen Überlegenheit – beispielsweise der Gebrauch von Feuerwaffen oder eine überlegene Technik der Razzia – als Stütze zur Errichtung der Machtposition eines einzelnen oder einer Gruppe über die anderen.

An der Küste entstanden die ersten politischen Einheiten, wie die Sakalavereiche in den weiten Ebenen der Westküste.

Man läßt die Einrichtungen und Traditionen der Sakalavemonarchie auf den Sakalaveherrscher Andriandahifotsi (der weiße männliche Herr) zurückreichen, der im 17. Jahrhundert, ungefähr in den Jahren zwischen 1610 und 1685 lebte. Der König ist heilig, fast göttlich. Er wird von den Stammesfürsten aus der königlichen Familie ausgewählt. Er ist der theoretische Eigentümer des Bodens, den er in Form von Lehen an die Fürsten seiner Familie verleiht. Nur ganz selten erscheint er, der über Leben und Tod seiner Untertanen verfügt, in der Öffentlichkeit. Bei seinem Tod verfällt sein Name dem Tabu und wird durch einen posthumen Namen ersetzt, der den Verstorbenen künftig bezeichnet. An erhöhten Stellen errichtete Grüften bewahren die sorgfältig konservierten Reliquien der verstorbenen Herrscher auf (Zähne, Haar, Nägel, Skeletteile), die Gegenstand eines Kultes sind. Auch ist der verschiedene König der Fürsprecher seines Volkes bei der Gottheit.

Im 18. Jahrhundert, der glanzvollsten Epoche der Sakalavereiche, besuchte ein holländischer Sklavenhändler 1741 die Hauptstadt des Sakalavereiches von Boina an der Nordwestküste Madagaskars. Er beschrieb diese Stadt als eine Anhäufung von mehreren tausend Häusern. In seinem von fünf Palisaden umgebenen Palast, der den Gouverneurspalast vom Kap an Größe übertraf, empfing der König, umgeben von hundert mit Musketen bewaffneten Wächtern, den fremden Händler auf einem lackierten und vergoldeten Thron chinesischen Ursprungs. Er trug eine goldene Krone, einen goldenen Gürtel und goldene Ketten. Bevor er über den Preis der Sklaven zu verhandeln begann, ließ er den Händler die Geschenke sehen, die ihm früher andere europäische Kaufleute gemacht hatten. Der König ließ ihm Vorratshäuser zeigen, die mit fremden Waren angefüllt waren. In Majunga, dem Ausfuhrhafen des madagassischen Handels, lebten 6000 Araber und Inder, die den Stoffhandel mit Surate betrieben. Tauschmittel waren Rinder und Sklaven. Mächtige Fürsten besaßen mehr als 10000 Stück Vieh.

Das älteste Sakalavereich war das im 17. Jahrhundert durch Andriandahifotsi gegründete Menabe. Sein drittgeborener und

von seinem älteren Bruder verjagter Sohn Andriamandisoarivo (wie sein posthumer Name lautet) wanderte nach Norden aus, unterwarf sich die lokale Bevölkerung und begründete zu Beginn des 18. Jahrhunderts ein zweites Sakalavereich, Boina, dessen Wohlstand wir oben beschrieben haben.
Periodisch gründeten auswandernde Sakalaveprinzen kleine lokale Herrschaftsbereiche. Sie unterwarfen sich ohne große Mühe jeweils die ansässige Bevölkerung, bestritten sich gegenseitig das Vieh oder verbündeten sich miteinander, um fremde Herden zu rauben. Die Sakalavedomination dehnte sich so während einiger Zeit über ungefähr ein Drittel der Großen Insel aus. Man darf dabei aber nicht aus den Augen verlieren, daß diese Gebiete außerordentlich dünn besiedelt waren und daß die Bevölkerungsdichte nur an ganz wenigen Stellen der Küste etwas höher lag, dort nämlich, wo ein Tauschhandel einen gewissen Wohlstand hervorbrachte.

IV. DIE OSTKÜSTE. BETSILEO-REICHE

Anders lagen die Verhältnisse an der Ostküste. Der zwischen dem Zentralplateau und dem Indischen Ozean liegende Küstenstreifen, wegen seines äquatorialen Klimas feuchter, auch stärker bewaldet und gegliedert, bot weder für die Viehzucht noch für die Bildung größerer politischer Einheiten günstige Voraussetzungen. Er war vor allem von Seefischern bewohnt, später wurde er Zufluchtsort europäischer Piraten. Zu Beginn des 18. Jahrhunderts beschloß einer ihrer Nachkommen, Ratsimilaho, der Sohn des englischen Seeräubers Thomas White und der Prinzessin Rahena, bei seiner Rückkehr aus England, wo er studiert hatte, ein Königreich zu gründen. Durch die Akklamation der Zana-Malata (der von den Piraten abstammenden Mischlinge) zum König erkoren, schuf er sich das Königreich der Betsimisaraka (der zahlreichen Unzertrennlichen) und bemächtigte sich der Stadt Tamatave. Er heiratete die Tochter des Sakalavekönigs von Boina und trieb mit den Europäern Handel. Aber nach seinem Tod im Jahr 1750 überlebte ihn sein Reich nur um wenige Jahrzehnte, bis es schließlich in der Anarchie versank. Eine Einrichtung sicherte jedoch noch während einiger Zeit den gefürchteten Ruf der Betsimisaraka: die periodischen Raubzüge nach den Komoren und an die afrikanische Küste. Die Expeditionen fanden alljährlich statt, eine wichtigere alle vier Jahre. In Einbäumen, fast ohne Segel, verließen die Nachkommen der Seeräuber paddelnd Tamatave. Bei jeder Zwischenlandung in den Häfen der Nordostküste vergrößerte sich die Gefolgschaft der Expedition. In Nossi-Bé schlossen sich ihr auch

Sakalave an. Dann wurden die Komoren angesteuert, deren Dörfer geplündert und ihre Bewohner als Gefangene mitgeführt. Von Zeit zu Zeit wurde auch eine Stadt ausgeraubt, was reichere Beute brachte. Zu anderen Malen waren die afrikanische Küste oder die Südostküste Madagaskars Ziel ihrer Raubzüge, um den Komoren Zeit zu geben, ihren Reichtum zu erneuern. Diese Plünderungsexpeditionen hörten erst 1823 auf, als König Radama von Imerina mit 10 000 Mann Tamatave einnahm und der Seeräuberei ein Ende setzte.
Etwas weiter südlich, in einer 200 km von der Ostküste entfernten, felsigen Waldregion, bildeten sich im 17. Jahrhundert kleine Königreiche. Von diesen sind die Betsileoreiche zwar nicht gut, aber doch am besten bekannt. Lalangina war das älteste, dann folgten Arindrano, Isandra und Manandriana. Einer der König Isandras, Andriamanalina, der im 18. Jahrhundert regierte, verdient es, daß sein Name nicht der Vergessenheit anheimfällt. Er entwickelte lebensmittelerzeugende Kulturen im Tal und die Viehzucht auf dem Plateau. Auch ließ er Seidenraupen züchten und entwickelte eine Textilindustrie. Als ihm Händler von der Küste Feuerwaffen anboten, wies er die Gewehre zurück, verjagte die Händler und behielt eine einzige Kanone, die bei großen Festlichkeiten abgefeuert wurde. Seine Vermutung, daß die Fliegen bei der Übertragung von Krankheiten eine Rolle spielen könnten, ließ ihn Methoden zu ihrer Vernichtung entwickeln, um Epidemien einzudämmen.
In der gleichen Periode erfreute sich König Andrianohindrinarivo von Lalangina einer langen und friedlichen Regierungszeit. Unter seiner Herrschaft wurden im Reisanbau durch die Entwicklung besserer landwirtschaftlicher Techniken, vor allem der Bewässerung und der Düngung, große Fortschritte erzielt. »Kein Feind«, soll er gesagt haben, »ist fürchterlicher als der Hunger.«
Die Betsileoreiche verschmolzen zu keiner größeren Einheit, da sie dazu offenbar kein Bedürfnis verspürten. Zu Beginn des 19. Jahrhunderts wurden sie von der Merinamonarchie aufgesogen.

V. DIE MERINA-REICHE

Gegen Anfang des 15. Jahrhunderts tauchte in der Waldregion am Ostabhang des Plateaus ein zahlenmäßig kleines Volk auf, das der Großen Insel seinen Stempel aufdrücken sollte. Es waren die Hova, die von der Kaste der Andriana beherrscht wurden. Widersprüchliche Überlieferungen stimmen fast nur in einem Punkt überein, daß sie nämlich von der Ostküste stammten und

sich, nachdem sie den wilden Flüssen entlang die Berg- und Waldregion durchquert hatten, auf dem Plateau niederließen. In ihrem ethnischen Ursprung scheinen sie sich nicht von den anderen madagassischen Völkern zu unterscheiden, auch wenn bei ihnen der Anteil der indonesischen Typen mit heller Hautfarbe, vor allem in der aristokratischen Kaste der Andriana, höher als bei den anderen Volksgruppen der Insel war.
Im 16. Jahrhundert entwickelte König Andriamanelo den Gebrauch des Eisens für die Herstellung von Äxten und Wurfspießen, was seinem Volke eine technische Überlegenheit über seine Nachbarn, besonders die Vazimbafischer sicherte, welche trotz ihrer Kenntnis des Eisens nur Hartholzspeere verwendeten. Die Hova entrissen ihnen ausgedehnte Sumpfgebiete, wo sie den Reisanbau pflegten, der zur Grundlage ihrer demographischen Entwicklung wurde.
Im 17. Jahrhundert gab der Sohn Andriamanelos, Ralambo (der Eber), dem Königreich zum erstenmal eine gewisse Struktur. Er führte die absolute Monarchie ein, da »sich zwei Stiere auf einer Weide nicht vertragen«. Unter ihm wurde sein Land zu einer politischen Einheit, der er den Namen Merina gab. Die mit dem König verwandten Andriana waren die herrschende Kaste des Landes, deren Angehörige vom König mit Lehen ausgestattet wurden und die dem Reich die Verwalter stellten. Der Monarchie war ein religiöser Charakter eigen. Das Fest des Bades und die königlichen Talismane machten die Monarchie in den Augen des Volkes zu einer heiligen Institution.
Ralambos zweiter Sohn Andrianjaka (der Herr, der regiert) gründete auf einer verödeten Hügelkuppe die ›Stadt der Tausend‹, Tananarive, wo er fortan residierte. Er begann mit der Erschließung von Sumpfebenen, welche von den nachfolgenden Herrschern durch Kanäle und Dämme in Reisfelder verwandelt wurden. Die Machtposition Andrianjakas gründete sich auf seine militärischen Mittel, die aus 50 Gewehren und 3 Pulverfäßchen bestanden.
Das Königreich von Imerina vergrößerte sich unter den nachfolgenden Herrschern ständig. Dennoch maß sein Herrschaftsbereich kaum mehr als 60 km in seiner Längen- und Breitenausdehnung. Im 18. Jahrhundert spaltete es sich indessen in vier verschiedene Königreiche auf, von denen allerdings bald eines unterging. Die Anarchie drohte Imerina.
Um 1787 wurde ein junger Prinz namens Ramboasalama (der gesunde Hund) durch Akklamation zum König Ambohimangas, eines dieser drei Königreiche, erkoren. Er nahm den Namen Andrianampoinimerina an, der abgekürzt Nampoina, d. h. der Ersehnte, lautete. Er schloß zuerst mit den beiden anderen Merinareichen Verträge und knüpfte Familienbande an, was

ihm einen siebenjährigen Frieden zur Neugestaltung seines Staates brachte. Seine nächsten Verwandten betraute er mit dem Kommando über die befestigten Grenzdörfer, auch verschaffte er sich Gewehre und sammelte Truppen. Als die übrigen Merinafürsten Verdacht schöpften, war es bereits zu spät. Nampoina bemächtigte sich nach harten Kämpfen und Rückschlägen der Stadt Tananarive, worauf er die Einheit Merinas wiederherstellte. Aber er begnügte sich mit diesem Erfolg nicht. Er annektierte auch die kleinen Nachbarreiche. Die Betsileokönige unterwarfen sich ihm, sei es, daß sie Nampoinas Verhandlungsgeschick, sei es, daß sie seiner Militärmacht erlagen.

Dann widmete er seine Aufmerksamkeit den Sakalaveherrschern der Westküste, dem König von Menabe und der Königin von Boina. Wenn aber auch seine Verhandlungen und Geschenke vorerst keine greifbaren Resultate zeigten, so verbreitete sich doch allmählich sein Ruhm über die ganze Insel.

Nampoina hatte begriffen – und dies war sein besonderes Verdienst –, daß es nicht genügte, sich auf eine einzige, und sei es die herrschende, Kaste zu stützen. In verschiedener Weise beteiligte er Angehörige aller Klassen und Kasten an seiner Regierung. Die entscheidende Klasse war nun nicht mehr der Adel, sondern die Aristokratie der Beamten, der Gouverneure und Berater, welche aus allen Klassen und unter allen Stämmen, nicht mehr aufgrund ihrer Abstammung, sondern aufgrund ihrer Begabung und Treue ausgewählt wurden. Imerina wurde in sechs direkt verwaltete Distrikte aufgeteilt. Außerhalb der Grenzen Imerinas bewahrten die Vasallenherrscher ihre Autonomie, sie waren aber zur Tributentrichtung verpflichtet. In die nur unvollständig unterworfenen oder öden Regionen verpflanzte Nampoina Siedler aus Merina. Das Volk wurde in gewissen Abständen regelmäßig befragt. In einer großen Volksversammlung, dem *Kabary*, legte der König mit poetischer Beredsamkeit seine Ansichten und Pläne dar, die er sich durch Akklamation bestätigen ließ. Nampoina untersagte in seinem Reich den Genuß von Alkohol und Tabak. Auch verbot er das Niederbrennen der Wälder und wachte darüber, daß jeder Arbeit hatte und niemand Hunger litt. Hunger und Müßiggang erklärte er gleichermaßen den Krieg. Wenn jemand seine Hilfe verlangte, soll er ausgerufen haben: »Man gebe ihm einen Spaten!« Um die Dämme und Kanäle der Reisfelder auszubauen, griff er zum Mittel der Zwangsarbeit. Auch arbeitete er ein Strafgesetzbuch aus, das die Unterdrückung von Aufständen gegen den Herrscher vorsah und Mord, Diebstahl sowie unlautere Magie mit Strafen belegte. Er führte ein Maß- und Gewichtssystem ein, reglementierte die Märkte und organisierte die wirtschaftliche Autarkie Imerinas; die einzige Einfuhr war

die von Gewehren und Pulver; die einzige Ausfuhr die von Sklaven nach den Maskareneninseln. Diese erreichte allerdings zu einer gewissen Zeit die Höhe von jährlich 1500 Sklaven.
Auf dem Krankenbett bezeichnete 1810 der über sechzigjährige Nampoina unter seinen 24 Kindern den damals fünfzehnjährigen Radama zu seinem alleinigen Nachfolger. Er vertraute ihn seinen Mitarbeitern an, welchen er als politisches Testament den Ausspruch hinterließ: »Das Meer ist meines Reisfeldes einzige Grenze«, womit er den Grundsatz der politischen Einheit der Insel formuliert hatte. Nach seinem Tode blieb er im Gedächtnis der Madagassen als der bedeutendste Herrscher und Staatsmann der Insel haften.

Nampoina hatte unter seiner Herrschaft jedoch nur einen kleinen Teil der Insel zusammenfassen können, während der überwiegende Rest noch immer unbekannt und Reisenden fast unzugänglich war. Seine Gesamtbevölkerung läßt sich nur annähernd schätzen, erreichte aber eine Größenordnung von etwa einer Million Einwohnern. Weite Gebiete waren noch immer unbewohnt. Es waren keine Straßen, sondern einige von Trägern begangene Pfade, welche die bewohnten Gebiete, vor allem Tananarive und Tamatave, miteinander verbanden. Die Reise von dem 10000 bis 20000 Einwohner zählenden Tananarive nach dem ungefähr 1000 Bewohner zählenden Tamatave dauerte zwei bis drei Wochen, um die 300 km lange Strecke zurückzulegen.
Nampoinas Nachfolger, Radama I., ein Jüngling voller Vitalität und Tatendrang, von schöner Gestalt und klaren Gesichtszügen, wurde von seinem Volk vergöttert. Durch Berichte fremder Händler hatte er vom Ruhme Napoleons erfahren und ihn sich zum Vorbild genommen. Seine verhältnismäßig kurze Regierungszeit (1810–1828) bedeutete eine Wende von historischer Tragweite. Denn Radama begnügte sich nicht mit der Unterwerfung eines Teils der Insel. Er führte ausgewählte europäische Techniken in Madagaskar ein.
Nach dem Wiener Kongreß und dem Verschwinden Napoleons von der Bildfläche nützte Radama die französisch-britische Rivalität zu seinem eigenen Vorteil, wobei er auf die britische Karte setzte. Der britische Gouverneur der Insel Mauritius, der Schotte Sir Robert Farquhar, handelte mit Radama den Vertrag von 1817 aus, der dem Herrscher den Titel eines ›Königs von Madagaskar‹ verlieh und die Engländer zur Lieferung von jährlich tausend Golddollar, tausend Silberdollar, hundert Pulverfäßchen, hundert Gewehren und Uniformen verpflichtete. Dafür erklärte sich Radama bereit, gemäß den Beschlüssen des Wiener Kongresses, die den Sklavenhandel grundsätzlich untersagten, diesen einzustellen. Nach verschiedenen Zwischenfällen

wurde der Vertrag 1820 bestätigt, und die Briten übernahmen die Erziehung von zwanzig jungen Madagassen.
Mit Hilfe dreier Wachtmeister, eines Schotten, eines Mulatten aus Jamaika und eines von der Insel Réunion desertierten und zum Sekretär des Königs avancierten Franzosen hob Radama ein stehendes Heer von 19 000 Mann aus, das, gut ausgebildet und straff geführt, mit Gewehren ausgerüstet wurde und sogar über leichte Kanonen verfügte.
An der Ostküste unterband Radama das Piratenunwesen der Betsimisaraka, unterwarf die Küstenvölker der Antefasi und Antesaka und vertrieb — zur besonderen Genugtuung der Briten — die wenigen Franzosen aus ihren Kontoren an der Ostküste. Auf diese Weise nahm eine Armee Radamas 1825 das von fünf Franzosen und einigen Antanosi verteidigte Fort Dauphin ein. Die Franzosen konnten sich nur noch auf der Insel Sainte Marie halten.
An der Westküste griff Radama die Sakalavereiche an. Nach einem schweren, verlustreichen Feldzug schienen 1824 Menabe und Boina unterworfen. An verschiedenen Stellen errichtete die siegreiche Armee Garnisonen. Aber im folgenden Jahr entfesselten die Sakalave Aufstände, die Radama blutig niederschlagen mußte. Von den überlebenden Rebellen entflohen die einen nach den Komoren und nach Afrika, während die anderen in unzugänglichen Gebieten untertauchten.
Radama nahm die Unterstützung der Europäer in Anspruch, um eine madagassische Schriftsprache zu schaffen, die auf die lateinische Schrift zurückging und um deren logische und bequeme Transkription sich der König in eigener Person bemühte. Mit Hilfe der *London Missionary Society* gründete er Schulen. Die erste, 1820 eröffnete Schule zählte drei Schüler. Trotz des Widerstandes der Bevölkerung besuchten 1828 2300 Schüler, davon ein Drittel Mädchen, die 20 Schulen Imerinas. Mehr als 4000 Madagassen konnten die madagassische Sprache lesen und schreiben.
Der König ließ Zimmerleute, Maurer, Schmiede, Gerber, Spinner, Weber und Seidenraupenzüchter ausbilden. Aber er ließ keine Straße anlegen, da er eine Invasion befürchtete, gegen die Regen, Wald, schwer begehbare Pfade und fieberverseuchte Landstriche noch seine besten Verbündeten waren.
Gleichermaßen durch seine aufreibende Tätigkeit wie durch ausschweifende Vergnügen verbraucht, starb Radama 1828, kaum fünfunddreißigjährig. Seine erste Frau und Kusine wurde unter dem Namen Ranavalona I. durch die Oligarchie der Privilegierten, der Führer von Armee und Adel, auf den Thron erhoben. Vom geheiligten Charakter ihrer Person überzeugt, herrschte sie 33 Jahre lang (1828—1861).

Unter ihrer Ägide entledigte sich die Aristokratie der Mitglieder der königlichen Familie. Radamas Mutter, seine Schwester, sein Vetter sowie ein Liebhaber der Königin, der seinem guten Stern zu leichtsinnig vertraut hatte, wurden ermordet. Die über die zivile und militärische Macht verfügende Oligarchie wandelte das Land zu ihrem Nutzen in eine erbliche Plutokratie um, was ihnen die Anhäufung großer Reichtümer ermöglichte.
Im Namen der Königin verjagte diese Oligarchie die europäischen Händler und den Vertreter der britischen Krone. Die Missionare wurden ausgewiesen und das Christentum 1835 als Religion verboten.
Unter den ungefähr 200 christlichen Madagassen von Tananarive wurden jene, die ihrem Glauben die Treue hielten, bei lebendigem Leibe verbrannt oder mit Wurfspießen durchbohrt. Katholizismus und Protestantismus wurden zumindest in Imerina ausgeschaltet. Das bedeutete jedoch nicht, daß man auf die Dienste zweier Franzosen, des Bretonen de Lastelle und des aus der Gascogne stammenden Jean Laborde, verzichten wollte, die nicht nur madagassische Bürger wurden, sondern sich auch einen Platz in der Oligarchie sicherten. De Lastelle legte Plantagen an und betrieb eine Zucker- und Rumfabrik, deren Gewinne er mit der Königin, ihren Liebhabern und der Oligarchie teilte. Jean Laborde entwickelte eine ganze Reihe handwerklicher Industrien zur Herstellung von Feuerwaffen und Munition, Kalk, Zement, Backsteinen und Ziegeln, Seife und Farbstoffen. Die in einem Versuchsgarten erzielten Resultate erlaubten insbesondere die Einführung von Vanille und Wein. Laborde konstruierte die ersten Karren, vor die er, wie es in seiner Heimat, der Gascogne, der Brauch war, Rinder spannte. Auch führte er höckerlose Rinder und Merinoschafe ein.
Die Königin oder vielmehr jene, die in ihrem Namen die Macht ausübten, versuchten die Eroberung der Insel zu vollenden. Aber ihre Expeditionen, die sich immensen Schwierigkeiten und erbittertem Widerstand feindlicher Stämme gegenübersahen, konnten ihr Ziel nicht erreichen. Wenn auch die Antesaka, die revoltiert hatten, niedergemetzelt wurden, konnten weder der Ikongo noch die Sakalave von Menabe unterworfen werden.
Als die Königin im Jahr 1861 starb, bestieg ihr Sohn Rakoto unter dem Namen Radama II. den Thron. Obwohl er 13 Monate nach dem Tod Radamas I. geboren worden war, galt er als dessen Sohn. Er wandte sich gegen die zuweilen blutige absolute Herrschaft seiner Mutter, begnadigte die Verurteilten, ließ die Gefangenen frei, verzichtete auf das Mittel der Fron, schaffte die Zölle ab und weigerte sich sogar, jene hinrichten zu lassen, die sich gegen ihn verschworen hatten. Er verkündete die Religionsfreiheit und rief die Europäer zurück, worauf die (fran-

zösischen) katholischen und die (britischen) protestantischen Missionen ihr Werk wieder aufnahmen. Laborde wurde zum französischen Konsul ernannt.
Ein 1862 mit Frankreich geschlossener Vertrag anerkannte Radama als ›König von Madagaskar‹, ließ aber prinzipiell die ›Rechte Frankreichs‹ nicht unerwähnt. Der neue König gewährte der französischen Kompanie Lambert wie auch dem Briten Caldwell eine Charta, die den Inhabern beträchtliche Rechte und Monopole zugestand und den ersten zu einer zehnprozentigen Abgabe auf die Gewinne, den zweiten zu einer solchen auf die Produkte verpflichtete. Die durch diesen anarchischen Liberalismus aufgestörte Oligarchie entledigte sich in einer ersten Phase der Freunde, Gefährten und Parteigänger Radamas II., etwas später schließlich des Königs selbst. Er wurde niedergeschlagen und mit einem Seidentuch erwürgt, durfte doch das Blut eines Königs nicht vergossen werden.
Seine erste Frau und Kusine wurde unter dem Namen Rasoherina zur Königin erklärt. Diese Frau besaß die Intelligenz, die Macht dem hervorragenden Verwaltungsmann Rainilaiarivony anzuvertrauen, dem Sohn eines der Liebhaber Ranavalonas I., deren Privatsekretär er geworden war. Von der Königin Rasoherina zum Premierminister ernannt und ihr Gatte geworden, ließ er bei ihrem Tod im Jahre 1868 die zweite Frau und Kusine Radamas II. den Thron besteigen. Bei Antritt ihrer Herrschaft nahm sie den Namen Ranavalona II. an und heiratete den Mann, der sie zur Königin gemacht hatte. 1869 wurden beide getauft und nach christlichen Riten getraut.
Rainilaiarivony ersetzte die Chartas Lamberts und Caldwells durch Verträge mit Großbritannien, den Vereinigten Staaten und Frankreich. Er setzte auf das Christentum, und obwohl er mehr der britischen und protestantischen Seite zuneigte, ließ er doch die Katholiken das niedere Volk und die Sklaven taufen. Er baute das Zivil- und Strafrecht nach europäischen Prinzipien aus, schaffte dabei aber die überlieferten Bräuche nur in einigen Bereichen ab. Er unterdrückte die Polygamie und ersetzte die einseitige Verstoßung durch die gerichtliche Scheidung. Er setzte Gerichtshöfe ein und schuf eine Lokalverwaltung, die in jedem Dorf einem ehemaligen Soldaten anvertraut war, der den Auftrag hatte, dem Gesetz Achtung zu verschaffen und Beschwerden entgegenzunehmen. Er setzte auch Dorfräte ein, die ermuntert wurden, selbständig die Bereiche von Polizei, Gesundheitswesen und Armenpflege zu verwalten. Auch befreite er die afrikanischen Sklaven und sah vor, ihnen Grund und Boden zuzuweisen, um ihre feste Ansiedlung zu erleichtern. Die Verwaltung teilte er in 8 Ministerien auf und an die Spitze der 27 Provinzen außerhalb Merinas setzte er Gouverneure.

Schließlich reorganisierte er die Armee, indem er 1879 wieder eine Form der Aushebung einführte und Gewehre, ja sogar ein Maschinengewehr im Land selbst herstellen ließ. Gewisse Indizien ließen ihn nämlich eine französische Invasion befürchten.

VI. DIE KOLONISATION

In der Tat hatte Frankreich im Lauf der Jahrhunderte seinen Anspruch auf Madagaskar nicht aufgegeben, auch wenn es nie versucht hatte, diesen Anspruch durch ein methodisches Vorgehen geltend zu machen. Aber theoretisch bestand die unter Ludwig XIV. ausgesprochene Annexion der Insel fort. Radama I. hatte zwar die wenigen französischen Kontore eingenommen, aber kein juristisches Abkommen hatte diesen *de-facto*-Zustand sanktioniert. Das Frankreich der Restauration und das Zweite Kaiserreich hatten zwar ihre Ansprüche nicht ausdrücklich formuliert, um nicht unnötigerweise das französisch-britische Verhältnis zu belasten, aber sie hatten deswegen keineswegs darauf verzichtet. Unter Louis Philippe war es sogar zu einem französischen Protektorat über die Sakalave gekommen, die gegen die Invasion der Merina Hilfe gebraucht hatten. Auch hatten die französischen Katholiken gegen die Christenverfolgungen der Königin Ranavalona I. protestiert. Zudem waren es vor allem die französischen Siedler auf der Insel Réunion, die in Madagaskar das natürliche Auffangbecken für ihre wirtschaftliche und demographische Expansion sahen. Schließlich zog mit der Eröffnung des Suezkanals im Jahr 1869 der Indische Ozean die Blicke der europäischen Mächte auf sich. Auch war in Frankreich die Legende von den Reichtümern Madagaskars kaum auszurotten. Diesmal vermutete man riesige Kohlevorkommen im Norden der Insel.

1883 eröffnete eine Expedition der französischen Marine unter dem Vorwand, die Nachfolge Labordes zu regeln, das Feuer auf die Merinastützpunkte der Westküste, besetzte dann Majunga, schließlich Tamatave und Diego Suarez. Aber die französischen Truppen waren zu schwach, um einen Entscheidungskampf wagen zu können. Ein im Dezember 1885 unterzeichnetes Kompromißabkommen sicherte Frankreich ein theoretisches Protektorat zu jenem Zeitpunkt, da an der Berliner Konferenz über die Aufteilung Afrikas verhandelt wurde. Die französische Regierung wurde beauftragt, Madagaskar in allen seinen äußeren Beziehungen zu vertreten, während die Königin (Ranavalona II., eine zweiundzwanzigjährige Frau und die dritte Gemahlin Rainilaiarivonys) weiterhin der ›inneren Verwaltung des gesamten Inselgebietes‹ vorstand. Ein französischer Resident

ließ sich mit einer Militäreskorte in Tananarive nieder. Frankreich erhielt Diego Suarez, das es zu einem Militär- und Marinestützpunkt auszubauen gedachte.
Die vagen Vertragsbestimmungen ließen sich aber nur schwer verwirklichen. Zehn Jahre lang versuchte der Resident, den französischen Einfluß zu verstärken, während die madagassische Regierung alles unternahm, um ihn möglichst einzudämmen, indem sie sich nach bewährter Tradition auf die Briten stützte. Aber England und Frankreich schlossen 1890 eine Konvention zur Abgrenzung der beidseitigen Einflußsphäre. Sansibar wurde dabei England zugesprochen, während Madagaskar an Frankreich fiel.
Der weitgehend ohnmächtigen Regierung von Merina gelang es nicht mehr, der Aufstände auf der Insel Herr zu werden, welche durch die Merinadomination in den äußeren Provinzen ausgelöst worden waren. 1873 war eine nach Menabe ausgeschickte Armee von den Sakalave vernichtet worden. Im Süden nahmen die Bara, ein Krieger- und Hirtenvolk, bei Gelegenheit auch Rinderdiebe, das niemals richtig unterworfen worden war, ihre einige Zeit unterbrochene Expansion wieder auf. Die Merinaverwaltung verlor immer mehr an Boden und konnte sich nur noch an einigen Punkten der Küste halten, was sie mindestens so sehr einer geschickten Diplomatie wie der Gewalt der Waffen verdankte. Tatsächlich kontrollierte sie nur jene zwei Drittel der Insel, welche die höchste Bevölkerungsdichte aufwiesen: das Merinareich, das Betsileoland, die Betsimisarakaküste, das rechte Ufer des Betsileoka und einige kleine Stammesfürstentümer, deren Herrscher von Merina nicht abgefallen waren. Man schätzt die damalige Gesamtbevölkerung der Insel auf 2,5 Millionen Seelen, wovon 800 000 auf das Merinagebiet entfielen. Die protestantischen Missionen ermittelten die Zahl ihrer Gläubigen in Imerina mit 450 000, während die Katholiken die ihren in Imerina und im Betsileoland auf 135 000 schätzten.
Die von der Königin und ihrem Gemahl unterstützten Missionen hatten ihre Erziehungsaufgabe wieder aufgenommen. 1894 wurden die christlichen Volksschulen von 165 000 Schülern besucht, wovon 137 000 von protestantischen Lehrern unterrichtet wurden. Der Prozentsatz der Schulpflichtigen in Imerina und im Betsileoland ließ sich mit demjenigen Westeuropas zur gleichen Zeit vergleichen.
Aber die Verwestlichung konzentrierte sich hauptsächlich auf Imerina. Es tat sich allmählich zwischen den Merina und den übrigen, weniger entwickelten Madagassen eine Kluft auf. Die Kasten blieben bestehen, ebenso, trotz ihres theoretischen Verbots, die Sklaverei. Man schätzt, daß es noch eine halbe Million Sklaven gab.

Ungeachtet der Erfolge des Christentums an der Oberfläche blieben die traditionellen religiösen Vorstellungen auch weiterhin fest verwurzelt.

Als die von der Parlamentsmehrheit unterstützte französische Regierung die Entsendung einer Militärexpedition nach Madagaskar beschloß, war der Augenblick für ein solches Vorhaben günstig. Die Briten hatten ihr Interesse an der Insel verloren, und die Merinaregierung war ihren Aufgaben nicht mehr gewachsen. Im Dezember 1894 besetzten die Franzosen Tamatave und im Januar 1895 Majunga. Der gegen Tananarive ausgesandten Truppe setzten Fieber und Ruhr, welchen mehr als 5000 Soldaten zum Opfer fielen, stärker zu als die Abwehr der Merinaarmee. Am 30. September 1895 gelangte eine Kolonne bis vor Tananarive. Fünf auf den Palast der Königin abgefeuerte Mörserschüsse zwangen die Herrscherin, die weiße Fahne zu hissen. Am folgenden Tag unterzeichneten die Vertreter der beiden Parteien den Vertrag, den General Duchesne in seinem Gepäck mitgeführt hatte. Der Protektoratsvertrag war in seinen Forderungen bescheiden und ließ das Amt der Königin unangetastet. Sie mußte sich allerdings verpflichten, »jene Reformen durchzuführen, welche die französische Regierung als nützlich erachten würde«. Es schien, als ob mit diesem Abkommen Ruhe und Frieden wiederhergestellt wären. Aber einige Wochen später brachen im Westen Imerinas und im Lande der Betsimisaraka zwei Aufstände aus, die von der französischen Armee blutig niedergeschlagen wurden. Ein neuer Generalresident zwang die Königin daraufhin zur Unterzeichnung eines neuen Vertrages, worin sie Madagaskars ›Inbesitznahme durch Frankreich‹ anerkannte.
Aber im Norden und Süden Imerinas flammten die Revolten erneut auf. Am 6. August 1896 erklärte ein vom französischen Parlament verabschiedetes Gesetz die Insel Madagaskar und die von ihr abhängigen Inseln zur französischen Kolonie. Die französische Regierung beauftragte General Gallieni mit der Übernahme der zivilen und militärischen Gewalt auf der Großen Insel. Er erhielt den Auftrag, der Merinahegemonie ein Ende zu setzen, um dadurch die Sympathie der anderen Volksgruppen zu gewinnen. 1897 schaffte er die Monarchie ab, hob das Amt des Premierministers auf und verbannte die Königin auf die Insel Réunion. Frankreich ging zur Politik der direkten Verwaltung im kolonialen Stil über und ernannte Gallieni zum Generalgouverneur.
Allmählich konnte er die Aufstandsbewegungen ersticken und die neue Kolonie mit der fortschreitenden Befriedung nach und nach organisieren, was zur Wiederherstellung der Sicherheit, der

Verwaltung, des Wirtschaftslebens und zur Wiedereröffnung der Schulen führte. Nachdem er die Revolten in Merina unterdrückt hatte, begnügte er sich damit, die drei Anführer, die begnadigt wurden, des Landes zu verweisen.
Ende 1897 war das gesamte Gebiet des ehemaligen Königreiches besetzt, die Befriedung abgeschlossen und eine Verwaltung eingesetzt. Nach und nach wurden auch die übrigen Teile der Insel unterworfen und Stämme erfaßt, welche die Merinadomination nie anerkannt hatten. Aber im Jahr 1904 brach noch einmal ein großer Aufstand aus, der erst im September 1905, im Jahr von Gallienis Rücktritt, unter Kontrolle gebracht werden konnte.
Gallieni hatte während der Zeit seines Mandats einen Wandel durchgemacht. Bei seiner Ankunft in Madagaskar hatte er erklärt: »Die Kolonien sind für die französischen Siedler da.« Allmählich aber erkannte er in Madagaskar ein Land, das über einen Eigenwert verfügte. Er setzte sich erfolgreich für die Entwicklung von Landwirtschaft und Bergbau ein. Die Aussöhnung der verschiedenen Volksgruppen war ihm ein besonderes Anliegen. Auch bemühte er sich um eine Übereinstimmung der verschiedenen Interessen und die Schaffung einer neuen Einheit, die er allerdings noch nicht als madagassische Nation zu bezeichnen wagte.
Seine Nachfolger setzten sein Werk fort, legten ein Straßennetz von 25 000 km Länge an, trieben die jährliche Kaffeeproduktion auf eine Höhe von 40 000 Tonnen und förderten die Viehzucht, die als wichtigster Wirtschaftszweig der Insel galt. Die Eisenbahnlinie von Tamatave nach Tananarive wurde 1913 vollendet. Während des Ersten Weltkrieges hatten 40 000 madagassische Freiwillige außerordentlich tapfer an der Seite der Franzosen gekämpft. Während des Krieges entstand in Madagaskar jedoch auch eine Geheimorganisation, die VVS, welche die französischen Behörden beunruhigte. Obwohl sie kaum mehr als 300 Mitglieder zählte, befürchteten die Franzosen den Ausbruch neuer Revolten, deren Folgen mitten im Krieg schwerwiegend gewesen wären. Die französischen Behörden griffen scharf durch, wenn sie auch keine Todesurteile verhängten. Nach Kriegsende, 1918, wurden indessen die Internierten freigelassen und 1921 die Verurteilten begnadigt.

VII. DIE UNABHÄNGIGKEIT

Aber diese Bewegung, deren wirkliche Breite schwer abzuschätzen war, zeugte von einer sich anbahnenden politischen Willensbildung der Madagassen und wurde zum Vorspiel der Emanzipationsbewegung. Jean Ralaimongo, ein Betsileoschullehrer und ehemaliger Frontkämpfer des Ersten Weltkrieges, hatte noch in Frankreich die ›Französische Liga für die Gewährung der französischen Staatsbürgerschaft an die Eingeborenen Madagaskars‹ gegründet. Nach seiner Rückkehr nach Madagaskar im Jahr 1922 forderte er die Umwandlung Madagaskars in ein französisches Departement. Er setzte auf der Insel seine politische Tätigkeit mit dem Ziel der Assimilation fort, wobei ein ehemaliges Mitglied der VVS, Ravoahangy, sein engster Mitarbeiter wurde. Nachdem Ralaimongo und Ravoahangy an einer verbotenen Kundgebung teilgenommen hatten, wurden sie unter polizeiliche Überwachung gestellt. Daraufhin schlug ihre Bewegung einen anderen Kurs ein und forderte die Unabhängigkeit. Trotzdem blieben die madagassischen Nationalisten Frankreich verbunden. Sie versuchten auch nicht, während des Zweiten Weltkrieges die Niederlage Frankreichs zu ihrem Vorteil auszunützen.

Da der Generalgouverneur Cayla der Regierung Marschall Pétains treu geblieben war, landeten im Mai 1942 die Briten mit südafrikanischen Truppen auf Madagaskar, das sie übrigens bald an das Freie Frankreich abtraten. Die provisorische Regierung General de Gaulles versuchte, der Wirtschaft Madagaskars neuen Auftrieb zu geben, um damit die Kriegsanstrengungen Frankreichs zu unterstützen. Auch bemühte sie sich, eine Diskussion über eine effektive Zusammenarbeit mit dem madagassischen Volk vorzubereiten, wobei aber die Möglichkeit der Autonomie nicht erwogen wurde.

1945 entsandte Madagaskar vier Abgeordnete in die konstituierende Versammlung der Vierten Republik. Zwei Deputierte wurden von den französischen Bürgern der Insel gewählt, die anderen zwei durch jene Madagassen, die gewisse Voraussetzungen wie die Ausübung bestimmter Funktionen oder den Besitz bestimmter Schuldiplome erfüllten. Die beiden madagassischen Vertreter waren der Veteran Ravoahangy und der Arzt Raseta. In Paris begegneten sie madagassischen Intellektuellen, mit denen sie die ›Demokratische Bewegung der madagassischen Erneuerung‹ gründeten. In Madagaskar selbst entstanden andere politische Gruppierungen.

Im Rahmen der französischen Verfassung von 1946 wurde Madagaskar zu einem ›Territorium der französischen Republik‹, und seine Einwohner erhielten die französische Staatszugehörigkeit. Aber diese zwanzig Jahre zuvor von Ralaimongo verlangte Assimilation genügte den neuen Forderungen nicht mehr. Die öffentliche oder heimliche Agitation flammte wieder auf.

In der Nacht vom 29. auf den 30. März 1947 brachen gleichzeitig an verschiedenen Stellen der Insel Aufstände aus. Französische

Siedler, senegalesische Garnisonssoldaten und Merinabeamte wurden niedergemacht. Die Rebellen waren Herren über die Ostküste mit Ausnahme der Küstenstädte. Im Gebiet nördlich von Tamatave brach ein Guerillakrieg aus. Die Unterdrückung dieses Aufstandes war außerordentlich blutig, aber wirksam. Nach 18 Monaten waren Ruhe und Frieden wiederhergestellt. Man zählte 12 000 Opfer, die sowohl auf die Rebellion als auch auf ihre Unterdrückung zurückzuführen waren. Allerdings wurden noch weit höhere Zahlen genannt. Die ›Demokratische Bewegung der madagassischen Erneuerung‹ wurde aufgelöst und ihre Führer eingekerkert, ohne daß man indessen den Beweis ihrer Urheberschaft an der Rebellion hätte erbringen können.

1954 wurden die Verurteilten amnestiert. 1956 und 1957 wurden in einer ruhigen Atmosphäre Wahlen durchgeführt. Im Mai 1958 versammelte sich in Tamatave ein ›Unabhängigkeitskongreß‹, der die Erlangung der Unabhängigkeit der Republik Madagaskar auf dem Verhandlungsweg mit Frankreich empfahl. Der an die Macht zurückgekehrte General de Gaulle stattete seinen ersten überseeischen Besuch Madagaskar ab. Vor der versammelten Menge erklärte er am 22. August 1958: »Ihr werdet morgen von neuem ein Staat sein.« Am 14. Oktober verkündete der Kongreß aller Provinzversammlungen die madagassische Republik. Am 15. Oktober erkannte der französische Hochkommissar im Namen der französischen Republik den Staat Madagaskar an. Am 16. Oktober ernannte der Kongreß unter seinen Mitgliedern die Vertreter für die konstituierende Versammlung. Die Verfassung vom 29. April 1959 schuf die Institutionen eines Präsidenten der Republik, einer aus allgemeinen Wahlen hervorgehenden Nationalversammlung und eines die Provinzen und Gemeinschaften vertretenden Senates. Der Präsident der Republik, Tsiranana, leitete Verhandlungen mit Frankreich ein, die am 29. Juni 1960 in Tananarive zur Proklamation der unabhängigen und souveränen Republik von Madagaskar führten. Auf Vorschlag Frankreichs wurde Madagaskar im September 1960 in die Vereinten Nationen aufgenommen.

Der neue Staat zählte eine Bevölkerung von ungefähr 5 Millionen Einwohnern, die sich während der fünfundsechzigjährigen Kolonialepoche ungefähr verdoppelt hatte.

Zeittafel

	Das östliche Afrika – Äthiopien	Die Reiche im westlichen und inneren Afrika	Die Europäer in Afrika – Entdeckung, Kolonisierung, Unabhängigkeit – Südafrika	Madagaskar
200 v. Chr. bis 200 n. Chr. (?)		Nokkultur		
3. Jh. v. Chr. bis 335 n. Chr.	Meroe (Blütezeit)			
325–346	Ezanas, König von Axum, bekehrt sich zum Christentum (333), zerstört Meroe (335)			
622		Hedschra (Beginn der islamischen Zeitrechnung)		
734		Erster Streifzug der Araber südlich der Sahara		
790 (?)		Gründung des Reiches Gana (Blütezeit: 10. Jh.)		
10. Jh.	Ende des Reiches Axum			
1010		Sonrai: Bekehrung des 15. Dia zum Islam. Niederlassung in Gao		
1050 (?)		Mali: Bekehrung eines Keita zum Islam		
1076		Die Almoraviden zerstören das Reich Gana		
1085–1097		Reich Kanem: Sultan Hume (zum Islam bekehrt)		
11. Jh. (?)		Gründung der Haussastaaten		
12. Jh. (?)		Gründung der Stadt Oyo		

	Das östliche Afrika – Äthiopien	Die Reiche im westlichen und inneren Afrika	Die Europäer in Afrika – Entdeckung, Kolonisierung Unabhängigkeit – Südafrika	Madagaskar
12.–13. Jh.	Tsage-Dynastie in Äthiopien	Gründung des Königreiches Benin		
1221–1259		Dunama Dibalami (gründet ein Studentenheim in Kairo). Blütezeit des Reiches Kanem		
1235		Sieg Sundjatas über Sumanguru bei Kirina. Anfänge des Reiches Mali		
1268	(Neue) Salomonische Dynastie in Äthiopien			
1324		Magli: Wallfahrt Kankan Mussas nach Mekka		
14. Jh. (?)	Gründung des Reiches des Monomotapa			
1435		Dekadenz des Reiches Mali (Ende: 1645)		
1445			Portugiesen in Senegal	
1447			Reise des Genuesen Malfante im Tuat	
1468–1492		Sonni Ali. Blütezeit des Reiches Sonrai		
1471			Portugiesen an der Goldküste	
1484			Diego Cao erreicht die Mündung des Kongo	
1487			Entdeckung des Kaps der Guten Hoffnung durch Bartolomeo Diaz	
1488	Portugiesische Gesandtschaft (de Covilha) nach Äthiopien			

1490			Bekehrung des Königs von Kongo zum Christentum	
1492		Askia-Dynastie. Zweite Blüte des Reiches Sonrai		
1497–1498			Vasco da Gama entdeckt die Ostküste Afrikas	
15. Jh.				Gründung der Hova-Herrschaft auf Madagaskar
15.–16. Jh.		Blüte des Reiches Kongo		
1500				Die Europäer entdecken Madagaskar
1541	Die Portugiesen vertreiben Mohammed Granye aus Äthiopien			
1591		Feldzug Djuders nach Timbuktu. Untergang des Reiches Sonrai		
16.–17. Jh. (?)		Gründung des Königreiches Buganda und der Himastaaten		
1630		Bambara-Königreich in Segu		
1638			Die Franzosen gründen St. Louis du Sénégal	
1652			Die Holländer gründen Kapstadt	
1725		Gründung eines Fulstaates in Futa Djalon		
1750 (?)–1810				Nampoina König des Merina-Reiches
1795–1797			Entdeckungsreisen von Mungo Park	
1800 (?)–1864		El Hadj Omar		

	Das östliche Afrika – Äthiopien	Die Reiche im westlichen und inneren Afrika	Die Europäer in Afrika – Entdeckung, Kolonisierung Unabhängigkeit – Südafrika	Madagaskar
1804–1808		Osman dan Fodio besetzt die Haussastaaten und gründet die Fulemirate (Sokoto)		
1810		Gründung des Fulstaates Massina		
1823			Clapperton erreicht den Tschadsee	
1828			René Caillié in Timbuktu	
1840	Sultan Seyyid Said läßt sich auf Sansibar nieder			
1850–1856			Entdeckungsreisen von Heinrich Barth	
1853–1856 1859–1864 1867–1873			Reisen Livingstones	
1858			Burton und Speke erreichen den Tanganjikasee	
1860			Speke erreicht die südlichste Nilquelle	
1865–1870				Grandidier erforscht Madagaskar
1867			Fund von Diamanten in Südafrika	
1872–1898		Herrschaft von Samori		
1874			Goldküste britische Kronkolonie	

1881			Schlacht bei Majuba Hill	
1884–1885			Berliner (Kongo-)Konferenz	
1885	Schlacht bei Adua			
1893			Tod Lobengulas	
1895			Jameson Raid	
1896				Madagaskar wird französische Kolonie
1898			Faschodakonflikt	
1899–1902			Burenkrieg	
1900		Tod Rabehs		
1919			Friedensvertrag von Versailles. Die deutschen Kolonien als Mandatsgebiete verwaltet	
1935–1936	Krieg Italiens gegen Äthiopien			
1941	Befreiung Äthiopiens			
1944			Konferenz von Brazzaville	
1946–1960			Unabhängigkeit Nigerias	
1948–1960			Unabhängigkeit der Goldküste (seit 1957: Ghana)	
1956			Unabhängigkeit des Sudan	
1958				Unabhängigkeit Madagaskars
1960			Kamerun, Togo, Mali (mit Senegal), Dahome, Niger, Obervolta, Elfenbeinküste, Kongo (Brazzaville), Gabun, Mauretanien, Kongo (Leopoldville) werden unabhängig	

Literaturverzeichnis

Wir haben nur die Hauptwerke angeführt. Für weniger grundlegende oder schwer zugängliche Werke wie für Zeitschriftenartikel verweisen wir auf vollständigere Bibliographien, die gleich zu Beginn genannt werden.
Grundsätzlich haben wir die Titel geographisch geordnet. Innerhalb jeder Region (oder Unterteilung einer Region) werden sie chronologisch aufgeführt, dies unter Berücksichtigung des Datums des behandelten Themas oder des Werkes selbst. Der Kolonisierung und der Unabhängigkeitsbewegung haben wir jedoch eigene Abschnitte des Literaturverzeichnisses gewidmet.
Die wichtigsten Werke sind mit einem Sternchen bezeichnet.

1. Bibliographien

I. Bibliographische Werke

RAGATZ, LOWELL J., A Bibliography for the Study of African History in the Nineteenth and Twentieth Centuries. Washington 1943

CONOVER, HELEN F., Introduction to Africa, a selective Guide to Background Reading. Washington 1952

–, Africa South of the Sahara, a Selected List of Writings, 1951–1956. Washington 1957

–, Research and Information on Africa: Continuing Sources. Washington 1954

PRICE, FRANK W. und ROBERT L. LEHMAN, Africa South of the Sahara. A selected and annotated Bibliography of Books in the Missionary Research Library. New York 1959

JOUCLA, E., Bibliographie de l'Afrique Occidentale Française. Paris 1937

UNIVERSITY OF CAPETOWN, Bibliographical Series. Kapstadt 1941 ff.

SOUTH AFRICAN PUBLIC LIBRARY, A Bibliography of African Bibliographies, Covering Territories South of the Sahara. Kapstadt 1955

II. Wichtige Bibliographien im Anhang folgender Werke

*WESTERMANN, DIEDRICH, Geschichte Afrikas. Köln 1952 (Diese Bibliographie, die ausschließlich von der Geschichte der afrikanischen Völker und Stämme handelt, enthält etwa 700 Titel.)

*WIEDNER, DONALD L., A History of Africa South of the Sahara. New York 1962 (Diese Bibliographie [S. 531–549] enthält etwa 450 Titel, hauptsächlich über die Kolonisation und Südafrika.)

*RICHARD-MOLARD, JACQUES, Afrique occidentale française. 2. Aufl. Paris 1952

*MAUNY, RAYMOND, Tableau géographique de l'Ouest africain au Moyen Age, d'après les œuvres écrites, la tradition et l'archéologie. Dakar 1961
*OLIVER, ROLAND und J. D. FAGE, A short History of Africa. London 1962 (Ausgezeichnete Bibliographie mit Kommentar)
JUDD, PETER (HG.), African Independence. New York 1963 (Die Bibliographie enthält 80 Titel, die fast ausschließlich die Unabhängigkeitsbewegung betreffen.)
*COQUERY, CATHERINE (HG.), La Découverte de l'Afrique. Paris 1965 (Auszüge aus den Quellen mit einem Kommentar und einem Verzeichnis der wichtigsten gedruckten Quellen bis 1770)

2. Fachzeitschriften

I. In englischer Sprache

*Journal of African History. Cambridge (England) 1960 ff.
Journal of the Historical Society of Nigeria. Ibadan 1956 ff.
Sierra Leone Studies. Freetown
The Gold Coast Review. Accra
Nigeria. Lagos
Tanganyika Notes and Records. Daressalam 1936 ff.
East African Studies. Nairobi 1953 ff.
Journal of the East African Swahili Committee. Kampala
Africa. London 1928 ff.
(Bantu Studies) African Studies. Johannesburg 1921 ff.
Survey of Race Relations in South Africa. Johannesburg 1947 ff.
African Studies Bulletin. New York 1958 ff.
(Africa Special Report) Africa Report. Washington 1956 ff.

II. In französischer Sprache

Journal de la Société des Africanistes. Paris
*Bulletin de l'Institut français d'Afrique Noire. Paris-Dakar 1939 ff.
Présence Africaine. Paris
*Zaïre. Brüssel 1947 ff.
Bulletin d'Études Camerounaises. Douala

III. In deutscher Sprache

Zeitschrift für afrikanische Sprachen

IV. In portugiesischer Sprache

Boletim cultural da Guine portuguesa. Lissabon

3. Völkerkunde, Sprachwissenschaft, Philosophie

I. Völkerkunde

DAPPER, O., Beschreibung von Afrika. Amsterdam 1670
FROBENIUS, LEO, Kulturgeschichte Afrikas. Wien 1933
*BAUMANN, H. und D. WESTERMANN, Völkerkunde Afrikas. Essen 1940

BALANDIER, GEORGES, Zwielichtiges Afrika. Stuttgart 1959
—, Sociologie actuelle de l'Afrique noire. Paris 1955
LABOURET, H., Histoire des Noirs d'Afrique. Paris 1947—1950
PAULME, DENISE, Les civilisations africaines. Paris
DESCHAMPS, HUBERT, Les religions de l'Afrique noire. Paris 1954
—, Les institutions politiques de l'Afrique noire. Paris
SELIGMAN, Races of Africa. 3. Aufl. 1957
BASCOM und HERSKOVITS (HG.), Continuity and Change in African Cultures. Chikago 1958
*CORNEVIN, ROBERT, Histoire des peuples de l'Afrique noire. Paris 1960
MURDOCK, GEORGE PETER, Africa: Its Peoples and their Culture History. New York 1959
OTTENBERG, SIMON und PHOEBE (HG.), Cultures and Societies of Africa. New York 1960

II. Sprachwissenschaft

HOMBURGER, L., Les langues négro-africaines. Paris 1941
GREENBERG, J. N., Studies in African Linguistic Classification. 1955

III. Philosophie

TEMPELS, R. P., La philosophie bantoue. Elisabethville 1945; Paris 1949
TEMPELS, P. OFM (ÜBERS.), Bantu-Philosophie, Ontologie und Ethik. Heidelberg 1955
DIOP, CHEIK ANTA, Nations nègres et culture. Editions Africaines 1954

4. Gedruckte Quellen

I. Altertum

HERODOT, Historien II, 31—32—33 u. IV, 42—43
FABRICIUS, B., Periplus des Erythräischen Meeres. Leipzig 1883
SCHOFF, W. H., The Periplus of the Erythrean Sea. New York 1912
COSMAS INDICOPLEUSTES, Topografia Christiana. Paris 1860

II. Chronisten und Reisende

MAÇOUDI (AL MASUDI), Les Prairies d'Or. Übers. v. Barbier de Meynard und Pavet de Courteille. Paris 1861—1877
IBN HAOUQAL, Description de l'Afrique. Übers. v. De Slane. Paris 1842
EL BEKRI (AL BAKRI), Description de l'Afrique septentrionale. Übers. v. De Slane. 2. Aufl. Algier 1913
AL IDRISI, Description de l'Afrique et de l'Espagne. Übers. v. R. Dozy und J. de Goeje. Leiden 1866
IBN BATTUTA, Voyages. Hrsg. und übers. v. Defrémery und Sanguinetti. 5 Bde. Paris 1853—1859
LÉON L'AFRICAIN, Description de l'Afrique, tierce partie du monde. Übers. v. J. Temporal. Antwerpen 1566; Paris 1898. Übers. v. A. Epaulard. Paris 1956

III. Lokale Chroniken in arabischer Sprache

KATI, MAHMOUD, Tarikh elfettach (chronique du chercheur). Übers. v. O. Houdas und M. Delafosse. Paris 1913

TOMBOUKTI, ES SADI EL, Tarikh es Soudan (histoire du Soudan). Übers. v. O. Houdas. Paris 1900

STRONG, A. S. (HG.), Chronicles of Kilwa. Journal of the Royal Asiatic Society. London 1895

PALMER, H. R., The Kano Chronicle, translated. With an Introduction. Journal of the Royal Anthropological Institute, Bd. 38. London 1908

IV. Entdeckungsreisen

*RONCIÈRE, CHARLES DE LA, LA découverte de l'Afrique au Moyen Age. 3 Bde. Kairo 1924–1927

CA'DA MOSTO, A., Relation de voyages à la Côte Occidentale d'Afrique, 1457. Hrsg. v. Ch. Schefer. Paris 1895

PEREIRA, DUARTE PACHECO, Esmeraldo de situ orbis (1508). Übers. v. Raymond Mauny. Bissau 1956

FERNANDES, VALENTIM, (1506–1510) Description de la Côte Occidentale d'Afrique. Hrsg. v. Th. Monod, A. Teixeira da Mota und R. Mauny. Bissau 1951

*PERHAM, MARGERY F. und JACK SIMMONS, African Discovery: an Anthology of Exploration. 2. Aufl. 1957

PARK, MUNGO, Travels in the Interior Districts of Africa 1795, 1796, 1797. London 1798

DENHAM, D. und J. CLAPPERTON, Narrative of Travels and Discoveries in Northern and Central Africa. London 1826

CAILLIÉ, RENÉ, Rapport sur son voyage à Tombouctou et dans l'intérieur de l'Afrique. Paris 1828

CLAPPERTON, H., Journal of a second expedition into the interior of Africa. London 1828

LANDER, RICHARD L. und JOHN LANDER, Journal of an Expedition to explore the Course and Termination of the Niger. 3 Bde. London 1832

*BARTH, HEINRICH, Reisen und Entdeckungen in Nord- und Zentralafrika in den Jahren 1849 bis 1856. Gotha 1857–1858

LIVINGSTONE, D., Missionary Travels and Researches in South Africa. London 1857

SIMMONS, J., Livingstone and Africa. 1955

STANLEY, HENRY MORTON, How I found Livingstone in Central Africa. London 1873

–, Through the Dark Continent. 2 Bde. New York 1878

–, The Congo and the Founding of its Free State. 2. Bde. New York 1885

–, In Darkest Africa: on the Quest, Rescue and Retreat of Emin, Governor of Equatoria. 2 Bde. New York 1890

SPEKE, J. H., Journal of the Discovery of the Source of the Nile. London 1863 (Deutsche Ausgabe: Die Entdeckung der Nilquellen. Leipzig 1864)

ROHLFS, G., Quer durch Afrika. Reise vom Mittelmeer nach dem Tschadsee und zum Golf von Guinea. 2 Bde. Leipzig 1874–1875

SCHWEINFURTH, DR. G., Im Herzen von Afrika. Leipzig 1874
NACHTIGAL, G., Sahara und Sudan. 3 Bde. Berlin 1879–1889
WISSMANN – WOLFF – FRANÇOIS – MÜLLER, Im Innern Afrikas. Leipzig 1888
–, Unter deutscher Flagge quer durch Afrika. Berlin 1889

5. Vor- und Frühgeschichte Afrikas

*ALIMEN, HENRIETTE, La préhistoire de l'Afrique. Paris 1955
LEAKEY, L. S. B., The Stone Age Races of Kenya. London 1935
–, Adam's Ancestors. 4. Aufl. London 1953
CHILDE, V. GORDON, New Light on the Most Ancient East. Neuausgabe 1954
CLARK, JOHN DESMOND, The Stone Age Culture of Northern Rhodesia. Claremont (Cape) 1950
–, The Prehistory of Southern Africa. London 1959
COLE, SONIA, The Prehistory of East Africa. London 1954.
Proceedings of the First Pan-Africanist Congress on Prehistory. Oxford 1952
LHOTE, HENRI, A la découverte des fresques du Tassili. Paris 1958
*DAVIDSON, BASIL, Urzeit und Geschichte Afrikas. Hamburg 1961
HERSKOVITS, MELVILLE J., The Myth of the Negro Past. New York 1941

6. Allgemeine Geschichte Afrikas

*WESTERMANN, DIEDRICH, Geschichte Afrikas. Staatenbildungen südlich der Sahara. Köln 1952
*OLIVER, ROLAND und J. D. FAGE, A Short History of Africa. London 1962
WIEDNER, DONALD L., A History of Africa South of the Sahara. New York 1962
CORNEVIN, ROBERT, Histoire de l'Afrique. Bd. I: Des origines au XVIième siècle. Paris 1962
CORNEVIN, ROBERT und MARIANNE, Histoire de l'Afrique des origines à nos jours. Paris 1964 (Deutsche Ausgabe Stuttgart 1966)
HARDY, GEORGES, Vue générale de l'Histoire d'Afrique. Paris 1922. Neuausgabe 1948
PEDRALS, DE, Manuel scientifique de l'Afrique Noire. Paris 1949
JULIEN, CHARLES ANDRÉ, Histoire de l'Afrique. Paris 1941; 4. Aufl. 1958
*FAGE, J. D., An Atlas of African History. London 1958
DESCHAMPS, HUBERT, L'Afrique Noire précoloniale. Paris 1962
SURET-CANALE, J., Afrique Noire, Géographie, Civilisations, Histoire. 2. Aufl. Paris 1961
BRUNSCHWIG, H., L'Avènement de l'Afrique noire du XIXième siècle à nos jours. Paris 1963
JOOS, LOUIS C. D., Brève Histoire de l'Afrique Noire. Issy les Moulineaux 1961

7. Westafrika

I. Allgemeines

*Mauny, Raymond, Tableau géographique de l'Ouest africain au Moyen Age, d'après les œuvres écrites, la tradition et l'archéologie. Dakar 1961
Blake, John W., European Beginnings in West Africa 1454–1578. London 1937
*Richard-Molard, Jacques, Afrique occidentale française. 3. Aufl. Paris 1956
Thompson, Virginia und Richard Adloff, French West Africa. Stanford 1958
Trimingham, J. Spencer, A History of Islam in West Africa. London-Oxford 1959
Gautier, E. F., L'Afrique Noire Occidentale. Paris 1935
*Fage, J. D., An Introduction to the History of West Africa. Rev. Aufl. London 1962
Wyndham, H. A., The Atlantic and Slavery. 1935
Wingfield, R. J., The Story of Old Ghana, Melle and Songhai. Cambridge 1957

II. Sahara

*Capot-Rey, Robert, Le Sahara français. Paris 1953
Bovill, E. W., Caravans of the Old Sahara. London-Oxford 1933
–, The Golden Trade of the Moors. 1958

III. Gana, Mali, Songhai, Bambara

Fage, J. D., Ghana, a Historical Interpretation. 1959
*Delafosse, M., Haut-Sénégal-Niger. 1912
*Beraud-Villars, J., L'Empire de Gao. Paris 1942
Boulnois, Dr. Jean und Boubou Hama, L'Empire de Gao. Paris 1954
Rouch, Jean, Les Songhay. Paris 1954
Monteil, Charles, Les Bambara de Ségou et du Kaarta. Paris 1924
Tauxier, L., Histoire des Bambara. Paris 1942
Paques, Viviana, Les Bambara. Paris 1954

IV. Gambia, Liberia, Sierra Leone, Guinea

Southorn, Bella S., The Gambia. London 1952
Lewis, Roy, Sierra Leone: a modern Portrait. London 1954
Buell, Raymond L., Liberia: a Century of Survival. 1847–1947. Philadelphia 1947
Utting, Francis A. J., The Story of Sierra Leone. London 1931
Arcin, A., Histoire de la Guinée française. Paris 1911

V. Goldküste, Ghana

Claridge, W., History of the Gold Coast and Ashanti. London 1915
Ward, Williams E. F., A History of Ghana. 2. Aufl. London 1958

VI. Nigeria

Newbury, C. W., The Western Slave Coast and its Rulers. 1961
Talbot, Amaury P., The Peoples of Southern Nigeria; a Sketch of their History, Ethnology . . . 4 Bde. London 1926 (Bd. I: Historical Notes)
Niven, C. R., A short History of Nigeria. Neuausgabe. London 1949
Burns, A. C., History of Nigeria. London 1929
Johnson, S., The History of the Yorubas. Neuausgabe 1956
Burns, Alan C. Baronet, History of Nigeria. 5. Aufl. London 1956
Dike, Onwuka, Trade and Politics in the Niger Delta 1830–1885. Oxford 1956
Biobaku, Saburi O., The Egba and their Neighbours 1842–1872. Oxford 1957
Flint, J. E., Sir George Goldie and the making of Nigeria. 1960
Coleman, James S., Nigeria: Background to Nationalism. Berkeley-Los Angeles 1958
Perham, Margery, Lugard. 2 Bde. 1956–1960
Crowder, Michael, The Story of Nigeria. 1962
Pedraza, H. J., Borrioboola-Gha. The Story of Lokoja, the first British Settlement in Nigeria. Oxford 1960

VII. Togo, Dahome

Cornevin, Robert, Histoire du Togo. 2. Aufl. Paris 1962
–, Histoire du Dahomey. Paris 1962
Le Hérissé, A., L'ancien Royaume de Dahomey. 1911
Herskovits, M. J., Dahomey, an ancient West African Kingdom. 2 Bde. New York 1938

VIII. Benin

Bradbury, R. E., The Benin Kingdom. 1957
Egharevba, Jacob, A History of Benin. 3. Aufl. 1960

IX. Kamerun

Kirkgreene, A. H. M., A Historical Introduction to Adamawa Province. Oxford 1958

X. Fulbe

Hampate Ba, Amadou und Daget, L'Empire Peul du Macina. Paris 1955

XI. Zentralsudan, Haussa

*Palmer, Sir H. R., Sudanese Memoirs. 1928
*Urvoy, Y., Histoire des Populations du Soudan central. Paris 1936
–, Histoire de l'Empire du Bornou. Paris 1949
Palmer, Sir H. R., Mai Idris Aloma of Bornu. Lagos 1926
–, Bornu, Sahara and Sudan. London 1936
Schultze, A., Das Sultanat Bornu. Essen 1910

Krieger, Kurt, Geschichte von Zamfara, Sokoto-Provinz, Nord-Nigeria. Berlin 1959
Lebeuf, Jean Paul und A. Masson-Detourbet, La civilisation du Tchad (les Sao). Paris 1950

8. Ostsudan

*Arkell, A. J., History of the Sudan to 1821. 1955
Holt, P. M., A Modern History of the Sudan. London 1961
–, The Mahdist State in the Sudan 1881–1898. London 1958
Gray, Richard, A History of the Southern Sudan 1839–1889. London 1962
Villard, Ugo Monneret de, Storia della Nubia Cristiana. Rom 1938
Cerulli, E., La Nubia Cristiana, i Baria ed i Cunama nel X. secolo d. C. secondo Ibn Hawkal. Ann. Istor. Univ. Orient. Napoli. NS 3. 1949
Evans-Pritchard, E. E., The Divine Kingship of the Shilluk of the Nilotic Sudan. Cambridge (England) 1948
Crawford, O. S. G., The Fung Kingdom of Sennar. 1951

9. Äthiopien

Kammerer, A., Essai sur l'histoire antique d'Abyssinie. 1926
Budge, E. A. Wallis, History of Ethiopia. 2 Bde. 1928
Jones, A. H. M. und E. Monroe, A History of Ethiopia. 1955 (Neuausgabe von: A History of Abyssinia. 1935)
Trimingham, J. Spencer, Islam in Ethiopia. 1952
Schleicher, A. W., Geschichte der Galla. Bericht eines abessinischen Mönches über die Invasion der Galla im XVI. Jahrhundert. Berlin 1893
Castanhosa, Portuguese Expedition to Abyssinia in 1541–1543 Übers. v. Whiteway. Hakluyt Society. London 1902

10. Ostafrika

I. Allgemeines

Hollingsworth, Lawrence W., A short History of the East Coast of Africa. London 1929
Coupland, Sir Reginald, East Africa and its Invaders from the Earliest Times to the Death of Seyyid Said in 1856. London 1938. Neuausgabe 1956
–, The Exploitation of East Africa 1856–1890. London 1939
Ingham, Kenneth und Roland Oliver, History of East Africa. Cambridge (England)
*Davidson, Basil, Urzeit und Geschichte Afrikas. Hamburg 1961
Marsh, Zoe und Kingsnorth, An Introduction to the History of East Africa. Cambridge (England) 1957
Lugard, Frederick Baron, Rise of our East African Empire. Edinburgh 1893
–, The Diaries of Lord Lugard 1889–1892. 3 Bde. London 1959

CATON-THOMPSON, G., The Zimbabwe-Culture. Oxford 1931
BRODE, H., Tippoo Tib: the Story of his Career in Central Africa. London 1907
East Africa Royal Commission Report 1953–1955
FILESI, T., Le relazioni della Cina con l'Africa nel medioevo. Mailand 1962
OLIVER, ROLAND und GERVASE MATHEW (Hg.), The History of East Africa. Bd. I. Oxford 1963

II. Kilwa, Sansibar

DORMAN, M. H., The Kilwa Civilization and the Kilwa Mines. Tanganyika Notes and Records. 1936
INGRAMS, H., Zanzibar, its History and People. London 1931
HOLLINGSWORTH, LAWRENCE W., Zanzibar under the Foreign Office 1890–1913. London 1953

III. Uganda, Ruanda

JOHNSTON, HARRY H. BARONET, The Uganda Protectorate. 2 Bde. London 1902
PAGES, R. P., Un royaume Hamite au centre de l'Afrique.
INGHAM, KENNETH, The Making of Modern Uganda. London 1958
GALE, H. P., Uganda and the Mill Hill Fathers. London 1959
LOW, D. ANTHONY, Religion and Society in Buganda 1875–1900. Kampala 1956
LOW, D. ANTHONY und R. PRATT, Buganda and British Overrule. London 1960

IV. Kenia, Njassa, Tanganjika

HANNA, A. J., The Beginning of Nyasaland and North-Eastern Rhodesia 1859–1895. 1956
HUXLEY, ELSPETH, White Man's Country: Lord Delamere and the Making of Kenya. 2 Bde. 2. Aufl. London 1953
LEAKEY, L. S. B., Defeating Mau-Mau. London 1954
OLIVER, ROLAND, Sir Harry Johnston and the Scramble for Africa. 1957
WOOD, SUSAN, Kenya: The Tensions of Progress. London 1960

11. Äquatorialafrika

I. Kongo

ZIEGLÉ, H., L'Afrique équatoriale française. Paris 1952
BRY, D. DE, Beschreibung des Königreiches Kongo in Afrika. Frankfurt/Main 1597
CAVAZZI DE MONTECUCCULO, Istoria e descrizione dei tre regni Congo, Matamba ed Angola. Bologna 1687
PROYART, Histoire de Loango, Kakongo et autres royaumes d'Afrique. Paris 1776
POGGE, P., Im Reiche des Mwata Yamwo. Berlin 1880
TORDAY, E., Les Bushongo. Brüssel 1910

IHLE, A., Das alte Königreich Kongo. Leipzig 1929
MOELLER, A., Les grandes lignes des migrations des Bantous de la province orientale du Congo belge. Brüssel 1936
CUVELIER, J. und L. JADIN, L'Ancien Congo d'après les archives romaines 1518–1540. Brüssel 1954
SLADE, RUTH, The Belgian Congo: some recent changes. London 1960
–, King Leopold's Congo. 1962
CORNEVIN, ROBERT, Histoire du Congo (Léopoldville). Paris 1963
PIGAFETTA, F., Relazione del Reame di Congo e delle circonvicine contrade. Rom 1591–1601 (nach dem portugiesischen Bericht von Duarte Lopez). Franz. Übers. v. W. Bal. Löwen-Paris 1963

II. Portugiesisch-Afrika

BARROS, JOAO DE, Dos feitos que os Portugueses fizerem no descubrimento e conquista dos mares e terras de Oriente (1552). 4 Bde. Lissabon 1944–1946
GALVAO, ANTONIO DE, Tratado dos descubrimentos (1563). Oporto 1944
LINSCHOTEN, JAN HUYGEN VAN, Descriptio totius Guineae tractus Congi, Angolae et Monomotapae. Den Haag 1599
BURTON, R. F. (HG.), Lands of Cazembe. Lacerda's Journey to Cazembe in 1798. Übersetzung mit Anmerkungen. London 1873
STRANDES, JUSTUS, Die Portugiesenzeit von Deutsch- und British-Ostafrika. Berlin 1899
PRESTAGE, E., The Portuguese Pioneers. London 1933
AXELSON, ERIC, South-East Africa 1488–1530. 1940
–, The Portuguese in South-East Africa 1600–1700. 1960
OLIVEIRA BOLEO, JOSÉ DE, Moçambique. Lissabon 1951
DELGADO, R., Historia de Angola. 1953
*DUFFY, JAMES, Portuguese Africa. Cambridge (Mass.) 1959
RICHARDS, CHARLES und J. PLACE, East African Explorers. London 1960
BATTELL, A., Strange adventures in Angola. London 1901

12. Südafrika, Rhodesien

I. Allgemeines

SPARRMANN, ANDREAS, Reise nach dem Vorgebirge der Guten Hoffnung . . . in den Jahren 1772 bis 1776. Aus dem Schwedischen frey übersetzt von Christian Heinrich Grokund. Berlin 1784
PATTERSON, WILLIAM, Reisen in das Land der Hottentoten und der Kaffern während der Jahre 1777, 1778 und 1779. Übers. v. Johann Reinhold Forster. Berlin 1790
SCHAPERA, ISAAC, The Khoisan Peoples of South Africa. London 1930
–, The Bantu-speaking Tribes of South Africa. New York 1952
*ELLENBERGER, VICTOR, La fin tragique des Bushmen. Paris 1953
–, Chaka, une épopée bantoue. Übersetzung des Werkes von Th. Mofolo. Paris 1940
–, Un siècle de mission. Paris 1933
ELLENBERGER, D. F., History of the Basuto, ancient and modern. London 1912

Barthel, K., Völkerbewegungen auf der Südhälfte des afrikanischen Kontinents. Z. d. Gesellschaft f. Erdkunde. Leipzig 1893
Koehler, Oswin, Die Völkerwanderungen in Afrika. Afrikanischer Heimatkalender. Windhoek 1958
Wilson, Monica, Early History of the Transkei and Ciskei. African Studies, Bd. 18. Johannesburg
Moffat, Robert, Missionary Labours and Scenes in Southern Africa. London 1842
Moritz, E., Die ältesten Reiseberichte über Deutsch-Südwestafrika. Berlin 1916
Lebzelten, V., Die Vorgeschichte von Süd- und Südwestafrika. Leipzig 1930
Vedder, Heinrich, Das alte Südwestafrika. Berlin 1934
Shepherd, R. H. W. und B. G. Paver, African Contrasts. The Story of a South African People. Kapstadt 1947

II. Kapkolonie

*Theal, George M., History and Ethnography of Africa South of the Zambesi. 11 Bde. London 1888–1919
Theal, George M. (Hg.), Records of the Cape Colony. 36 Bde. London 1897–1905
Chronicles of Cape Commanders, or an abstract of original manuscripts of the Cape Colony. Kapstadt 1882
Fairbridge, Dorothea, A History of South Africa. 1917
Marais, J. S., The Fall of Kruger's Republic. 1961
Van den Poel, Jean, The Jameson Raid, Kapstadt 1951
Thompson, L. M., The Unification of South Africa 1902–1910. Oxford 1960
Walker, Eric A., A History of Southern Africa. 3. rev. Aufl. 1957
Kiewit, C. W. de, A History of South Africa: social and economic. 1941
Walker, Eric A., The Great Trek. 1929
Pyrah, Geoffrey Barker, Imperial Policy and South Africa 1902 to 1910. Oxford 1955
Krueger, D. W. (Hg.), South African Parties and Policies, 1910–1960: A select Source Book. London 1960
Malan, Daniel François, Afrikaner Volkseenheid: En My Ervarings op die Pad Daarheen. Kapstadt 1959
(Tomlinson) Commission for the socio-economic Development of the Bantu Areas – Summary of the Report. Pretoria 1956

III. Rhodesien

Hensman, H., A History of Rhodesia. Edinburgh-London 1900
Standing, T. G., A short History of Rhodesia and her neighbours. London 1935
Mason, Philip, The Birth of a Dilemma. The Conquest and Settlement of Rhodesia. London 1958
Williams, Basil, Cecil Rhodes. London 1921, 1938
Report of the Advisory (Monckton) Commission on the review of the Constitution of Rhodesia and Nyasaland. 1960

13. Kolonisierung

STAUDENRAUS, P. J., The African Colonization Movement 1816–1865. New York 1961
*Cambridge History of the British Empire. 8 Bde. Cambridge 1929 bis 1959
*HANOTAUX, GABRIEL und A. MARTINEAU, Histoire des colonies françaises. Paris 1931
ROBERTS, S. H., A History of French Colonial Policy. 1929
*HAILEY, WILLIAM M. BARON, An African Survey, revised 1956. London 1957
*–, Native administration in the British African Territories. 5 Bde. London 1950–1953
PERHAM, MARGERY F., Lugard: the Years of Adventure, 1858–1898. London 1956
–, Lugard: the Years of Authority, 1898–1945. London 1960
TOWNSEND, MARY E., European Colonial Expansion since 1871. Philadelphia 1941
–, The Rise and Fall of Germany's Colonial Empire, 1884–1918. New York 1930
SCHNEE, HEINRICH (HG.), Deutsches Kolonial-Lexikon. 3 Bde. Leipzig 1920
MEYER, HANS, Das Deutsche Kolonialreich. Leipzig 1909–1910
*DELAVIGNETTE, ROBERT und CHARLES ANDRÉ JULIEN, Les constructeurs de la France d'outre-mer. Paris 1946
DELAVIGNETTE, ROBERT, Service africain. Paris 1946
*DESCHAMPS, HUBERT, Les méthodes et les doctrines coloniales de la France du XVIème siècle à nos jours. Paris 1953
TERSEN, EMILE, Histoire de la colonisation française. Paris 1950
GROVES, C. P., The Planting of Christianity in Africa. Bd. I: bis 1840 (1948); Bd. II: 1840–1878 (1954); Bd. III: 1878–1914 (1955)
MAURO, F., L'expansion européenne 1600–1870 (Bibliographie). Paris 1964

14. Afrikas Unabhängigkeit

HAILEY, WILLIAM MALCOLM LORD, An African Survey-revised 1956 – a study of problems arising in Africa south of the Sahara. London 1957
Conférence Africaine Française de Brazzaville 1944. Paris 1945
*COHEN, SIR ANDREW, British Policy in changing Africa. 1959
HODGKIN, THOMAS, Nationalism in colonial Africa. London 1956
DECRAENE, PHILIPPE, Le Panafricanisme. Paris 1959
FAVROD, CHARLES HENRI, Le poids de l'Afrique. Paris 1958
–, L'Afrique seule. Paris 1961
THOMPSON, VIRGINIA und RICHARD ADLOFF, The emerging States of French Equatorial Africa. Stanford 1960
*BOURRET, FLORENCE M., Ghana. The Road to Independence 1919–1957. London 1960
HODGKIN, THOMAS (HG.), Nigerian Perspectives: a historical Anthology. London 1960

Report of the (Watson) Commission of Inquiry into Disturbances in the Gold Coast. London 1948
BUEHLMANN, P. WALBERT, Afrika gestern, heute, morgen. Freiburg im Breisgau 1960
ITALIAANDER, ROLF, Die neuen Männer Afrikas. Düsseldorf 1960
ANSPRENGER, FRANZ, Politik im Schwarzen Afrika. Köln 1961
HUGHES, JOHN, The new Face of Africa South of the Sahara. New York-London-Toronto 1961
JUDD, PETER (HG.), African Independence. The exploding emergence of the new African Nations. New York 1963
DAVIDSON, BASIL, The African Awakening. London 1955
CAMERON, JAMES, Die afrikanische Revolution. Köln 1961
*KENYATTA, JOMO, Facing Mount Kenya. London 1938
DIA, MAMADOU, Nations africaines et solidarité mondiale. Paris 1957
NKRUMAH, KWAME, Ghana: The Autobiography of Kwame Nkrumah. 1957
AWOLOWO, OBAFEMI, Autobiography. New York 1960
AZIKIWE, NNAMDI, Zik, a selection from the Speeches of Nnamdi Azikiwe. New York 1961
ELIAS, T. OWALAWE, Government and Politics in Africa. University of Delhi 1961

15. Madagaskar

DESCHAMPS, HUBERT, Histoire de Madagascar. Paris 1960 (siehe die Bibliographie am Ende des Werkes)
GRANDIDIER, GUILLAUME, Histoire politique et coloniale de Madagascar. 3 Bde. Bd. I und II: Histoire des Merina. Bd. III: Histoire des peuples non-merina. 1958
TOUSSAINT, Histoire de l'Océan Indien. 1961
HOWE, SONIA, L'Europe et Madagascar. 1936
DECARY, Mœurs et coutumes des Malgaches. Paris 1951

Verzeichnis und Nachweis der Karten

Die Karten wurden nach Vorlagen von Herrn *Professor Dr. Pierre Bertaux* (Sorbonne, Paris) gezeichnet.

Register

Die Bearbeitung des Registers erfolgte durch die Redaktion der Fischer Weltgeschichte